Daniela Kallinich, Frauke Schulz (Hrsg.)

Halbzeitbilanz

Parteien, Politik und Zeitgeist
in der schwarz-gelben Koalition 2009-2011

Daniela Kallinich, Frauke Schulz (Hrsg.)

HALBZEITBILANZ

Parteien, Politik und Zeitgeist
in der schwarz-gelben Koalition
2009-2011

ibidem-Verlag
Stuttgart

Bibliografische Information der Deutschen Nationalbibliothek
Die Deutsche Nationalbibliothek verzeichnet diese Publikation in der
Deutschen Nationalbibliografie; detaillierte bibliografische Daten sind im
Internet über http://dnb.d-nb.de abrufbar.

Bibliographic information published by the Deutsche Nationalbibliothek
Die Deutsche Nationalbibliothek lists this publication in the Deutsche Nationalbibliografie;
detailed bibliographic data are available in the Internet at http://dnb.d-nb.de.

∞

Gedruckt auf alterungsbeständigem, säurefreien Papier
Printed on acid-free paper

ISBN-13: 978-3-8382-0271-6

© *ibidem*-Verlag
Stuttgart 2011

Alle Rechte vorbehalten

Das Werk einschließlich aller seiner Teile ist urheberrechtlich geschützt. Jede Verwertung
außerhalb der engen Grenzen des Urheberrechtsgesetzes ist ohne Zustimmung des Verlages
unzulässig und strafbar. Dies gilt insbesondere für Vervielfältigungen,
Übersetzungen, Mikroverfilmungen und elektronische Speicherformen sowie die
Einspeicherung und Verarbeitung in elektronischen Systemen.

All rights reserved. No part of this publication may be reproduced, stored in or introduced into a retrieval
system, or transmitted, in any form, or by any means (electronical, mechanical, photocopying, recording or
otherwise) without the prior written permission of the publisher. Any person who does any unauthorized act
in relation to this publication may be liable to criminal prosecution and civil claims for damages.

Printed in Germany

Inhalt

Vorwort 7

Ausgangsbedingungen

Fehlende Wurzeln, mangelnde Narrative,
ausgebliebener Politikwechsel
Franz Walter 11

Die Regierungsbildung: Eine schwarz-gelbe Traumhochzeit?
Christian Werwath 35

Zeitgeist und Kultur: Zwischen Sehnsucht und Orientierung
David Bebnowski, Klaudia Hanisch 63

Regierungsbilanz

Das schwarz-gelbe Kabinett: Konkursverwalter des
bürgerlichen Projekts
Michael Lühmann, Frauke Schulz 97

Wirtschaftpolitik: Eine ordnungspolitische Spurensuche
Christian von Eichborn, Louisa Opitz 135

Sozialpolitik: Zwischen Sozialkatholizismus und
liberalem Individualismus
Sören Messinger, Yvonne Wypchol, Nils Humboldt 165

Außenpolitik: Eine Paradedisziplin unter Druck
Severin Caspari, Daniela Kallinich 195

Atomausstieg: Das gespaltene Verhältnis der Union
zur Kernenergie
Christian Woltering 229

Die Opposition

Die SPD: Sturm der Reform
Felix Butzlaff 263

Bündnis 90/Die Grünen: Zwischen Zeitgeist und Wertewandel
Lea Heyne, Michael Lühmann 283

Die LINKE: Opposition der Unterschiedlichen
Jöran Klatt 305

Halbzeitbilanz

Halbzeitbilanz: Versäumnisse eines
erklärungsarmen Pragmatismus
Daniela Kallinich, Frauke Schulz 337

Die Autorinnen und Autoren 361

Vorwort

Es dauerte nur wenige Wochen, bis die schwarz-gelbe Koalition nach ihrem Regierungsantritt restlos entzaubert war. Zu ihrer Halbzeit im Herbst 2011 hat sie es aus den tiefen Tälern der miesen Umfragewerte und Medienberichte kaum einmal herausgeschafft. Rücktrittserklärungen, Rücktrittsforderungen und der Ruf nach Neuwahlen wurden zum steten Hintergrundrauschen der Regierungsarbeit. Die Grundeinstellung der deutschen Öffentlichkeit gegenüber der Koalition oszillierte bald zwischen ratlosem Unverständnis und offener Empörung. Auch die Leitmedien vom *Spiegel* bis hin zur bürgerlichen *FAZ* boten Merkel und ihrer Mannschaft kaum Rückendeckung. Die Regierung schien von einem Unglück ins nächste zu stolpern.

Diese Charakteristik der ersten Hälfte der schwarz-gelben Legislaturperiode und ihre endlos erscheinende Aneinanderreihung von Tiefpunkten verlangt eine eingehende Betrachtung und Einordnung aus politikwissenschaftlicher Sicht. Analysen des Tages- oder Wochenjournalismus können nur Schlaglichter auf Missstände und Versäumnisse, aber auch auf positive Veränderungen werfen. Viele akademische Studien dagegen sind zu langwierig und behäbig, um kurzfristige Entwicklungen zu erfassen. Genau hier schlägt der vorliegende Band einen Mittelweg ein, wenn die Wissenschaftler des Göttinger Instituts für Demokratieforschung einen tiefer gehenden Blick auf die ersten beiden Regierungsjahre von Union und Liberalen richten. Die Beiträge sollen dort weiter nachbohren, wo die Tagespresse ihre Grenzen hat und das hinterfragen, was sich in der öffentlichen Meinung (möglicherweise vorschnell) als Leitmotiv etabliert hat.

Für die Einordnung des aktuellen Regierungshandelns werden dabei insbesondere die Historie der Parteien, ihre ideologischen Ursprünge, deren Ausprägungen sowie die bundesdeutschen Traditionen der betrachteten Policyfelder genutzt. Die Sektoren wie Außen- oder Wirtschaftspolitik werden dabei nicht als in ihren Ressorts begrenzt begriffen, sondern als globale Aspekte des Regierungshandelns aufgefasst. Gesundheits-, Familien- und Arbeitsmarktpolitik werden zum übergeordneten Komplex Sozialpolitik zusammengefasst, während die Atomfrage als beherrschendes Thema der ersten schwarz-gelben Halbzeit gesondert behandelt wird.

Einen weiteren Erklärungsansatz liefern darüber hinaus Gesellschafts- und Parteianalysen, die sowohl die Entwicklung des Zeitgeistes in Deutschland als auch deren Kohärenz mit dem Handeln der Regierungs- und Oppositionsparteien erhellen helfen.

Doch natürlich sollen auch diejenigen Parteien nicht unberücksichtigt bleiben, die zwar nicht an der Regierung beteiligt waren, die aber in der Oppositionsrolle direkt oder indirekt am politischen Geschäft beteiligt und durch es beeinflusst wurden. In der Opposition konnten vor allem die Grünen mit bahnbrechenden Wahlerfolgen und einem ersten Ministerpräsidenten vom politischen Trend profitieren. Es erscheint fast kurios, wie geringfügig dagegen Sozialdemokraten und Linke in wirtschaftlichen Krisenzeiten die Schwäche des „bürgerlichen Lagers" für sich nutzen konnten.

*

Für die inspirierende und reibungslose Zusammenarbeit an diesem Sammelband möchten wir uns nicht nur bei den Autorinnen und Autoren, sondern auch bei den Ideengebern, Motivationsquellen und Kritikern bedanken, die unschätzbar wertvoll für uns waren. Zunächst möchten wir Professor Franz Walter, Direktor des Göttinger Instituts für Demokratieforschung, „Danke" dafür sagen, dass er dieses Projekt nicht nur angestoßen und ermöglicht hat, sondern uns während der gesamten Entstehung mit fachlichem Rat, kluger Kritik und aufmunternden Worten zur Seite stand. Ein Dank geht auch an Valerie Lange vom ibidem-Verlag. Mit Sprachtalent und Layout-Erfahrung, aber auch mit Ausdauer und Humor haben uns Roland Hiemann und Robert Lorenz unterstützt. Daneben haben dankenswerterweise auch viele andere beim Feinschliff des Bandes mitangepackt. Ihr alle wart eine große Hilfe! Schließlich danken wir noch Kolleginnen und Kollegen vom Göttinger Institut für Demokratieforschung für die unermüdlich kritische Diskussion der verschiedenen Konzepte und – ganz besonders wichtig – für Kaffeepausen und moralische Unterstützung.

Daniela Kallinich und Frauke Schulz
Göttingen, im August 2011

Ausgangsbedingungen

Fehlende Wurzeln, mangelnde Narrative, ausgebliebener Politikwechsel

Franz Walter

„Schalalalala". Mit diesem Kampfrefrain begrüßte der jungliberale Teil des deutschen Bürgertums am 27. September 2009 die neue parlamentarische Mehrheit des altbürgerlichen Lagers im Bundestag.[1] Zu Tausenden hatten sich die Euphorisierten am Abend des Wahlsonntags in Berlin Unter den Linden 10 – die eigene Parteizentrale bot einfach nicht genug Platz – in den angemieteten Räumen des *Römischen Hofes* eingefunden. Und als ihr strahlender Held langer Oppositionsjahre um 19:11 Uhr das Foyer betrat, da war weniger bürgerliche Dezenz als plebejische Stadiongesänge angesagt: „So sehen Sieger aus!", grölte das siegestrunkene Bürgertum Guido Westerwelle zu. „Schalalalala". Der Generalsekretär der FDP, Dirk Niebel, gab noch am Abend die Parole aus, dass fortan *eines* im Mittelpunkt allen Regierungstuns stehen würde: Eine „echte Steuerstrukturreform". Und man war an den Tresen und Stehtischen des *Römischen Hofs* rundum zuversichtlich, dass es mit der neuen Politik umgehend losgehen würde. Denn nun war ja endlich die „Wunschkoalition", das Mehrheitsbündnis von Bürgertum und Mitte erreicht. Wunschkoalition – das war an diesem 27. September der alles überragende Begriff, der im Wahlkampf das Ziel markiert hatte und am Ende der Wahlkampfwochen dem Land einen Neubeginn bescheren sollte. Ganz Verwegene schwärmten in dieser Nacht entgrenzter Glückseligkeit gar von einer „Traumhochzeit" zwischen FDP, CDU und CSU. „Schalalalala".

2010 war den bürgerlichen Chören der Republik dann aber nicht mehr nach Triumphgeheul zumute. Niemand wollte noch „Schalalalala" intonieren. Niemand hatte im ersten Jahr der vermeint-

---

[1] Flintrop, Jens: Bundestagswahl 2009: Die kleine Koalition kommt auf, in: aerzteblatt.de, online einsehbar unter http://www.aerzteblatt.de/v4/archiv/artikel.asp?src=heft&id=66160 [eingesehen am 25.07.2011].

lichen „Wunschkoalition" den Eindruck, sobald Westerwelle sich irgendwo auf einer Bühne oder dem Bildschirm mit fahlem Gesicht und müden Augen präsentierte, dass so Sieger aussehen. Vielmehr galt jetzt wieder das alte Lied vom Katzenjammer, der unweigerlich dem Rausche folgte. Da, wo im Herbst 2009 die Prahlereien am heftigsten die Runde gemacht hatten, fiel ein Jahr später die Stille, die Sprachlosigkeit, ja: die Depression am vernehmlichsten aus – bei den Freien Demokraten. Soeben noch himmelhochjauchzend duckten sie sich nun zu Tode betrübt, da Mokanzen aller Art über sie, die jetzt als Mövenpick-Partei und Patronageverein für Hoteliers verhöhnt wurden, hereinprasselten. Auf dem Weg zur Partei des ganzen Volkes hatten sich die selbstbewussten Westerwelle-Liberalen im Jahr zuvor noch gewähnt, als sie mit 14,6 Prozent das beste Bundestagswahlergebnis aller Zeiten einfuhren. Nun standen sie wieder an der Fünf-Prozent-Grenze, jenem menetekelgleichen Quorum, das über Gedeih und Verderb politisch-parlamentarischer Existenz entschied.

Es waren freudlose erste Jahre, welche das Traumehepaar Merkel-Westerwelle gemeinsam an der Spitze des Bundeskabinetts verbringen musste. Als der erste Jahrestag der politischen Vermählung von Union und FDP anstand, wollten feierliche Gefühle partout nicht aufkommen. Kein „Schalalalala". Nirgendwo. Stattdessen ätzten, unisono von links bis rechts, die Großkommentatoren der Medienwelt: Gurkentruppe, Rumpelverein, Chaosmannschaft. Die Chiffre von der „Wunschkoalition" rief nur noch verächtlichen Spott hervor. Vielmehr machte die Metapher von der „zerrütteten Ehe" die Runde.[2] In der Regel wurden die traurigen Zustimmungswerte für CDU/CSU und FDP während des ganzen Jahres 2010 auf die nicht minder traurige Bilanz ihres Regierungshandelns zurückgeführt. Aber die Malaise reichte tiefer, lag auch länger zurück. Und bereits am Abend der „Schalalalala"-Gesänge hätte man als aufmerksamer Beobachter feststellen können, dass einiges faul war an der „Mehrheit" des „bürgerlichen Lagers". Schon im Sommer 2009 hatten die Sozialforscher wohl eine parlamentarische Majorität für Union und Freidemokraten

---

[2] Als Beispiele vgl. Fried, Nico: Niederlagen und Niedertracht, in: Süddeutsche Zeitung, 28.10.2010; Lorz, Stephan: Ehekrise nach der Traumhochzeit, in: Börsen-Zeitung, 27.10.2010; Vates, Daniela: Koalition der Extreme, in: Berliner Zeitung, 23.10.2010.

in Umfragen erheben können. Doch zugleich ergaben die Zahlen, dass nur etwa ein Viertel der Wähler eine schwarz-gelbe Koalition wünschte.[3] Gut drei Wochen vor den Bundestagswahlen kam in weiteren Studien verblüffend deutlich zum Vorschein, wie tief im Keller die Kompetenzwerte, die der Demos der CDU/CSU zuschrieb, mittlerweile lagen. Nur kleine Minderheiten trauten der Union zu, die Arbeitslosenzahlen abzubauen, die Steuer- und Abgabenlasten zu mindern oder den Haushalt zu konsolidieren.[4] Am Ende, am 27. September 2009 also, verbuchten die Parteien der „Wunschkoalition" gut 300.000 Wähler weniger als 2005, als es für eine solche Traumhochzeit noch nicht gereicht hatte. Nahm man alle Wahlberechtigten, so kamen CDU/CSU und FDP gerade auf ein Drittel Zustimmung für ihr Regierungsprojekt. Noch keine andere Regierung in der bundesdeutschen Geschichte war mit einer solch geringen Unterstützung in ihr Amt gelangt.

Und so wurde durch den Regierungswechsel 2009 keine neue gesellschaftlich-politische Ära eingeleitet. Die Akteure des schwarz-gelben Kabinettswechsels hatten ebendies, wie wir sahen, in Aussicht gestellt, wie alle ihre Vorgänger, gleich welcher Couleur, in früheren Jahrzehnten schon. Und immer hat auch das Publikum, hatten auch die *Professionals* des politischen Kommentars zunächst daran geglaubt, ein bisschen zumindest. Denn schließlich periodisierten selbst die Fachleute der Geschichtsdeutung, die Historiker also, den Fluss der gesellschaftlichen Zeit gern nach den Daten von Regierungswechseln.

Nur: Gesellschaftliche Mentalitäten und ihre Wechsel vollziehen sich keineswegs entlang von Zeitstrukturen parteipolitisch konstituierter Macht. In der bundesdeutschen Geschichte haben neue Regierungen kaum einmal wirklich neue soziale oder gesellschaftliche Qualitäten begründet. Überwiegend haben sie lediglich längst begonnene, ja: bereits weit fortgeschrittene gesellschaftliche Prozesse in Rechtsformen gegossen und so zum Abschluss gebracht. Auch der viel zitierte Aufbruch hin zu „inneren Reformen" – als Replik auf den

---

[3] Vgl. Geis, Matthias: Wahl ohne Kampf, in: Die Zeit, 02.07.2009.
[4] Vgl. Petersen, Thomas: Der Wahlkampf erwacht aus dem Tiefschlaf, in: Frankfurter Allgemein Zeitung, 02.09.2009.

eher patriarchalischen Konservatismus der Adenauer-Ära – begann nicht erst 1969, fing nicht mit Brandt und Scheel an, sondern setzte sich bereits irgendwann in den frühen 1960er Jahren in Bewegung, nach der Entstehung einer neuen liberal-akademischen Öffentlichkeit im Zuge der „Spiegel-Affäre" 1962. Die erregten Diskussionen um Bildung als Bürgerrecht, um Chancengleichheit und Reformuniversitäten ereigneten sich in den Jahren 1965/66. Das faktische Ende der Hallstein-Doktrin erfolgte 1967. Die hybriden Hoffnungen auf den Segen rundum rationaler staatlicher Planung und Steuerung breiteten sich in der Republik während der Jahre 1967/68 aus.[5] Als Bundeskanzler setzte Willy Brandt den Verlauf fort, initiierte ihn aber nicht.

Spätestens 1973 jedenfalls, im Angesicht der Düsternis und Pessimismus verursachenden Erdölkrise, verloren Zukunftsverheißungen, Progressivitätsallüren und Planbarkeitsversprechen der späten 1960er Jahre erheblich an Plausibilität, erst recht an Aura.[6] Im Kanzlerwechsel 1974 vollzog sich der Wandel der Mentalitäten dann auch personell an der Spitze von Politik und Regierung. An die Stelle des Magiers einer visionären Zukunft trat der Manager gegenwärtiger Krisen. Die oft sentimental erinnerte Sozialliberalität war insofern gut acht Jahre vor dem formalen Ende der sozial-liberalen Koalition bereits versiegt.

Somit: Die geistig-moralische Wende von Helmut Kohl erfolgte nicht erst 1982 mit dem Beginn seiner Regierungsübernahme, sondern eben 1973/74 noch unter Sozialdemokraten und Liberalen.[7] Bereits in den Anfangsjahren des zweiten sozialdemokratischen Bun-

---

[5] Vgl. vor allem Rudolph, Hermann: Mehr als Stagnation und Revolte. Zur politischen Kultur der sechziger Jahre, in: Broszat, Martin (Hrsg.): Essays zur Periodisierung der deutschen Nachkriegsgeschichte, München 1990, S. 141–152.

[6] Vgl. Rödder, Andreas: Die Bundesrepublik Deutschland 1969-1990, München 2004, S. 48f.; vgl. ebenfalls Doering-Manteuffel, Anselm: Nach dem Boom. Brüche und Kontinuitäten der Industriemoderne seit 1970, in: Vierteljahreshefte für Zeitgeschichte, Jg. 55 (2007) H. 4, S. 567ff.; Metzler, Gabriele: Staatsversagen und Unregierbarkeit in den siebziger Jahren?, in: Jarausch, Konrad H. (Hrsg.): Das Ende der Zuversicht? Die siebziger Jahre als Geschichte, Göttingen 2008, S. 243–260.

[7] Hierzu schon sehr pointiert Baring, Arnulf: Die „Wende": Rückblick und Ausblick, in: Bleek, Wilhelm/Maull, Hanns (Hrsg.): Ein ganz normaler Staat?, München 1989, S. 103ff.

deskanzlers setzte die sogenannte „Tendenzwende" ein, als neokonservative Ideen mit wachsender Resonanz zirkulierten, als die klassischen Staatsfunktionen neuen Zuspruch erfuhren, als man der Konsolidität abermals den Vorrang vor Veränderungen gab. Als Kohl acht Jahre später ins Kanzleramt einzog, erlebte die Kultur der Republik infolgedessen auch keineswegs ein restauratives Comeback alter Werte und Tugenden. Denn bezeichnenderweise ging jetzt vielmehr die Zeit der konservativen Hardliner, der Filbingers, Straußens und Dreggers final zu Ende. Die 1980er Jahre wurden zur formativen Sattelzeit rot-grüner Mentalitäten, zum Kulminationspunkt postmaterieller Dispositionen.

In diesem Jahrzehnt legte sich das Land die vielen Radwege zu, zelebrierte noch alternativ-multikulturelle Stadtteilfeste, zogen Hunderttausende für Frieden durch die Straßen, protestierten gegen Umweltverschmutzung und boykottierten staatlich oktroyierte Volksbefragungen.[8] In diesem Jahrzehnt statteten sich etliche Kommunen und öffentliche Einrichtungen erstmals mit Gleichstellungs- bzw. Frauenbeauftragten aus. Als Rot-Grün dann, gewissermaßen um acht Jahre verspätet, 1998 an die Macht gelangte, waren die sozialkulturellen Unterströmungen der 1980er Jahre längst schon in alle Poren der Gesellschaft hineingesickert und hatten dadurch ihre zuvor noch provokativen und konfrontativen Eigenschaften verloren. Wie sonst hätte eine protestantische, geschiedene Frau im Kontext einer von ihrer ganzen Tradition her hochkonservativen, entschieden patriarchalischen und überwiegend katholisch geformten Partei zur ersten Kanzlerin der Republik aufsteigen können? Wie sonst hätten seither christdemokratische Ministerpräsidenten in aller Öffentlichkeit neue Liebesbeziehungen diesseits des für ein ganzes Leben versprochenen Ehebundes knüpfen können, ohne dass sie von stürmischen Protestwellen konservativer Traditionskompanien aus dem Amt gefegt wurden?

Zusammen: Als Rote und Grüne in die Regierungszentrale einzogen, war ihr mittlerweile domestiziertes gesellschaftliches Projekt schon weitgehend realisiert. Sie bekamen es daher dann rasch mit

---

[8] Vgl. Wirsching, Andreas: Abschied vom Provisorium. Geschichte der Bundesrepublik Deutschland. 1982-1990, München 2006, S. 361ff.

Aufgaben im Agenda 2010-Prozess zu tun, auf die sie biografisch denkbar unzulänglich eingestellt waren. Sie mussten jetzt das Gegenteil von dem tun, wofür sie zuvor über dreißig Jahre auf etlichen Parteitagen und in zahlreichen Wahlkämpfen gefochten hatten.

Und 2009 kam alles noch direkter, noch brutaler, noch schneller. Ein gewichtiger Teil des Bürgertums hatte die FDP tatsächlich wegen ihres Kernslogans von der „Steuersenkung" gewählt. Doch dann dominierte in der Öffentlichkeit ganz und gar der Schuldenabbaudiskurs. Auch zuvor noch strikt neoliberale Ökonomieprofessoren und Wirtschaftsredakteure warnten nun vor allzu forschen Senkungen der Steueranteile. Zudem unterliefen der FDP die üblichen Anfängerfehler einer neuen Regierungspartei. Aber entscheidend war, dass die große Erfolgsrhetorik der Liberalen aus dem Sommer 2009 bereits im Herbst des gleichen Jahres wie ein töricht anachronistischer Narrativ erschien, gänzlich aus der Zeit herausgefallen wirkte. Mit dem großen Thema „Steuersenkung" hatte sich die Partei zum Wahlerfolg katapultiert; die jähe Entzauberung des Themas drückte sie dann mit Aplomb nach unten. Und so stand die Ein-Themen-Partei plötzlich ganz ohne Slogan oder gar Erzählung dar, war zur Null-Themen-Partei geschrumpft, wie es allenthalben nun spöttisch kommentiert wurde.[9] Noch nie hatten die im Übrigen konstanten Gesetzmäßigkeiten deutscher Machtwechsel ihren Vollzugsorganen so prompt und hart ins Gesicht geschlagen: Vollzog sich der Wandel, dann war das, wofür seine Agenten standen, gewissermaßen „durch" – und abgehakt. Etwas Neues hatte zu kommen, wofür indes die Protagonisten der Regierungstransformation alles andere als adäquat präpariert waren.

So auch jetzt wieder. Das politische Führungspersonal der Merkel-Rösler-Regierung ist unisono in der unbekümmerten Frühlingsstimmung der individualistischen Aufbrüche der letzten Jahre politisch groß geworden. Ihm fehlt daher das Sensorium für die Probleme des anstehenden Herbstes eines gerade im transnationalen Maßstab kooperations- und steuerungsschwachen Liberalismus. So sind Christ- und Freidemokraten – aber nicht nur ihnen – die politischen

---

[9] Beispielhaft etwa Brost, Marc/Hildebrandt, Tina: Die Letzte macht das Licht aus, in: Die Zeit, 02.06.2010.

Erzählungen für eine mittlere Zukunft ausgegangen. Man nennt das, was übrig geblieben ist, nunmehr euphemistisch „Pragmatismus" und stattet ihn lobend mit dem Etikett sachgerechter Vernunft aus. Dabei ist seit Jahren bereits kaum mehr zu ignorieren, was der langjährige Leiter der Wirtschaftsredaktion der *Neuen Zürcher Zeitung*, Gerhard Schwarz, drastisch deutlich gemacht hat:

> „Wenn man schon eine Geisteshaltung dem Ideologieverdacht aussetzen sollte, dann nicht eine, die sich klar als Weltanschauung versteht, sondern eben diesen Pragmatismus, der sehr wohl ein einziges, einseitiges Prinzip kennt, nämlich, sich an nichts zu messen außer allenfalls an Wahl- oder Abstimmungserfolgen, der aber so tut, als basiere er nicht auf Werten und Prinzipien, sondern sei objektiv, wertfrei und realistisch."[10]

Jedenfalls: Politik ohne Erzählung trivialisiert sich, verliert an Spannung und Bedeutung, zieht gerade begabte Naturen mit weit angelegten Ambitionen und Vorstellungen nicht mehr an. Ohne Ziele und Sinnperspektiven fehlt die Richtschnur, mangelt es an einer Grammatik des politischen Handelns. Denn allein Ziele orientieren; nur sie motivieren und vergemeinschaften Individuen.[11] Narrative setzen die Horizonte, stiften die regulative Idee, welche überindividuelle Zusammenschlüsse benötigen, um sich auf Dauer zu stellen, um in der Gegenwart kraftvoll und mit sicherem Blick auf die Zukunft zu handeln.[12] Ziellosigkeit dagegen produziert Leere, fördert hektische wie richtungslose Betriebsamkeit, mündet schließlich in Paralyse und letztlich in Apathie. CDU und FDP haben im März 2011, im Vor- und Umfeld der Landtagswahlen in Baden-Württemberg, das Stadium der richtungslosen Betriebsamkeit zweifelsohne erreicht. „Auf der

---

[10] Schwarz, Gerhard: Liberalismus ohne Werte ist wertlos. Über Ideologieverdacht, Wertfreiheit und traditionelle Tugenden, in: Mut, Nr. 510, März 2010, S. 48 – 65.

[11] Vgl. hierzu und im Folgenden Fuse, Jan A.: Links oder rechts oder ganz woanders? Zur Konstruktion der politischen Landschaft, in: Österreichische Zeitschrift für Politikwissenschaft, Jg. 33 (2004) H. 2, S. 209 – 226; Weber, Florian: Emotionalisierung, Zivilität und Rationalität, in: Österreichische Zeitschrift für Politikwissenschaft, Jg. 36 (2007) H. 1, S. 7 – 22.

[12] Aus Sicht der Motivationspsychologie vgl. Heckhausen, Jutta/Heckhausen, Heinz: Motivation und Handeln, 3. Aufl., Heidelberg 2007.

Flucht vor dem Volkszorn", kommentierte ersichtlich zornig der Ressortchef für Innenpolitik in der *Frankfurter Allgemeinen Zeitung*, Stefan Dietrich, „hat die Koalition so viel Ballast abgeworfen, dass ihre Abgeordneten sich selbst nicht wiedererkennen. Von der so oft beschworenen Orientierung an christlichen und liberalen Werten bleibt nur noch Orientierungslosigkeit."[13]

Dabei: Gerade die klassischen Aktivisten der CDU/CSU sind im eindeutig orientierenden Weltanschauungs- und Lagerdenken groß geworden. Und es waren keine schlechten Zeiten, die sie damit erlebten. Denn die Christdemokratie konstituierte, so jedenfalls ihre Eigeninterpretation, das Lager der Mitte, der Bürgerlichen, all jener grundsoliden Menschen von Ordnung und Recht. Das andere, gegnerische Lager hingegen bestand aus Chaoten, aus Systemfeinden, Verächtern von Moral und Gesittung. Mandatsträger, Funktionäre und Mitglieder der Christlichen Union hatten über Jahrzehnte ihr Selbstwertgefühl daraus gezogen, dass sie sich ganz selbstverständlich als Teil und Ausdruck dieser vernünftigen Mitte und staatstragenden Mehrheit der bundesdeutschen Gesellschaft fühlten.

Von Adenauer bis Kohl bedeuteten Wahlkämpfe daher stets eines: Man hatte den roten Gegner mit scharf munitionierten Attacken aus dem gesellschaftlichen Zentrum fortzutreiben und das Bürgertum durch düstere Andeutungen über drohende Gefahren des Chaos und Eigentumsverlustes in Furcht und Schrecken zu versetzen. Selbst warb man als eine kämpferische Allianz für Religion, Familie, Fleiß, Ordnung, Staatstreue, Heimat etc. Und man konnte mit großer Zuverlässigkeit kalkulieren, auf diese Weise die eigenen Reihen zu schließen, das Wahlvolk von Mitte bis rechts hinter sich zu scharen – und „Sozen", „Grüne" und „68er" am Wahlsonntag ordentlich zu demütigen. Das Rezept ging über Jahrzehnte auf, schien überhaupt probat für ewige Zeiten zu sein.

Indes: Die Werterebellion der 1960er/70er Jahre, die aus dem akademischen Nachwuchs der bildungsbürgerlichen Mitte hervorging, nagte an dieser orientierenden Rezeptur, unterspülte sie schließlich im Laufe der folgenden Jahrzehnte. Die neuen Kohorten in der

---

[13] Dietrich, Stefan: Die Bundesregierung auf der Verliererstraße, in: Frankfurter Allgemeine Zeitung, 27.03.2011.

Schicht der „Gebildeten" siedelten sich – erstmals im 19. und 20. Jahrhundert – mehrheitlich im linken Spektrum an, orientierten sich dann ab 1980 zunehmend an den Grünen. Das markierte den ersten Riss im bürgerlichen Lager. Ein Jahrzehnt später verabschiedeten sich auch die hochagilen, oft nun religions-, heimat- und familienlosen jungen Wirtschaftsbürger von den eher traditionalistischen, frommen, ehetreuen, sesshaften Kleinbürgern älterer Fasson. So spaltet sich das bürgerliche Lager auf, nach Generationen, Lebensstilen und Wertvorstellungen, welche zuvor doch die Klammer zwischen den Eigenwelten bildeten. Eine normative Integrationsformel existierte jetzt nicht mehr, die das neu gebrochene Bürgertum noch hätte einigen und christdemokratisch sammeln können.

Das wirkte auf die Politik der Union zurück, der es mehr und mehr misslang, einen Wertebogen vom klassischen Sozialkatholizismus ihres Kolping-Milieus über die verblassende Deutschnationalität älterer Semester bis hin zum betriebsamen, global changierenden Individualbürgertum der jungen Generation zu schlagen. Und die Union konnte in den Kampagnen, in Wahlkämpfen nicht mehr mit der selbstverständlichen Mehrheitsfähigkeit ihres Wertekanons rechnen. Im Gegenteil. Gerade explizite Lagerwahlkämpfe gingen jetzt reihenweise verloren. Nur: Die CDU hatte es lange nicht wahrgenommen, auch nicht wahrhaben wollen, dass Mitte und Bürgertum auf der einen und Christdemokraten auf der anderen Seite politisch nicht mehr selbstverständlich zusammenfielen, nicht mehr per se symbiotisch alliierten. Und als es der Union dämmerte, griff sie in ihrer strategischen Ratlosigkeit in der zweiten Hälfte des letzten Jahrhunderts auf die Taktik der asymmetrischen Demobilisierung zurück. Hatte man selbst Probleme mit der Aktivierung der sympathisierenden Bataillone, dann musste man eben so vorgehen, dass auch der Gegner nicht in Aktion zu kommen vermochte. Und so enteigneten sich CDU wie CSU gewissermaßen selbst.

Das Dilemma der Union dokumentiert sich ebenfalls in ihrem gebrochenen Verhältnis zur eigenen, selbst geschaffenen Sozialstaatlichkeit. Die Republik lebt verblüffend lange schon mit dem weitverbreiteten Missverständnis, dass der deutsche Sozialstaat eine sozialdemokratische Kreation sei. Doch die grundlegenden sozialstaatlichen Weichenstellungen fanden in den Jahren 1883, 1884 und 1889 mit der Kranken-, Unfall- und Invaliditäts- wie Altersversicherung, dann 1927 mit der Arbeitslosenversicherung, vor allem 1957 über die Rentenreform und schließlich 1995 in Gestalt der Pflegeversicherung statt, als die deutschen Sozialdemokraten durchweg auf den Bänken der Opposition saßen.[14] Mitunter wird der deutsche Sozialstaat daher ursprünglich auf Otto von Bismarck zurückgeführt. Doch auch das trifft es im Kern nicht. Der deutsche Sozialstaat ist in seiner Substanz weder sozialdemokratisch noch konservativ und erst recht nicht liberal. Er ist katholisch. In allen Fällen haben katholische Politiker die Philosophie und Struktur deutscher Sozialstaatlichkeit geprägt. Wäre es nach dem Eisernen Kanzler gegangen, dann wären die Sozialreformen durch Zwangsversicherungen und Steuern staatlich fundamentiert worden. Doch die katholischen Politiker, auf deren Votum Bismarck angewiesen war, setzten sich durch. Sie gründeten die Sozialreformen auf Selbstverwaltung sowie Beitragszahlung von Arbeitnehmern und Arbeitgebern, um den Rechtsanspruch der arbeitenden Beitragszahler und die sozialethische Pflicht von Unternehmern gegenüber den ihnen ihre Arbeitskraft zur Verfügung stellenden Menschen erfahrbar zu machen.[15] Das ist bis in die Gegenwart die vorherrschende Logik des Sozialstaats in Deutschland. Das wirtschaftsliberale Bürgertum hatte damit immer ein Problem.

Nun aber ging dieses überwiegend protestantische Bürgertum nach 1945 das politische Bündnis mit den Katholiken in Gestalt der CDU ein. Doch die Differenzen verschwanden dadurch nicht. Auch die große Rentenreform von 1957 ging auf die Impulse sozialkatholischer Reformer zurück.[16] Und sie setzten sich allein deshalb durch,

---

[14] Vgl. Ritter, Gerhard A.: Soziale Frage in Deutschland und Sozialpolitik seit Beginn des 19. Jahrhunderts, Opladen 1998; Kaufmann, Franz-Xaver: Varianten des Wohlfahrtsstaates. Der deutsche Sozialstaat im internationalen Vergleich, Frankfurt a. M. 2003, hier S. 259ff.

[15] Große Kracht, Hermann-Josef: Wohlfahrtsstaatliches Unwohlsein, in: Herder Korrespondenz, Jg. 61 (2007) H. 2, S. 100 – 104, hier S. 101.

[16] Hockerts, Hans Gunter: Sozialpolitische Entscheidungen im Nachkriegsdeutschland: Alliierte und deutsche Sozialversicherungspolitik 1945 bis 1957, Stuttgart 1980, hier S. 216ff; vgl. weiterführend in diesem Band den Beitrag von Messinger/Sören, Wypchol, Yvonne/Humboldt, Nils: Sozialpolitik: Zwischen Sozialkatholizismus und liberalem Individualismus.

weil sie in Bundeskanzler Konrad Adenauer einen raffiniert agierenden Befürworter fanden, der zäh und listig die zahlreichen Widerstände in seiner Partei, Fraktion und Ministerriege beiseite räumte. Wohl kein anderes innenpolitisches Gesetz war über Jahrzehnte in Deutschland populärer und gewissermaßen demokratiestabilisierender als die dynamische Rente. Binnen weniger Monate verbesserte sich das materielle Auskommen der älteren Bundesbürger grundlegend und langfristig. Die Reform sicherte der Christlichen Union über etliche Legislaturperioden die Zustimmung der über sechzigjährigen Wähler. Das domestizierte ihren bürgerlichen Flügel eine ganze historische Weile; doch ihren Frieden schlossen die Repräsentanten der Banken und Versicherungswirtschaft nie mit dem sozialkatholisch inspirierten Generationenvertrag – und mit der stärkeren Protestantisierung und Verbürgerlichung der Partei nach 1990 setzte sich dann das neuliberale Spektrum in der Union zulasten der auch lebensweltlich schrumpfenden Sozialkatholizität mehr und mehr durch.

Im Laufe der 1990er Jahre jedenfalls wurden sozialkatholische bzw. konservativ-sozialpaternalistische Prägungen unter den Anführern der CDU rar, ohne dass an deren Stelle vergleichbar tief verwurzelte, lagerüberspannende Einstellungsmuster an ihre Stelle getreten wären. Die Öffnung und Liberalisierung der Partei führte zu spirituellen Freiflächen. Zu einer neuen Werteintegration war das säkularisierte und individualisierte Bürgertum in Deutschland immer weniger in der Lage. Und aus diesem Dilemma hat die Union bislang keinen politisch erfolgreichen Ausweg gefunden. Denn schließlich kennt sie das Ziel eines solchen Weges auch nicht. Die Christdemokraten in Deutschland haben kein Kanaan mehr, wohin sie ihre Anhänger führen könnten. Früher galt die nivellierte Mittelstandsgesellschaft als eine Art gelobtes Land. Man strebte eine gerechte Reziprozität von Leistungen und Gegenleistungen an, kreierte dafür das Bild von der großen gesellschaftlichen Familie, in der Unternehmer wie Arbeitnehmer einträchtig in dem einen großen Boot saßen. Waren die einen fleißig, machten die anderen ordentliche Gewinne. Fielen die Renditen der Letzteren üppig aus, dann erhöhten sich ebenfalls die Löhne und Gehälter der Ersteren. Bildete man sich strebsam fort, dann winkte der soziale Aufstieg. Das war christdemokratischer Kanon von Adenauer bis Kohl. Doch schon unter Kohl geriet dieses Äquivalenzprinzip in Unordnung, verlor an Glaubwürdigkeit. So kam der CDU ihr grundlegendes gesellschaftliches Modell sukzessive abhanden. Und dazu kam noch der Schwund der traditionellen Bürgerlichkeit in der Gesellschaft, welcher der CDU zu schaffen machte und nach wie vor zu schaffen macht.[17] In den Feuilletons ließen sich zyklisch Beiträge über die Renaissance der Bürgerlichkeit lesen. Doch mindestens ebenso viel spricht dafür, dass sich das Bürgertum, wie man es gekannt hatte und wie es über vierzig Jahre in der Bundesrepublik politisch hegemonial war, als eindeutig charakterisierte Sozialformation eher in einem Auflösungsprozess befindet. Als politische Einheit wurde dieses Bürgertum lange geprägt und zusammengehalten durch den sozialistischen Gegner. Hinzu kamen einige kulturell einheitsstiftende Werte wie Fleiß, Arbeitsdisziplin, humanistische Bildung, Distinktion, Diskretion, Sparsamkeit, auch die Orientierung auf die Familie, die Heimat, die Nation, die Religion.[18] Diese Art der Bürgerlichkeit ist mittlerweile weitgehend Vergangenheit. Der alte linke, militant agierende Gegner ist fort; die herkömmlichen bürgerlichen Werte sind durch eine amorphe und instabile Neumittigkeit ersetzt, in der weder Diskretion noch humanistische Bildung, weder Heimat noch Religion eine tragende Rolle spielen. Renate Köcher hat vor einiger Zeit bereits auf den grundlegenden Wandel der Interessenorientierungen (in Bezug auf politisches Engagement, wirtschaftliche Kenntnisse, Umweltthemen, Literatur und klassische Musik) im Generationenwechsel hingewiesen:

> „Diese Veränderungen ergeben ein Muster: Fast alle Themen, die zum einen mit dem klassischen Bildungskanon und zum anderen mit der gesellschaftlichen Entwicklung verbunden sind, finden heute weniger Aufmerksamkeit, während Informationen, die unmittelbar auf den eigenen Alltag übertragen werden können und zur Optimierung von Beruf,

---

[17] Hierzu auch Seibt, Constantin: Lohnt es sich bürgerlich zu werden?, in: Tages-Anzeiger (Zürich), 25.04.2010.

[18] Vgl. Schulz, Andreas: Lebenswelt und Kultur des Bürgertums im 19. und 20. Jahrhundert, München 2005, hier S. 19ff; Budde, Gunilla: Blütezeit des Bürgertums, Darmstadt 2009, hier S. 11ff; Schäfer, Michael: Geschichte des Bürgertums, Köln-Weimar-Wien 2009, hier S. 107ff.

Kaufentscheidungen und Privatleben dienlich sind, stabiles oder sogar größeres Interesse finden."[19]

Die klassischen Bürgertumswerte sind gerade zwischen den Generationen im christdemokratischen Anhang strittig geworden. Diese Entwicklung gipfelte im Winter 2011 in die Guttenberg-Affäre. Der damalige Verteidigungsminister hatte, woran von Anfang an Zweifel nicht bestehen konnten, das geistige Eigentum anderer Bürger enteignet. Er hatte die Anstrengungen anderer Menschen als die eigenen ausgegeben. Er ließ sich mit einem exklusiven Leistungszertifikat ausstatten, für welches er adäquate Leistungen nicht erbracht hatte. Das alles war unehrbar, unanständig, kurz: durch und durch unbürgerlich.

Aber die christdemokratische Regierungschefin, der bayerische Ministerpräsident und nicht wenige weitere Christdemokraten gingen in ihren ersten Reaktionen damit denkbar wurschtig um.[20] Es schien nun all das nicht mehr zu zählen, was für das Bürgertum als treibende und formative Gruppe einer zivilisierten Gesellschaft zuvor zumindest rhetorisch stets als ehern galt: Wohlstand und Reputation konnten nur Ausfluss einer ehrlich erbrachten Arbeit sein; gediegene Ausbildung und hohe Qualifikation waren unabdingbare Voraussetzungen für ein ordentliches, verlässliches, kalkulierbares Wirtschaftsleben. Noch am 10. März 2011 reklamierte der CDU-Kultusminister von Niedersachsen, Bernd Althusmann, in einem Interview mit der Zeit, dass „Leistung immer ein Thema" der Christdemokraten gewesen sei. Hingegen „spürt (man) immer wieder, dass den Sozialdemokraten die Leistung der Schüler nicht so wichtig ist. Ohne unseren ständigen Druck würden Standards schnell fallen gelassen".[21] Vier Monate später schrieb der Bielefelder Professor für Soziologie, Ste-

---

[19] Köcher, Renate: Der schleichende Abschied vom klassischen Bildungskanon, in: Frankfurter Allgemeine Zeitung, 20.08.2008.

[20] Hierzu u.a. Püttmann, Andreas: Stationen einer Geisterfahrt, in: Frankfurter Allgemeine Sonntagszeitung, 13.03.2011; Schlüter, Christian: Die totalitäre Versuchung, in: Frankfurter Rundschau, 02.03.2011; Schmid, Thomas: Der Gefallene, in: Die Welt, 02.03.2011.

[21] Kerstan, Thomas: „Pragmatismus ist ein Wesenszug der CDU", Interview mit Bernd Althusmann, in: Die Zeit, 10.03.2011.

fan Kühl, über die Promotionsleistung eben dieses – politisch, dem Vernehmen nach, durchaus tüchtigen – CDU-Ministers:

„Wer sich die Analyse der aus Textversatzstücken zusammengeschusterten Dissertation des niedersächsischen Kultusministers und Vorsitzenden der deutschen Kultusministerkonferenz Bernd Althusmann im Internet ansieht, wird wohl mehr über die Methoden des ‚verschleierten Kopieren', des Schmückens mit ‚fremden Federn', der ‚ungekennzeichneten Übernahme' und des ‚ausgefransten Zitats' oder des Ablenkungsmanövers ‚Nebelbombe' lernen, als er sich in den vielfältigen Studienführern zur Abfassung einer Promotion aneignen kann."[22]

Akademische Zertifikate sollten die Bestätigung von individuell bewiesenen Kompetenzen, überprüfbaren Kenntnissen, einer belegten Reife sein. Das alles unterschied das Bürgertum immerhin ein gutes Jahrhundert lang vom Adel, in dem die Privilegien von Herkunft und Stand weit wichtiger waren als Befähigung und eigenständige Produktivität. Der Soziologe Sighard Neckel hat daher die gesellschaftlichen Prozesse der letzten Jahre als „Refeudalisierung" des Bürgertums beschrieben, als einen „Kapitalismus ohne Bürgertum"[23]. Und ein Zufall war es sicher nicht, dass CDU und CSU, denen die bürgerlichen Konventionen zunehmend entglitten, den Spross eines fränkischen Adelsgeschlechts seit 2009 nach vorne geschoben hatten, um von dessen Habitus und Auftritt stilistisch zu profitieren. Doch in einem refeudalisierten System stehen Leistung und Belohnung eben in keinem nachvollziehbaren kausalen Nexus zueinander.

Doch darf man die Feudalitätsthese gewiss nicht übertreiben. Die primär christdemokratisch ausgeprägte Mittelschichtigkeit, die sich stets mit dem Bildungsanspruch ideologisch versehen hatte, setzte sich bei der Behandlung der Guttenberg-Affäre letztlich doch durch. Schließlich ging es um handfeste Interessen, auch und gerade der ursprünglich christdemokratisch formierten akademischen Mitte. Den akademisch-arrivierten Mittelschichten mit Hochschulzertifikaten dämmerte, dass die Nonchalance der CDU-Granden und Gutten-

---

[22] Kühl, Stefan: Empört euch!, in: Süddeutsche Zeitung, 16.07.2011.
[23] Vgl. Neckel, Sighard: Refeudalisierung der Ökonomie. Zum Strukturwandel kapitalistischer Wirtschaft, in: MPIfG Working Paper 10/6.

berg-Apologeten – „was sind schon Fußnoten"; „scheiß was auf den Doktor" – ihre Berechtigungsausweise für berufliche Erfolge und gesellschaftliche Statuspositionen gefährdete.

Eine ordentliche und selbstverfasste Promotionsarbeit ist anstrengend, sie zieht sich hin; man erlebt Durststrecken des Selbstzweifels, ist Versuchungen ausgesetzt, das schwierige Dissertationsprojekt hinzuwerfen. Aber man steht die Sache durch, weil „der Doktor" hilfreich ist für das berufliche Fortkommen, unabdingbar sowieso für eine universitäre Karriere, für den ersehnten Lehrstuhl. Der akademische Grad und offizielle Titel vor dem eigenen Namen ist in dieser Lebenswelt ein begehrtes Distinktionsmittel. Man hebt sich ab und kann das mit besonderen Leistungen begründen. Wer Doktor ist, verfügt über exklusives berufliches und kulturelles, dadurch oft auch ökonomisches Kapital, das andere wohl begehren mögen, aber nicht besitzen können.

Zu drohte dieses Kapital der akademisch-arrivierten Mittelschichten, gleichsam Kern ihres Stolzes und Basis vieler Privilegien, zu zerstören, jedenfalls Stück für Stück zu entwerten. Gerade die deutschen Mittelschichten aber fürchten Inflationen aller Art, welche unweigerlich Entwertung ihrer Besitztümer, den Verfall von Positionen in der gesellschaftlichen Hierarchie zur Folge haben. Denn die akademische Mitte hat das im 20. Jahrhundert zweimal bitter erlebt. Die Inflation wirkte für sie niederschmetternd nivellierend, da Abstände nach unten verloren gingen, Eigentum zerrann und die gesellschaftlichen Ansehensprämien nicht mehr geltend gemacht werden konnten. Der saloppe Umgang mit dem Reglement und Anspruch einer Promotion in Kreisen der CDU wirkte wie eine Inflation. Wenn man es so machen durfte wie zu Guttenberg und dies als lässlicher Akt großzügig zu behandeln ist, dann musste der „Doktor" unweigerlich an Rang und Bedeutung einbüßen. Dann drohte die Promotion zur Trivialität herabzusinken, zum Gegenstand von Süffisanz und Herablassung zu werden. Das erschien dem alten klassischen Bildungsbürgertum dann doch wie ein Menetekel.

Denn vieles war nicht mehr so, wie man es lange gekannt hatte. Gut dreißig Jahre lang hatten die christdemokratischen Parteien gegen 68er und ihr angeblich permissives Verhältnis zu Moral und Sitte, zu Institutionen und Verpflichtungen, zu Gott und Kirche gestritten.

Doch zuletzt hatten gerade CDU/CSU-Politiker Gefallen daran gefunden, sich nicht mehr allzu sehr an irgendwelche Moralvorstellungen zu binden. Nun genossen sie es, in wechselnden Lebensabschnitten neue Rollen auszuprobieren, goutierten die Nonchalancen einer aller Zügel entledigten Egozentrik. Ja mehr noch: Man gewann während der letzten Jahre den Eindruck, die alten linken Gegner mit 68er-Prägung hatten dies alles längst hinter sich gelassen, hatten bereits die Mühen und unangenehmen Folgen libertärer Entbindungsanstrengungen erlebt wie durchlitten, waren daher in den vergangenen Jahren eher zur Bodenhaftung zurückgekehrt, in die Häfen fester Beziehungen und kalkulierbarer Gewohnheiten eingelaufen, waren gewissermaßen ordentlich und berechenbar geworden.

Ganz anders hingegen die jäh sich ihrer Traditionen entledigenden Unions-Politiker: Sie streiften plötzlich die Verpflichtungen ab, die ihnen zuvor nachgerade heilig zu sein schienen, die sie wieder und wieder gegen den vermeintlichen Werteverfall der 68er ins Feld geführt hatten. 2010 waren es ausschließlich bürgerliche Politiker, Männer der CDU, die ihre Mandate hinwarfen, als wären es belanglose Karnevalsorden oder beliebige Sportabzeichen.[24] Braun gebrannt und gut erholt vom Urlaub auf Sylt erklärte der Erste Bürgermeister von Hamburg, Ole von Beust, dass er nicht mehr ausüben wolle, wozu er zwei Jahre zuvor noch angetreten und von den Wählern beauftragt worden war. Und Roland Koch, der Anführer des christdemokratischen Konservatismus, jener selbsterklärten Prätorianergarde von Disziplin, Anstand und treuer Pflichterfüllung, der Ministerpräsident aus Hessen also, entdeckte im zweiten Jahr seiner Legislaturperiode, dass auch andere Lebenspläne attraktiv sein könnten; und er wollte einen Neustart außerhalb der Politik versuchen. Auch Bundespräsident Horst Köhler mochte nicht mehr im Amt ausharren, das ihm ein Jahr zuvor ein zweites Mal anvertraut worden war. Für Christdemokraten alten Schlages musste dieses Verhalten Kapitulation und Verrat bedeutet haben. Die eigenen Leute begingen Fahnenflucht, erwiesen sich als schmähliche Deserteure. Nichts hätte genuinen Konservativen verwerflicher sein können. Libertinage, Hedonis-

---

[24] Vgl. unter vielen Kommentaren Kraul, Torsten: Der dritte Rücktritt in einer ratlosen Partei, in: Welt am Sonntag, 20.06.2010.

mus, Toskana-Vergnüglichkeiten, Diebstahl fremden geistigen Eigentums, Etikettenschwindel, mangelnde Seriosität, schlampiges Handwerk. Und dann erschütterte noch Walter Kohl, Sohn des großen Kanzlers der Einheit, die Welt und Wahrnehmung der konservativ-christdemokratischen Familie.[25] Immer wieder hatte Helmut Kohl in seiner Zeit als *Padre* der CDU deren Parteitage emotionalisieren können, wenn er den Wert der gesellschaftlichen Keimzelle „Familie" – „Familje", wie er es pfälzisch intonierte – herausstellte. Die Christdemokraten waren in ihrem eigenen Selbstverständnis Wächter und Herolde der „Familie", welche man vor der Libertinage von Sozialdemokraten und 68er schützen musste. Doch der Sohn von Helmut Kohl, dem Suizid aus Verzweiflung zeitweise nahe, schrieb auf, dass nichts davon für die Familie Kohl wirklich galt. Der Vater war nie zugegen, ging ganz in der Partei und ihren Männerbünden auf, vernachlässigte Frau und Kinder, nutzte sie nur als kunstvoll ausstaffierte Kulisse von Heimeligkeit für die Medien und das eigene Parteivolk, sprang im Übrigen mit den Seinen denkbar hartherzig um. Seinen ältesten Sohn verstieß er, kühl, hart, einsilbig.[26]

Auch die scheinbar ewigen Stützpfeiler der Kirche, insbesondere der katholischen, tragen und stabilisieren noch. Die Gläubigen bildeten über Jahrzehnte die große Reservearmee der Christlichen Partei. Episkopat und Ortspfarrer leisteten Mobilisierungshilfe bei Wahlen. Und das christliche Bekenntnis schlug den Integrationsbogen zum Zusammenhalt der heterogenen, weiten Volkspartei. Nach 2009 indessen hatten die Kirchen, die katholische vorneweg, ihre eigenen Probleme, hatten daher weder Zeit noch Sinn, weder Ressourcen noch Fußtruppen, um der Christdemokratischen Partei in ihren schweren Stunden beizustehen. Denn die Not des institutionalisierten Christentums war nicht geringer. Zwischen 1990 und 2010 hatten rund 6,5 Millionen katholischer und evangelischer Christen ihre Kir-

---

[25] Kohl, Walter: Leben oder gelebt werden. Schritte auf dem Weg zur Versöhnung, München 2011.

[26] Auch Geyer, Christian: Ausstieg aus dem Phantomleben, in: Frankfurter Allgemeine Zeitung, 03.02.2011.

chenmitgliedschaft aufgekündigt[27] – was allein die Einwohnerzahl von Ländern wie Dänemark, Norwegen oder Finnland übertraf. In zusätzliche Bedrängnis geriet 2010 der Katholizismus, als Fälle von Kindesmissbrauch in seinen Bereich ruchbar wurden und wochenlang ein beherrschendes Thema in den Medien bildeten. Die katholische Kirche war und ist zutiefst verunsichert, angenagt von Zweifeln, wie viel Zukunft sie selbst noch besitzen mag, da sich das früher so hierarchiegehorsame Kirchenvolk nicht mehr an Gebote und Moralvorstellungen hält, die ihre Institution vorzugeben versucht. Und die Reste des Kernkatholizismus erkennen in ihrer zunehmenden gesellschaftlichen Randstellung auch in der CDU keinen Adressaten zum Schutz ihrer Position und Einstellungen mehr. Die Partei erscheint ihnen säkularisiert, der Moderne verfallen und wo noch Vertreter des Christentums in Spitzenposten erkennbar sind, da handelt es sich überwiegend um Protestanten – in einer Dominanz, die es in all den Jahrzehnten seit Gründung der Partei zuvor niemals gegeben hatte: die Bundeskanzlerin, der Innenminister, die Ministerin für Arbeit und Soziales, der Finanzminister, der Fraktionsvorsitzende, der Kanzleramtschef – allesamt: Protestanten. Die christdemokratischen Ministerpräsidenten in den großen Flächenländern Baden-Württemberg, Hessen, Niedersachsen – auch sie durchweg evangelisch wie ebenfalls diejenigen in Thüringen und Schleswig-Holstein. Gläubige Katholiken, die Sonntag für Sonntag den Gottesdienst besuchen, fremdeln deshalb mit ihrer Partei, gehen in die innere Emigration, machen nicht mehr mit.

Aber sie wählen gleichwohl nicht die Sozialdemokraten, nicht die Liberalen, auch nicht die Grünen und erst recht nicht die Linken. Überwiegend wählen sie, mangels Alternativen und ohne große innere Begeisterung, dann doch ihre angestammte Christdemokratische Partei. In den verbliebenen Hochburgen des ländlichen Katholizismus kommen Christdemokraten weiterhin auf Spitzenwerte von rund fünfzig Prozent und etwas mehr. Aber die Zugehörigen dieser „traditionsverwurzelten Lebenswelten", wie Sozialforscher diese Gruppe nennen, stehen ganz überwiegend in einem Alter, mit dem man das

---

[27] Vgl. auch Graf, Friedrich Wilhelm: Was wird aus den Kirchen, in: Frankfurter Allgemeine Zeitung, 01.04.2010.

Rentner- bzw. Pensionärsdasein erreicht hat. Sie gehören einer Generation an, die noch durch die Adenauerjahre geformt wurde. Sie werden bald nicht mehr da sein. Und ihre grundkonservative Einstellung haben sie auch – in Sachen Kirche, Religion, weibliche Erwerbsarbeit, Sexualität – innerfamiliär nicht ungebrochen weitergeben können. Roh formuliert: Die CDU-Konservativen werden in den nächsten 10-15 Jahren wegsterben.

In der Führungsspitze der CDU/CSU hat sich seit Jahren die Überzeugung festgesetzt, dass die Zeit für konservative Narrative einfach vorbei ist, dass nüchterner Pragmatismus mehr zählt als wolkige Politpoesie. Und gerade die Merkel-CDU hat ihre Nicht-Weltanschaulichkeit explizit herausgekehrt, hat deutlich machen wollen, dass sie den Konservatismus früherer Kerngruppen für überkommenen, weltfremden Ballast hält, den man nur aus taktischen Gründen – noch sind einige davon eben nicht unwichtige Wähler – für ein paar Jahre „mitnimmt", um dann das Probleme final zu „entsorgen".

Dass es rundum unmöglich ist, aus der eigenen Vergangenheit mit durchaus modernisierungskritischen Tönen ein zukunftsträchtiges, gewinnbringendes Modell zu schaffen, haben dabei gerade frühere Stammwähler in lang überlieferten Zentren der katholisch-christlichen Demokratie seit einiger Zeit bereits bewiesen: die Winzer in Baden, im Rheinland und an der Mosel. In diesen Gegenden bekam die Union in ihren guten Zeiten weithin über sechzig Prozent der Stimmen. Doch vollzog sich auch in diesen Regionen im Laufe der 1970er/80er Jahre ein Generations- und Einstellungswandel. Eine neue Kohorte von Winzern löste sich von der schonungslosen Mengenproduktion der Väter, die in der christdemokratisch begründeten Wohlstandsgesellschaft der 1960er Jahre mit üppiger Flächennutzung pappig-süßliche Massenerzeugnisse für eine gewachsene Konsumentenschaft boten. Aber so kam der Wein (nicht nur) bei Connaisseuren in Verruf. Die ökologischen Schäden wurden ruchbar. Jungwinzer erinnerten sich nun an die Traditionen der Groß- und Urgroßeltern. Und sie änderten Zug um Zug die „Philosophie". Alle Weingüter, die etwas auf sich und ihre Qualität halten, beginnen heute ihre Selbstdarstellung, ob im Print-Prospekt oder beim Internetauftritt, mit der Präsentation ihrer „Philosophie". Und immer wird die „Tradition" groß geschrieben, der behutsame, sorgsame Umgang mit der Natur betont, auf gebietstypische Pflege der Reben hingewiesen, die Geschichte der heimatlichen Böden, Kirchen und Kulturen stolz in Erinnerung gerufen. Und zugleich achtet man darauf, die Tradition mit der eigenen Fortschrittlichkeit eng zu verknüpfen, das eine aus dem anderen herzuleiten. Im Grunde haben die Winzer vorgemacht, was der CDU ebenfalls hätte gelingen können, was sie aber geradezu ignorant versäumt hat: Die Ökologie als konservativen Erzählstrang aufzunehmen und in eine moderne politische Semantik zu überführen.

Kurzum: Dem Altbildungsbürgerlichen und genuin Konservativen in der CDU schwankt der Boden. Auch deshalb müssten im Grunde goldene Jahre für die neumittigen und neokapitalistischen Liberalen angebrochen sein, die sich ja bereits in den 1970er Jahren vom herkömmlichen Honoratiorentum nationalliberaler Bildungsbürgerlichkeit verabschiedet hatten. Schließlich nehmen wir überdies Abschied von den Strukturen und Organisationen der Großkollektivität, von den strengen sozialmoralisch großflächigen Weltanschauungen. Auch deshalb wuchs zuletzt ja die mentale Differenz der Bevölkerungsmehrheit gegenüber den beiden Großparteien stetig an.

Indes taugt der entbundene Bürger nicht recht für die verbindliche, zähe, langwierige Politik, zumindest nicht für Parteien. Parteien haben feste Rituale, verbindliche Normen und gemeinschaftliche Strukturen. Der entbundene Bürger und der auf ihn setzende Neuliberalismus freidemokratischer Fasson gibt sich jedoch durch und durch individualistisch. Insbesondere innerhalb der neuen ökonomischen Führungsgruppen existieren, im Unterschied zu früheren Jahrzehnten, jedenfalls nicht mehr viel Sinn oder Verständnis für die politischen Anstrengungen der Integration, für die Mühe und Zeitaufwendigkeit der Kompromissbildung, für den gemeinschaftsstiftenden Wert des sozialen Bündnisses auch nach unten. Die Parteien – besonders natürlich die Volksparteien – agieren ihnen zu langsam, zu umständlich, zu inkonzise, zu konsensdurchwirkt.

Und in der Tat: Bis 2009 trieb das die Werte der FDP prächtig nach oben. Doch sank zugleich eher noch das innerparteiliche Niveau des Führungspersonals und der konzeptionellen Debatten durch die politisch-organisatorische Absenz der gewerblichen wie im Übrigen auch bildungsbürgerlichen Eliten. Und die apodiktischen Erwartungen der ungeduldigen Wirtschaftsbürger setzten die FDP einseitig fest, an der Randstelle des Parteiensystems und des Parlamentarismus statt wie einst im Scharnierbereich des koalitionsbildenden Zentrums. Insofern verfügte Westerwelle wirklich über wenig Spielraum, als er den Regierungseinzug nach elf Oppositionsjahren schaffte. Denn das neue ungeduldige Bürgertum ließ politische Inkonsistenzen und ordnungspolitische Sünden nicht durchgehen. Das enragierte „Wutbürgertum" neuerer Art zeigt wenig politische Loyalität, wandert ungerührt ab, wenn nicht unmittelbar umgesetzt wird, was es materiell verlangt.

Überhaupt löst sich das junge Wirtschaftsbürgertum mehr und mehr aus der politischen Sphäre insgesamt.[28] Ökonomische und politische Eliten verkehren daher nun in je eigenen, separierten Lebenswelten. Über Jahrzehnte waren die Zusammenkünfte im Alltag noch vielfältig. Einst hatte man sich in den gleichen Organisationen getroffen und ausgetauscht, hatte sich zwecks Optimierung der eigenen Karriereaussichten miteinander gesellig verknüpft. In früheren Jahrzehnten konnte es sich für Männer in der Wirtschaft lohnen, zumindest maßvoll politisch aktiv zu sein. Doch das ist Vergangenheit. Die ökonomischen Globalisierungseliten brauchen keine Parteien als Patronageinstrument für berufliche Möglichkeiten. Außerdem verfügen die neuen Führungsgruppen der Wirtschaft nicht mehr über die Zeit für Politik.[29]

Denn an die Spitze der parteipolitischen Ortsverbände kommt allein der *Local Hero*, der ständig anzutreffen, in seiner Stadt allzeit präsent ist. Kaum ein ehrgeiziger Unions-Nachwuchspolitiker wäre bereit, die Heimatuniversität auch nur für ein Semester zu verlassen, weil man nach halbjährlicher Abwesenheit sich der mühsam zusammengestellten innerparteilichen Hausmacht nicht mehr gewiss sein könnte. Wer in diesen Parteien reüssieren will, der kann im außerpolitischen Beruf nicht allzu ambitioniert gefordert sein. Denn Zeit ist für Politik eine entscheidende Quelle von Einfluss- und Machtbildung. Die Person, die es weit bringen will, benötigt sie für den Info-Tisch,

---

[28] Vgl. hierzu Kohler, Georg: Über den Freisinn – eine Dekadenzgeschichte, in: Neue Züricher Zeitung, 07.09.2007.

[29] Hierzu auch Pfeiffer, Ulrich: Eine Partei der Zeitreichen und Immobilen, in: Die Neue Gesellschaft/Frankfurter Hefte 1997, hier S. 392ff.

für die Ortsverbandsversammlungen, die Stadtratssitzung, die zahlreichen Kungelrunden und Kommissionen, für Schützenfeste und Wanderungen mit dem Heimatverein. Jungen Wirtschaftsbürgern fehlt es in der Regel an einem solchen üppigen Zeitbudget. Sie pendeln zwischen den „Wirtschaftsstandorten" mit dem ICE, wenn der christdemokratische Ortsverband die Delegiertenlisten für den nächsten Kreisparteitag aushandelt und darauf zum gemütlichen Bier und Körnchen übergeht. Dadurch aber hat die Politik der bürgerlichen Parteien an Vertäuungen eingebüßt, an Flechtwerken und Erfahrungsorten in Gesellschaft und Wirtschaft. Bürgerliche Politiker bekommen so ihre zunehmende Einsamkeit zu spüren, ihre Beschränkung allein auf den politischen Raum, auf Parteibüros, Abgeordnetenräume und Fraktionssäle.

Die politische Macht der bürgerlichen Parteien besitzt keine solide tragenden Fundamente in der Gesellschaft mehr. Der politischen Existenz der altbürgerlichen Parteien fehlt es an festen Wurzeln und überzeugenden Narrativen, an einem „Lebensinhalt", wie es Konrad Adenauer früher nannte. Aber wer braucht schon Formationen ohne Lebensinhalt, ohne plausible Erzählung, ohne ein Bild über das Wohin?

Weiterführende Literatur

Baring, Arnulf: Die „Wende": Rückblick und Ausblick, in: Bleek, Wilhelm/Maull, Hanns (Hrsg.): Ein ganz normaler Staat?, München 1989, S. 103 – 116.

Budde, Gunilla: Blütezeit des Bürgertums, Darmstadt 2009.

Fuse, Jan A.: Links oder rechts oder ganz woanders? Zur Konstruktion der politischen Landschaft, in: Österreichische Zeitschrift für Politikwissenschaft, Jg. 33 (2004), H. 2, S. 209 – 226.

Heckhausen, Jutta/Heckhausen, Heinz: Motivation und Handeln, 3. Aufl., Heidelberg 2007.

Hockerts, Hans Gunter: Sozialpolitische Entscheidungen im Nachkriegsdeutschland: Alliierte und deutsche Sozialversicherungspolitik 1945 bis 1957, Stuttgart 1980.

Metzler, Gabriele: Staatsversagen und Unregierbarkeit in den siebziger Jahren?, in: Jarausch, Konrad H. (Hrsg.): Das Ende der Zuversicht? Die siebziger Jahre als Geschichte, Göttingen 2008, S. 243 – 260.

Pfeiffer, Ulrich: „Eine Partei der Zeitreichen und Immobilen." In: Die Neue Gesellschaft/Frankfurter Hefte, Jg. 44 (1997), H. 5, S. 392 – 395.

Schäfer, Michael: Geschichte des Bürgertums, Köln/Weimar/Wien 2009.

Schulz, Andreas: Lebenswelt und Kultur des Bürgertums im 19. und 20. Jahrhundert, München 2005.

Schwarz, Gerhard: Liberalismus ohne Werte ist wertlos. Über Ideologieverdacht, Wertfreiheit und traditionelle Tugenden, in: Mut, Nr. 510 (2010), H. 3, S. 48 – 65.

Weber, Florian: Emotionalisierung, Zivilität und Rationalität, in: Österreichische Zeitschrift für Politikwissenschaft, Jg. 36 (2007), H. 1, S. 7 – 22.

Die Regierungsbildung:
Eine schwarz-gelbe Traumhochzeit?

Christian Werwath

Nur knapp einen Monat nach der Bundestagswahl titelte der *Spiegel*: „Vorsicht, Schwarz-Gelb – Der abenteuerliche Fehlstart der neuen Koalition". Weitere acht Monate später stand über dem Foto von Angela Merkel und Guido Westerwelle auf dem Cover des gleichen Magazins „Aufhören".[1] Der nach elf Jahren am Ziel angekommenen „Wunschkoalition" von CDU/CSU und FDP wurde innerhalb kürzester Zeit, selbst von den Regierungsparteien wohlgesonnenen Medien, ein schlechtes Zeugnis ausgestellt.[2] Der erhoffte „Zauber des Aufbruchs"[3], der jedem Neuanfang ja bekanntlich innewohnen soll, ist – in der Retrospektive gesehen – jedenfalls nicht entstanden.

Mit dem Blick auf die Vorgeschichte der christlich-liberalen Koalition sollen Faktoren aus der Zeit vor dem Wahltag identifiziert werden, die sich auf die Startbedingungen der Koalitionäre ausgewirkt haben. Warum und mit welcher Mehrheit kamen die Parteien CDU und FDP in die Regierung?[4] Welche Erwartungen und Hoffnungen waren in den Parteien auf der Ebene der Entscheidungsträger vorhanden und wie ergänzten sie sich mit denen der Wähler? Was trennte und einte die Parteien?

---

[1] Überschriften der Titelbilder des Spiegel vom 26.10.2009 und 14.06.2010.

[2] Vgl. Grunden, Timo: Ein schwarz-gelbes Projekt? Programm und Handlungsspielräume der christlich-liberalen Koalition, in: Korte, Karl-Rudolf (Hrsg.): Die Bundestagswahl 2009: Analysen der Wahl-, Parteien-, Kommunikations- und Regierungsforschung, Wiesbaden 2010, S. 345 – 370, hier S. 345.

[3] Mertes, Michael: Der Zauber des Aufbruchs – die Banalität des Endes: Zyklen des Regierens, in: Hirscher, Gerhard/Korte, Karl-Rudolf (Hrsg.): Aufstieg und Fall von Regierungen. Machterwerb und Machterosion in westlichen Demokratien, München 2011, S. 65 – 80.

[4] Im Folgenden werden nur CDU und FDP untersucht.

Seit der Abwahl der schwarz-gelben Koalition 1998 wurde in den Kreisen liberaler und christlicher Mandatsträger das Mantra der Stärkung von Eigenverantwortung, des Rückbaus transferorientierter Bindungen an den Staat, der Flexibilisierung von Wirtschaft und Arbeitsmarkt sowie ein fortschritts- und technikgläubiger Modernisierungswille von Staat und Gesellschaft stetig verstärkt. An diesen Grundsätzen und Idealen ist trotz der als neoliberal gekennzeichneten[5] rot-grünen Wirtschafts- und Sozialpolitik und ihrer hart umkämpften gesellschaftlichen und politischen Durchsetzung nicht gerüttelt worden. Die Große Koalition zwang die CDU zu einer sanften programmatischen Kehrtwende ihres umjubelten Leipziger Reformkurses von 2003 und ihres Wahlprogramms von 2005. Damit folgten die Christdemokraten aus machtpolitischer Räson zwar dem erschlafften Reformwillen der Wähler. Doch die schwarz-gelben Reformideen blieben hartnäckig auf der Wunschliste christlich-liberaler Repräsentanten. Welche Entwicklungen aber führten zu diesem Missverhältnis?

Der Fehlstart war hausgemacht und hing entscheidend mit der Vorgeschichte der Bundestagswahl 2009 zusammen. Es trafen zwei Parteien aufeinander, die endlich wieder miteinander arbeiten wollten, über ähnliche programmatische Konzepte verfügten, aber nicht wahrnahmen, wie unterschiedlich ihr Bild von der Politik und damit auch die von ihnen repräsentierte Wählerschaft geworden war. Im Folgenden wird aufgezeigt, wie sich die beiden Parteien im bürgerlichen Lager zwischen 1998 und 2009 voneinander entfernten. Zunächst wird daher der Blick auf die Einstellungen der Entscheidungsträger in den Parteien gerichtet, zum Zweiten dann auf die daraus resultierenden Strategien sowie drittens auf die gewonnenen Wähler von CDU und FDP.

---

[5] Zur Debatte um den Begriff Neoliberalismus sowie „neoliberaler" Elemente in der Politik von Rot-Grün vgl. Christen, Christian: Marktgesteuerte Alterssicherung. Von der Entwicklung zur Implementierung eines neoliberalen Reformprojekts, in: Butterwegge, Christoph/Lösch, Bettina/Ptak, Ralf (Hrsg.): Neoliberalismus. Analysen und Alternativen, Wiesbaden 2008, S. 181 – 203; vgl. auch Butterwegge, Christoph/Klundt, Michael/Belke-Zeng, Matthias: Kinderarmut in Ost- und Westdeutschland, Wiesbaden 2008, S. 80ff.

Ein neuer Politikstil

Jahrzehntelang hat das bürgerliche Lager die Gefühlslage der sogenannten Mitte der Republik verlässlich repräsentiert. Das änderte sich in den neunziger Jahren: Zur Bundestagswahl 1998 wurde konstatiert, dass der gesellschaftliche Wandel an den Parteien des Bürgertums vorbeigerauscht war. Und nur fünf Jahre später stellte man erstaunt fest, dass das Bürgertum in der CDU und der FDP mehr Veränderungen anstrebte als der Rest der Republik. Und, obwohl der von den Parteien avisierte Reformkurs politisch nicht durchsetzbar zu sein schien, erschlaffte dieser Ehrgeiz bis zur Bundestagswahl 2009 nur geringfügig. Über ein Jahrzehnt priesen ihre Vertreter die Vorzüge einer christlich-liberalen Koalition. Sie wollten gemeinsam alles verändern, moderner, schneller und flexibler machen – natürlich auch die Politik selbst. In den Jahren zwischen 1998 und 2009 hatten sich bei Christ- und Freidemokraten endgültig diejenigen durchgesetzt, die schon Mitte der neunziger Jahre den Wandel forcieren wollten.

Bereits zuvor hatte sich in der Bevölkerung die Motivation, einer Partei beizutreten, deutlich geändert. Sozial-gesellige Motive traten deutlich in den Hintergrund. Die aktive Gestaltung von Politik stand dagegen an erster Stelle. Speziell für den Beitritt in die CDU sind die auf den politischen Prozess bezogenen Antriebskräfte wichtiger geworden, was auf einen neuen Mitgliedertypus hinweist: aktiv und politikorientiert.[6] „Der christdemokratische Parteinachwuchs hatte sich in den 1980er und 90er Jahren sozial verengt. Es gab zu viele BWLer, zu wenig Sozialkatholiken."[7] Diese moderne Avantgarde haderte mit der alten CDU und ihrer langsamen, auf Proporz und Ausgleich ausgerichteten Politik. Der Nachwuchs veränderte daher nicht nur die innerparteiliche Kommunikation, sondern suchte darüber hinaus politische Prozesse schneller zu gestalten. Behäbige, langsame Politik, das „Bohren dicker Bretter" war ihnen zuwider. Politik kann auch effizient, pragmatisch und zielorientiert sein, lautete die

---

[6] Vgl. Borchard, Michael: Die Volksparteien und der Wertewandel, in: Kronenberg, Volker/Mayer, Tilman (Hrsg.): Volksparteien: Erfolgsmodell für die Zukunft?, Freiburg im Breisgau 2009, S. 277 – 291, hier S. 289.

[7] Walter, Franz: Im Herbst der Volksparteien?, Bielefeld 2009, S. 36.

Botschaft. In dem Merkelschen Sprachbild „Politik aus einem Guss"[8] steckte für die Repräsentanten der neueren Generation nicht nur die Hoffnung auf eine in sich logische und über die politischen Fachbereiche hinaus vernetzte Politik, sondern zugleich auch eine Beschleunigungsformel: Entscheidungen sollten schneller gefällt werden, man wollte die Themen vom Tisch bekommen, um dadurch rascher und flexibler auf neue Herausforderungen reagieren zu können – wodurch sich übrigens die nachgewachsene christdemokratische Garde wenig von der Westerwelle-FDP unterschied.

Doch stieß dieser vollmundig formulierte Glaube an eine neue Form des Politikmachens in der Realität an seine Grenzen. Denn verließen die Volksvertreter ihren Wahlkreis, ihren eigentlichen „Herrschaftsbereich", und fuhren nach Berlin in ihre Bundestagsbüros, fühlten sie sich zunehmend machtlos, zum „Stimmvieh" geradezu degradiert.[9] Dabei schien es egal zu sein, wer gerade regierte. Denn das Gefühl der Machtlosigkeit hatte sich auch nach der Bundestagswahl 2009 in beiden Parteien des bürgerlichen Lagers breitgemacht. Im Sommer 2010 waren es lediglich 21,3 Prozent der parlamentarischen Vertreter der FDP, die für sich persönlich großen Einfluss konstatierten. Bei der CDU waren es sogar nur 16,6 Prozent.[10] Was an diesen Selbsteinschätzungen überrascht, ist nicht die Aussage selbst, sondern deren Wahrheitscharakter. Mit herausgehobenem Einfluss können sich die Abgeordneten tatsächlich nicht schmücken. Zum einen existiert im parlamentarischen Alltag eine Vielzahl verschiedener fraktions- und koalitionspolitischer Zwänge, die den Einfluss des „normalen" Abgeordneten erheblich einschränken. Wichtige Entscheidungen werden hinter verschlossenen Türen auf Ebene der Fraktions- und Parteivorstände oder auf Kabinettsebene gefällt.[11] Zum anderen ist auf die Entgrenzung nationaler Entscheidungskom-

---

[8] Vgl. Deutscher Bundestag (Hrsg.): Stenografischer Bericht 122. Sitzung vom 08.09.2004, Berlin 2004, S. 111010.

[9] Knobloch, Peter: Warum Politiker sich machtlos fühlen, in: Cicero online, 05.04.2011, online einsehbar unter http://www.cicero.de/97.php?ress_id= 4&item=6105 [eingesehen am 02.05.2011].

[10] Vgl. Change Centre Foundation (Hrsg.): Deupas. Deutsche Parlamentarierstudie 2010, Meerbusch 2011, S. 10f.

[11] Vgl. Scholz, Rupert: Deutschland in guter Verfassung?, Heidelberg 2004, S. 100.

petenzen zu verweisen: Durchschnittlich circa siebzig Prozent der Gesetze, die im Bundestag verabschiedet werden, erhalten ihren Impuls aus der Europäischen Union.[12] Viel Platz für politische Freiheiten des Einzelnen sowie für eine „Politik aus einem Guss" existiert demnach nicht. Dennoch suggerierten Christ- und Freidemokraten über zehn Jahre mit wachsender Überzeugung das genaue Gegenteil.

Natürlich waren die Verlautbarungen einerseits oppositionelle Rhetorik und Strategie, doch waren sie auch Folge des neuen christdemokratischen Politikertypus. Beinahe einmütig beschloss die CDU 2003 mit den Leipziger Beschlüssen eine Kehrtwende vormaliger christdemokratischer und sozialstaatlich orientierter Politik. Vergessen waren die orientierungslosen Jahre zwischen der Überwindung einer peinlichen Spendenaffäre und der knappen Bundestagswahlniederlage 2002. Die angestrebten Vorhaben lösten eine breite innerparteiliche Euphorie, eine intensive mediale Rückkopplung sowie darauf aufbauend ein (besonders auf den Nachwuchs wirkendes) Identifikations- und Gemeinschaftsgefühl aus.[13]

Vor allem auf Seiten der Christdemokratie lasteten daher die Oppositionsjahre seit der Verabschiedung des Leipziger Programms und der Bundestagswahl 2005 schwer. Hans-Peter Schwarz hebt in diesem Zusammenhang den mangelnden Einfluss auf die Gesetzgebung als größtes Problem der Akteure in der Bundestagsfraktion und Partei hervor. Das detailliert entwickelte Konzept zur Reformierung des Sozialstaats weckte bei ihnen das dringende Bedürfnis, dass

---

[12] Vgl. Stetter, Stephan: Entgrenzung der Weltgesellschaft. Eine Bedrohung für die Demokratie?, in: Brodocz, André/Llanque, Marcus/Schaal, Gary S. (Hrsg.): Bedrohungen der Demokratie, Wiesbaden 2008, S. 99 – 119, hier S. 111; vgl. auch o.V.: 70 Prozent der Gesetze kommen aus der EU, in: Frankfurter Rundschau online, 16.05.2009, online einsehbar unter: http://www.fr-online.de/politik/spezials/70-prozent-der-gesetze-kommen-aus-eu/-/1472610/2785096/-/index.
html [eingesehen am 20.07.2011].

[13] Die Kritiker dieser Reformen waren auch in der Partei vertreten. Nur fanden diese sich lediglich in den machtpolitischen und aufgrund ihrer Altersstruktur unbedeutenderen Sozialausschüssen der Union. Zur Kritik an den Leipziger Beschlüssen: Schlieben, Michael: Politische Führung in der Opposition. Die CDU nach dem Machtverlust 1998, Wiesbaden 2007, S. 163ff.

es auch nach der Bundestagswahl 2005 umgesetzt werden sollte.[14] Doch es kam bekanntlich anders. Die Wahl bescherte einer bürgerlichen Koalition aus CDU/CSU und FDP keine Mehrheit. Bundeskanzlerin Angela Merkel musste in einer Großen Koalition viele Vorhaben der Bundesregierung sogar gegen Abweichler aus den eigenen Reihen durchsetzen. Das frustrierte die ehemals enthusiastischen Reformer. Michael Eilfort verweist in seiner Analyse der CDU/CSU-Bundestagsfraktion in aller Deutlichkeit darauf, dass der bürgerliche Abgeordnete „immer gut rüberkommen", also „bella figura machen"[15] möchte und dafür seiner Freiheiten und kleinen Erfolge bedürfe. Diese aber waren nach den überzogenen reformistischen Ankündigungen vor Beginn der Großen Koalition rar gesät. Ganz im Gegenteil sogar: Die Fraktionsmitglieder und Parteifunktionäre mussten ständig erklären, warum die Projekte, für die sie so hart in der Partei gekämpft hatten, plötzlich nicht mehr galten und nicht umgesetzt werden konnten. Für die Mehrzahl, vor allem der jüngeren Parlamentarier, bedeutete Schwarz-Rot deshalb lediglich eine Übergangsphase, bis sie ihre Vorstellungen mit der FDP umsetzen könnten. So wurde auf der mittleren Parteiebene, auf Ebene der Mandatsträger, Funktionäre und der wissenschaftlichen Referenten der Mythos des Merkelschen „Durchregierens"[16] weitergetragen – und das, obwohl die Christdemokraten ihre öffentliche Reformerrolle weitestgehend ablegten, als sie 2005 die ungeliebte Große Koalition eingingen.[17]

Im gleichen Zeitraum gewannen die Liberalen stetig an Selbstbewusstsein. Die Freidemokraten hatten seit 1998 eine Phase von andauernden Stimmengewinnen durchlebt, aber gleichzeitig unter

---

[14] Vgl. Schwarz, Hans-Peter: Die Fraktion als Machtfaktor: CDU/CSU im Deutschen Bundestag 1949 bis heute, München 2009, S. 201 – 227.

[15] Eilfort, Michael: Politische Führung in der CDU/CSU-Bundestagsfraktion, in: Korte, Karl-Rudolf (Hrsg.): Information und Entscheidung. Kommunikationsmanagement der politischen Führung, Wiesbaden 2003, S. 93 – 122, hier S. 114.

[16] Widera, Joachim: Die unregierbare Republik, Norderstedt 2008, S. 24.

[17] Vgl. Jun, Uwe: Parteiensystem und Koalitionskonstellationen vor und nach der Bundestagswahl 2005, in: Brettschneider, Frank/Niedermayer, Oskar/Weissels, Bernhard: Die Bundestagswahl 2005. Analysen des Wahlkampfes und der Wahlergebnisse, Wiesbaden 2007, S. 491 – 515, hier S. 499ff.

steigender Unzufriedenheit in der eigenen Partei und in der Anhängerschaft gelitten. Sie beklagten in immer größerer Zahl die viel zu hohe steuerliche Belastung und staatliche „Drangsalierung" freier unternehmerischer Kräfte. Ihr Parteivorsitzender Guido Westerwelle suchte stets nach neuen Methoden, seine Botschaft zu platzieren; immer schärfer, lauter und radikaler verkündete er, wie die Republik zu verändern sei und sammelte damit die Unzufriedenen des Wirtschaftsbürgertums systematisch ein. Vermehrt verengten auch die Parteifunktionäre ihre Pressemitteilungen und Statements thematisch auf Entstaatlichung, Steuerentlastungen und Forcierung des Wettbewerbs.[18] Der Erfolg gab den Meinungsträgern in der freidemokratischen Partei Recht. Mit breiter Brust verkündeten sie daher auf ihren Parteitagen und auf jeder öffentlichen Veranstaltung, wie sie Deutschland zu verändern gedachten. Immer wieder griff Guido Westerwelle seine Wunschkoalitionärin, die Kanzlerin der Großen Koalition, an, und erinnerte sie an ihre Reformversprechen. Die CDU bot durch ihre Politik mit der SPD eine offene Flanke und die Liberalen nutzten sie ausgiebig.[19]

Im bürgerlichen Lager setzten sich im neuen Jahrtausend allmählich ein Politikstil und darauf aufbauend ein Politikverständnis durch, das in dieser Form in den Jahrzehnten zuvor nicht zu finden gewesen war. Die christdemokratische Zauberformel aus Proporz, Ausgleich, Mitte und langsamem Wandel wurde ersetzt durch den steten Ruf nach Geschlossenheit, nach klarem Profil und programmatischer Deutlichkeit – die CDU polarisierte nach innen und nicht mehr in der Abgrenzung nach außen. Aber auch die FDP wandelte sich über die Jahre: Von der einstigen dritten Kraft, dem sogenannten Korrektiv zwischen den Großparteien, wurde sie über den wendigen Genscherismus, der mit allen Seiten koalieren konnte, im Verlaufe der 1990er und 2000er Jahre zu einer „Partei ohne Balance"[20]. Beiden Parteien des Bürgertums ist ihre Fähigkeit abhandengekommen, zwi-

---

[18] Vgl. Walter, Franz: Gelb oder Grün, Bielefeld 2010, S. 63ff.

[19] Vgl. o.V.: Westerwelle wirft Merkel Führungsschwäche vor, in: Spiegel online, 29.07.2008, online einsehbar unter http://www.spiegel.de/politik/deutschland/0,1518,568925,00.html [eingesehen am 29.7.2008].

[20] Walter, a.a.O., S. 60.

schen den unterschiedlichen bürgerlichen Milieus zu vermitteln, sie zusammenzuführen und -zuhalten.

Der inszenierte Reformstau

Doch der politische Nachwuchs beließ es nicht nur beim Bruch mit dem einstigen Erfolgsrezept. Auch die traditionelle Programmatik wurde härter und radikaler ausgelegt. Die jahrzehntelang politisch ausgefeilte Strategie des behutsamen Wandels wurde ad acta gelegt und durch die Maxime eines schnellen und plötzlichen Wandels ersetzt. Die über Jahre hinweg anschwellende Reformrhetorik der Parteispitzen zeigte ihre Wirkung. Sie durchdrang nicht sofort, aber dann doch weite Teile der FDP und der CDU. In jäher Abgrenzung zur rotgrünen Bundesregierung formulierte Merkel bis zur Bundestagswahl 2005 ihre Idee von einem „neuen Deutschland". Um Geschlossenheit und eine breite Unterstützung innerhalb der CDU herstellen zu können, musste die Parteispitze förmlich einen Reformstau inszenieren. Westerwelle tat dies bisweilen sogar noch einige Zeit über die Regierungsübernahme im Jahr 2009 hinaus.

Denn gerade die CDU schien gänzlich übersehen zu haben, welche Entscheidungen bereits gefällt worden waren: weitgehende Sozialstaatsreformen der Agenda 2010, die durch die Bundesratsmehrheit der damaligen schwarz-gelben Opposition noch auf Grundlage ihrer eigenen Vorstellungen erweitert wurden, eine Unternehmenssteuerreform und eine in der Historie der Bundesrepublik einzigartige Absenkung des Spitzensteuersatzes, um nur einige verabschiedete Reformen unter Bundeskanzler Gerhard Schröder zu nennen. Ja, selbst im Bereich der inneren Sicherheit, den sich die Christdemokratie gerne als Alleinstellungsmerkmal auf die Fahnen schreibt, hatte der „rote Sheriff" Otto Schily durch seine Hardliner-Politik christdemokratischen Innenpolitikern die Angriffsfläche entzogen.[21] Alle Vorhaben waren begleitet von intensiven innerparteilichen, medialen und gesellschaftlichen Debatten. Ihre Umsetzung kostete auf Seiten der SPD

---

[21] Vgl. Carstens, Peter: Die schönste Form der Hausbesetzung, in: Frankfurter Allgemeine Zeitung, 09.09.2005; vgl. ders., Peter: Der rote Sheriff, in: Frankfurter Allgemeine Zeitung, 30.08.2005.

und der Grünen enorme Kraft: Viele Sozialdemokraten traten aus der Partei aus oder kehrten der aktiven Parteiarbeit den Rücken zu, bei den Grünen kämpften *Fundis* und *Realos* zäh um die Deutungshoheit der Regierungspolitik. All dies wurde begleitet von wütenden Protesten auf den Straßen und Plätzen der Republik sowie von massiven Stimmenverlusten bei Landtags- und Kommunalwahlen. Anzeichen einer von Reformen und Veränderungen entnervten Bevölkerung gab es genügend:

> „Die sind inzwischen mehrheitlich der drängenden Veränderungsimperative von oben überdrüssig geworden, stehen ihnen mit Argwohn gegenüber – vor allem im sozialen Zentrum der Gesellschaft, dem hauptsächlichen Bezugsort von Liberalen und Christdemokraten. Den Morgenappell zur steten Reform empfindet gerade die Mitte inzwischen nicht mehr als Befreiungsappell, sondern als Bedrohungsszenarium, besonders seit dem Crash auf den Finanzmärkten, da die erworbenen Depots und Aktien fulminant an Wert verloren haben. Man möchte daher nun Ruhe an der Front anstelle von Veränderungen in Permanenz."[22]

Doch die Spitzen von CDU/CSU und FDP verharrten auch noch während der Großen Koalition stur in ihrer Auffassung, dass ohne weitere Veränderungen keine Absicherung des Wohlstandes möglich sei:

> „(…) mit den Leipziger Beschlüssen der CDU, mit dem zunehmend selbstreferentiellen Gerede über die Reform der Reformfähigkeit, mit der niemals zu stillenden Gier der Industrieverbände nach immer weiteren Steuersenkungen, mit den ständigen Attacken der FDP gegen jedes verbliebene Stückchen Staat."[23]

Damit schlossen sie sich inhaltlich einer, wie Herbert Königsberger von der Nautilus-Politikberatung sie bezeichnet, „betriebsblinden

---

[22] Klatt, Johanna/Walter, Franz: Politik und Gesellschaft am Ende der Zweiten Großen Koalition, in: Butzlaff, Felix/Harm, Stine/Walter, Franz (Hrsg.): Patt oder Gezeitenwechsel? Deutschland 2009, Wiesbaden 2009, S. 295 – 323, hier S. 307.

[23] Bollmann, Ralph: Reform – Ein deutscher Mythos, Berlin 2008, S. 160.

elitären ökonomischen Elite"[24] an, einer Parallelgesellschaft inmitten des Bürgertums. In diesem Teil der Bevölkerung herrsche, so Königsberger, die Auffassung, dass der deutsche Staat eine Dauerbaustelle sei, ineffizient, langsam und ein notwendiges Übel.[25] Während bei den Liberalen alle Deutungsmacht vom Parteivorsitzenden Guido Westerwelle ausging, der ihre programmatische Überzeugung formelhaft herunterbrach und damit mehr als ein Jahrzehnt reüssieren konnte,[26] zeigte sich in der CDU ein vergleichsweise langsamer Überzeugungswandel. Dem reformerischen Duktus wurde nicht sofort und blindlings gefolgt. Eine Mitgliederpartei wie die CDU wechselt ihre Standpunkte nicht innerhalb kurzer Zeit. In ihr streiten die verschiedenen Strömungen oftmals unerbittlich, wenn sie ihre ideologischen Fundamente berührt und sich nicht ausreichend repräsentiert sehen. Für ein Umdenken bedarf es oftmals mehrerer Jahre und vieler schmerzhafter Häutungs- und Transformationsprozesse.[27] Verschiedene Teile der CDU konnten sich so auch mit der Entwicklung nicht anfreunden und meldeten sich immer wieder zu Wort. Gegenüber der Deutungshoheit der Parteiführung, dem rhetorisch begabten Verfechter sozialstaatlicher Einschnitte, Friedrich Merz, sowie dem Nachwuchs auf der mittleren Ebene fehlte den Bedenkenträgern aus den Sozialausschüssen allerdings die Durchschlagskraft.[28] Letztlich setzte sich im Vorfeld der Bundestagswahl

---

[24] Königsberger, Herbert: Die Politische Klasse - bedingt souverän, in: Nautilus Politikberatung (Hrsg.): Die Zeit mit der Kanzlerin, Berlin 2009, online einsehbar unter http://www.nautilus-politikberatung.de/main/e107_files/downloads/die_ zeit_mit_der_kanzlerin-texte_aus_der_kommune.pdf [eingesehen am 08.05.2011].

[25] Vgl. Assheuer, Thomas: Der große Ausverkauf, in: Die Zeit, 27.03.2008.

[26] Vgl. Nentwig, Teresa/Werwath, Christian: Die FDP. Totgesagte leben bekanntlich länger, in: Butzlaff, Felix/Harm, Stine/Walter, Franz (Hrsg.): Patt oder Gezeitenwechsel? Deutschland 2009, Wiesbaden 2009, S. 95 – 129.

[27] Vgl. Oberreuter, Heinrich: Parteiensystem im Wandel – Haben die Volksparteien Zukunft?, in: Kronenberg, Volker/Mayer, Tilman (Hrsg.): Volksparteien: Erfolgsmodell für die Zukunft?, Freiburg im Breisgau 2009, S. 43 – 60, hier S. 50.

[28] Zur Schwäche der Sozialausschüsse vgl. Neumann, Arijana/Schröder, Wolfgang: Die CDU in der Großen Koalition – auf dem Weg zu einer neuen strategischen Zeitgenossenschaft, in: Bukow, Sebastian/Seemann, Wenke (Hrsg.): Die Große

2005 in weiten Teilen der Partei die Überzeugung durch, dass Reformen eine Notwendigkeit darstellten.

Das bürgerliche Lager übernahm damit den in den siebziger Jahren sozialdemokratisch geprägten Fortschrittsbegriff. Aus einem statischen, konservativen Geschichtsbild wurde plötzlich ein Urvertrauen in den steten Wandel der Menschheit. Das bürgerliche Lager marschierte nunmehr an der Spitze des Fortschritts. Statt des einst so gut abgestimmten langsamen Wandels regierte der Herzogsche Ruf nach dem „Ruck". Beide Parteien setzten also im Kern auf eine ähnliche ideologische Basis – die einen in der Opposition etwas lauter, die anderen aufgrund ihrer Regierungsbindung etwas leiser. In ihrer grundsätzlichen Ausrichtung waren sich also beide bürgerlichen Parteien einig, sie kritisierten das Bestehende, wollten Veränderung und Reformation. Damit entfernten sie sich aber in den Jahren zwischen 2003 und 2005 von einem Großteil ihrer angestammten Wählerschaft.

Diese hatte bereits reagiert. Die langjährigen Debatten um einschneidende Reformen hatten bereits die Umsetzung der Reform ersetzt. Durch die medial unterfütterte Dauerkrise wurde eine Drohkulisse erzeugt, die bereits gesellschaftliche Veränderungen herbeiführte, ohne dass sie vom Gesetzgeber erzwungen werden mussten. Die Familien der Mittelschicht sahen sich einem permanenten Konkurrenzdruck und Angriff auf ihren Wohlstand ausgesetzt. Die täglichen Schlagzeilen und Politikerreden über die Bedrohungen des Wohlstands durch den globalisierten Wettbewerb lösten Status- und Zukunftsängste aus. Die bürgerliche Mitte reagierte mit prompter Anpassung: Sie erkannten in der Notwendigkeit von maximalem Wissen und biographischer Disziplin das richtige Heilmittel. Bereits in jungen Jahren stellten sie ihre Kindern daher unter Leistungs- und Modernitätsdruck. Sie sollten Sprachen lernen, Netzwerke bilden, Sport treiben, auf die Universität gehen und Auslandsaufenthalte absolvieren.[29]

Koalition. Regierung – Politik – Parteien 2005-2009, Wiesbaden 2010, S. 262 – 285.

[29] So auch die Ergebnisse einer Untersuchung von Sinus Sociovision im Auftrag der Konrad-Adenauer-Stiftung. Vgl. Borchard, Michael u.a.: Eltern unter Druck. Selbstverständnisse, Befindlichkeiten und Bedürfnisse von Eltern in verschiedenen Lebenswelten, Berlin 2008.

Zur Bundestagswahl 2005 waren die Zustimmungsraten zum christdemokratischen Reformprogramm, das neubürgerliche Vorstellungen von Gerechtigkeit, mehr Fleiß und Strebsamkeit und eingeschränkter Sozialstaatlichkeit bediente, schon wieder eingebrochen. Weitere Veränderungen mochte die Mehrheit der bundesrepublikanischen Gesellschaft dann weitere drei Jahre später nach der Finanzkrise erst recht nicht mehr ertragen. Die Welt von morgen zeigte sich unsicher; ein Bedrohungsszenario jagte das nächste. Praktisch kein politisches Ressort blieb verschont: Finanzen, Arbeitsmarkt, Gesundheit, Verkehr, Umwelt, Wirtschaft und Familie. Die bürgerliche Mitte in Deutschland setzte daher wieder verstärkt auf langfristige Sicherheiten, Schutz und Geborgenheit, auf Familie und Gemeinschaft – sie war „gegenwartsversessen"[30]. Borwin Bandelow erkennt in dem Phänomen der Angst einen Mechanismus, der zu weiteren Höchstleistungen antreibt.[31] Die Angst der bürgerlichen Mitte rührt von der Tatsache, dass die Wettbewerbsgesellschaft beinahe in allen Lebensbereichen allgegenwärtig ist, in der zudem der Kampf um Ressourcen die Nachhaltigkeit überlagert. Denn die

> „Menschen in der gesellschaftlichen Mitte haben Angst. Statusangst. Sie sind verunsichert. […] Auf der Tagesordnung vieler, die etwas zu verlieren haben, stehen nicht mehr Karriereplanung, Vorteilsnahme und Zugewinn, sondern der Kampf um Wohlstandssicherung und Klassenerhalt."[32]

Deutsche Sozialforscher ermittelten folglich steigende Zahlen beim Burn-Out-Syndrom, verwiesen auf Mehrarbeit, die nicht mehr im Verhältnis zum persönlich erwirtschafteten Wohlstand steht.[33]

Die neuen politischen Vorstellungen von CDU und FDP, die darauf abzielten, die Kräfte des Einzelnen zu entfesseln und Verantwortlichkeiten vom Staat auf den engagierten Bürger zu übertragen,

---

[30] Zur Gegenwartsversessenheit vgl. Thomä, Dieter: Gegenwartsversessenheit. Versuch über eine folgenreiche Zukunft, in: Neue Züricher Zeitung, 09.05.2011.
[31] Vgl. Bandelow, Borwin: Das Angstbuch. Woher Ängste kommen und wie man sie bekämpfen kann, Hamburg 2004, S. 31ff.
[32] Kloepfer, a.a.O.
[33] Vgl. Meck, a.a.O.

wirkten vor diesem Hintergrund auf diesen Teil der Wählerschaft eher wie eine zusätzliche Bedrohung denn als eine Befreiung von staatlicher Drangsalierung. Einen breiten Rückhalt hatten im Gegensatz zur FDP die Reformer der CDU in der Bevölkerung nicht. Das zeigte nicht zuletzt die Bundestagswahl 2005 überdeutlich. Der innerparteiliche Ruf nach Reformen passte mit den Sorgen der von Angela Merkel eigentlich anvisierten Mitte nicht zusammen.

Machtstrategischer Schwenk der CDU und liberaler Starrsinn

Auch deshalb bildeten sich in der CDU im Nachgang zur Bundestagswahl 2005 zwei Faktionen. Die eine, die innerparteilichen Multiplikatoren und Inhaber der Gremienmacht, blieb ihren Reformidealen treu, während die andere, Teile der alternden Basis und der Sozialausschüsse, die Radikalisierung der Politik anmahnten. Beide einten aber zwei Ziele, die in den letzten zehn Jahren in der Christdemokratie zum überragenden Faktor geworden waren: Machterhalt und Machtgewinn. Gerade die Angst vor dem Machtverlust nach der jeweils nächsten Wahl war nicht nur in den letzten Jahren der Kanzlerschaft von Helmut Kohl zum beliebtesten Instrument zur Herstellung von Geschlossenheit geworden. Sie bildete in den Jahren vor der Bundestagswahl 2009 auch den wichtigsten emotionalen Wert, hinter dem sich alle versammeln konnten. Öffentlich geäußerte Treue zur Leipziger Programmatik zeigte sich auch deshalb immer seltener.

Das Konrad-Adenauer-Haus organisierte daraufhin unter Federführung des Generalsekretärs Ronald Pofalla während der Großen Koalition einen weiteren programmatischen Schwenk der CDU. Und tatsächlich gelten die christdemokratischen Regierungsjahre zwischen 2005 und 2009 in der politikwissenschaftlichen Literatur als eine Abkehr von der Reformfreudigkeit und eine Hinwendung zum Sozialstaatsprinzip.[34] Der erneute Imagewandel der CDU sollte ihre Position auf dem politischen Markt stärken, dabei helfen, Wähler zu gewinnen oder zumindest nicht zu verprellen. Die Parteispitze reagierte

---

[34] Vgl. Hanisch Klaudia/Kohlmann, Sebastian: Die CDU. Eine Partei nach dem Ende ihrer selbst, in: Butzlaff, Felix/Harm, Stine/Walter, Franz (Hrsg.): Patt oder Gezeitenwechsel? Deutschland 2009, Wiesbaden 2009, S. 11 – 35.

damit auf die einhellige mediale Kritik, versuchte gesellschaftliche Entwicklungen in ihren Programmen widerzuspiegeln und kam auf diese Weise dem gestiegenen Sicherheitsbedürfnis durch die Finanzkrise nach.[35] Zudem zog sie Konsequenzen aus den gesunkenen Zustimmungsraten, die eine schwarz-gelbe Koalition zwischenzeitlich hatte aussichtslos erscheinen lassen. Um den Rückhalt in der Partei für diesen Weg zu gewinnen, war vor allem im Vorfeld zur Bundestagswahl 2009 nicht viel Überzeugungsarbeit nötig. Zwar war die Kritik über die Kehrtwende, die durch die Reihen des Wirtschaftsflügels ging, nicht zu überhören. Gerade die wirtschaftsliberalen Repräsentanten fürchteten um ihr Profil, bangten um inhaltliche Austauschbarkeit, um Ansehensverlust bei der Stammwählerschaft. Von der „Sozialdemokratisierung" der Union und einem Verlust des konservativen und wirtschaftsliberalen Profils war panisch die Rede.[36] Doch scherte letztlich auch keiner von ihnen vor der Wahl aus und störte damit den Wahlkampf. Denn der programmatische Schwenk der CDU erklärt sich in erster Linie aus machtpolitischer Sicht und nicht anhand einer gewachsenen Überzeugung für neue programmatische Ideen und Ansätze.[37]

In den bürgerlichen Parteien regiert allenthalben in letzter Konsequenz der Pragmatismus, die Effizienz vor der Vision. Gerade in der politischen Spitze der Parteien, im bürgerlichen Lager zumal, wird genau dies seit einigen Jahren immer wieder diagnostiziert.[38] „Die Regierung Merkel-Steinmeier ist ein Kabinett der gelernten Maschinisten, Organisatoren und Sherpas staatlicher Macht."[39] Dem stehen die nachwachsenden christdemokratischen Berufspolitiker in nichts nach. Im Gegenteil sogar: Häufig sind sie noch härter und

---

[35] Vgl. Meck, a.a.O.; vgl. auch Kloepfer, a.a.O.

[36] Beispielhaft dazu vgl. Kister, Kurt: Die unentschlossene Kanzlerin, in: Süddeutsche Zeitung, 17.02.2006.

[37] Vgl. Zolleis, Udo/Schmid, Josef: Regierungswechsel statt Machtverlust – die CDU nach der Bundestagswahl 2009, in: Niedermayer, Oskar (Hrsg.): Die Parteien nach der Bundestagswahl 2009, Wiesbaden 2010, S. 37 – 55, hier S. 53.

[38] Vgl. Nelle, Roland: Sieg des Merkelismus, in: Spiegel online, 30.05.2011, online einsehbar unter http://www.spiegel.de/politik/deutschland/0,1518,765694,00.html [eingesehen am 20.07.2011].

[39] Walter, Franz: Charismatiker und Effizienzen, Frankfurt a. M. 2009, S. 403.

entschlossener im Umgang mit der Macht. Letztlich zeigten sich die Christdemokraten – wie so häufig vor Bundestagswahlen – pragmatisch und geschlossen. Keiner scherte aus dem neuen Kurs aus und verlangte wieder harte Reformen.[40]

Doch nicht nur die CDU versuchte einen Strategiewechsel. Auch über die FDP gibt es zahlreiche Artikel, die den Versuch Westerwelles kommentierten, für die SPD und die Grünen als Koalitionspartner bereitzustehen.[41] Die vermeintliche Kurskorrektur von Westerwelle erwies sich allerdings schnell als Strohfeuer, denn er verknüpfte eine Koalitionsmöglichkeit ausschließlich mit der Übernahme seines Steuerprogramms. Das aber lehnten SPD und Grüne mit Blick auf ihre Wählerschaft rundum ab. Dieser vermeintliche Schwenk aus dem Jahre 2008 wurde zwar medial aufgebauscht, besaß aber keine weitere parteipolitische Relevanz. Auslöser für Westerwelles Äußerungen war die Angst in der FDP vor einer erneuten Legislaturperiode in der Opposition. Nur an der Seite der Union, so die Einschätzung der Parteistrategen, könne man das von der CDU verschreckte Wirtschaftsbürgertum einsammeln.[42] Die Parteiführung um Westerwelle blieb also bei ihrem Kurs und versuchte gar nicht erst, ihre Programmatik an einen möglichen Koalitionspartner anzupassen. Das allerdings machte sie inhaltlich starrsinnig, verengte zugleich die Handlungsfähigkeit in einer zukünftigen Regierung und untergrub jegliche Flexibilität, um im Parteienwettbewerb neue Positionen einzunehmen.

Doch beide Parteien wollten trotz der öffentlich wahrnehmbaren Unterschiede weiterhin miteinander koalieren. Aus Sicht der Liberalen muss sich die CDU gespalten verhalten haben. Die seit Jahren engen, bisweilen auch freundschaftlichen Kontakte zwischen Christ-

---

[40] Vgl. Blätte, Andreas: Reduzierter Parteienwettbewerb durch kalkulierte Demobilisierung, in: Korte, Karl-Rudolf (Hrsg.): Die Bundestagswahl 2009: Analysen der Wahl-, Parteien-, Kommunikations- und Regierungsforschung, Wiesbaden 2010, S. 273 – 297.

[41] Auslöser dafür war ein Gespräch von Guido Westerwelle mit dem Spiegel. Vgl. o.V.: „Ich bin nicht beleidigt". Spiegel-Gespräch mit Guido Westerwelle, in: Der Spiegel, 10.03.2008.

[42] Vgl. Sattar, Majid: „...und das bin ich!" Guido Westerwelle. Eine politische Biographie, München 2009, S. 253ff.

und Freidemokraten sind kein Geheimnis, blieben aber von der Öffentlichkeit meist unbemerkt.[43] In den Gremien der CDU blieb der Drang zur Reform weiterhin Thema, aber nach außen zeigte sich davon wenig. Diesen Widerspruch erkannten auch die Vertreter der FDP. Der gemeinsam geteilte Glaube an das langjährig gepflegte Reformversprechen konnte die gewachsenen, aber wichtigen Unterschiede verdecken. Die CDU hatte bereits die Macht und wollte sie unter keinen Umständen verlieren. Das zwang sie zum erneuten Schwenk. Die FDP musste die Macht erst noch erringen. Das zwang sie zur permanenten Zuspitzung. Beide Parteien verhielten sich also aufgrund ihrer Vorgeschichte vor der Bundestagswahl 2009 in der öffentlichen Wahrnehmung gänzlich unterschiedlich. Damit sprachen sie zugleich unterschiedliche Wählergruppen an, deren Zusammenführung in der Regierung ein sehr großer Spagat werden sollte.

Das Trilemma von CDU und FDP

Die Parteien des deutschen Bürgertums standen also vor einem komplexen Trilemma: Zum einen erwartete ein kleinerer, finanziell einflussreicher Teil ihrer Wählerschaft neue Sozialstaatsreformen und Steuersenkungen, was innerparteilich nur wenig schlagkräftigen Widerspruch fand. Zum anderen jedoch war die breite Mehrheit der bürgerlichen Mitte der Reformrhetorik überdrüssig geworden, sie suchte Ruhe, Beständigkeit und Berechenbarkeit bei gleichzeitiger Erhaltung ihrer Besitztümer. Doch ließ sich drittens die Zusammenführung beider Positionen öffentlichkeitswirksam nicht durchsetzen.

Zu lange hatten sich beide bürgerlichen Parteien entweder, wie die Freidemokraten, inhaltlich versteift oder, wie die CDU, aus der Perspektive des drohenden Machtverlustes heraus programmatisch volatil verhalten. Die Liberalen traten weiterhin für eine deutliche Senkung der Steuern und die Anerkennung und Entfesselung des Leistungsprinzips ein. Die Christdemokraten unternahmen, keines-

---

[43] Vgl. Hatzel, Isabel/Üschner, Patric: Transparentes Parlament. Informelle Netzwerke der Bundestagsabgeordneten, in: Stegbauer, Christian (Hrsg.): Netzwerkanalyse und Netzwerktheorie. Ein neues Paradigma in den Sozialwissenschaften, Wiesbaden 2008, S. 455–467.

wegs einer ideologischen Überzeugung folgend, einen machtorientierten strategischen Schwenk und versuchten, „bloß keinen Anschein einer neoliberalen Gesinnung aufkommen zu lassen".[44] Sie versuchten das Gegenbild zur FDP zu verkörpern, setzen auf einen sanften Wandel.

> „Die Angela Merkel des Jahres 2009 ist eine Konsequenz der Angela Merkel des Jahres 2005. [...] Nie wieder würde sie den Leuten Reformen und Zumutungen ankündigen. Mit ihrem Wahlkampf der Unverbindlichkeit treibt Merkel nun ihre ganze Mannschaft an die Grenze zur Selbstverleugnung. Ein paar Monate später hielt Guttenberg 61 Seiten mit dem sperrigen Titel ‚Industriepolitisches Gesamtkonzept' in den Händen. Darin stand alles, was einem Wirtschaftsliberalen lieb und teuer ist: weniger Kündigungsschutz, Schluss mit Mindestlöhnen, Schluss mit reduzierten Mehrwertsteuersätzen, dafür aber niedrige Unternehmenssteuern. Es waren Forderungen, mit denen Merkel 2005 zum Teil noch selbst in den Wahlkampf gezogen war. Doch als Guttenbergs Liste an die Öffentlichkeit gelangte, brach Panik aus im Kanzleramt. Erst distanzierte sich Merkel von ihrem Wirtschaftsminister, dann distanzierte dieser sich von sich selbst. Das Konzept sei nicht seines, beteuerte er."[45]

Die CDU positionierte sich unter Merkel innerhalb weniger Jahre wirtschafts-, fiskal- und sozialpolitisch andauernd neu. Die deutsche Christdemokratie hat im Fünf-Parteien-System ihr wahrnehmbares Gesicht nach Belieben verändert, den Ausgleich ihrer Flügel immer häufiger missachtet. Dabei folgte sie dem vermeintlichen Wählerwillen beinahe widerstandslos. Sie verteidigte ihre Stellung im Staat, suchte ihren gewachsenen bundesrepublikanischen Machtanspruch mit rationalem Kalkül zu behalten und ordnete dem sogar ihre Träume vom „modernen Deutschland" unter.[46] Dabei ging die Parteiführung sogar soweit, die FDP öffentlich zwar weiterhin als Wunschkoa-

---

[44] Vgl. Blätte, a.a.O., S. 288.
[45] Bornhöft, Petra u.a.: Schlappes Gespenst, in: Der Spiegel, 24.08.2009.
[46] Vgl. Korte, Karl-Rudolf: Bundestagswahl 2009 – Konturen des Neuen, in: ders. (Hrsg.): Die Bundestagswahl 2009: Analysen der Wahl-, Parteien-, Kommunikations- und Regierungsforschung, Wiesbaden 2010, S. 9 – 32.

litionspartner zu bezeichnen, aber ihr zugleich keine Exklusivität zuzusichern.[47] Ganz im Gegensatz dazu fühlte sich die FDP schon vor dem Ausgang der Bundestagswahl 2009 in ihrer Botschaft bestätigt. Ihre Umfragewerte waren bisweilen sensationell. Sie startete in den Bundestagswahlkampf mit fest umrissenen Vorstellungen, die aber auch dazu verpflichteten, wenigstens einige ihrer Forderungen in der Regierung umzusetzen. Aus über zehn Jahren Oppositionszeit brachten die Freidemokraten allerdings wenig thematische Flexibilität und Dehnbarkeit mit. Ihre jüngste Erfahrung hatte sie gelehrt, dass Standhaftigkeit, präzise formulierte Projekte und kurzfristig umzusetzende Vorstellungen zu großem Erfolg und maximaler Aufmerksamkeit führten. Dementsprechend forsch agierten sie beispielsweise in den Koalitionsverhandlungen[48] nach der Wahl und preschten trotz Regierungsbeteiligung in oppositioneller Manier gegen Hartz-IV-Empfänger vor, als die Umfragewerte wieder einbrachen. Die Union reagierte verärgert. So könne man nicht regieren, die FDP solle endlich in der Regierung ankommen und ihr Kommunikationsverständnis überdenken, so die christdemokratische Forderung jener Tage.[49]

Im Grunde ist die Situation paradox. Denn im Oktober 2009 beschlossen die Spitzen der drei bürgerlichen Parteien CDU, CSU und FDP einen Koalitionsvertrag, der von harten Auseinandersetzungen, Sticheleien und öffentlich geäußerten Beschimpfungen in zutiefst „unbürgerlicher" Diktion begleitet wurde. Er versprach längst nicht jenen Aufbruch, auf den die Koalitionäre zuvor gebaut und den sie versprochen hatten. Die vielen Streitpunkte, die nicht inhaltlicher, sondern vorrangig kommunikativer Natur waren, demonstrierten nur, was sich schon vor der Wahl angedeutet hatte: Zwei ideologisch weitestgehend übereinstimmende Parteien besaßen ein unterschiedliches Verständnis von der zukünftigen Regierungsführung. Paradox

---

[47] Vgl. Bornhöft u.a., a.a.O.

[48] Vgl. Weiland, Severin/Wittrock, Philipp: Koalitionsverhandlungen. Schwarz-Gelb schwärmt vom Aufbruch, in: Spiegel online, 05.10.2009, online einsehbar unter http://www.spiegel.de/politik/deutschland/0,1518,653368,00.html [eingesehen am 20.07.2011].

[49] Vgl. o.V.: FAZ-Gespräch mit Angela Merkel. Merkel: Westerwelle hat Reformdebatte unnötig erschwert, in: Frankfurter Allgemeine Zeitung, 24.02.2010.

war das vor allem deshalb, da sich nicht nur im Parteinachwuchs der CDU Sympathien für die Beibehaltung des Leipziger Reformgeistes und für die Leistungsanreize der FDP verfestigt hatten.[50] Dies wird von einer Umfrage unter deutschen Parlamentariern im Jahre 2010 unterstrichen. Mit einigem Abstand heben sich darin Abgeordnete der CDU und FDP von Vertretern anderer Parteien mit der Meinung ab, dass für Veränderungen und Innovationen im Land vor allem die Wirtschaft zuständig sei. Eine weitaus höhere Zustimmung als bei den anderen Parteien – über 72 Prozent bei den Freidemokraten und 52 Prozent bei Christdemokraten – findet sich auch bei der Verantwortung des Einzelnen, für Veränderungen und Innovationen zuständig zu sein.[51] Überzeugungen also, auf denen ihre Reformideen fußen und den entstandenen Streit zur Regierungsbildung fragwürdig erscheinen lassen.

Der folgende Blick über die innerparteilichen Entwicklungen hinaus auf das Bundestagswahlergebnis 2009 macht die unterschiedlichen Kommunikationsstrategien nachvollziehbarer. Es wird deutlich, dass CDU und FDP aus vollkommen unterschiedlichen Alltagsperspektiven und Annahmen gewählt wurden.

Der Wählerauftrag

Die Regierungskoalition hatte von Anfang an keine absolute Mehrheit in der Wählerschaft. Die Zahlen des Bundeswahlleiters[52] verweisen darauf sehr deutlich: Von 62.168.489 wahlberechtigten Bundesbürgern gaben 44.005.575 ihre Stimme an der Urne ab. Die Wahlbeteiligung lag bei 70,2 Prozent. Bei der CDU machten 11.828.277 Wähler ihr Kreuz, bei der FDP waren es 6.316.080. Insgesamt erhielt die christlich-liberale Bundesregierung ihre Stimmen von 18.144.357

---

[50] Vgl. Wittrock, Philipp: Unions-Nachwuchs fordert Kurskorrektur, in: Spiegel online, 11.10.2009, online einsehbar unter http://www.spiegel.de/politik/deutschland/0,1518,654470,00.html [eingesehen am 20.07.2011].

[51] Vgl. Change Centre Foundation, a.a.O.

[52] Vgl. Bundeswahlleiter (Hrsg.): Endgültiges Ergebnis der Bundestagswahl 2009, online einsehbar unter http://www.bundeswahlleiter.de/de/bundestagswahlen/BTW_BUND_09/ergebnisse/bundesergebnisse/index.html [eingesehen am 05.05.2011].

Wählern, das sind 41,23 Prozent aller abgegebenen Stimmen. Werden die Stimmen der CSU dazugezählt, sind es 20.974.595 Wähler – umgerechnet 47,66 Prozent und damit immer noch weniger als die absolute Mehrheit. Dramatisch wird es, wenn auf die Gesamtzahl aller Wahlberechtigten abgestellt wird, dann nämlich sind es lediglich 33,74 Prozent.

Diese Berechnungen untermauern die Ergebnisse der Forschungsgruppe Wahlen, die einen „Regierungswechsel ohne Wechselstimmung"[53] diagnostizierte. Die Zustimmung zur Regierungspolitik der scheidenden Koalitionspartner von CDU und SPD war vor der Bundestagswahl ungebrochen hoch gewesen. Die Deutschen zeigten sich mit der Großen Koalition zufrieden, wünschten sogar deren Fortführung. Eine bessere Politik trauten sie einer christlich-liberalen Regierung nicht zu. Wirklich Wahlkampf wurde zwischen Sozial- und Christdemokraten nicht geführt, sondern das eigentliche Tauziehen um Stimmen fand innerhalb des bürgerlichen Lagers statt.

Schon im Vorfeld der Bundestagswahl zeichnete sich ab, dass die Gewinnerin im Lager des Bürgertums die FDP sein würde. In der Union wurden daher Stimmen laut, die sich eine Wiederholung der Koalition aus der Kohl-Ära nur mit einem selbstbewussten, unabhängigen eigenen Lager wünschten. Die Angst vor hochtrabenden Liberalen mit einer aufpeitschenden, beinahe schrillen Attitüde ging um im Unionslager. Nur mit einer deutlich stärkeren konservativ-bürgerlichen Fraktionsmehrheit könne dem Duktus des „Marktschreiers" Westerwelle Einhalt geboten werden. Bürgerlich, so hieß es an der Basis immer wieder, sei doch nicht laut und aggressiv, sondern zurückhaltend und zuhörend. Es kam anders: Etwas mehr als eine Million Wähler wechselten innerhalb des bürgerlichen Lagers die Partei – von der CDU zur FDP.[54] Die Freidemokraten wurden mit Abstand zur zweitstärksten Kraft noch vor der CSU in der neuen Koalition – dies ist in der bundesrepublikanischen Historie bislang einmalig.

Die FDP griff ganz explizit die Ängste des Wirtschaftsbürgertums und der unzufriedenen jungen Bürger auf. Die Wirtschafts- und

---

[53] Jung, Matthias/Schroth, Yvonne/Wolf, Andrea: Regierungswechsel ohne Wechselstimmung, in: Aus Politik und Zeitgeschichte, H. 51 (2009), S. 12 – 19.

[54] Vgl. Infratest Dimap (Hrsg.): WahlREPORT – Infratest dimap Wahlanalyse zur Bundestagswahl am 27. September 2009, Berlin 2009.

Finanzkrise hatte an deren Selbstbewusstsein gerüttelt, die Banker, Unternehmer und Aktionäre fühlten sich darüber hinaus von allen Seiten angegriffen. Westerwelle bot ihnen durch seine radikale Rhetorik eine Trutzburg, in der sie sich sammeln konnten. Und tatsächlich war die mobilisierte Wählerschaft am Wahlabend dann auch die große Mehrheit des Wirtschaftsbürgertums sowie eine nicht unwesentliche Größe junger Männer aus einkommensschwächeren Bevölkerungsteilen, die sich eine starke Persönlichkeit mit klaren Aussagen, unverrückbaren Prinzipien und harter Durchsetzungskraft wünschten.[55] Gerade für den letztgenannten Teil der neugewonnen Wähler spielten Konsum, Abgrenzung und feste Orientierung eine große Rolle. Diese von der Shell-Jugendstudie als „pragmatische Generation" bezeichnete Gruppe, die unter dem Eindruck von Arbeitsplatzproblemen und sozialstaatlichem Wandel besonders unter Druck geraten war[56], wünschte sich Sicherheit und materiellen Wohlstand. Über den Konsum konnten sie ihre Botschaft darstellen, dadurch grenzten sie sich von anderen ab, gewannen Zugehörigkeit und Einzigartigkeit. Diese Werte vermittelte im Wahlkampf 2009 offenbar die FDP besser als jede andere Partei.

Die Christdemokraten hingegen hatten sich zuvorderst die Aufgabe gestellt, hohe Geschlossenheit im Wahlkampf zu demonstrieren. Sie versuchten, das wirtschaftlich und gesellschaftlich abwägend agierende Bürgertum zu erreichen, von welchem sie schon gewählt worden waren. Auch wenn die Wahlkampfmaschinerie der Christdemokraten auf leisen Sohlen daherkam und dem Gegner beinahe jegliche Polarisierungsmöglichkeiten nahm, ließ sich ein programmatischer Kern ausmachen: stringente Haushaltskonsolidierung und Reduzierung staatlicher Aufgaben bei gleichzeitiger Übertragung dieser auf die Bürgergesellschaft. Damit blieb sie etwas verklausuliert ihrer Reformorientierung treu. Nur versuchte die Parteiführung, ihre Vorhaben diesmal deutlich zurückhaltender zu kommunizieren. Damit suchte sie einen sanften Ausgleich zwischen dem innerparteilichen

---

[55] Vgl. Walter, Franz: Vom Milieu zum Parteienstaat. Lebenswelten, Leitfiguren und Politik im historischen Wandel, Wiesbaden 2010, S. 205.

[56] Vgl. Shell Deutschland Holding (Hrsg.): Jugend 2006. Eine pragmatische Generation unter Druck, Bonn 2006.

Ruf nach gesellschaftlichen Reformen einerseits und der Ablehnung gegenüber mehr Verantwortung des Individuums andererseits. Frei- und Christdemokraten führten also gewissermaßen „einen arbeitsteiligen Wahlkampf [...], von dem die FDP profitiert hat, während die Union Federn lassen musste. Die schwarz-gelbe Mehrheit beruht auf gegenteiligen Erwartungen ihrer Wähler in wichtigen sozialen Fragen."[57] Die Zeit der Großen Koalition hatte zwei bürgerliche Parteien geformt, welche zur Bundestagswahl 2009 unterschiedliche Interessen, Lebenswelten und Visionen ihrer Anhänger repräsentierten. Die Bundestagswahl brachte demnach zwei Parteien zusammen, die hinsichtlich ihrer Auffassung von Machtpolitik und Auftreten äußerst unterschiedlich einzuordnen waren, die aber inhaltlich auf einer ähnlichen ideologischen Grundlage Politik machen wollten.

Fazit: Konsequenzen für CDU und FDP? Ein Blick nach vorn.

Für die Christ- und Freidemokraten wird es in Zukunft immer schwerer werden, ihre Anhängerschaft am Wahltag einzusammeln. Sinnstiftende Projekte und Ideen wie die Radikalreformen der zurückliegenden Jahre konnten die bürgerliche Mitte nachweislich nicht mehrheitlich hinter der CDU und der FDP versammeln. Denn nicht nur die Parteien kranken an zerbrochenen normativen Klammern. Auch der bürgerlichen Mitte in Deutschland fehlt es an einer Richtschur, einer gemeinsamen Orientierung. „Weder gibt es eine dominierende Idee, wohin die gesellschaftspolitische Reise gehen soll, noch lassen sich treibende Kräfte in Gestalt bestimmter Akteure benennen."[58] Die Mitte findet keinen Fixpunkt und treibt auseinander. Der Historiker Thomas Nipperdey beispielsweise führt die Entstehung der Moderne „auf die Verschränkung des Unbürgerlichen mit dem Bürgerlichen" zurück. Diese Verschränkung hat sich soweit fortgesetzt, dass Nipperdey das Bürgertum aufgrund des Verlustes seiner Tradition als

---

[57] Bruns, Tissy: Mehr Optionen, gesunkene Erwartungen, in: Aus Politik und Zeitgeschichte, H. 51 (2009), S. 3 – 11, hier S. 3.

[58] Mertes, Michael: Umbrüche. Nichts ist mehr wie vorher, in: Rheinischer Merkur, 04.11.2010.

„Klasse", ja als „Lebensform" nicht mehr identifizieren kann.[59] Der Philosoph Michael Schäfer erkennt, dass die heutige Gesellschaft in weiten Teilen bürgerlich lebt, arbeitet und denkt. Das Bürgerliche ist für ihn ebenfalls nicht mehr als eigene „soziale Klasse", ständische oder kulturelle Vergesellschaftung zu identifizieren.[60] Die Nachahmung des bürgerlichen Lebensstils wurde durch Bildungsexpansion und steigende Einkommen nachhaltig gefördert. Nachahmung verführt allerdings dazu, seine Lebensweise, kurz- und mittelfristige Ziele schnell zu wechseln, denn der Blick zur Seite, auf den Nachbarn, ist der Nachahmung inhärent.[61]

Dabei ist die *eine* bürgerliche Lebensweise nicht mehr zu definieren, denn das, was gerade bürgerlich ist, ist ständig in Bewegung. Bildung beispielsweise kann in wirtschaftlicher, kultureller, politischer, gesellschaftlicher oder künstlerischer Form anerkannt sein. Je nachdem auf welches bürgerliche Mikromilieu die Lupe gerichtet wird, unterscheiden sich die angesehenen Aspekte von Bildung. Diese inhaltliche Differenzierung ist auf Besitz und Manieren genauso anzuwenden. Mal ist der Besitz eines Pferdes oder eines Range Rovers oder ein knöcherner Tierschädel im Salon bürgerlich, mal ist es die energiesparende Kücheneinrichtung, deren Arbeitsplatten selbstverständlich nur aus Echtholz aus Aufforstwäldern gefertigt wurden.

Aus dieser Perspektive ist es schon nahezu logisch, dass die als klassische Vertreter des Bürgertums bezeichneten Parteien CDU und FDP immer weniger in der Lage sind, die gesammelte bürgerliche Mitte lebensstilistisch anzusprechen. Denn nicht erst seit der Bundestagswahl 2009 steht die Union vor dem Dilemma, sich permanent an veränderte Rahmenbedingungen und Wählerinteressen anpassen zu müssen und dabei ihre traditionsorientierten Stammwähler nicht zu verprellen. Der Versuch der Parteiführung, diesen Spagat zu vollziehen, hat in den letzten Jahren viel Konfusion, Entzweiung und Orientierungslosigkeit in der Christdemokratie hinterlassen.

---

[59] Vgl. Nipperdey, Thomas: Wie das Bürgertum die Moderne fand, Berlin 1988, S. 85ff.

[60] Vgl. Schäfer, Michael: Geschichte des Bürgertums. Eine Einführung, Wien 2009, S. 250.

[61] Vgl. de Tarde, Gabriel: Die Gesetze der Nachahmung, Bielefeld 2003.

Hinzu kommt, dass die Wählerschaft aus der von Angela Merkel umgarnten Mitte nicht nur einen wechselhaften Lebensstil führt, sondern in ihren Vorstellungen über konkrete Politikinhalte ebenfalls widersprüchlich zu sein scheint. Einerseits werden radikale Reformen gefordert, von denen die Mitte sich aber gleichzeitig hinsichtlich ihrer Zukunftsplanungen bedrängt fühlt. Die bürgerliche Mitte wünscht sich Aufrichtigkeit, die sie allerdings zugleich missbilligt.[62] Die Union, das bewies die Bundestagswahl 2009, ist längst nicht mehr das normative und ideelle Dach des deutschen Bürgertums. Die Wahlenthaltung der bürgerlichen Mitte,[63] schon in den Landtagswahlen zuvor, ist nur ein weiteres Indiz für diese Entwicklung.

Die CDU steht anhand der vorliegenden Erkenntnisse vor gewaltigen Herausforderungen: Einerseits folgt die Mehrheit in der Partei einer oligarchisch implementierten strategischen Beweglichkeit auf dem Wähler- und Medienmarkt zur bloßen Machterhaltung und andererseits haben sich Reformansprüche und der gleichzeitige Ruf nach einem klaren Profil verstetigt. Der Widerspruch zwischen den nur noch intern geäußerten Politikzielen und den auf Straßen und Marktplätzen öffentlich vernehmbaren Kritikern, selbst aus der eigenen Anhängerschaft, tritt immer offener zutage. Michael Schlieben kommentiert, wie die CDU-Spitzen auf dem Wirtschaftstag im Jahr 2011 auftraten:

„Selbst der Mittelstandspolitiker Michael Fuchs, der sich nie für eine Kritik an der Kanzlerin zu schade sind [sic!], murmelt nun Sätze wie: Man dürfe ‚die Sorgen der Bevölkerung' nicht ignorieren. [...] Die Kanzlerin wird am Abend dennoch höflich begrüßt. Merkel dankt den anwesenden Wirtschaftsführern für das ‚verantwortliche Handeln' in der Krise und sagt, dass sie eigentlich ähnliche reformerische Ziele wie die

---

[62] Vgl. Q – Agentur für Forschung: Politikwahrnehmung in der Mittelschicht in NRW. Bericht zu der Studie für die Staatskanzlei des Landes Nordrhein-Westfalen. In Zusammenarbeit mit der AG Parteien- und politische Kulturforschung der Universität Göttingen, Mannheim/Göttingen 2010, S. 29.

[63] Vgl. Winkelmann, Ulrike: TAZ-Gespräch mit dem Parteienforscher Franz Walter. „Die CDU-Wähler bleiben zu Hause", in: taz online, 10.05.2010, online einsehbar unter http://www.taz.de/!52330/ [eingesehen am 20.07.2011].

Anwesenden habe. Richtig streng mag hinterher, bei Champagner und Spargel, keiner ihrer Zuhörer mehr mit ihr ins Gericht gehen"[64]

Die Christdemokraten befinden sich in einem ständigen Rechtfertigungsprozess. Waren sie einst im Gleichschritt mit der Mehrheit der Bevölkerung unterwegs, sind sie nun immer einen Schritt voraus oder zurück. Sie versuchen so krampfhaft den alten Zustand wiederherzustellen, dass sie den Eindruck des Kursverlustes nur noch verstärken.

Dieses gesamtgesellschaftliche Phänomen beschreibt der Philosoph Hermann Lübbe mit dem Begriff „Gegenwartsschrumpfung"[65]. Er definiert eine durch vielfältige Herausforderungen und entgrenzte Informationsspielräume geprägte Moderne, die alte Überzeugungen und Ideen immer schneller gegen (vermeintlich) neue eintauscht. Auf die Politik bezogen bedeutet das, dass die wichtigsten Accessoires politischer Akteure der Terminkalender und der Newsticker auf dem Handy geworden sind. In der Hektik des Alltags wird auch der bürgerliche Repräsentant zum Statisten. Seine Rolle dient immer weniger der selbstständigen Durchdringung der anstehenden Probleme, dem darauf aufbauenden Ausgleich zwischen den Interessen seines Wahlkreises und der wechselseitigen Kommunikation mit dem Wähler. Unter diesen Prämissen wird sich wohl langfristig der Wille zur Verteidigung ihrer Pfründe und ihres Einflusses durchsetzen. Der Machterhalt wird in der CDU letztlich über die dauerhaft identitätsstiftende emotional geistige und soziale Norm triumphieren.

Den Freidemokraten könnte man unter den Bedingungen einer auseinanderdriftenden Gesellschaft hingegen eine rosige Zukunft voraussagen: Die FDP zeigte sich schon in ihrer Parteigeschichte inhaltlich volatiler und radikaler im Übergang als ihr aktuelles Regierungspendant. Sie hat sich durch diese Taktik im bundesrepublikanischen Parteienwettbewerb erfolgreich gehalten – die Liberalen weisen die meisten Regierungsjahre im Bund auf. Sie muss sich allerdings daran gewöhnen, dass die schmerzhaften Erfahrungen und

---

[64] Schlieben, Michael: Die CDU schlingert auf der Suche nach Sinn, in: Zeit online, 01.06.2011, online einsehbar unter http://www.zeit.de/politik/deutschland/2011-05/cdu-sinnsuche-cda-wirtschaftsrat [eingesehen am 20.07.2011].

[65] Vgl. Lübbe, Hermann: Im Zug der Zeit: Verkürzter Aufenthalt in der Gegenwart, Berlin 2003.

Durststrecken nach großartigen Wahlerfolgen zunehmen werden. Ihre strukturelle Fähigkeit zur thematischen Zuspitzung wird voraussichtlich immer wieder auf Exklusivität ausgerichtete bürgerliche Mikromilieus ansprechen, aber mangels Einfluss und Durchsetzungsvermögen deren Bedürfnisse nicht dauerhaft befriedigen können.

Weiterführende Literatur

D'Antonio, Oliver/Walter, Franz/Werwath, Christian: Die CDU. Entstehung und Verfall christdemokratischer Geschlossenheit, Baden-Baden 2011.

Niedermayer, Oskar (Hrsg.): Die Parteien nach der Bundestagswahl 2009, Wiesbaden 2011.

Nipperdey, Thomas: Wie das Bürgertum die Moderne fand, Berlin 1988.

Kronenberg, Volker/Mayer, Tilman (Hrsg.): Volksparteien: Erfolgsmodell für die Zukunft?, Freiburg im Breisgau 2009.

Walter, Franz: Gelb oder Grün, Bielefeld 2010.

Zeitgeist und Kultur:
Zwischen Sehnsucht und Orientierung

David Bebnowski und Klaudia Hanisch

Politische Entwicklungen sind ohne ihre historische Einbettung nur selten verständlich. Das Nachverfolgen von Handlungssträngen und die Kartierung der politischen Rahmenbedingungen zu verschiedenen Zeitpunkten gehören dementsprechend zu den Anforderungen politikwissenschaftlicher Analysen. Trotz genauester Aufarbeitungen historischer Situationen und des Zusammentragens vermeintlich unumstößlicher Fakten kommt es dennoch vor, dass manche politische Entwicklung zunächst rätselhaft bleibt. Ein Beispiel hierfür beschreibt Franz Walter in seinem Essay in diesem Buch: Häufig ist eine gesellschaftliche Stimmung, die in der Wahl einer neuen Regierungskoalition scheinbar ihren Ausdruck findet, bereits vor oder eben mit deren Amtsübernahme bereits wieder verflogen.[1] Politische Richtungswechsel stehen somit eher für das Ergebnis einer bereits erfolgten gesellschaftlichen Umorientierung, als dass sie den Auftrag nach zukünftigem Gegensteuern verkörpern. Vor dem Hintergrund dieser Überlegungen sind angestrebte politische Weichenstellungen dann trotz der jahrelangen Vorarbeit nur noch schwer möglich. Untergründig scheint der Rückhalt in der Gesellschaft bereits mit dem Moment der Wahl wieder verflogen.

Um diese Effekte, die das politische Handeln in erheblichem Maße beeinflussen, zu begreifen, bietet sich die Beschäftigung mit dem *Zeitgeist* an. Durch ihn wird ermöglicht, die Veränderung von Mentalitätsströmen in der Gesellschaft zu begreifen. Einer frühen aber immer noch weitgehend akzeptierten Definition folgend versteht man den Zeitgeist als die „für einen bestimmten geschichtlichen Zeit-

---

[1] Vgl. dazu in diesem Band den Beitrag von Franz Walter: Fehlende Wurzeln, mangelnde Narrative, ausgebliebener Politikwechsel.

raum charakteristische Gesinnung, [oder] geistige Haltung"[2]. Durch Betrachtung der Veränderungen im Vorfeld einer betreffenden Situation soll die geistige Situation der Zeit[3] erklärbar werden. Hiervon soll der vorliegende Beitrag handeln.

Diesem Anspruch wird ein Aufsatz dieser Länge jedoch kaum in Gänze genügen können, weswegen einige Schlaglichter behandelt werden.[4] An ausgewählten Beispielen soll versucht werden, Einblicke in den Zeitgeist der Jahre 2009 bis 2011 zu liefern. Diese Arbeit soll dazu beitragen, zumindest einige Anhaltspunkte einer charakteristischen Mentalität festzuhalten, die das Verständnis der Rahmenbedingungen politischen Handelns in der gegenwärtigen schwarz-gelben Koalition erleichtern.

Seit jeher bietet sich für das Erfassen des Zeitgeists ein Blick auf die kulturellen Erzeugnisse einer Epoche an. In ihnen bündeln sich die Einstellungsmuster in der Gesellschaft, die Anschlusspunkte für das Verständnis politischen Handelns bieten.[5] Die Aufgabe besteht dementsprechend darin, kulturellen, sozialen und politischen Phänomenen nachzuspüren und sie zur Darstellung ihrer Bedeutung im Kontext interpretatorisch zu analysieren.[6] Warum tritt ein bestimmtes

---

[2] Herder, Johann Gottfried: Kritische Wälder, oder Betrachtungen die Wissenschaft und Kunst des Schönen betreffend, Riga 1769, zitiert nach Etymologisches Wörterbuch des Deutschen, München 2005, S. 1598.

[3] Vgl. auch für Grundlegendes zum Zeitgeist: Jaspers, Karl: Die geistige Situation der Zeit, Berlin 1955 [Ersterscheinung: 1931].

[4] Bereits Jaspers wies in seinen Überlegungen zum Zeitgeist hierauf hin: „Diese Ganzheitsbetrachtung, die Meinung, wissen zu können, was das Ganze, geschichtlich und gegenwärtig sei, ist ein Grundirrtum; das Sein dieses Ganzen ist selbst fraglich." Ebd., hier S. 25.

[5] „Kultur ist all das, was man wissen, beherrschen und empfinden können muss, um beurteilen zu können, wann man sich in einer Gruppe erwartungskonform oder abweichend verhält, sofern man dies will und nicht etwa bereit ist, die jeweils vom erwartungswidrigen Verhalten entstehenden Konsequenzen zu tragen." Göhring, Heinz: Interkulturelle Kommunikation. Anregungen für Sprach- und Kulturmittler, Tübingen 2002.

[6] Clifford Geertz' *dichter Beschreibung* folgend fällt der Interpretation die Schlüsselrolle für die Erklärung sozialer Phänomene zu. „Eine gute Interpretation von was auch immer [...] versetzt uns mitten hinein in das, was interpretiert wird." In: Geertz, Clifford: Dichte Beschreibung. Beiträge zum Verstehen kultureller Systeme, Frankfurt a. M. 2006, S. 28. Wir bewegen uns hiermit auf einer metho-

Phänomen zu einem gegebenen Zeitpunkt auf? Warum reagieren Menschen auf eine Initiative in einer bestimmten Art und Weise? Welche Mentalität ist hieraus ableitbar? Und schließlich hiermit eng verkoppelt: Warum wird ein politisches Verhalten akzeptiert, wohingegen ein anderes auf Ablehnung stößt?

Die Beschreibung von Zeitgeist und Kultur in diesem Beitrag soll somit Anknüpfungspunkte zur Analyse der verschiedenen Politikfelder, Parteien und Personalentscheidungen in diesem Band liefern. Wir beschränken uns in der Untersuchung auf fünf Phänomene, die wir als zentral und ebenso prägend für den Zeitraum der schwarz-gelben Koalition halten, jedem ist ein Abschnitt dieses Kapitels gewidmet. Zunächst diskutieren wir das Bedürfnis nach Sinn und Orientierung und problematisieren es in einem gesamtgesellschaftlichen Zusammenhang. Daran anschließend wird konkreter auf neue Vorbilder der Deutschen eingegangen. Sie werden als symbolische Vertreter eines neuen Nationalgefühls dargestellt. Das dritte Phänomen sind die Anzeichen eines möglichen Paradigmenwechsels in Kunst und Kultur. Hieran anschließend soll als Viertes der Wunsch nach Komplexitätsreduktion und Vereinfachung des Lebens behandelt werden. Das fünfte und letzte Phänomen befasst sich mit dem vorherrschenden Eindruck in der Bevölkerung, Politik sei eine von der Gesellschaft abgehobene, entkoppelte Sphäre. Zur Eröffnung der Analyse soll das verbindende Element der Themenkomplexe bereits hier benannt werden: Der aktuelle Zeitgeist stellt sich als eine Suche nach Orientierung und Besinnung dar und könnte somit verschiedene Anknüpfungspunkte und Chancen vor allem für die konservativen Politikentwürfe einer schwarz-gelben Regierung liefern.

---

dischen Grundlage des Göttinger Instituts für Demokratieforschung. Vgl.: Bebnowski, David u.a.: Selbstverständnis, in: Hensel, Alexander/Kallinich, Daniela/Rahlf, Katharina: Parteien, Demokratie und gesellschaftliche Kritik, Stuttgart 2010, S. 11 – 38, auch online einsehbar unter: http://www.demokratie-goettingen.de/content/uploads/2010/06/%C3%9Cberlegungen_zum_wissen schaftlichen_Verst%C3%A4ndnis.pdf [eingesehen am 20.05.2011].

Sinnfragen und die Suche nach Leitbildern

„Irgendetwas ist grundfalsch an der Art und Weise, wie wir heutzutage leben"[7], lautet der eröffnende Satz im letzten Buch des 2010 verstorbenen Historikers Tony Judt. Seine Zeitdiagnose scheint auch in Deutschland den Gemütszustand vieler Menschen auf den Punkt gebracht zu haben. Denn trotz brummender Konjunktur und erfreulicher Wachstumsprognosen[8] breitet sich ein diffuses Bewusstsein von der Größe und Bedrohlichkeit der gegenwärtigen Krise aus. Kulturforscher sprechen sogar von einer kulturpsychologischen Zeitenwende.[9]

Diesem Zustand liegt eine längerfristige Entwicklung zugrunde. Die tragenden Pfeiler der deutschen „nivellierten Mittelstandsgesellschaft" der Nachkriegsjahre wie Fortschrittsglaube und Wirtschaftswachstum, die wie die Triebkräfte einer großen, zukunftsoptimistischen „Maschine" soziale Integration und Wohlstand für alle möglich machen sollten, wurden brüchig.[10] Die alte Industriegesellschaft verwandelte sich; selbstständige, immaterielle Arbeit rückte ins Zentrum und Kommunikation, Flexibilität und Virtuosität gerieten zu neuen Schlagwörtern. Hierdurch wurden jedoch die Forderungen nach Selbstverwirklichung, Selbstbestimmung und Autonomie zu grundlegenden Voraussetzungen für jedermann, ohne sie konnte niemand mehr am Markt bestehen. Dementsprechend begannen sie allmählich, als Quell der Kritik an gesellschaftlichen Zuständen zu verschwinden.[11] Allerdings blieb eine neue selbstbewusste Philosophie, die elementare und drängende Fragen zur geistigen und ideolo-

---

[7] Judt, Tony: Dem Land geht es schlecht, München 2011, hier S. 12.

[8] Das Bruttoinlandsprodukt (BIP) stieg im ersten Vierteljahr 2011 im Vergleich zum Vorquartal überraschend kräftig um 1,5 Prozent und überschritt damit erstmals das Niveau des Vorkrisenjahres 2008, in: Hulverscheidt, Claus: Deutschland lässt Wirtschaftskrise hinter sich, in: Süddeutsche Zeitung, 14./15.05.2011.

[9] Grünewald, Stephan: Grüne auf dem Vormarsch - Der Wahn der Weltretter, in: Cicero online, 21.04.2011, online einsehbar unter http://www.cicero.de/berliner-republik/gr%C3%BCne-auf-dem-vormarsch-der-wahn-der-weltretter/41343 [eingesehen am 23.03.2011].

[10] Münkler, Herfried: Mitte und Maß, Berlin 2010, S. 215ff.

[11] Boltanski, Luc/Chiapello, Ève: Der neue Geist des Kapitalismus, Konstanz 2006, S. 54ff.

gischen Orientierung beantwortet, weitgehend aus.[12] Diese Leerstelle existiert bis heute. Ein Zitat Antonio Gramscis, das aus der Zeit ideologischer Leere nach dem Ersten Weltkrieg stammt, fasst einen solchen Zustand prägnant zusammen. „Die alte Welt liegt im Sterben, die neue ist noch nicht geboren: Es ist die Zeit der Monster."[13] Facetten einer Identitäts- und Sinnsuche, die dieses Loch füllen könnte, spiegelten auch verschiedene Diskurse der Jahre 2009 bis 2011 wider. Sie sollen hier beleuchtet werden.

Viele Menschen im gesellschaftlichen Unten befürchten heute, dass sie, einmal dort angelangt, auch für immer dort bleiben werden und nicht bloß temporäre Verlierer eines konjunkturellen Zyklus sind. Zugleich tragen die sozialen Sicherungssysteme, die zwar wie Sprungfedern funktionieren sollten, zur allgemeinen Verunsicherung bei. Längst gerieten sie als soziale Hängematte[14] in Verruf. In einem Essay über das Soziale und das Asoziale zeichnet Klaus Hartung Gründe dieser Entwicklung nach. Lange wurden „auf die Abweichenden und Ausgegrenzten (...) im Namen einer optimistischen Anthropologie hohe Erwartungen projiziert. Irgendwann sei diese positive Anthropologie aber abhanden gekommen."[15] Heute gelten die Menschen, die Sozialwissenschaftler als „abgehängtes Prekariat" oder als die „Überflüssigen" bezeichnen, entweder als schreckhafte Wesen, die zu schützen und zu therapieren seien, oder gar als störrische Asoziale. So ist es keineswegs überraschend, dass in einer Studie des Konfliktforschers Wilhelm Heitmeyer die Rede von einer

---

[12] Vgl. Walter, Franz: Träume von Jamaika, Köln/Hamburg 2006.

[13] Gramsci, Antonio: Gefängnishefte, 10. Band, Berlin/Hamburg 1991-2000.

[14] So etwa während der Anfang 2010 von Guido Westerwelle angestoßenen Sozialstaatsdebatte, siehe o.V.: Westerwelle bläst zur Jagd auf Hartz-IV-Betrüger, in: Spiegel online, 19.02.2010, online einsehbar unter http://www.spiegel.de/politik/deutschland/0,1518,679055,00.html [eingesehen am 25.09.2010].

[15] Hartung, Klaus: Das Soziale und das Asoziale, in: Merkur, Jg. 64 (2010), H. 736/737, S. 1005 1017, hier S. 1015f. Anders als heute ruhten auf dem Proletariat in früheren Zeiten hohe Hoffnungen. So wurde die Zukunft der Gesellschaft in einem positiven Sinne eng mit der der heutigen „Unterschicht" verknüpft. Hierzu etwa: Walter, Franz: Die starken Arme legen keine Räder mehr still, in: Ders./Klatt, Johanna (Hrsg.): Entbehrliche der Bürgergesellschaft, Bielefeld 2011, S. 7 – 34.

Mischung aus Angst, Wut und Zynismus und einer „gruppenbezogenen Menschenfeindlichkeit" in den mittleren Schichten die Rede ist.[16] Auch das Ende der langen Regentschaft der CDU in Baden-Württemberg im März 2011 könnte als Ausdruck dieser Zeitenwende gedeutet werden. Der Hintergrund hierfür ist der beschriebene Verlust des Gleichklangs aus sozialer Beständigkeit und politischer Kontinuität, der jahrzehntelang als besonders charakteristisch für dieses Bundesland galt. Er basierte nicht zuletzt auch auf dem Glauben an den Grundsatz, dass solange es der Wirtschaft gut geht, es allen gut gehe. Mit dem Ermatten des Sozialstaats und den an ihn gekoppelter Erwartungen scheint jedoch auch dieser Glaube zu verschwinden. Die Wahl des ersten grünen Ministerpräsidenten Deutschlands und die bürgerliche Protestbewegung gegen Stuttgart 21 wurden in erheblichem Maße von einem sich diffus artikulierenden Unbehagen über die gesellschaftliche Entwicklung der letzten Jahrzehnte und die Prinzipienlosigkeit der politischen Akteure getragen.[17]

Immer wieder hört man daher einen beinahe ratlosen Befund von Politikwissenschaftlern, die alten Vorgaben und Leitbilder hätten ausgedient und die Politik müsse nach neuen suchen, wobei jedoch noch die Orientierung für das neue Jahrhundert fehle.[18] Darüber, dass aus diesen Entwicklungen Ungewissheiten und Bedrohungen entstehen, die bei der Bevölkerung Kränkungen und den sehnlichen Wunsch nach demonstrativer Handlungsfähigkeit erzeugen, sind sich die Gesellschafts- und Kulturforscher einig.[19] Verdeutlicht wird dies

---

[16] Heitmeyer, Wilhelm: Deutsche Zustände. Folge 9, Frankfurt a. M. 2010.

[17] Vgl. Nutt, Harry: Das konservative Gefühl und die Freiheit, in: Frankfurter Rundschau, 15.09.2010; Püttmann, Andreas: Stationen einer Geisterfahrt; in: Frankfurter Allgemeine Sonntagszeitung, 13.03.2011; vgl. die Reportage über den Sohn des früheren Ministerpräsidenten von Baden-Württemberg, Matthias Filbinger, der mit der CDU gebrochen und das neue Gesicht der Grünen wurde, Schmitz, Thorsten: Der gewonnene Sohn, in: Süddeutsche Zeitung, 28.03.2011.

[18] Stratenschulte, Eckart D.: Land ohne Leitbild, in: Frankfurter Rundschau, 30.08.2010, „Dass die Welt so weitergeht wie bisher, chaotisch, tragisch und unvorhersehbar, passt nicht in das theologisch vorgeprägte Zukunftsbild von Himmel und Hölle", in: Blom, Phillip: Der lange Schatten der bösen Philosophen, in: Frankfurter Allgemeine Sonntagszeitung, 13.03.2011.

[19] Vgl. Grünewald, Stephan: Bedrohliche Blasen, in: Frankfurter Rundschau, 08.04.2011.

auch in einer spezifischen Suchbewegung, die auf Sicherheit gerichtet ist.[20] Da der Bürger den Wandel der eigenen Lebenswelt nicht aufhalten kann, soll ihm zumindest eine Richtung gegeben werden. Einen kritischen Blick auf dieses Thema wagte die Wochenzeitung *der Freitag*. Sie fragte, ob die Deutschen zu einer Avantgarde der Regression werden würden, zu den ersten, „die zurück wollten, vor allem weg von der Alternativlosigkeit der Gegenwart."[21]

Als Ausdruck dieser Richtungsänderung konstatieren Werteforscher heute übereinstimmend, dass die oben angesprochene Idee eines libertären Individualismus und der Flucht aus allen Bindungen fürs Erste vorbei ist.[22] Es zeichnen sich eindeutig Suchbewegungen nach Halt gebenden Vorgaben und verbindlichen Anleitungen ab. So sehnen sich gerade junge Leute nach Regeln, Ritualen und verlässlichen Gemeinschaftszugehörigkeiten. An Stelle von Gegenentwürfen wie dem *Punk* in den 1970er und 1980er Jahren gilt nun die Weiterentwicklung vermeintlich traditioneller Lebensentwürfe als fortschrittlich. „Im neuen Kult um die Familie bündeln sich all diese Sehnsüchte und Mentalitäten der entbetteten postindustriellen Gesellschaften", schrieb Franz Walter.[23] Denn Freiheit von jeglichen Bindungen kann Angst machen, Angst davor, dass der Schritt ins Ungewisse in die Leere geht, vor allem seitdem sich der Traum von wachsender Prosperität und einem steigenden Lebensstandard für breite Bevölkerungsschichten nicht mehr träumen lässt.[24] Diverse Studien

---

[20] Ebd.

[21] Spinnen, Burkhard, Die tragischen Verlierer, in: Der Freitag, 07.04.2011.

[22] Walter, Franz: Werte vom Büffet, in: Frankfurter Rundschau, 15.09.2010.

[23] Ebd.; "Singles (...) gelten nicht länger als Helden der Autonomie, sondern als einsame Defizitwesen, die auf Partnersuche sind. Ehe, Treue und Harmonie sind 'angesagt'." in: Hradil, Stefan: Die Suche nach Sicherheit und Gemeinschaft in der individualisierten Gesellschaft, in: Hillmann, Karl-Heinz/Oesterdiekhoff, Georg W. (Hrsg.): Die Verbesserung des menschlichen Zusammenlebens. Eine Herausforderung für die Soziologie, Opladen 2003, S. 111 – 125, hier S. 112.

[24] Das Studentenmagazin der Süddeutschen Zeitung *Jetzt* organisierte schon 2007 ein Essaywettbewerb zu der Frage "Macht Freiheit einsam?". „Unsere Idee von Freiheit funktioniert eher wie IKEA: Wir können alles haben – zumindest das, was der Katalog hergibt. Selber bauen? Ja, aber nach Anleitung. Weil wir zu recht fürchten, dass echte Freiheit unangenehm werden könnte. Von Sartres Satz: „Gott ist tot, und der Mensch ist zur Freiheit verurteilt" nehmen wir das, was uns

zu den Einstellungsmustern der Jugend bestätigen diese Entwicklung. Sie zeigen eine Jugend, die alles als brüchig empfindet. Durch instabile Familiensysteme, aber auch die Wirtschafts- und Finanzkrise habe sich bei den jungen Erwachsenen die Überzeugung eingegraben: „Ich kann mich auf gar nichts mehr verlassen."[25] Die Folge davon, so eine Studie, sei eine angstvolle und ungeheuer anpassungswillige Jugend, eine „Generation Biedermeier"[26].

Seit dem Zusammenbruch der bipolaren Welt gilt die herrschende Meinung, dass Ideologien als Motor der Geschichte ausgedient hätten. Nun scheint die Suche nach Orientierung verstärkt auf emotionaler Basis zu erfolgen. Unterstützt wird diese Entwicklung durch die Medien, die die Funktion eines Resonanzbodens und Vergrößerungsglases einnehmen. Anzeichen hierfür sind in Deutschland auch darin zu finden, dass seit 2009 viel über Emotionen geschrieben worden ist: der „Wutbürger" wurde erfunden, das Wort „Alarmismus" wurde fast inflationär gebraucht, viele Menschen hatten „Angst".[27] Dies ist vor allem deshalb bemerkenswert, weil man bislang in deutschsprachigen politischen Diskursen nur selten die Bedeutung von Gefühlen thematisierte. Sie wurden überwiegend dem individuellen menschlichen Dasein zugeordnet und galten als etwas Subjektives, wenn nicht gänzlich Irrationales. Ausdruck dessen ist auch die

---

passt: Ein toter Gott gibt noch mehr Spielraum. Aber Freiheit, die ein schweres Urteil ist, die wollen wir nicht", lesen wir im Siegeressay von Astrid Schäfer, in: Schäfer, Astrid: Scheinfrei sein, in: Jetzt.de, 10.07.20007, online einsehbar unter http://jetzt.sueddeutsche.de/texte/anzeigen/374602/Macht-Freiheit-einsam-Astrid-Schaefer-gewinnt-den-Essay-Wettbewerb [eingesehen am 03.08.2011].

[25] Rüssmann, Ursula: Generation Biedermeier, in: Frankfurter Rundschau, 13.09.2010.

[26] Ebd.

[27] Siehe Laudenbach, Peter: Vom Nutzen der Katastrophe, Interview mit dem Soziologen Gerhard Schulze, in: Der Tagesspiegel, 28.03.2011; vgl. Schlüter, Christian: Das letzte Aufgebot, in: Frankfurter Rundschau, 22.12.2010; Walter, Franz: Fortschritt und die Furcht vor Verlust, in: Frankfurter Allgemeine Zeitung, 18.03.2011; Grünewald, a.a.O.; Güntner, Joachim: German Angst, in: Neue Zürcher Zeitung, 29.03.2011.

zum Teil heftige Kritik an der „Haltung der Empörung", die von Stéphane Hessel propagiert wurde.[28]

Oft wird vergessen, dass Politik nicht nur aus der Herstellung kollektiv bindender Entscheidungen besteht, sondern auch als Mittel zur Herstellung von Gemeinschaften wirkt. Hierin könnte ein erster Schlüssel zum Verständnis des Erfolgs der Grünen liegen. Denn auch wenn sie bislang nur selten konkrete Lösungen für die Probleme der Gegenwart boten, holten sie die Menschen bei ihren Ängsten ab, sie zeigten ein besseres Gespür für Emotionalität und das Atmosphärische als die anderen Parteien. Auch wenn sie lange als die Avantgardepartei der postmaterialistischen und postindustriellen Gesellschaft galten, sind es heutzutage sie und nicht etwa die Sozialdemokraten, die für viele Menschen die Hoffnung, dem Kapitalismus ein menschliches Antlitz zu geben, verkörpern.[29] Gerade auch, indem sie dem Bedürfnis nach Halt dadurch Rechnung tragen, dass sie eine emotionale Heimat bieten.

Der Konsens der Akzeptanz – Deutsche Vorbilder als Spiegel des Nationalgefühls

Als Indikator für eine emotionale Orientierungssuche erscheint auch die untergründige Verhandlung des Nationalgefühls in Deutschland. Eigentlich könnte diese Thematik Ansatzpunkte für die Profilierung der schwarz-gelben Koalition bieten, schließlich verkörpert das Nationale ein klassisches konservativ-bürgerliches Thema, das in den vorangegangenen Jahren vor allem in den Diskussionen um die Leit-

---

[28] Misik, Robert: Eine sonderbare politische Wallung, in: Der Freitag, 14.04.2011. In Frankreich beispielsweise schätzt man den Bedeutungswert von Emotionen anders ein. Der französische Politikwissenschaftler und Berater des Präsidenten Nicolas Sarkozy, Dominique Moïsi, schildert in seinem Buch *Kampf der Emotionen* die globalen Wechselwirkungen von Gefühlen und Politik und zeigt, wie diese die Weltpolitik beeinflussen. Sein Fazit ist, dass wir die Welt nicht verstehen können, wenn wir Emotionen nicht ernst nehmen. Moïsi, Dominique: Kampf der Emotionen. Wie Kulturen der Angst, Demütigung und Hoffnung die Weltpolitik bestimmen, München 2009, S. 11ff.

[29] Vgl. Weiß, Volker: Konservatismus mit menschlichem Antlitz, in: Jungle World, 07.04.2011; Engelberg, Achim: Kapitalismus mit menschlichem Antlitz? in: Blätter für deutsche und internationale Politik, Jg. 55 (2010) H. 7, S. 120–122.

kultur zum Vorschein gekommen war. Die Debatte der Jahre 2009 bis 2011 oszillierte um einen bestimmten Konsens, der insbesondere in neuen nationalen Vorbildern deutlich wird. Zur Verdeutlichung seien hier die Protagonisten der Fußball-Weltmeisterschaft im Juni und Juli 2010 sowie die Siegerin des Eurovision Song Contest im Mai 2010 herangezogen. Vor allem in Mesut Özil und Lena Meyer-Landrut gebaren beide Veranstaltungen neue und unverbrauchte Repräsentanten und Idole Deutschlands.

Kaum zwei Monate nach dem Lob der multikulturellen Nationalmannschaft schien sich im Furor um die Veröffentlichung des Buches *Deutschland schafft sich ab* von Thilo Sarrazin ein gegensätzliches Gefühl durchzusetzen. Der rechtspopulistische Autor beklagt in seinem Buch den Verfall des Landes aufgrund von Zuwanderung, Geburtenrückgang und Anwachsen der Unterschicht. In der Geschichte der Bundesrepublik ist ein Rechtspopulist selten auf derartige Zustimmung gestoßen wie das Berliner SPD-Mitglied. Ohne die Causa Sarrazin jedenfalls kann die Verhandlung eines deutschen Nationalgefühls während der Jahre 2009 bis 2011 kaum behandelt werden.

Zunächst verdeutlichte die Wiederentdeckung des Schlagworts „Partyotismus"[30], das bei der in Deutschland ausgetragenen Weltmeisterschaft 2006 entstanden war, dass sich – wie schon vier Jahre zuvor – ein ausgelassener Patriotismus ausbreitete, der aber im Unterschied zu 2006 im Feuilleton kaum mehr auf Kritik stieß.[31] Nicht zuletzt lag dies an der Fußballnationalmannschaft selbst, die sich ausnehmend integrativ darstellte. Elf der 23 Spieler im WM-Kader besaßen einen Migrationshintergrund. Es erscheint fast folgerichtig, dass die Hochstimmung um die Erfolge der jungen deutschen Mannschaft einige Kommentatoren von einem neuen Deutschland sprechen ließen.[32] Ganz im Gegensatz zu Frankreich entfachten die sportliche

---

[30] Reinsch, Michael: Wir sind deutsche Ausländer, in: Frankfurter Allgemeine Sonntagszeitung, 12.07.2010.

[31] Passig, Katrin: Nach dem Partyotismus, in: Zeit online, 06.10.2006, online einsehbar unter http://www.zeit.de/online/2006/40/dlf-schwarzrotgold-passig?page=all [eingesehen am 04.05.2011].

[32] Hierzu exemplarisch: Osang, Alexander: Ambassadors of a New Germany. The "Mannschaft" at the World Cup, in: Spiegel online, 13.07.2010, online einsehbar

Klasse und das zurückgenommene Auftreten der jungen deutschen Mannschaft Lobgesänge über gelungene Integration. Im Nachbarland wurden die Eskapaden der französischen Mannschaft auf die raue Sozialisation in den *Banlieues* zurückgeführt und reiften zum nationalen Politikum.[33] In Deutschland hingegen diente ausgerechnet der außerhalb der Weltmeisterschaft als Problembezirk verschriene Berliner Stadtteil Neukölln als Beispiel einer multikulturellen Republik. Auf den Punkt gebracht beschrieb die *FAZ*, dass die Bewohner ihr „Recht auf eine deutsche Identität"[34] eingeklagt hätten. Angesichts dieser Kommentare und Gefühlslagen verwunderte es auch kaum, dass der türkischstämmige Spielgestalter Mesut Özil – als rehäugiger „Anti-Sarrazin"[35] beschrieben – mit einem Fernsehpreis für Integration bedacht wurde.[36]

Tatsächlich scheint hier ein neues massenkompatibles Vorbild geboren worden zu sein. Dem Augenschein nach eben gerade deswegen, weil Özil angepasst auftritt und so im krassen Gegensatz zum aufmüpfigen und machohaft daherkommenden Stereotyp vermeintlich unintegrierbarer türkischstämmiger Migranten steht. Vielmehr enthüllten seine Interviews einen scheuen und zurückhaltenden jungen Mann, der seine Worte mit Bedacht wählt und stets das Team über die eigenen Ambitionen stellt. Ähnliches wird auch am Beispiel Neukölln deutlich. Zwar wurde ein integratives deutsches Nationalgefühl abgebildet, das Bekenntnis zum Deutschsein bei den Migranten gleichwohl vorausgesetzt. Sie besaßen offenkundig nicht mehr die

---

unter http://www.spiegel.de/international/zeitgeist/0,1518,706012,00.html [eingesehen am 03.05.2011].

[33] Während der WM kam es im Lager der französischen Mannschaft zu einigen Zwischenfällen, beispielsweise zu einem Streik der Spieler und wüsten Beleidigungen des Trainers Domenech durch den Angreifer Nicolas Anelka, der aus den Pariser Vororten stammt. Die französische Staatssekretärin Fadela Amada warnte vor einer „Ethnisierung der Kritik". Vgl.: o.V.: Sarkozy räumt mit dem französischen Fußball auf, in: Welt online, 24.06.2010, online einsehbar unter http://www.welt.de/sport/wm2010/article8166741/Sarkozy-raeumt-mit-dem-franzoesischen-Fussball-auf.html [eingesehen am 04.05.2011].

[34] Reinsch, a.a.O.

[35] Hahn, Jörg: Anti-Sarrazin mit Rehaugen, in: Frankfurter Allgemeine Zeitung, 12.11.2010.

[36] Ebd.

Möglichkeit, ihre Zugehörigkeit auszuwählen, sondern *mussten* schlichtweg von ihrem Recht auf die deutsche Identität Gebrauch machen. Zumindest untergründig basierte Integration also auf einem deutlichen Anpassungsprozess, der Ängste abmildern sollte. An anderer Stelle wurde dies auch an den kritischen Stellungnahmen der Koalition zu einer Rede des türkischen Premierministers Erdogan bei einem seiner Deutschlandbesuche deutlich, in der er türkischstämmige Deutsche dazu aufrief sich zu integrieren, aber nicht zu assimilieren.[37]

Hier passte die junge deutsche Nationalmannschaft bestens ins Bild. Die zurückhaltenden, unauffälligen und gleichwohl zielstrebigen Charaktere der Fußballer verkörperten ein Gegenbild zu den üblichen trostlosen und bedrohlichen Migrationsszenarien. In ihrer charakterlichen Unauffälligkeit und Schüchternheit verkörperten die Spieler eine Art Idealbild von Deutschen mit Migrationshintergrund.

Ähnliches wird jedoch auch am zweiten Vorbild, der Siegerin des Eurovision Song Contest, Lena Meyer-Landrut, deutlich. Wie bei den Spielern der deutschen Nationalelf fiel es schwer, an der Hannoveranerin polarisierende Charakterzüge auszumachen. Die 19-jährige Grand-Prix-Siegerin konnte die Massen durch eine Mischung aus jugendlicher Forschheit und angepasster Frechheit begeistern. Spätestens der triumphale Empfang der Sängerin, bei dem der damalige niedersächsische Ministerpräsident Christian Wulff Grüße der Bundeskanzlerin übermittelte, verdeutlichte ihren Stellenwert als Symbolfigur Deutschlands.[38] Das *ZEITmagazin* schrieb in einem Porträt: „In diesem Jahr können sich Jugendliche in Baden-Baden und ein 83-jähriger Außenminister a. D. auf eines einigen: Sie wollen etwas Lena in ihrem Leben."[39] Wie bei den jungen Fußballhelden basierte die Wirkung Meyer-Landruts ganz wesentlich darauf, dass sie eben nicht durch Skandale, *Glamour* oder übertriebene Inszenierungen hervor-

---

[37] O.V.: Regierung kritisiert Erdogans Rede, in: Tagesspiegel online, 28.02.2011, online einsehbar unter http://www.tagesspiegel.de/politik/regierung-kritisiert-erdogans-rede/3893844.html [eingesehen am 03.05.2011].

[38] Amend, Christoph: Das Mädchen der Nation, in: ZEITmagazin Nr. 44, 28.10.2010, online einsehbar unter http://www.zeit.de/2010/44/Lena-Meyer-Landrut, zuletzt eingesehen am 04.05.2011.

[39] Ebd.

stach. Die neuen Vorbilder der Deutschen scheinen eben gerade durch ihre ungezwungene „Normalität" zu begeistern. Lena Meyer-Landrut gab sich dabei durch ihr Taizé-Kreuz als moderne gläubige Christin zu erkennen, stellte ihre eigene Person somit symbolisch unter ein höheres Prinzip.[40] Die Nationalspieler verschwanden nach den phänomenalen Siegen bei der Weltmeisterschaft hinter dicken Sonnenbrillen und schweren Kopfhörern, als ob sie symbolisieren wollten, dass ihnen der Rummel um die eigene Person zu viel sei.

Angesichts dieser Tendenzen ist es nicht zu weit gegriffen, dass es eben gerade diese Charaktereigenschaften sind, anhand derer der Erfolg dieser Stars erklärt werden kann. Dieser Befund deckt sich auch mit den Untersuchungen des österreichischen Kulturphilosophen Robert Pfaller. Er attestiert der zeitgenössischen Kultur einen ausgeprägten Narzissmus, der dazu führe, dass vor allem solche Dinge akzeptiert würden, die dem eigenen Selbst entsprechen würden. Im Umkehrschluss bedeute dies den Ausschluss von Andersartigem. Dementsprechend entwickle sich eine von Ressentiments gegen Andersartiges durchzogene Kultur, die untergründige Restriktionen und Regulierungen in die sozialen Beziehungen transportiere und die Individuen zur Konformität und Normalität anhalte.[41] Dieser Argumentation folgend entsprechen die neuen nationalen Idole dieser Kultur deutlich. Sie verhielten sich ganz so, als müsse ihr herausragendes Talent durch charakterliche Unauffälligkeit kompensiert und abgemildert werden.

Aber auch der Erfolg des Buches und der Person Thilo Sarrazins kann hiermit erklärt werden. Zusammengefasst basiert die Argumentation schließlich darauf, dass ein kleiner Teil der Bevölkerung Deutschlands durch seine Andersartigkeit und mangelnde Leistungs- und Anpassungsbereitschaft für den Niedergang der Bundesrepublik verantwortlich gemacht wird. Die Andersartigkeit, das unbekannte und undurchdringliche Dickicht der *Unterschichten*, wurde hier gleichermaßen zum Bedrohungsszenario und Mobilisierungsfaktor ver-

---

[40] O.V.: Lena für Anfänger, in: Frankfurter Allgemeine Zeitung. 31.05.2010.
[41] Zuletzt: Pfaller, Robert: Wofür es sich zu leben lohnt. Elemente materialistischer Philosophie, Frankfurt a. M. 2011. Hier exemplarisch: Pfaller, Robert: Das schmutzige Heilige und die reine Vernunft. Symptome der Gegenwartskultur, Frankfurt a. M. 2008.

klärt. Sarrazin war darin auch kein Einzelfall, schon Anfang 2010 schlug Guido Westerwelle in der Debatte um Hartz IV, in der er den prekarisierten Transferempfängern „spätrömische Dekadenz"[42] bescheinigte, in eine ähnliche Kerbe. Und auch Westerwelle konnte hier an eine kurz zuvor ausgetragene Feuilletondebatte anknüpfen, die vom Philosophen Peter Sloterdijk ausgelöst wurde und vor allem auf die angeblich zu hohe Besteuerung sogenannter Leistungsträger der Gesellschaft kaprizierte.[43] Dieser Zug der Zeit begleitete die aktuelle Koalition vom Beginn ihrer Amtszeit an.

Zusammengefasst könnten die Erfolge Sarrazins und der neuen Idole also eben gerade durch Ressentiments in der Gesellschaft ermöglicht worden sein. Paradoxerweise stünde so die Beliebtheit von Mesut Özil oder Lena Meyer-Landrut auf der gleichen Grundlage wie die Zustimmung zu den scharfen Tiraden Sarrazins. Angesichts einer unsicheren, aber narzisstischen Gegenwartskultur, die keine verbindlichen ideologischen Sicherheiten mehr kennt, verläuft die Suche nach Orientierung auch in den Vorbildern emotional. Prämiert wird beinahe folgerichtig das Unauffällige, wenig Polarisierende.

Bedeutungswandel in Kunst und Kultur – Das Ende des Kanons?

Die Sehnsucht nach Orientierung und Sicherheit zeigt sich aber auch als ein dominierendes Motiv in Kunst und Kultur der Gegenwart. Dies ist keineswegs selbstverständlich. Denn während Erlebnisse und Erfahrungen im Alltag in einen kulturellen Kontext eingebettet sind und kompositionelle Strukturen besitzen,[44] ist dies in der Kunst anders. Sie macht Grenzen sichtbar, verschiebt sie und eröffnet zudem die Möglichkeit, die *Natur* von Erfahrungen zu untersuchen. Dement-

---

[42] Exemplarisch o.V.: Guido Westerwelle und die „spätrömische Dekadenz", in: Frankfurter Allgemeine Zeitung, 13.02.2010.

[43] Hierzu eindrücklich die Debattenserie „Klassenkampf von oben" in der Wochenzeitung die *Zeit* ab der Ausgabe vom 29.10.2009. Vgl.: Seel, Martin: Träume eines Geistersehers, in: Die Zeit, 29.10.2009. Eine Zusammenfassung auslösender Debattenbeiträge findet sich in der gleichen Ausgabe.

[44] Dazu der Philosoph Alva Noë „Normalerweise machen wir das unbewusst, wir handeln aus Angewohnheiten, wir sind ein bisschen automatisiert", in: Interview mit Alva Noë, „Wir suchen das Bewusstsein, wo es nicht ist", in: Frankfurter Rundschau, 07./08.05.2011.

sprechend sind Literatur, Theater, Architektur oder gar Lebenskunst gleichermaßen geeignet, gesellschaftliche Fragen aufzuwerfen und neue Möglichkeiten zu finden, um gesellschaftliche Realität zu deuten.[45]

Der Strukturwandel der letzten Jahrzehnte und die Auflösung der traditionellen Milieus störten jedoch dieses Selbstverständnis des Kultur- und Kunstbetriebs in gravierendem Maße. Vor allem die vielbeschriebenen komplexen Prozesse der Verbürgerlichung durch die Bildungsexpansion und die Werteverschiebung in der breiter werdenden Mitte der Gesellschaft hinterließen tiefe Spuren.[46] Zentral hieran erscheint, dass im Zuge dieser Entwicklung die antibürgerliche künstlerische und somit auch Kultur schaffende Avantgarde in eine Krise geriet, nicht zuletzt deswegen, weil die Dichotomie zwischen ihr und dem *Juste Milieu* der bürgerlichen Kultur mehr denn je in Auflösung begriffen ist.

Dieser Prozess ist aus sozialwissenschaftlicher Perspektive von erheblicher Bedeutung. Schließlich zeigten die Avantgarden bisher Grenzen der bürgerlichen Lebenswelt auf und verschoben diese stetig. Das Verschwinden der Avantgarden könnte also im Zusammenhang mit der Tatsache stehen, dass Grenzen in der bürgerlichen Kultur nicht mehr ohne weiteres erkennbar sind. Tatsächlich sind eben gerade der ständige Stilmix, Remix und die „Bricolage"[47] – also das Sampling vermeintlich unpassender Stilelemente zu Neuschöpfungen – nicht nur typisch für die postindustrielle Gesellschaft, sondern gehören mittlerweile für viele Menschen in kreativen Berufen, die einen beträchtlichen Teil der *neuen Mitte* ausmachen, zum Alltag.[48] Ursprüngliche Künstlertugenden wurden damit vom kapitalistischen

---

[45] Ebd.

[46] Münkler, a.a.O., S. 220 – 227.

[47] Lévi-Strauss, Claude: Das wilde Denken, Frankfurt a. M. 1968.

[48] Schon heute sollen die Kulturberufe in Deutschland mehr Arbeitsplätze als die Automobilindustrie stellen. Vgl. Misik, Robert: Ewige Wiederkehr des Neuen? Nein! Vorwort zur deutschen Übersetzung, in: Barbrook, Richard: Die Klasse des Neuen. Ein „Kreativarbeiter in einer Weltstadt"-Projekt, Wien 2009, S. 9 – 17, hier S. 11.

Prozess domestiziert und nutzbar gemacht, so dass der US-Trendforscher Jeremy Rifkin von *kulturellem Kapitalismus*[49] spricht. Und in der hiermit verbundenen Multioptionsgesellschaft, in der Lebensmodelle ihren normierenden und identifikationsstiftenden Charakter verloren haben, ist es schwierig, sich künstlerisch über die Verhältnisse abzuheben. „Wilde Gesten" regen kaum noch jemanden auf. Was noch gestern in den „Kunstszenen" als Avantgarde galt, ruft heute gähnende Langeweile hervor.[50]

Mit der künstlerischen Avantgarde scheint auch die etablierte bürgerliche Kultur in einem Bedeutungswandel zu stecken. Bildungsbürgerlichen Eliten gelingt es nicht länger festzulegen, was „relevant" ist und was nicht. Vielmehr spielt heute als Kriterium die „Interessantheit" eine herausgehobene Rolle. Hierunter versammelt sich alles, was eingängig und prägnant ist und einen sofort in den Bann zieht. Meistens aber ist es auch kurzlebig und wird schnell durch neue Themen verdrängt. Das Ergebnis ist eine Aufmerksamkeitskultur der Zerstreuung, ein voranschreitender Relevanzschwund, ja vielleicht sogar das Ende des bürgerlichen Kanons.[51]

Möglicherweise aufgrund der Tatsache, dass in der gegenwärtigen Kultur wenig Versicherndes zu finden ist, scheint heute ein Zurücktasten zum Bekannten und Bewährten in starkem Maße ausgeprägt. Eine vorläufige Antwort mag wohl in der Renaissance bürgerlicher Kulturmuster liegen. Auf diesem Wege ist sie als eine paradoxe Gegenbewegung der letzten Jahre zu verstehen. Sie erklärt den Rück-

---

[49] Rifkin, Jeremy: The Age of Access. The New Culture of Hypercapitalism, Where all of Life is a Paid-For Experience, New York 2000, S. 6 – 8; Vgl. Neckel, Sighard/Titton, Monica: „Kapitalistischer Realismus": Die künstlerische Gesellschaftskritik, in: Neckel, Sighard (Hrsg.): Kapitalistischer Realismus. Von der Kunstaktion zur Gesellschaftskritik, Frankfurt a. M. 2010, S. 11 – 33, hier S. 22ff.

[50] „Es ist tatsächlich so weit", erklärt auch Cornelius Tittel, Chefredakteur der Kunstzeitschrift *Monopol*. „Die Kunst hat keine natürlichen Feinde mehr. Und auch wenn einem Sammler ständig erzählen, wie sie durch ihr Leben mit der Kunst permanent Herausforderungen und Widerstände suchen – am Ende des Tages suchen die meisten von ihnen das Gegenteil." Zitiert nach: Poschardt, Ulf: Die zweite Chance des Biedermeier, in: Welt am Sonntag, 09.11.2008, vgl. ein Kommentar zu der Leidenschaftslosigkeit der Theaterlandschaft, in: Krippendorff, Ekkehart: Abgeschaltete Gefühle, in: Der Freitag, 01.07.2011.

[51] Ebd.

griff auf historische Formen zur Avantgarde und Spitze der Bewegung. Der Wiederaufbau des Berliner Hohenzollernschlosses ist hierfür nur ein Beispiel. Weitere anschauliche Fälle liegen im Streit um den Wiederaufbau einiger Fachwerkhäuser in der Frankfurter Altstadt[52] oder der Kontroverse um die Wiedererrichtung des Dresdener Neumarkts, der gegenwärtig ebenfalls nach historischem Vorbild gestaltet wird.[53] Entsprechend hält der Architekt Hans Kollhoff eine Rückbesinnung auf traditionelle und vergessene Werte für notwendig. Wo Konventionen erodieren, müsse Architektur die „Rest-Konstanten gesellschaftlichen Zusammenlebens"[54] bewahren helfen.

Der Trend zur Rekonstruktion als Antwort auf die Suche nach Orientierung zeigt sich aber nicht nur in der Architektur. Der noch vor kurzem verpönte literarische Bildungskanon erweist sich seit einigen Jahren jedenfalls als. Das deutsche Volkslied erlebt einen regelrechten Boom. Plattenlabel veröffentlichen aufwändige Alben mit von namhaften Interpreten intonierten Volksliedern der Romantik. Womöglich sei dies „eine Gegenreaktion auf die populäre Kultur des Emotions-Voyeurismus", konstatierte der Musikwissenschaftler und Philosoph Marcus Stäbler. „Wenn in Fernsehformaten jedes kleine Tränchen herangezoomt und als mediales Ereignis inszeniert wird, gibt es andererseits möglicherweise eine Sehnsucht nach authentischen Gefühlen im menschlichen Normalformat."[55]

Auch die Suche nach dem Authentischen könnte für eine Rückwärtsbewegung stehen. „Authentizität" wurde zu einem Zauberwort der letzten Jahre und zum Gütesiegel nicht nur in der Kulturbranche.[56] Das Fetischwort der neunziger Jahre „neu" trat eindeutig hinter dem Anspruch „authentisch" zurück. Aleida Assmann sieht darin das

---

[52] O.V.: Die heiße Phase beginnt, in: Frankfurter Rundschau, 03.12.2010.

[53] Klemm, Bettina: Streit um den Neumarkt neu entfacht, in: Sächsische Zeitung, 07.05.2011, online einsehbar unter http://www.sz-online.de/nachrichten/artikel.asp?id=2758364 [eingesehen am 29.05.2011].

[54] Zitiert nach Kaltenbrunner, Robert: Anmutungen der Massenkultur, in: heise.de, online einsehbar unter http://www.heise.de/tp/artikel/28/28833/1.html [eingesehen am 02.05.2011].

[55] Stäbler, Marcus: Nicht mehr automatisch unter Verdacht, in: Frankfurter Rundschau, 16.03.2011.

[56] Schulz, Frauke: Wir sind so echt, in: die tageszeitung, 04.11.2010.

aufklärerische Streben nach Vollkommenheit einer Kultur der Anerkennung der Nichtvollkommenheit weichen.[57] Doch in der „Echtheit" von Personen und kulturellen Erzeugnissen hofft man auch, Autoritäten, Kategorien und ordnungsstiftende Ideen zu finden. Man kann dies an zwei prominenten Beispielen der letzten zwei Jahre veranschaulichen – Christoph Schlingensief und Helene Hegemann. Auffällig ist eine merkwürdige Verschmelzung der Protagonisten mit ihrer Kunst, gefüttert mit dem Anspruch des Publikums an den Schöpfer, mit dem eigenen Leben eine Geschichte zu erzählen, die für mehr steht als nur für den eigenen Erfolg.

Christoph Schlingensief, der im August 2010 an Krebs verstorbene Gesamtkünstler und *enfant terrible* der deutschen Kunstszene, erfüllte diese Erwartungen wie kein anderer. Er trieb die Teilhabe, die er dem Publikum an sich gewährte, bis zum Exzess.[58] Entsprechend dem Motto „Ich kann nicht für die Allgemeinheit sprechen, ich muss das aus mir herausholen" wurden seine Arbeiten zu Demonstrationen seiner selbst.[59] Dabei betrieb er ein fast schon perverses Spiel mit dem Schein der Authentizität, das er gleichermaßen seinen Schauspielern abverlangte. „Nicht umsonst war Irm Hermann immer Irm auf der Bühne, oder Margit Carstensen immer Margit", kommentierte seine Ehefrau Aino Laberenz. „Man musste als Schauspieler immer das meinen, was man tat, man konnte sich hinter keiner schützenden Rolle verstecken."[60] In seinen letzten Produktionen *Mea culpa* und *Eine Kirche der Angst vor dem Fremden in mir* verarbeitete er schließlich seine Krebserkrankung auf der Bühne. Erstaunlicherweise erreichte der Provokateur und Rebell Schlingensief den Höhepunkt seiner Karriere erst, als er seine eigene Krankheitsgeschichte unverblümt exhibitionistisch oder auch gnadenlos authentisch zu dokumentieren begann.

---

[57] Aleida Assmann, im Gespräch mit der Fernsehsendung Sternstunde Philosophie, 28.02.2010.

[58] Dössel, Christine.: Der Himmel kann warten, in: Süddeutsche Zeitung, 23.03.2009.

[59] Pilz, Dirk/Seidler, Ulrich/Vogel, Sabine: Interview mit Aino Laberenz – „Ich habe mein Zuhause verloren", in: Frankfurter Rundschau, 09.06.2011.

[60] Ebd.

Damit schien er den Nerv der Zeit zu treffen und lieferte das, woran Helene Hegemann letztendlich scheiterte: einer Bilder- und Informationsflut voll ironischer Brüche durch die Integrität der eigenen Person einen tieferen Sinn zu verleihen. Die 17-jährige Berlinerin wurde Anfang 2010 für ihr Romandebüt *Axolotl Roadkill* in Feuilletons der meisten deutschen Zeitungen fast in den Himmel gelobt. Für die Kritiker wurde sie sogar zum Symbol der tragischen Jugend eines Kindes der Berliner Bohème, in der Rebellion aussichtslos erscheint, da es nichts mehr gibt, wogegen man sich auflehnen könnte.[61] Doch als öffentlich wurde, dass der Bestseller nur aus einer Collage aus den Dingen bestand, die Hegemann „erlebt oder auch nur gelesen, mitgekriegt und geträumt hat"[62], war die Enttäuschung groß. Ganze Passagen ihres Buches übernahm sie angeblich aus dem Roman *Strobo – Technoprosa aus dem Berghain* und schmückte sich so mit fremden Erlebnissen.[63] Kurze Zeit später wurde der bis dahin nur wenigen Lesern bekannte Autor dieses Buches – der mysteriöse Blogger Airen – zum „wahrhaftigen" Helden der langen, sinnlosen Nächte der Berliner Technoszene. Seine Karriere kam plötzlich unerwartet in Schwung.[64] Und Hegemann? Sie gilt heute als eine der genialsten literarischen Jungbetrügerinnen der letzten Jahre.[65]

Verzicht als Ausweg aus der Komplexität – Der Wunsch nach Vereinfachung des Lebens

Diese Sehnsucht nach dem Authentischen als Halt bietenden Fixpunkt zeichnete sich auch im Wunsch nach Vereinfachung, Innehalten und „Entschleunigung" ab. Im Dezember 2009 thematisierte die *Zeit* ausführlich das gestiegene Ruhebedürfnis des modernen Men-

---

[61] Rapp, Tobias: Das Wunderkind der Boheme, in: Spiegel online, online einsehbar unter http://www.spiegel.de/spiegel/0,1518,672725,00.html [eingesehen am 20.05.2011]..

[62] So Helene Hegemann in einer Erklärung zu den Plagiatsvorwürfen, vgl. Krampitz, Dirk: Helene Hegemann hat abgeschrieben, in: Berliner Zeitung, 08.02.2010.

[63] Ebd.

[64] Rüther, Tobias: Airen im Interview - Das habe ich erlebt, nicht Helene Hegemann, in: Frankfurter Allgemeine Zeitung, 12.02.2010.

[65] Auch in der Kritik an Hegemann infolge der Inauthentizitätsvorwürfe könnten sich Hinweise auf den von Pfaller beschriebenen Narzissmus in der Kultur finden.

schen.[66] Der Jenaer Soziologe Hartmut Rosa riet zum Aushalten der Stille und zur Erinnerung an die „alten Kulturtechniken der Muße".[67] Dabei war dieser Wunsch jedoch keineswegs nur in diesen Kommentaren abzulesen. Zeitgleich und hierzu passend veröffentlichte die *FAZ* eine Serie über die Erweckungserlebnisse verschiedener großer Denker vergangener Epochen.[68] Meist wurden hier geistige Durchbrüche und Konversionen im Denken thematisiert. Diese Augenblicke der Erleuchtung wurden dabei mit Momenten der Ruhe, Träumen oder traumähnlichen Zuständen verknüpft. Sowohl die Auswahl als auch die Illustration dieser Erlebnisse anhand zeitgenössischer Kunst drückten die Sehnsüchte nach Vereinfachung und Ruhe aus.

Dieses Bedürfnis zeigte sich auch an anderen Orten. Der Rückblick auf das Jahr 2009 der *FAS* stand unter der Überschrift „Danke, wir verzichten"[69] und schloss Elemente wie Wachstum, Geld, das Internet (und sogar die FDP)[70] mit ein. Überhaupt fand eine Besinnung auf das Natürliche, Ursprüngliche und Reine statt. *Anständig essen*, so der Titel eines 2011 veröffentlichten Bestsellers von Karen Duve, könnte als ein Credo – zumindest der gehobenen Schichten – für die Jahre 2009 bis 2011 gelten. Allein die *Zeit* veröffentlichte im Jahr 2010 drei Titelgeschichten zu bewussterem Essverhalten und Vegetarismus. Im August wurde die Frage gestellt, ob Menschen überhaupt Tiere töten dürfen und überlegt: „Ist es möglich, dass, was

---

[66] Als Referenz auf eine vergangene Zeit lässt sich dabei auch die Überschrift „Die Wiederentdeckung der Muße" lesen. Vgl.: Schnabel, Ulrich: Die Wiederentdeckung der Muße, in: Die Zeit, 30.12.2009.

[67] Schnabel, Ulrich: „Muße braucht Zeit", Interview mit Hartmut Rosa, in: Die Zeit, 30.12.2009.

[68] Behandelt wurden unter anderem die Erweckungserlebnisse von René Descartes, Jean-Jacques Rousseau, Rudolf von Jhering, Johann Wolfgang von Goethe sowie Paul Valéry. Alle erschienen in der Frankfurter Allgemeinen Zeitung in der Rubrik „Natur und Wissenschaft". Zu Descartes: Ritter, Henning: Die Nacht der Träume, 13.01.2010. Zu Rousseau: Wenderholm, Iris: Die Tränen der Reflexion oder eine Konversion im Park, 27.01.2010. Zu von Jhering: Kunze, Michael: Die doppelt verkaufte Ladung Koks, 17.02.2010. Zu Goethe: Ritter, Henning; Darum soll mich die Natur selbst beneiden, 16.06.2010. Zu Valéry: Kaube, Jürgen: Die Nacht von Genua oder am Ende der Kunst, 25.08.2010.

[69] O.V.: Danke wir verzichten, Frankfurter Allgemeine Sonntagszeitung, 27.12.2009.

[70] Minkmar, Nils: 10. FDP, in ebd.

seit Jahrtausenden als normal gilt, dennoch ein ungeheueres Unrecht ist?"[71] Vor allem der US-amerikanische Autor Jonathan Safran Foer erhielt durch sein kritisches Buch zum Fleischkonsum, *Tiere Essen*, viel mediale Aufmerksamkeit. Der Trend zu einem Leben in größerer Übereinstimmung mit der Natur etablierte sich augenscheinlich als grundlegende Einstellungsfeste.

Doch nicht nur der Vegetarismus erlebte ein Hoch. Ganz generell, und dies zeigen alle hier aufgeführten Beispiele, schien sich das Bewusstsein durchzusetzen, dass es auf den verschiedensten kulturellen Ebenen nicht einfach weitergehen konnte wie bisher. Selbst die größte technische Errungenschaft der vergangenen Jahrzehnte, das Internet, erregte zusehends Argwohn. Allgegenwärtig waren die Berichte der Datensammelversuche verschiedener Unternehmen wie Google oder Apple. IT-Pioniere der ersten Stunde wandten sich gegen die Entwicklungen des Internet, es habe seinen emanzipatorischen Charakter weitgehend eingebüßt: „Seid endlich realistisch! Die Träume von der offenen Kultur im Internet sind geplatzt: Die weltweite Vernetzung von Intelligenz produziert nicht Über-Intelligenz, sondern Banalität."[72]

Auf ein Schlagwort verjüngt kristallisierte sich im aktiv zu leistenden „Verzicht" eine moralische Handlungsanweisung heraus. Dieser Verzicht kann einerseits als widerständiges politisches Programm gegen die etablierte Politik betrachtet werden. Er lässt sich in eine politische Programmatik einflechten und mit ideologischen Zielen verknüpfen. Denn die bewussten Verzichtsforderungen – etwa auf den Fleischverzehr – enthüllen moralische Prinzipien und das Bewusstsein über die unethischen Vorgänge in der Nahrungsmittelindustrie. Abermals kann man hierin das Bedürfnis nach Übersichtlichkeit und festen Maßstäben erkennen. Da diese nicht mehr existieren, müssen sie jedoch selbst bestimmt werden. Analog zur Interessantheit wird das Ich zur einzig relevanten Bewertungsinstanz. Der Verzicht erscheint so mithin als liberale Tugend, die als Resultat von Individualisierungsprozessen gewertet werden kann.

---

[71] Radisch, Iris: Tiere sind auch nur Menschen, in: Die Zeit, 12.08.2010.

[72] Vgl.: Lanier, Jaron: Warum die Zukunft uns noch braucht, in: Frankfurter Allgemeine Sonntagszeitung, 17.01.2010.

Über diesen Befund hinaus folgt der Verzicht andererseits aber einem weiteren, bereits dargestellten Zug der Zeit. Er lässt sich nämlich auch als ein Resultat der narzisstischen Selbstbezogenheit in der Kultur deuten, die weiter oben unter Rückgriff auf Robert Pfaller beschrieben wurde.[73] Denn der Verzicht verkörpert eine eigenverantwortlich zu erbringende bewusste Entscheidung, die das erwünschte Selbstbild nach Maßgabe persönlich relevanter Kriterien ausgestaltet. Die ersehnten Mußestunden werden ebenso eigenverantwortlich in den Tag eingepasst, wie die Entscheidung, kein Fleisch mehr zu essen, eine durch und durch persönliche ist. Das Vehikel der moralischen Programmatik ist demzufolge schließlich die eigene Person und nicht länger der Versuch eines aktiven kollektiven Einwirkens auf die Gesellschaft.

Im Zeitgeist der Jahre 2009 bis 2011 drückt sich also eine Sehnsucht nach einer veränderten Lebensführung aus, die an den Individualisierungsschüben und den gestiegenen Optionen der letzten Jahrzehnte andockt. Es sind diese hier zusammengefassten Tendenzen, die bereits vor dem Allzeithoch der Grünen in der Gesellschaft präsent waren und ihren Aufschwung stützen konnten. Grüne Kernthemen knüpften zwar an konservative Sehnsüchte in der Mitte der Gesellschaft[74] an, verknüpften diese jedoch zusätzlich mit einem Programm liberaler Handlungsanweisungen, die einem gestiegenen Bedürfnis nach Individualität Rechnung trugen.

Es erscheint angesichts dieser Tendenzen nur auf den ersten Blick paradox, dass vor allem die FDP angesichts einer boomenden Wirtschaft an Zuspruch einbüßte. Denn aus dieser Perspektive wird ersichtlich, dass die Verlängerung der Laufzeiten von Atomkraftwerken sowie die Begründung des Bahnprojektes Stuttgart 21 anhand von Effizienzkriterien erhebliche Widerstände provozieren mussten.

---

[73] Pfaller selbst verweist unter dem Schlagwort des Beuteverzichts auf die Verknüpfung beider Phänomene. Vgl.: Pfaller: Das schmutzige Heilige, a.a.O.

[74] Hierzu auch illustrativ die Zusammensetzung der Protestteilnehmer gegen das Bahnprojekt Stuttgart 21. Vgl. Göttinger Institut für Demokratieforschung (Hrsg.): Neue Dimensionen des Protests? Ergebnisse einer explorativen Studie zu den Protesten gegen Stuttgart21, 19.11.2010, online einsehbar unter: http://www.demokratie-goettingen.de/content/uploads/2010/11/Neue-Dimensionen-des-Protests.pdf, [eingesehen am 06.05.2011].

Die Grünen konnten dagegen durch ihre Fokussierung auf ökologische und teilweise auch soziale Nachhaltigkeit bestens an die sorgenvolle Stimmung in der Gesellschaft andocken. Sie konnten nicht nur von ihrem Vorsprung in der Artikulation und Aufnahme von Emotionen profitieren. Auf Grundlage einer Programmatik, die durch individuelles Handeln vor Ort sofort umsetzbar ist, wurde auch das Bedürfnis nach Sicherheit und Übersichtlichkeit befriedigt. Ein gemäßigter (konservativer) Pessimismus kann heute eben nicht mehr lediglich auf Szenarien eines drohenden Zusammenbruches gesellschaftlicher Moralvorstellungen verweisen. Er betont vielmehr finanzielle und ökologische Verantwortung für sich selbst und nachfolgende Generationen und gibt den Menschen somit das Gefühl von Gestaltbarkeit und Halt zurück. Hierdurch kann den überfordernden Tendenzen der Macht- und Orientierungslosigkeit begegnet werden. Eben diesen Spagat scheinen die Grünen zurzeit weitaus besser zu meistern als Union und FDP.

Demokratie in der Krise? Bewegungen der Wutbürger und „Anti-Politiker" als Ausweg

Angesichts des Unvermögens von CDU/CSU und FDP, die geistigen Strömungen in der Gesellschaft zu kanalisieren, verwundert ihr Ansehensverlust kaum. Bereits das erste „Zeugnis" für die Regierungsarbeit, einhundert Tage nach der Amtseinführung, fiel auch in der eigenen Anhängerschaft mit Zustimmungswerten zwischen 53 und 62 Prozent eher ernüchternd aus.[75] In der Folge konnte sich die Regierung kaum von diesen Umfragewerten entfernen, schließlich sank unter den Wahlberechtigten die Zufriedenheit auf 25 Prozent ab.[76]

---

[75] Laut ARD-Deutschlandtrend im Dezember 2009 sind lediglich 62 Prozent der CDU/CSU-Anhänger und sogar nur 53 Prozent der Anhänger der FDP zufrieden mit der Arbeit der Bundesregierung. Vgl.: Infratest dimap (Hrsg.): ARD-DeutschlandTREND: Dezember 2009. Regierungszufriedenheit, online einsehbar unter http://www.infratest-dimap.de/typo3temp/pics/ARD-DeutschlandTrend_Dezember_2009_06_2cf1ce7c6f.png, [eingesehen am 09.05.2011].

[76] O.V.: Drei Viertel der Deutschen sind unzufrieden mit Merkels Team, in: Spiegel online, 04.04.2010, online einsehbar unter http://www.spiegel.de/politik/deutschland/0,1518,681853,00.html [eingesehen am 09.05.2011]. Laut ARD-

Folgt man der Sonntagsfrage vom Juli 2011, würde die CDU zwar auf 33 Prozent kommen, die FDP jedoch nur noch vier Prozent erreichen. Überraschend ist indes, dass die SPD mit 27 Prozent und die LINKE mit 8 Prozent Zustimmung bisher kaum von den Verlusten der Regierungskoalition profitieren konnten und nur die Grünen mit stattlichen 23 Prozent zum Nutznießer wurden.[77]

Bereits die in diesen Umfragen ausgedrückten Zahlen deuten auf eine Veränderung der häufig konstatierten postdemokratischen Situation hin.[78] Einerseits gelang es den sogenannten Volksparteien und der FDP zwar offenkundig kaum, Unterstützer zu gewinnen. Andererseits fühlt sich mittlerweile aber auch ein Viertel der Befragten von den Grünen am besten vertreten. Diese markanten Verschiebungen deuten darauf hin, dass die oft thematisierte Desillusionierung der Bevölkerung nicht unbedingt in politischer Apathie resultieren muss.[79] Einen noch deutlicheren Beleg hierfür findet man jedoch vor allem außerhalb des Parlaments, wo sich gegenwärtig eher eine Repolitisierung sowie ein gestiegener Aktionismus feststellen lassen.

Deutschlandtrend im Dezember 2010 sind dabei zudem lediglich 57 Prozent der CDU/CSU-Anhänger und sogar nur 49 Prozent der Anhänger der FDP zufrieden mit der Arbeit der Bundesregierung. Vgl.: Infratest dimap (Hrsg.): ARD-DeutschlandTREND: Dezember 2010. Regierungszufriedenheit, online einsehbar unter http://www.infratest-dimap.de/typo3temp/pics/ARD-DeutschlandTREND_Dezember2010_6_aeab12c30e.png [eingesehen am 15.07.2011].

77 Vgl.: Infratest dimap (Hrsg.): ARD-DeutschlandTREND: Juli 2011. Sonntagsfrage zur Bundestagswahl, online einsehbar unter http://www.infratest-dimap.de/umfragen-analysen/bundesweit/ard-deutschlandtrend/2011/juli/ [eingesehen am 27.07.2011].

78 Breit rezipiert hierzu: Crouch, Colin: Postdemokratie, Frankfurt a. M. 2008. Spezifischer werden unter dem Begriff der Post-Politik fehlende Debattenkultur und die Ununterscheidbarkeit der Parteien thematisiert. Vgl. etwa: Mouffe, Chantal: „'Postdemokratie' und die zunehmende Entpolitisierung", in: Aus Politik und Zeitgeschichte, H. 59 (2011), S. 3 – 5.

79 Hierfür spricht auch, dass die Stimmenzuwächse der Grünen in Baden-Württemberg neben den Zugewinnen von anderen Parteien vor allem auch auf die Mobilisierung von vormaligen Nicht-Wählern zurückzuführen ist. Vgl.: Infratest dimap (im Auftrag der Tagesschau): Landtagswahl Baden-Württemberg. Wählerwanderung, online einsehbar http://stat.tagesschau.de/wahlen/2011-03-27-LT-DE-BW/analyse-wanderung.shtml, [eingesehen am 11.05.2011].

Deutlich wird dies vor allem anhand zweier Phänomene, die in dieser Form bislang kaum zum politischen Alltag der BRD gehörten. Zum einen ist hier der sogenannte *Wutbürger* zu nennen, der sogar zum Wort des Jahres 2010 gewählt wurde. Die Begründung hierfür lautet, dass er der Empörung der Bevölkerung dahingehend Ausdruck verlieh, „dass politische Entscheidungen über ihren Kopf hinweg getroffen werden".[80] Tatsächlich rückten zwischen den Jahren 2009 und 2011 eine Vielzahl von Bürgerbewegungen in den Fokus der Berichterstattung, am bedeutendsten waren hierbei ohne Frage die Bewegung gegen das Bahnhofsprojekt Stuttgart 21 sowie die Anti-Atomkraft-Proteste im Herbst 2010 und Frühjahr 2011. Das gewachsene Bedürfnis nach außerparlamentarischem Protest spiegelte auch das Netzwerk *Campact* wider, das als Vermittler verschiedenste Initiativen miteinander verbindet und die Infrastruktur zur Organisation vielfältiger Proteste bereitstellt.[81] Die Summe dieser Phänomene verleitete den *Spiegel* im August 2010 dazu, von einer „Dagegen-Republik"[82] zu sprechen.

Dieser Zug der Zeit könnte möglicherweise noch als außerparlamentarische oppositionelle Begleiterscheinung einer bürgerlichen Regierungskoalition gewertet werden. Aber neben diesen eindeutigen Zeichen des bewegungsförmigen Protests vereinten unter anderem auch die Volksentscheide zum Rauchverbot in Bayern sowie die Ablehnung der Primarschule in Hamburg große Aufmerksamkeit auf sich.[83] Auch sie sprechen für ein gestiegenes Bedürfnis nach Mitspra-

---

[80] O.V.: „Wutbürger" ist das Wort des Jahres, in: Frankfurter Allgemeine Zeitung, 18.12.2010.

[81] Vgl. etwa das Selbstporträt des Netzwerks auf: http://www.campact.de/campact/about/home, zuletzt eingesehen am 15.07.2011.

[82] Vgl.: Die Dagegen-Republik, in: Der Spiegel, 30.08.2010.

[83] Zum Volksbegehren gegen die Primarschule in Hamburg, Vgl.: Römmele, Andrea/Schober, Hendrik: Warum die Primarschule in Hamburg gescheitert ist, in: Zeit online, 19.07.2010, online einsehbar unter http://blog.zeit.de/zweitstimme/2010/07/19/warum-die-primarschule-in-hamburg-gescheitert-ist/, [eingesehen am 15.07.2011]. Kritisch zum Rauchverbot in Bayern: Miersch, Michael: Rauchverbot – ein gefährlicher Sieg der Minderheit, in: Welt online, 05.07.2010, online einsehbar unter http://www.welt.de/debatte/kommentare/article8315398/Rauchverbot-ein-gefaehrlicher-Sieg-der-Minderheit.html, [eingesehen am 15.07.2011].

che. Spätestens jedoch hier sind politische Lagergrenzen keineswegs mehr entlang des tradierten Gegensatzes von konservativen und linken Politikinhalten aufrechtzuerhalten. Vielleicht drückte sich in diesen Initiativen tatsächlich das blanke Bedürfnis nach Empörung aus, denn eine alles verbindende ideologische Querachse fand sich nicht.

Auf einer ganz ähnlichen Gefühlslage wie das Phänomen des Wutbürgers basierte ein zweites Phänomen im politischen Raum. Gemeint ist die hohe Zustimmung zu solchen Politikern, die sich als *Mavericks* charakterisieren lassen. Hinter dem aus den USA stammenden Begriff versammeln sich solche Politiker, die eine Gegenposition zur angeblich abgehobenen und vergeistigten Politikerelite im abgeschotteten Washington einnehmen.[84] Auf Deutschland übertragen können in diese Kategorie vor allem zwei dominierende Einzelfiguren der jüngsten Vergangenheit Aufnahme finden. Zum einen ist hier der umstrittene SPD-Politiker Thilo Sarrazin zu nennen, zum anderen aber auch der ehemalige Verteidigungsminister Karl-Theodor zu Guttenberg. Diese Politiker haben einen starken Auftrieb erfahren, der unter anderem auf der Tatsache basierte, dass sie eine gewisse widerständige Attitüde verkörperten und sich stets als Figuren „außerhalb des Systems" oder als Gegner bekannter politischer Abläufe positionierten.[85]

Ganz besonders deutlich wurde dies an den Attributen und Zuschreibungen, die mit beiden Politikern verbunden wurden. Dies ist auch deswegen wichtig, weil in der Soziologie Max Webers die Zuschreibung besonderer *außeralltäglicher Qualitäten*[86] durch andere

---

[84] Ausführlicher zum Fall Guttenberg: Bebnowski, David: Barbecue statt Bankett, in: Blog des Göttinger Instituts für Demokratieforschung, 01.03.2011, online einsehbar auf: http://www.demokratie-goettingen.de/blog/barbecue-statt-bankett/ [eingesehen am 09.05.2011].

[85] Vgl. dazu in diesem Band den Beitrag von Lühmann Michael/Schulz, Frauke: Das schwarz-gelbe Kabinett: Konkursverwalter des bürgerlichen Projekts.

[86] Nach Max Weber entsteht das Charisma auf Grundlage einer außeralltäglichen Eigenschaft, die Menschen durch Zuschreibung anderer zuteilwird und auf die sich in der Folge eine bestimmte Legitimation der Herrschaft gründet. Vgl.: Weber, Max: Wirtschaft und Gesellschaft. Grundriss der verstehenden Soziologie, Tübingen 2002.

die Quelle von Charisma verkörpert. Bei Sarrazin verjüngte sich die Stimmung geradezu schlagwortartig in der Formel „man wird ja wohl noch sagen dürfen"[87,] die hoch wirksam die Titelseite der *Bild*-Zeitung zierte.[88] Im Fall zu Guttenberg wurden darüber hinaus jedoch weitere Facetten deutlich. Denn am Verhalten des Ministers konnte nicht zuletzt erkannt werden, wie weit sich der Wandel traditioneller Einstellungsbestände selbst im eigenen Lager fortgesetzt hatte. Auch zu Guttenbergs Nimbus basierte schließlich in erheblichem Maße auf seinem besonderen Charisma – gewissermaßen als „Anti-Politiker" – der dadurch bestach, dass er die üblichen Ränkespiele des politischen Betriebs ablehnte.[89] Deswegen dürfen zu Guttenbergs hohe Beliebtheitswerte trotz des Plagiatsvorwurfs auch kaum verwundern: Schließlich zeigte sich in seiner Unbeirrbarkeit und seinem Kampfeswillen abermals ein Zeichen dafür, es den etablierten Granden zu zeigen.

Und gerade die Tatsache, dass diese Pose sowohl von zu Guttenberg als auch von Sarrazin bei Teilen der Bevölkerung derart verfängt, beweist, dass auch die Deutschen anfällig für unterschiedliche Facetten des Populismus sind. Auch wenn hierzulande – anders als in unseren Nachbarstaaten – rechtspopulistische Parteien bisher keine Erfolge erzielen konnten, könnte hierin möglicherweise ein Potential für eine solche Partei liegen. Typisch populistische Strategien wie elitenfeindliches Auftreten (zu Guttenberg) und solche Argumentationsmuster, die bestimmte Bevölkerungsgruppen als Verursacher einer wahrgenommenen Misere identifizieren (Sarrazin), bieten gerade in Zeiten ökonomischer Unsicherheit einen potentiellen Nährboden für einen konservativen bis reaktionären Populismus. Eine populistische Partei könnte so zukünftig für neuen Zündstoff am rechten Rand des Parteiensystems sorgen und auch nationalistisches

---

[87] Vgl.: O.V.: Diese Sätze muss man sagen dürfen, weil..., in: BILD online, 04.09.2010, online einsehbar unter http://www.bild.de/politik/2010/politik/neun-unbequeme-meinungen-und-fakten-13851388.bild.html [eingesehen am 09.05.2011].

[88] Hierzu auch Schulz: a.a.O.

[89] Twickel, Christoph: Geliebter Schwindler, in: Spiegel online, 23.02.2011, online einsehbar unter http://www.spiegel.de/kultur/tv/0,1518,747169,00.html [eingesehen am 10.05.2011].

Gedankengut dort salonfähig machen, wo es die NPD, die kaum vom Sarrazin-Hype profitieren konnte, bisher glücklicherweise vergeblich versucht.

Neben der klar erkennbaren Ablehnung eingefahrener politischer Verfahrensweisen, die sich eben auch in allen Bürgerbewegungen ausdrückte, zeigt sich im Spezifikum der beiden Politiker aber auch eine raue Mentalitätsströmung in weiten Teilen der Gesellschaft. Ellbogendenken beim Aufstieg und auch der Zwang zum Behaupten scheinen in der Bevölkerung in nicht unerheblichem Maße verankert. Auch aus diesem Blickwinkel lässt sich der Abstieg der FDP interpretieren. Schließlich gelang es den Liberalen zu keinem Zeitpunkt, in der Koalition das harte marktwirtschaftliche Leistungscredo in der Regierungspolitik zu etablieren, mit dem die Partei bei der Bundestagswahl reüssierte. Aber das Verhalten zu Guttenbergs zeigte ebenso deutlich, dass sich der Minister außer der konservativen Pose kaum eines traditionellen bürgerlich-konservativen Wertmaßstabs bediente. Der Legitimation der gesellschaftlichen Hierarchie durch Bildungszertifikate, geradewegs ein Credo des Bürgertums, wurde durch sein Verhalten eine klare Absage erteilt.[90] Vielleicht zeigt sich hieran die Crux der gegenwärtigen Koalition besonders deutlich: Ihr beliebtester Repräsentant gründete seinen Erfolg auf ihren eigenen Misserfolgen und Leerstellen.

Konservative Orientierungssuche und konservative Ratlosigkeit

Aus den fünf vorgestellten Beispielen ergibt sich als verbindende Klammer die Orientierungssuche. Diese Entwicklung ist keinesfalls neu. Immer wieder trifft man in der Geschichte der Bundesrepublik, insbesondere in Krisenzeiten, auf dieses Motiv. Beispielsweise können hier die Debatten der 1970er Jahre, zu Beginn des sich abzeichnenden Strukturwandels in Wirtschaft und Gesellschaft, genannt

---

[90] Walter, Franz: Kapitulation des deutschen Bürgertums, in: Spiegel online 23.02.2011, online einsehbar unter http://www.spiegel.de/politik/deutschland/ 0,1518,747016,00.html [eingesehen am 10.05.2011].

werden.[91] Angesichts der gegenwärtigen weltpolitischen Gemengelage mit Wirtschafts- und Finanzkrise einerseits und umweltpolitischen Schreckensmeldungen wie dem GAU in Fukushima andererseits kann dieses Charakteristikum nur wenig überraschen. Tatsächlich wird auch für den hier behandelten Zeitraum das Schlagwort einer neuen „Tendenzwende" in der Gesellschaft bemüht.[92]

Neu und ebenso überraschend ist für den deutschen Fall jedoch, dass die traditionellen konservativ-bürgerlichen Parteien nicht von diesen Stimmungen profitieren können. Denn es ist – entgegen den Hoffnungen weiter Teile der politischen Linken – gerade für Krisenzeiten charakteristisch, dass ein Rückzug aus der öffentlichen Arena erfolgt. Menschen besinnen sich hier auf das, was ihnen Halt gibt, gehen ihren Privatangelegenheiten nach und neigen eigentlich eher konservativen Einstellungsmustern zu. Diese Befunde erfasste der Wirtschaftshistoriker Albert Hirschmann bereits zu Beginn der 1980er Jahre.[93] Man hätte also annehmen können, dass auch die Jahre 2009 bis 2011 mit ihrer Sehnsucht nach Orientierung einen fruchtbaren Boden für eine liberal-konservative Politik bieten würden, die CDU/CSU und FDP mit ihrer Programmatik bedienen könnten. Die fünf Beispiele verdeutlichen aber, dass diese Sehnsüchte derzeit offen zur Verhandlung bereit liegen.

Gleichzeitig verweisen sie jedoch auch auf die Schwierigkeit einer programmatischen Überführung, die vor allem darin zu liegen scheint, dass in der Gesellschaft eben kaum mehr stabile Instanzen als Bewertungsmaßstäbe und Orientierungsmöglichkeiten bestehen. Als letzte stabile Instanz moralischen und politischen Handelns gilt heute die eigene Person. Die Formulierung eines neuen Konservatismus als

---

[91] Gute Übersichten hierzu finden sich bei: Doering-Manteuffel, Anselm/Raphael, Lutz: Nach dem Boom. Perspektiven auf die Zeitgeschichte seit 1970, Göttingen 2008. Oder: Jarausch, Konrad H. (Hrsg.): Das Ende der Zuversicht. Die siebziger Jahre als Geschichte, Göttingen 2008.

[92] Unter dieser Überschrift fand am 4. und 5. Februar 2010 eine Historikertagung in Kooperation mit der Frankfurter Allgemeinen Zeitung statt. Vgl.: Nonnenmacher, Günther/Rödder, Andreas: Eine neue Tendenzwende? Zur Gegenwartsdiagnose und Zeitkritik in Deutschland (Tagungsbericht), Frankfurt a. M. 2010.

[93] Vgl.: Hirschmann, Albert O.: Engagement und Enttäuschung, Frankfurt a. M. 1982.

ein überpersönliches Prinzip erscheint aus diesem Grund wie die Quadratur des Kreises.

Dies wurde zunächst in der Diskussion der Sinnfragen und Leitbilder deutlich. Hier trat die Orientierungslosigkeit vor dem Hintergrund des ausführlicher skizzierten gesellschaftlichen Wandels besonders deutlich zu Tage. Die wahrgenommene Bedrohung wächst sich in einer diffus empfundenen Emotionalität aus. Hiervon können die Grünen profitieren, die als Oppositionspartei nicht relativierend auf die Bürger einwirken müssen, sondern ihre Ängste ernst nehmen und hieraus politisches Kapital schlagen können.

Die Diskussion um nationale Vorbilder bedient ganz ähnliche Gefühlslagen. Als Idole dienen eben geradewegs unauffällige Menschen, die ein konsensuales Verhalten abbilden. Ohne Frage finden sich hier die deutlichsten Anknüpfungspunkte für einen selbstbewussten, traditionellen Konservatismus. Allerdings wird in der Diskussion um Kunst und Kultur und die Auflösung der Avantgarde eben wiederum der Verlust verbindlicher Wertmaßstäbe deutlich. Daneben zeigt sich hier, dass die Mitte und damit auch das Lager, auf das sich CDU/CSU und FDP gleichermaßen berufen, ungemein schwer zu kartieren ist.

Der Wunsch nach Vereinfachung könnte wiederum für ein gewachsenes konservatives Bedürfnis stehen. Allerdings wird diesem Wunsch derzeit mit (bislang) individuell zu erbringendem Verzicht begegnet. Abermals scheinen hiervon die Grünen besonders profitieren zu können. Letzten Endes erscheint die Krise der etablierten Parteien also wie die Zusammenfassung ihrer Versäumnisse bei der Erfüllung politischer Sehnsüchte. Besonders tragisch für die Union ist hierbei, dass ihr beliebtester Repräsentant, Karl-Theodor zu Guttenberg, seinen Status auf ihre eigenen Versäumnisse gründete.

Indes deutet sich ein Trend zur stärkeren Polarisierung an, den die voranschreitende Individualisierung und der kulturelle Narzissmus begünstigen. Das Authentische und das Echte, auch die Unerbittlichkeit gegenüber etablierten politischen Akteuren entscheiden immer stärker über den Erfolg im öffentlichen Leben. Individualistische Ideologien wie der Vegetarismus könnten so zu neuen Fixpunkten reifen. Wie die etablierte Politik mit ihren Großorganisationen, die nicht eben schnell auf Trends reagieren können, hiermit umgehen wird, bleibt abzuwarten. Gegenwärtig droht ihr Profil ausgerechnet in Anbetracht der Sehnsucht nach Beständigkeit und Orientierung zu verschwimmen. Ferner besteht eine reale Gefahr darin, dass diese Lücke – wie in anderen europäischen Ländern auch – der Rechtspopulismus ausnutzen könnte. Möglicherweise sind also Sarrazin, Westerwelle und andere *Lautsprecher* lediglich die Vorboten eines anwachsenden und gewiss problematischen, konservativen Sammlungsbeckens.

Weiterführende Literatur

Barbrook, Richard: Die Klasse des Neuen. Ein „Kreativarbeiter in einer Weltstadt"-Projekt, Wien 2009.
Crouch, Colin: Postdemokratie, Frankfurt a. M. 2008.
Foer, Jonathan Safran: Tiere Essen. Hamburg/Köln 2010.
Göttinger Institut für Demokratieforschung (Hrsg.): Neue Dimensionen des Protests? Ergebnisse einer explorativen Studie zu den Protesten gegen Stuttgart21, 19.11.2010, online einsehbar unter: http://www.demokratie-goettingen.de/content/uploads/2010/11/Neue-Dimensionen-des-Protests.pdf.
Hessel, Stéphane: Empört Euch!, Berlin 2011.
Jaspers, Karl: Die geistige Situation der Zeit, Berlin 1955.
Judt, Tony: Dem Land geht es schlecht, München 2011.
Lévi-Strauss, Claude: Das wilde Denken, Frankfurt am Main 1968.
Moïsi, Dominique: Kampf der Emotionen. Wie Kulturen der Angst, Demütigung und Hoffnung die Weltpolitik bestimmen, München 2009.
Münkler, Herfried: Mitte und Maß, Berlin 2010.
Neckel, Sighard (Hrsg.): Kapitalistischer Realismus. Von der Kunstaktion zur Gesellschaftskritik, Frankfurt/Main 2010.
Pfaller, Robert: Das schmutzige Heilige und die reine Vernunft. Symptome der Gegenwartskultur, Frankfurt a. M. 2008.
Pfaller, Robert: Wofür es sich zu leben lohnt. Elemente materialistischer Philosophie, Frankfurt a. M. 2011.
Rifkin, Jeremy: The Age of Access. The New Culture of Hypercapitalism, Where all of Life is a Paid-For Experience, New York 2000.
Walter, Franz: Träume von Jamaika, Köln/Hamburg 2006.
Walter, Franz: Die starken Arme legen keine Räder mehr still, in: Ders./Klatt, Johanna (Hrsg.): Entbehrliche der Bürgergesellschaft, Bielefeld 2011, S. 7 – 34.

Regierungsbilanz

Das schwarz-gelbe Kabinett:
Konkursverwalter des bürgerlichen Projekts

Michael Lühmann und Frauke Schulz

Als Angela Merkel und Guido Westerwelle am Wahlabend ihre errungene Mehrheit feierten und in den folgenden Tagen die Rede von der „Wunschkoalition" und der Wiederkehr des bürgerlichen Lagers die Republik flutete, hätte man schon ahnen können, dass der Euphorie die Ernüchterung folgen musste. Kaum vergessen werden durfte, dass hier zwei Parteien aufeinandertrafen, die sich in elf Jahren Berliner Republik stark verändert hatten. Die Verhältnisse der Kohl-Ära ließen sich nicht, wie erhofft, ansatzlos ins 21. Jahrhundert übertragen. Sehr schnell zeigte sich, dass der Regierung vor allem eins fehlte: ein gemeinsames Leitmotiv. Was Union und FDP noch im Jahr 2003, nach der Ankunft der Union im Neoliberalismus verband, ist in den folgenden Jahren von Seiten der Kanzlerin wiederum peu à peu aufgekündigt worden. Längst vorbei waren die Zeiten, als die CDU die FDP noch wirtschaftsliberal überholen wollte. Die Entdeckung der Umweltpolitik, die Neuausrichtung in der Familien- und Gesellschaftspolitik und nicht zuletzt die Öffnung hin zu den Grünen unterstrichen vielmehr den inhaltlichen Schwenk der Union unter Merkel weit in die gesellschaftliche Mitte, der sich auch in der Auswahl des politischen Führungspersonals niederschlug.

Die Verbindung dieser widersprüchlichen Voraussetzungen, der Versuch der Quadratur des Kreises, den Merkel bisweilen virtuos beherrschte, ließ sich in der Ernennung der Ministerriege bereits am Anfang deutlich ablesen. Merkel hielt ihre potentiellen Nachfolger bei Laune und gab sogleich die Richtung(en) vor. So ernannte sie mit Umweltminister Norbert Röttgen einen glaubwürdigen Brückenbauer zu Schwarz-Grün, entschärfte überdies das Innenministerium, indem sie den innenpolitischen *Hardliner* Wolfgang Schäuble durch den eher zurückhaltend auftretenden Thomas de Maizière ersetzte. Sie ließ zugleich Karl-Theodor zu Guttenberg im Verteidigungsministerium glänzen und gab so dem kaum mehr vernehmbaren Konservatismus der Union zwar keinen Gehalt, so doch aber ein Gesicht. Im Gegenzug nutzte die Kanzlerin – nach dem frühen Rücktritt Franz-Josef Jungs – die Chance zur Beförderung ihrer engen Getreuen Ursula von der Leyen ins mächtige Arbeitsministerium und entpolitisierte die innerhalb der Union stark umkämpfte Familienpolitik, indem sie durch die Ernennung Kristina Schröders zur Familienministerin ihren konservativen Kritikern die Reibungsfläche nahm.

Die FDP, der Merkels schwarz-grüne Signale missfallen mussten, reagierte nahezu trotzig. Mit Dirk Niebel, Rainer Brüderle und Guido Westerwelle stellte sich die alte, noch in den neunziger Jahren verwurzelte FDP erneut auf. Einzig Philipp Rösler bildete hier eine, wie sich zeigen sollte, entscheidende Ausnahme.

Stars, Sternschnuppen und Architekten des Übergangs

Die Grundvoraussetzungen, aber auch die Tektonik der Machtverhältnisse in der Regierung Merkel/Rösler, die als Regierung Merkel/Westerwelle begonnen hatte, änderten sich in den folgenden zwei Jahren dramatisch. Dies anhand der genannten Personen als Ergänzung zur klassischen Trias von *policy*, *polity* und *politics* anhand der personalen Kategorie zu untersuchen, ist Ziel dieses Beitrages.[1] Genauer: Es sollen persönliche Ressourcen (oder auch Restriktionen), inhaltliche Anliegen und taktische Strategien der betrachteten Akteure in den ersten beiden Jahren der bürgerlichen Regierung betrachtet werden. Dabei sollen die Repräsentanten der Regierung und ihre Persönlichkeiten mit gesellschaftlichen Trends und der Entwicklung des Zeitgeistes in Verbindung gesetzt werden. Hierbei wird die Hypothese vorausgesetzt, dass Politiker in Spitzenämtern durch die politische Richtung, die sie vertreten, aber auch durch ihren Habitus und ihren politischen Stil ein Ausdruck ihrer Zeit sind.

Indes, nicht alle Minister haben bilanzierbare Spuren in den ersten zwei Jahren der bürgerlichen Regierung hinterlassen. Einige Mi-

---

[1] Vgl. zu diesem Ansatz auch: Bebnowski, David u.a.: Selbstverständnis, in: Hensel, Alexander/Kallinich, Daniela/Rahlf, Katharina (Hrsg.): Parteien, Demokratie und gesellschaftliche Kritik, Stuttgart 2011, S. 11 – 38.

nister sind gar an den Spuren, die sie zu hinterlassen beabsichtigten, gescheitert; allen voran der inzwischen zurückgetretene Vizekanzler und noch amtierende Außenminister Westerwelle, aber auch Verteidigungsminister zu Guttenberg, der ausgerechnet wegen persönlicher Verfehlungen zurücktrat. Wie sich früh abzeichnete, ließ die sich auf bürgerliche Kontinuitätslinien berufende Regierungskoalition vor allem auf der personellen Ebene klassische bürgerliche Tugenden wie Pflichterfüllung, Ehrlichkeit oder Verlässlichkeit vermissen. Trotzdem – oder gerade deswegen – geraten insbesondere die beiden *Gescheiterten* als Symptom einer Sinnkrise der bürgerlichen Koalition in den analytischen Fokus.

Ein Merkmal, dass sowohl die „Stars" als auch die Gescheiterten der Regierung miteinander teilen, ist die Diskrepanz zwischen *öffentlicher* Erwartungshaltung und politischer Entsprechung. Dies gilt zunächst für den „Superstar" der bundesrepublikanischen Politik, Karl-Theodor zu Guttenberg. Aber auch der „ewige Oppositionelle" Guido Westerwelle gerät in den Blick. Als neuer Außenminister wollte und sollte er sich vom schrillen Zwischenrufer zum staatsmännischen Repräsentanten wandeln, zudem als Vizekanzler maßgeblich die bundesdeutsche Politik bestimmen. Was blieb war ein politischer Abstieg. Der langfristige Aufstieg Philipp Röslers, der ebenfalls im Fokus steht, war zwar absehbar, die Geschwindigkeit seiner Karriere indes kaum. Als Aushängeschild und Nachwuchshoffnung der freidemokratischen Regierungsmannschaft gehandelt, erfüllte er mit seinem fulminanten Bedeutungszuwachs die in ihn gesteckten Erwartungen. Im Gesundheitsressort durch eine fast vollständige Nichtbeachtung durch Öffentlichkeit und Medien nahezu paralysiert, gelang ihm im Zuge der Neuausrichtung der FDP ein Aufstieg ohne Vorbild.

Ein weiteres Auswahlkriterium der hier untersuchten Akteure bezieht sich auf die Diskrepanz zwischen *inhaltlicher* Erwartung und politischer Entsprechung. Dies gilt zwar auch für die FDP und die CSU, aber zuvorderst natürlich für die Kanzlerinnenpartei. Zu Anfang war ungewiss, wie sich die Union und mit ihr vor allem die Kanzlerin in der Führungsrolle einer bürgerlichen Koalition zurechtfinden würden. Nicht wenig sprach seinerzeit dafür, dass die Analytikerin Merkel schon viel weiter in die Zukunft blickte und langfristige Projekt im Auge hatte – die Modernisierung der Union in der Umwelt-, Innen- und Arbeitsmarktpolitik etwa, um sich endlich auch für die Grünen als Koalitionspartner anbieten zu können. Als stärkste und in alle Richtung koalitionsfähige Partei hätte sie dem logischen Machterhaltungstrieb von Partei und eigener Person Genüge getan. Als Architekten für diesen Übergang hatte Merkel gleich mehrere Politiker ins Rennen geschickt. Der parlamentarische Staatssekretär Peter Altmaier, der Generalsekretär Hermann Gröhe und allen voran der Umweltminister Norbert Röttgen sollten diese Aufgabe managen, zugleich die gewonnene Umweltkompetenz der Union aus der Großen Koalition verkörpern.[2] Aber auch zwischen der Ernennung Röttgens zum Bundesumweltminister und der Regierungshalbzeit im Jahr 2011 liegen erstaunliche Wandlungen und Brüche, weshalb das Verhältnis der Kanzlerin zu ihrem „Klügsten" in den Fokus dieses Kapitels rückt. Hinzu kommt der jetzige Verteidigungsminister, ehemalige Kanzleramtschef und 2009 zum Innenminister ernannte Thomas de Maizière. Er ist einer der interessantesten und zugleich unbekanntesten Köpfe in Merkels Umfeld. Und nicht zuletzt wird natürlich die Kanzlerin selbst untersucht. Leitend ist dabei die Frage: Wie geht sie bisher um mit der Führung des bürgerlichen Lagers?

Die Fieberkurve des Norbert Röttgen

Norbert Röttgen, der den Grünen das Wasser abgraben sollte und dabei fast selbst weggespült worden wäre, ist zur Halbzeit der bürgerlichen Regierung zum Mann der Stunde in der Union avanciert – und das nicht nur, weil die *Alpha-Wölfe* des einstigen Andenpakts inzwischen sämtlich ihre Demission aus der Politik verkündet haben oder als Bundespräsident über diese wachen. Denn wie kein Zweiter scheint Norbert Röttgen mit dem Atomausstieg konkret, mit dem ökologischen Umbau der Wirtschaft allgemein und der Bewahrung der natürlichen Schöpfung grundsätzlich sein „Glücksthema" gefun-

---

[2] Vgl. Blühdorn, Ingolfur: Win-Win-Szenarien im Härtetest. Die Umweltpolitik der Großen Koalition 2005-2009, in: Bukow, Sebastian/Seemann, Wenke (Hrsg.): Die Große Koalition. Regierung – Politik – Parteien 2005–2009, Wiesbaden 2010, S. 209 – 225.

den zu haben.³ Schließlich ist seine Skepsis gegenüber der Atomkraft nicht neu, ist Röttgen einer der ganz wenigen in der schwarz-gelben Koalition, die nach der Reaktorkatastrophe von Fukushima keine inhaltliche Kehrtwende machen mussten. Nicht umsonst galt die Ernennung von „Muttis Klügstem", wie er in den eigenen Reihen in einer Mischung aus Respekt, Spott und Neid genannt wurde, als Angebot an konservative *grüne* Wähler. Seine Ernennung bedeutete zudem eine Konkretisierung schwarz-grüner Morgenträume⁴, mithin auch einen Affront gegenüber der FDP. Denn die Ernennung Röttgens vermochte die Liaison von CDU und FDP als Anachronismus zu konterkarieren.⁵ Und selbst die *tageszeitung* sekundierte, Norbert Röttgen sei die Idealbesetzung im Amt des Bundesumweltministers,⁶ der mit dem Atomausstieg nun sein Thema gefunden hat.

Oder hat das Thema ihn gefunden, ist der CDU-Politiker am Ende nur „Ausdruck eines Wandels, zu dem er wenig beigetragen hat", wie der *Freitag* insistiert?⁷ Schließlich, auch dies gehört zum vollständigen Bild des Ministers, ist er nie als radikaler Ökologe aufgefallen. Röttgen galt vielmehr als Liberaler, der das Liberale gerade nicht auf einen Bierdeckel reduziert, gleichwohl aber als wirtschaftspolitisches Talent der Union, der in den Hochzeiten der Finanzkrise die Rettung der Banken kurzerhand als „Rückkehr der Politik in die Globalisierung" ins rechte Licht rückte und sich damit auch das Lob der Opposition einhandelte.⁸ Lob aus den gegnerischen Reihen erhielt er auch, als er im Februar 2010 die eigene Partei warnte, sich „gut zu

---

3   Strohschneider, Tom: Sein Glücksthema, in: Der Freitag, 16.05.2011.
4   Mihm, Andreas: Der Schwarze mit dem grünen Kern, in: Frankfurter Allgemeine Zeitung, 19.12.2009.
5   Vgl. Lühmann, Michael: Ein Übergangsprojekt, mehr nicht, in: The European, 27.10.2009, online einsehbar unter http://www.theeuropean.de/michael-luehmann/1319-regierung-ohne-leitmotiv [eingesehen am 01.08.2011].
6   Pötter, Bernhard: Die Freude über einen schwarzen Grünen, in: die tageszeitung, 24.12.2009.
7   Strohschneider: Glücksthema, a.a.O.
8   Fichtner, Nikolai/Kade, Claudia: Der Umweltschaftsminister, in: Financial Times Deutschland, 10.11.2009.

überlegen, ob sie gerade die Kernenergie zu einem Alleinstellungsmerkmal machen will".[9]

Es ist dies ein typisches Kalkül des politischen Aufsteigers aus dem Rheinland. Obwohl sich die Laufzeitverlängerung aus den Koalitionsverträgen ableiten ließ, steckte er den möglichen Kompromiss im Vorfeld ab, bevor Nägel mit Köpfen gemacht werden konnten. Die prompten Erwiderungen auf jene Einlassungen gehören zugleich zum Politikkalkül Röttgens. Schließlich begleitet ihn der kalkulierte Widerspruch bereits seit seiner Zeit als „Junger Wilder". Und auch heute bläst ihm der aus Argwohn und Neid[10] gespeiste Gegenwind der Traditionsbataillone der Partei ins Gesicht, etwa wenn es um die künftige Ausrichtung der Union geht. Röttgen weiß um die Endlichkeit der ländlich konservativen Union, zugleich um die Chancen einer modernen Partei in urbanen Zentren. Dass diese Möglichkeiten nur mit einer Öffnung hin zu den Grünen genutzt werden könnten, machte Röttgen früh deutlich. Schwarz-Grün in Frankfurt und Hamburg, Jamaika im Saarland – also die vermeintliche Wiedervereinigung des nach 1968 getrennten bürgerlichen Lagers – elektrisierte Ende der 2000er Jahre das politische Feuilleton.[11]

Und jenes Zusammentreffen von Zeitgeist und eigenen wie zugeschriebenen Überzeugungen ist eigentlich ideal in der Politik. In solchen Momenten entfalten sich aufgestaute Energien, die nun aber häufig allzu forsch die Koordinaten bisheriger Politik verschieben. Was Röttgen als Gelegenheitsfenster interpretierte, ist indes gar keines gewesen. Denn Röttgen sollte zwar das Programm der CDU ökologisieren, wie etwa von der Leyen in der vergangenen Legislaturperiode das Programm familienpolitisch sozialdemokratisierte, zugleich sollte er als Garant für die Kernenergie als „Brückentechnologie" zur Geltung kommen.[12] Aber die Länge dieser „Brücke" zu verhandeln oblag nicht ihm, sondern der Kanzlerin, markierte die

---

[9] O.V.: "Wir wollen die Kernkraft ablösen" Umweltminister Norbert Röttgen und die Brücke zum Ökostrom, in: Süddeutsche Zeitung, 08.02.2011.

[10] Geis, Matthias: Zu grün für diese Welt, in: Die Zeit, 11.02.2010.

[11] Vgl. hierzu auch Kronenberg, Volker/Weckenbrock, Christoph (Hrsg.): Schwarz-Grün. Die Debatte, Wiesbaden 2011 (i.E.).

[12] Vgl. Krauß, Bärbel: Der Grüne unter den Schwarzen, in: Stuttgarter Zeitung, 11.12.2009.

Frage der Laufzeiten deutscher Kernkraftwerke doch deutlich „die Frontlinie zwischen einem schwarz-grünen und einem schwarz-gelben Lager […], die Bruchkante zwischen den vermeintlich Progressiven und den vermeintlich Konservativen."[13] Und so äußerte der Umweltminister seine atomkritischen Warnungen im Frühjahr 2010 zur Unzeit inmitten des Stimmungstiefs von Kanzlerin, Regierung und Regierungsparteien. Zu diesem Zeitpunkt konnte die Kanzlerin nichts weniger gebrauchen als die schnellen, präzise vorgetragenen, grundsätzlichen Einlassungen ihres auf eigene Rechnung agierenden Umweltministers. Schließlich ließ Merkel Röttgen im „Herbst der Entscheidungen" spüren, wie die Machthierarchie in der Union verteilt ist.

Denn, was auch Merkel wusste, Röttgens Einlassungen waren wohl kalkuliert, einzig seine Position dürfte er überschätzt, die Intensität der Gegenangriffe hingegen unterschätzt haben. Dass ihm mit Stefan Mappus ein CDU-Ministerpräsident den Rücktritt nahelegte, dieser später gar offensiv Röttgens Entlassung forderte, dürfte einmalig in der Regierungszeit Merkels gewesen sein. Die Kanzlerin aber ließ Mappus gewähren, obwohl Röttgen einst als einer ihrer engeren Vertrauten gegolten hatte. Schließlich hatte sie ihn 2005 zum Parlamentarischen Geschäftsführer gemacht und nun 2009 ins Umweltministerium befördert, obwohl er 2006 der Politik schon den Rücken hatte kehren wollen, da er beim Bundesverband der deutschen Industrie als Hauptgeschäftsführer im Wort stand. Doch statt Streit in der Koalition zu riskieren, schloss Merkel ihn kurzerhand von den entscheidenden Verhandlungen um die Laufzeitverlängerungen aus – was dem Umweltminister noch zum Vorteil gereichen sollte.[14]

Zunächst aber schien Röttgen, der spätestens seit 2009 als einer der Anwärter auf eine Merkel-Nachfolge gehandelt wurde, im Herbst 2010, nach dem Ausstieg aus dem Atomausstieg, verbrannt. Von nun hätte sich seine Karriere problemlos unter dem Signum des Niedergangs verhandeln lassen. Schließlich hatte der Umweltminister nun einen von anderen diktierten Kurs zu verteidigen. Der Intellektuelle

---

[13] Schmiese, Wulf: Eine alte Rechnung, in: Frankfurter Allgemeine Zeitung, 09.02.2010.

[14] Vgl. o.V.: Atomdeal ohne Atomminister, in: die Tageszeitung, 16.09.2010.

Röttgen hätte nun den Vorgaben eines vermeintlichen Konservativen nach dem Schlage eines Stefan Mappus folgen müssen. Hinzu kam, dass sich die Partei im Stimmungstief befand und die innerparteilichen Konfrontationen an Schärfe gewannen. Die stetigen Umfragegewinne der Grünen, die offene Konfrontation über das Bahnprojekt Stuttgart 21 und das Scheitern der Hamburger Opernkoalition brachte die Union wieder auf Konfrontationskurs zu den Grünen,[15] drängten Röttgen wieder in die Rolle des Außenseiters. Sein Entwurf einer Verbindung von Ökonomie und Ökologie, einer durch das christliche Menschenbild veredelten Melange aus den politischen Entwürfen Fritz Kuhns und Sigmar Gabriels,[16] die christdemokratische Variante des *Green New Deals*, sollte nun der Sinnsuche der Union geopfert werden. Auch wenn niemand in der Union zu beantworten im Stande war, was Konservatismus jenseits der Projektionsfläche zu Guttenberg sei, so wusste man doch eines: Norbert Röttgen sollte nicht die Antwort sein.

Nun kam auch zum Tragen, dass die Vorbehalte gegenüber Röttgen nicht nur inhaltlicher, sondern auch persönlicher Natur waren. Seine drängende Ungeduld im Zwiegespräch, seine immer wieder durchblitzende sprachliche und intellektuelle Überlegenheit, sein telegenes Auftreten brachten ihm zwar Freunde über alle medialen Grenzen hinweg ein. Zugleich produzierte Röttgen binnen kürzester Zeit aber auch immer mehr Neider. Zu oft hatte er seine Parteifreunde brüskiert, so etwa beim vermeintlichen Putschversuch gegen Volker Kauder, den er 2009 im Fraktionsvorsitz beerben wollte.[17]

Zu sicher schien sich Röttgen seiner Sache, dass er bisweilen das notwendige Taktgefühl und die Rücksichtnahme auf Befindlichkeiten der Partei vermissen ließ. Dabei ist Röttgen kein Seiteneinsteiger in die Politik, denen solche Fehler recht häufig unterlaufen.[18] Röttgen, seit 1982 Mitglied der Union, war in allen wichtigen intimen Kreisen aus Landes-CDU und Landes-JU vertreten.[19] Im *Leichlinger Kreis*,

---

[15] Vgl. Geis, Matthias: Schwarz gegen Grün, in: Die Zeit, 25.11.2010.
[16] Krauß: Der Grüne, a.a.O.
[17] Vgl. Schmiese: Rechnung, a.a.O.
[18] Vgl. grundlegend Lorenz, Robert/Micus, Matthias: Seiteneinsteiger. Unkonventionelle Politiker-Karrieren in der Parteiendemokratie, Wiesbaden 2009.
[19] Vgl. Krauel, Torsten: Der Obama aus Meckenheim, in: Die Welt, 19.08.2010.

im *Nudelkreis*, in der parteiübergreifenden schwarz-grünen *Pizza-Connection*,[20] überall war das „Alphawölfchen"[21] strategisch vernetzt. Hier traf er bereits auf Hermann Gröhe, Ronald Pofalla, Armin Laschet, Peter Hintze und Andreas Krautscheid – sie alle können heute übrigens zu seinen Gegnern gezählt werden.[22] Anders als die ehemaligen Weggefährten nutzte er die alten Karrierenetzwerke nur, solange sie ihn nach oben trugen und umging sie, als es ihm opportun erschien. In der Nachfolgedebatte um den gescheiterten Landesvater Jürgen Rüttgers inszenierte er sich geschickt als Außenstehender – und gewann die von ihm ins Spiel gebrachte Mitgliederbefragung um die Führung der NRW-CDU.[23]

Just in dem Moment, als von den „Lordsiegelbewahrern alter CDU Politik, [...] die ausgerechnet in der Atomkraft jenes identitätsstiftende Thema zu finden glauben"[24], Röttgens atomkritischen Kurs kassiert worden war, meldete sich der stets so sanft lächelnde Rheinländer als Machtfaktor in der Union zurück. Er wich der direkten Konfrontation in der Atomfrage aus und holte sich stattdessen die politische Bestätigung seiner Beliebtheit und seiner inhaltlichen Positionierung, indem er sich nur neun Tage nach der Laufzeitverlängerung der deutschen Atomkraftwerke mit 92,5 Prozent der Stimmen zum Landesvorsitzenden der nordrhein-westfälischen Union wählen ließ. Damit stand seit dem 6. November 2010 hinter dem soeben noch Geschassten der mächtigste Landesverband der CDU. Was folgte war, wiederum binnen weniger Tage, der Aufstieg zum Vize der Bundes-CDU – mit dem besten Ergebnis aller vier Merkel-Stellvertreter. Es ging wieder aufwärts für den Kronprinzen Merkels.

Hinzu kam, dass er sich als einer der wenigen in der Union in puncto Atompolitik nicht korrumpieren lassen brauchte. Und so ist

---

[20] Vgl. hierzu Wagner, Christoph: Pizza Connection. Die Geschichte einer verlorenen Zukunft der CDU, in: Dürr, Tobias/Soldt, Rüdiger (Hrsg.): Die CDU nach Kohl, Frankfurt a. M. 1998, S. 30 – 45.

[21] Lohse, Eckardt: Das Alphawölfchen, in: Frankfurter Allgemeine Sonntagszeitung, 22.08.2010.

[22] Vgl. Bannas, Günter: Ein Mann mit Hausmacht?, In: Frankfurter Allgemeine Zeitung, 02.11.2010.

[23] Vgl. Bollmann, Ralph: Der Solitär aus Berlin, in: die tageszeitung, 02.11.2010.

[24] Schmiese: Rechnung, a.a.O.

der Umweltminister und CDU-Vize eher gestärkt denn beschädigt aus den Debatten nach der Reaktorkatastrophe von Fukushima hervorgegangen. Damit besitzt er einen ungeheuren Vorteil in der Partei, der schon Merkel bei ihrem Aufstieg vorbei an der Union Kohls geholfen hatte: Er war bei Klüngelrunden, hier mit der Atomindustrie, außen vor.

Aber Röttgen ist auch politisch gereift, hat über die Auseinandersetzungen des Jahres 2010 hinzugelernt. Wieder mit dem Zeitgeist im Rücken achtet er mehr als noch zu Beginn seiner Amtsperiode darauf, niemanden vor den Kopf zu stoßen. Es reicht ihm aus, Dossiers zur Kraftwerkssicherheit aus der Schublade zu zaubern, die ihm das Heft des Handelns ohne großes Triumphgebaren zurückgeben. Er gibt sich inzwischen sichtlich Mühe, „nicht jedem auf die Nase zu binden, wie Recht er mit seiner Zurückhaltung damals im Februar 2010 doch gehabt habe".[25] Denn Merkels einstiger Liebling weiß, was die mächtigere Arbeitsministerin ausspricht: „Pro Generation wird nur einer Kanzler."[26]

Auch wenn Schwarz-Grün als zukünftige Koalitionsoption derzeit noch allerorten ausgeschlossen wird, so weiß Röttgen auch, dass er, wenn er als Umweltminister einen für alle Seiten akzeptablen Atomausstieg zu managen imstande ist, der erste Ansprechpartner der Grünen für eine mögliche Zusammenarbeit sein dürfte. Der jetzige Ausstiegsbeschluss scheint hierfür ideal, denn das größte Hindernis zwischen beiden Parteien ist aus dem Weg geräumt, zugleich ist die *road map* dorthin in künftigen Koalitionsvereinbarungen noch verhandelbar.

Denn auch dies dürfte Röttgen beobachtet haben: Die vermeintliche Renaissance von Rot-Grün hat nur wenig mit einer neuen Nähe der beiden Parteien zu tun,[27] als vielmehr mit der Grünen-feindlichen Ausrichtung der Union seit dem Sommer 2010, die Röttgen nie mit-

---

[25] Strohschneider: Glücksthema, a.a.O.
[26] Niejahr, Elisabeth/Geis, Matthias: „Pro Generation wird nur einer Kanzler.", in: Die Zeit, 11.11.2010.
[27] Vgl. Lühmann, Michael: Rot-Grün reloaded – Hamburg vor der Wahl, in Cicero online, 25.01.2011, online einsehbar unter http://www.cicero.de/berliner-republik/rot-gr%C3%BCn-reloaded-hamburg-vor-der-wahl/41469 [eingesehen am 01.08.2011].

getragen hat. Vielmehr öffnen etwa der Verbleib Sarrazins in der SPD, die Invektiven Gabriels gegen den Ausbau der Solarenergie auf Kosten von Hartz-IV-Empfängern und das Abstreiten grüner Wirtschaftskompetenz seitens der SPD[28], Korridore für eine Wiederannäherung der Union an die Grünen. Auch weil mit der Wahlniederlage Stefan Mappus' in Baden-Württemberg und der Niederlage Christoph Ahlhaus' in Hamburg die *alte* Union erneut deutlich verloren hat,[29] dürfte die Karriere des derzeitigen Umweltministers und Vertreters einer *neuen* Union noch längst nicht an ihrem Endpunkt angekommen sein – zumal es kaum noch ernsthafte Konkurrenten in der Frage der Merkel-Nachfolge gibt.

Thomas de Maizière – die unbekannte Konstante

Einer, dem man derartige Ambitionen überhaupt nicht nachsagt, ist Thomas de Maizière. Lange Zeit wusste man nicht viel über jenen Minister, der Merkel schon so lange Jahre verbunden ist. Man weiß nichts über ihr gemeinsames Projekt, nicht viel über de Maizières konkrete Vorstellungen von Politik.[30] Nur so viel: Überall, wo Merkel einen stillen Manager der Macht braucht, ist der preußische Hugenottennachfahre zur Stelle.

Bereits 1990 arbeitete er kurzzeitig mit der künftigen Kanzlerin zusammen, bevor sich ihre Wege trennten. Der Westdeutsche de Maizière wurde zum Aufbauhelfer Ost, leitete die Staatskanzleien in Schwerin und Dresden, wurde in Sachsen sesshaft und ministrabel. Und Merkel machte Karriere im Westen. Die Kanzlerin und ihr Allzweckminister, beide Jahrgang 1954, kennen sich nicht nur sehr

---

[28] Vgl. exemplarisch: Löwenstein, Stephan: Heute ein Industriepolitiker, in: Frankfurter Allgemeine Zeitung, 06.06.2011.

[29] Vgl. Michael Lühmann: Die alte CDU ist tot, in: Cicero online, 30.03.2011, online einsehbar unter http://www.cicero.de/berliner-republik/die-alte-cdu-ist-tot/41858 [eingesehen am 01.08.2011].

[30] Vgl. Walter, Franz: Charismatiker und Effizienzen, Porträts aus 60 Jahren Bundesrepublik, Frankfurt a. M. 2009, S. 311f.

lang, sie sind sich, auch in Vita und Habitus, sehr ähnlich.[31] Vor allem teilen sie eine ähnliche Sicht auf die Politik als ein Geschäft, welches wenig mit Visionen zu tun hat, sondern sich mit pragmatischer Bearbeitung praktischer Probleme befasst.[32] Denn beide haben ihre politische Sozialisation zunächst außerhalb der Partei durchlaufen und sind nicht über die klassische Ochsentour an die Macht gelangt, sondern von mächtigen Mentoren – Helmut Kohl und Kurt Biedenkopf – protegiert worden. Was diesen Minister für Merkel zudem so wertvoll gemacht hat, ist auch der Umstand, dass sie sich bei ihrem „Mechaniker der Macht" keine Sorgen machen musste: „Kein unbedachtes spätrömisches Dekadenztheater, kein Kleinkrieg um Steuersenkungen oder Gesundheitsreformen, keine medialen Festspiele eines bayerischen Jungstars."[33]

Seinen politischen Wert hat er vor allem in der Großen Koalition als effizienter Maschinist der Regierung bewiesen. Er hat als Minister der Kanzlerin und Teil ihres Machtzentrums[34] vor allem dort die Macht abgesichert, wo sie im Bündnis zweier Parteien auf Augenhöhe und mit Ambitionen auf den Kanzlerposten kulminieren musste: im Bundeskanzleramt. Es sagt eben auch etwas über die Arithmetik der bürgerlichen Koalition von CDU und FDP aus, dass sie diese Macht fortan wieder in die Ressorts verlagerte. Vor den Kabinettsrunden mit der FDP jedenfalls schien sich die Kanzlerin nicht so sehr zu fürchten wie vor denen zu Zeiten der Großen Koalition. Die Anfangsmonate der Koalition dürften ihr schmerzlich klar gemacht haben, dass es ein Fehler war, ihren loyalsten und effizientesten Minister aus diesem so wichtigen Machtzentrum abzuziehen.

Und dennoch war der Amtswechsel ihres Vertrauten zu Beginn der Legislaturperiode ein Gewinn für die Koalition, wenn nicht gar

---

[31] Vgl. Schönfeld, Ralf: Bundeskanzleramtschefs im vereinten Deutschland. Friedrich Bohl, Frank-Walter Steinmeier und Thomas de Maizière im Vergleich, Stuttgart 2011, S. 56ff.

[32] Vgl. Birnbaum, Robert: Der Anti-Schily, in: Der Tagesspiegel, 05.11.2010.

[33] Sirleschtov, Antje: De Maizières innere Sicherheit, in: Der Tagesspiegel, 24.11.2010.

[34] Vgl. Schröder, Wolfgang/Neumann, Arijana: Die CDU in der Großen Koalition – auf dem Weg zu einer neuen strategischen Zeitgenossenschaft, in: Bukow/Seemann (Hrsg.): Große Koalition, a.a.O., S. 262 – 284, hier S. 272f.

für die politische Kultur der Republik. Denn das von der Kanzlerin zugewiesene Ressort des Inneren leitete de Maizière mit einer lange nicht mehr gekannten Umsicht. Vor allem das Polarisationspotenzial innenpolitischer Minenfelder ließ er vielfach links liegen. Dies brachte ihm Lob von den Oppositionsbänken ein, sogar von den traditionell innenpolitikkritischen Grünen und der Linken.[35] „De Maizière sei vermutlich der menschlich angenehmste Innenminister, ‚10-mal angenehmer als Schäuble, und 100-mal angenehmer als Schily', sagte einer von der SPD."[36] Ein seltenes Kompliment für einen CDU-Innenminister.

Antiterrorgesetze, die Frage der Freiheiten im Internet, die Reform des BKA und nicht zuletzt die Islamkonferenz: De Maizière mangelte es kaum an Möglichkeiten, sich inhaltlich gegen die Opposition zu profilieren, verführerisch offen lag vor ihm das Feld, auf dem man sich als *law-and-order*-Politiker hätte profilieren, wo man sich kulturkritisch gegen die überbordende und zügellos gewordene Moderne des Internets hätte stellen können. Für „Stasi 2.0" und „Zensursula"-Kampagnen, die 2005 bis 2009 Innenminister Schäuble und Familienministerin von der Leyen begleiteten, bot der unaufgeregte Innenminister keine Angriffsflächen. Vielmehr entschärfte er die meisten Debatten, welche die Union von den Grünen hätten entfernen und zugleich einem Bürgerrechtsliberalismus der FDP Spielräume öffnen können.

Nicht zuletzt die Islamkonferenz bot eine ideale Basis für einen aus Regierungshandeln heraus begründbaren Skeptizismus gegen die Forderungen der islamischen Gemeinden in der Bundesrepublik. Stattdessen setzte der Minister auch das Thema Islamfeindlichkeit als gesellschaftliches Problem auf die Agenda und lehnte zugleich ein Burkaverbot ab, weil es ihm „unangemessen und deswegen nicht erforderlich"[37] erschien. Eine Gelegenheit übrigens, die Roland Koch im hessischen Polarisierungswahlkampf des Jahres 2008 nicht ausgelassen hatte.

---

[35] Vgl. Schmidt, Wolf: Der Stillhalter, in: die tageszeitung, 01.12.2010.
[36] Ebd.
[37] O.V.: Gutachten. Burka-Verbot rechtswidrig, in: Aachener Nachrichten, 05.05.2011.

Umso mehr schreckte de Maizière am 17. November 2010 die deutsche Öffentlichkeit auf, als er unter Verweis darauf, Sicherheits- und nicht *Un*sicherheitsminister zu sein, dann doch Terroralarm ausrief.[38] Im Angesicht einer Wochen zu spät kommunizierten Terrorbedrohung – eine aus dem Jemen über die Bundesrepublik versandte Paketbombe – sah sich der Innenminister gezwungen, öffentlich zu reagieren. Denn wo der Terror konkret wird, scheint Zurückhaltung ein Fehler.

Gleichwohl, dem Naturell des tief gläubigen, auf laute Auftritte verzichtenden Ministers liegen solche alarmistischen Auftritte nicht. Vielmehr ließ de Maizière ein ums andere Mal all die Möglichkeiten konservativer Profilneurose verstreichen, die einem Innenminister der Union zur Verfügung stehen. Statt als Apokalypse im Angesicht kultureller und terroristischer Bedrohungen übersetzte er Konservatismus als „Gestaltung der uns gegebenen Welt" mit Anstand und Haltung.[39] Dass mit Thilo Sarrazin ein dem Parteibuch nach sozialdemokratischer Politiker auf dem Feld der Integrationspolitik die Debatte bestimmte und nicht ein konservativer Innenminister, mag jedenfalls symptomatisch auch für die Abkehr vom Konservatismus à la Koch, Dregger und Kanther sein.[40] Die Niederlagen von Mappus und Ahlhaus mögen diesen Kurs bestätigen, holte Ahlhaus in Hamburg mit einem *CDU pur-* und *law-and-order*-Wahlkampf weniger Stimmen als 2001 der Rechtspopulist Ronald Schill. Dies ändert aber nichts an der Tatsache, dass rechts der Union ein parteipolitischer Profilierungsraum zu Tage trat.[41]

---

[38] Vgl. zu den Folgen Hildebrandt, Tina: Er kann nicht mehr zurück, in: Die Zeit, 17.02.2011.

[39] De Maizière, Thomas: Konservativ und einfach anständig, in: Frankfurter Allgemeine Zeitung, 23.10.2010.

[40] Vgl. Geis, Matthias/Hildebrandt, Tina: Ganz schön weich, in: Die Zeit, 09.09.2010.

[41] Über die Chancen auf eine Parteigründung in diesen Raum hinein lässt sich streiten, vgl. etwa Bösch, Frank: „Eine Rechtspartei wäre eine Eintagsfliege", in: Süddeutsche Zeitung online, online abrufbar unter: http://www.sueddeutsche. de/politik/konservative-in-der-cdu-rechtspartei-waere-eine-eintagsfliege-1.999587 [eingesehen am 10.6.2010]; dem entgegen etwa: Brüggemann, Axel: Deutschland über alles, in: Der Freitag, 12.05.2011.

Indes, die Zeiten eines milden Kurses in der Innenpolitik sind mit der Ministerrochade schon wieder passé. De Maizières Nachfolger Hans-Peter Friedrich brauchte nur wenige Tage, um den konsensualen, mindestens aber auf Konfrontation verzichtenden, Kurs de Maizières ins Gegenteil zu verkehren.[42] Inwieweit hier eine Rolle gespielt haben mag, dass de Maizière auf dem für die Union so wichtigen Feld der Innenpolitik nun doch zu besonnen war, bleibt vorerst offen. Jedenfalls entschied sich Merkel, ihren Allzweckminister ins Verteidigungsministerium zu entsenden – hinter dessen Fassade, analog zu der des Amtsvorgängers, viele Baustellen, aber nur wenig von Ministerhand Geschaffenes zu finden war. De Maizière, Sohn des ehemaligen Generalinspekteurs der Bundeswehr Ulrich de Maizière, wird – so kann man es erwarten – auch diese Aufgabe vertrauensbildend und effektiv lösen und der Aufgaben harren, die die Kanzlerin noch an ihn herantragen wird. Eine wichtige Aufgabe hatte er aber schon nach wenigen Wochen gelöst: Im Zuge der Reform der Bundeswehr, teilte er, deutlich lauter als man es von ihm gewöhnt war, jedem mit, dass das „bestellte Haus", von dem zu Guttenberg bei der Amtsübergabe noch sprach, nur eine Illusion sei.[43] Die eingangs gestellte Frage aber, welchen konkreten Ideen und Vorstellungen Merkels treuster Minister verpflichtet ist, bleibt aber auch nach zwei Jahren im Amt weiterhin eher im Vagen.

Angela Merkel und das Siechtum des alt-bürgerlichen Projekts

Und die Kanzlerin selbst? Viel wurde darüber geschrieben, wie glücklich sie sein müsste, dass sie 2009 endlich wieder in einer bürgerlichen Regierung die Kanzlerschaft übernehmen durfte.[44] Schon in den Koalitionsverhandlungen sah sie sich gezwungen, die Formel der „Wunschkoalition" bei Streitigkeiten zu beschwören. Vergessen schien bereits am Wahlabend, wie schwer sie sich selbst im Vorfeld

---

[42] Hebestreit, Steffen: Friedrich, der Realitätsferne, in: Berliner Zeitung, 05.03.2011.

[43] Vgl. Hebestreit, Steffen: Das bestellte Haus hat kein Dach, in: Berliner Zeitung, 08.03.2011.

[44] Vgl. Schröder/Neumann: Die CDU, a.a.O., S. 262.

der Bundestagswahlen getan hatte, ein Treuebekenntnis zur FDP abzugeben.[45] Zu laut und zu schrill hatten die Freidemokraten im Vorfeld der Wahlen ihren Preis hochgetrieben. Aber, dass die Kanzlerin solch eine Preistreiberei einfangen kann – erinnert sei an die Ausfälle Gerhard Schröders im Rahmen der Elefantenrunde 2005 – hatte sie bereits zu diesem Zeitpunkt bewiesen.

Und so war es nur konsequent, ihr Konzept der „wortlosen" Führung aus der Großen Koalition[46] fortzuführen, weiter die überparteiliche Kanzlerin zu geben. „Merkel gerierte sich als Kanzlerin für alle Deutschen. Das bestehende inhaltliche Vakuum wurde durch ihre Person aufgefüllt."[47] Ein Vakuum, welches durch ihr beharrliches Schweigen Orientierungslosigkeiten und Irritationen hervorrief, in der Regierung ebenso wie in der Partei, so der häufige Tenor.[48] Merkel bediente mit diesem Konzept „gekonnt die alte deutsche Sehnsucht nach Ganzheit und dem Ende des Parteiengezänks".[49]

Allerdings: Weniger die inhaltliche Orientierungslosigkeit als vielmehr die Erfahrungen der Kanzlerin in Folge des Leipziger Parteitages 2003 hatten sie endgültig immun gemacht gegen große politische Entwürfe. In Leipzig hatte sie – dem Zeitgeist nachgebend und die Profilschärfung, die für sie ein emotionsloses Projekt ist, zulassend – die Partei Tacheles reden lassen und sich an die Spitze der marktradikalen Bewegung gestellt. Sie erkannte aber später, dass dies ein Fehler war, und blieb seitdem wieder im Ungefähren, was Merkel damit begründete, dass „erpressbar" werde, wer zu viel verspreche.[50]

---

[45] Vgl. etwa Bommarius, Christian: Merkels Schweigen, in: Berliner Zeitung, 01.09.2009.

[46] Vgl. Walter: Charismatiker, a.a.O., S. 303ff.

[47] Raschke, Joachim/Tils, Ralf: Die Qual der Wahl: Das Debakel der SPD und strategische Optionen in der Lagerstruktur des deutschen Parteiensystems, in: Forschungsjournal NSB, Jg. 23 (2010), H. 1, S. 11-16., hier S. 11.

[48] Vgl. u.a. Geis, Matthias: Autorität, in: Die Zeit, 08.07.2010; Lohre, Matthias: Merkels gesammeltes Schweigen, in: die tageszeitung, 11.01.2010; Schmiese, Wulf: Sie schweigt so schön, in: Frankfurter Allgemeine Zeitung, 16.01.2010.

[49] Von Lucke, Albrecht: Verrückte Republik, in: Blätter für deutsche und internationale Politik, Jg. 42 (2009), H. 11, Seite 5 – 9, hier S. 7.

[50] Schmiese: Sie schweigt, a.a.O.

Aber was in einer Großen Koalition funktionieren mochte, etwa im Bereich der internationalen Klimapolitik[51], präsidentielles Zaudern[52] mit symbolischer Politik zu verbinden, ansonsten aber die inhaltlichen Pflöcke, etwa in der Familienpolitik, gegen die SPD von anderen einrammen zu lassen und en passant hiermit begründet die Union zu modernisieren, funktionierte in einer originär bürgerlichen Koalition nicht mehr. Hier hätte man von einer Kanzlerin einer bürgerlichen Koalition Profil, Haltung und Visionen erwartet. Aber warum eigentlich sollte Merkel an der Spitze einer von ihr leidenschaftslos geführten Koalition mehr Profil zeigen, als an der Spitze einer konservativen Partei, die sie bereits neun Jahren ohne erkennbares konservatives Profil führt?

Das zentral zur Union gehörende christliche Menschenbild etwa hatte sie nie mit Leben füllen können, obwohl es in der grundsätzlichen Programmatik der Partei, ebenso bei den Mitgliedern mehr denn je von Bedeutung ist.[53] Doch statt in der Debatte um die Präimplantationsdiagnostik, in einer der letzten christlich-normativ begründbaren Fragen, unverletzliche Positionen nicht preiszugeben, ließ Merkel auch hier Fraktion und Partei dann doch freien Lauf. Die einzig grundsätzliche Einlassung zu Glaubensthemen blieb somit nur die öffentliche Kritik der Protestantin Merkel am Papst.

Aber vielen Kritikern des vagen, weichen Kurses der Parteivorsitzenden ging es mitnichten um jenen, einst als unverrückbar geltenden Grundpfeiler christlicher Schöpfungsbewahrung. Es waren eher die viel profaneren Debatten um die Vertriebenen-Präsidentin Erika Steinbach oder ihre anfänglich verweigerte Positionierung zur Verlängerung der Laufzeiten von Kernkraftwerken, die Merkel vor die Füße geworfen wurden. Es waren dies nur einige der Stellvertreterkonflikte, die eher generell auf die mangelnde inhaltliche Präzision, vor allem aber auf die Modernisierungspolitik der Parteivorsitzenden

---

[51] Vgl. Blühdorn: Umweltpolitik, a.a.O.

[52] Vgl. Korte, Karl-Rudolf: Präsidentielles Zaudern. Der Regierungsstil von Angela Merkel in der Großen Koalition 2005-2009, in: Bukow/Seemann: Große Koalition, a.a.O., S. 102 – 122.

[53] Vgl. Zolleis, Udo/Schmid, Josef: Regierungswechsel statt Machtverlust - die CDU nach der Bundestagswahl 2009, in: Niedermayer, Oskar (Hrsg.): Die Parteien nach der Bundestagswahl 2009, Wiesbaden 2010, S. 37 – 56, hier: S. 39ff.

abzielten. Verstärkung fanden diese Kritiken, als zwischen Frühjahr und Sommer 2010 erst Roland Koch, dann Jürgen Rüttgers, Christian Wulff und Ole von Beust ihren Rückzug aus der Landespolitik bekannt gaben, sich stattdessen ins Private zurückzogen oder sich ins Bundespräsidialamt retteten. Und Schuld war natürlich der Kurs Merkels – ihr „männlicher" Führungsstil,[54] ihre Profillosigkeit verbunden mit vorsichtiger Risikovermeidung[55], das System Merkel.[56] Kurz: „Mutti" war schuld.[57] Von einer Orientierungs- und Identitätskrise sprach etwa die *Zeit*. Ein Mangel an konservativen Werten wurde ausgemacht, der Ruf nach *CDU pur* wurde immer lauter.[58] Beide Topoi begleiteten Merkel über das Jahr 2010,[59] bis zur Niederlage von *CDU pur* in Hamburg und Baden-Württemberg 2011, angefangen mit der Kritik von vier Unions-Landesfraktionsvorsitzenden bis hin zur medialen Dauerrhetorik von der Führungskrise der Kanzlerin.

Ganz eindeutig existierte jedenfalls eine Rückkopplung der parteiinternen Streitigkeiten – oder, je nach Lesart, Anpassungsstörungen an den gesellschaftlichen Veränderungsdruck – auf die Kanzlerschaft Merkels. Hier war die Kritik nicht minder heftig, Merkels 100-Tage-Bilanz fiel zumeist vernichtend aus. Aber auch hier ist Vorsicht geboten. Schließlich war sie Kanzlerin einer Regierung, die mit der FDP einen Partner hatte stark werden lassen, der noch immer dort stand, wo die CDU sich 2003 auf dem Leipziger Parteitag befunden hatte. Kurzum, diese Regierung ist gewählt worden, „um keine sozial gerechte Politik zu machen, die Steuern zu senken und die Kopfpauschale einzuführen".[60]

Das meiste davon hat Merkel verhindern können. Was Merkel indes vollbracht hat, ist das, was Gerhard Schröder als Führungsstär-

---

[54] Vgl. bereits Schumacher, Hajo: Die Zwölf Gesetze der Macht. Angela Merkels Erfolgsgeheimnisse, München 2006, S. 118ff.
[55] Geis: Autorität, a.a.O.
[56] Feldenkirchen, Markus/Pfister, René: Der Abstieg hat begonnen, in: Der Spiegel, 12.07.2010.
[57] Kappert, Ines: Mutti ist schuld, in: die tageszeitung, 21.07.2010.
[58] Vgl. Geis/Hildebrandt: Ganz schön weich, a.a.O.
[59] Vgl. bereits Krötzer, Thomas: Sehnsucht nach CDU pur, in: Frankfurter Rundschau, 12.01.2010.
[60] Storz, Wolfgang: Die doppelte Kanzlerin, in: die tageszeitung, 23.07.2010

ke ausgelegt worden wäre: den kleinen Koalitionspartner selbst im Zentrum seiner politischen Agenda ins offene Messer laufen zu lassen und so „die letzte marktradikale Partei Deutschlands auf offener Bühne [zu domestizieren]".[61] Ob ihr damit ihr Meisterstück der Sozialdemokratisierung der FDP gelungen ist, wie die *Frankfurter Allgemeine Sonntagszeitung* bereits im Herbst 2009 vermutete, sei einmal dahingestellt. Der Führungswechsel und die milde Kurskorrektur der FDP könnten aber zumindest in diese Richtung gedeutet werden.

Indes war diese Entwicklung kein Selbstläufer, denn was selten ist für die Regentschaft der präsidialen Kanzlerin und „Physikerin der Macht": Erstmals seit 2003 nahm sie im sogenannten „Herbst der Entscheidungen" das Heft des Handelns in die Hand und ging mit einem ganzen Katalog von Entscheidungen auf die drängenden Wünsche des Wirtschaftsflügels in der eigenen Partei, ebenso auf die Wünsche des Koalitionspartners ein. Am Ende dieses Herbstes stand vor allem der Ausstieg aus dem Atomausstieg. Der aber katalysierte lediglich eine gesellschaftliche Bewegung hin zum grünen Konservatismus, der in den aufgewühlten Zeiten nach Euro-, Umwelt- und Bankenkrise in die konservativen Deutungslücken der Merkel-Union einzudringen vermochte.[62]

Was für Merkel mehr ein Akt der Notwendigkeit zur Befriedigung der in der Koalition aufgestauten Wünsche war, fiel ihr schließlich, nach der Reaktorkatastrophe von Fukushima auf die Füße. Die gerade zurückgewonnene Handlungshoheit verwandelte sich in eine tiefe Vertrauenskrise gegenüber der Politik der Kanzlerin, der die abrupte Kehrtwende infolge des Unglücks in Japan nicht abgenommen wurde. Die Lehre Merkels dürfte dieselbe wie die nach Leipzig 2003 sein: Ihr politisches Heil ist eng verknüpft mit ihrer „wortlosen" Führung. Auch wenn dies Partei und Koalition nicht gefallen dürfte, bis 2013 werden kaum noch große politische Entwürfe folgen.

---

[61] Ebd.

[62] Vgl. dazu in diesem Band den Beitrag von Heyne, Lea/Lühmann Michael: Bündnis 90/Die Grünen: Zwischen Zeitgeist und Wertewandel.

Karl-Theodor zu Guttenberg – der gefallene Retter des Konservatismus

Die Figur Karl-Theodor zu Guttenbergs ist wohl das kontroverseste und zugleich medial meist beachtete Phänomen der ersten beiden schwarz-gelben Regierungsjahre. Zu Guttenberg bewirkte – ob positiv oder negativ gefärbt – eine Emotionalisierung der deutschen Politik, die die Bundesrepublik lange nicht erlebt hatte.[63] Dementsprechend kontrovers und hitzig fielen die Debatten aus, die schließlich seinen Rücktritt im März 2011 einläuteten. Bemerkenswert war dabei, dass sich die Leitmedien mehrheitlich gegen zu Guttenberg stellten und auch die Wissenschaft aufbegehrte, während die breite Bevölkerung bis zuletzt hinter dem Verteidigungsminister zu stehen schien.[64]

Für die Unionsparteien der Jahre 2009 bis 2011 war Karl-Theodor zu Guttenberg ein wahrer Glücksfall. CDU und CSU durchlebten eine ideologische Zerreißprobe. Sie standen unter dem ständigen Rechtfertigungszwang ihrer politischen Ausrichtung, ihres Programms und insbesondere ihrer Definition des Konservatismus. So ließen sich beispielsweise die islamfreundlichen Äußerungen des Bundespräsidenten und die liberale Elternzeitregelung aus der Feder Ursula von der Leyens kaum mehr unter die Überschrift des herkömmlichen Wertkonservatismus setzen. Genuin Konservative wie Roland Koch oder Günther Oettinger schienen derweil mit ihren Standpunkten nicht mehr in den politischen Zeitgeist zu passen. Ihre Ansichten wirkten nunmehr rückwärtsgewandt, geradezu anachronistisch, beide verließen bald die ganz große politische Bühne. Der moderne Konservatismus stand damit vor einer fundamentalen Neubestimmung seiner Identität, denn er musste sich mehr oder minder unfreiwillig neu erfinden.

---

[63] Vgl. Schieritz, Mark: Guttenberg und die grauen Mäuse, in: Zeit online, 07.03.2011, online einsehbar unter http://www.zeit.de/politik/deutschland/2011-03/guttenberg-charisma-demokratie [eingesehen am 01.08.2011].

[64] O.V.: Die Deutschen stehen hinter Guttenberg, in: Stern online, 23.02.2011, online einsehbar unter http://www.stern.de/politik/deutschland/stern-umfrage-die-deutschen-stehen-hinter-guttenberg-1656724.html [eingesehen am 01.08.2011].

Es erwies sich daher als glückliche Fügung für das christdemokratische Lager, dass die bundesdeutschen Medien Anfang 2009 den aufstrebenden Karl-Theodor zu Guttenberg entdeckten, der soeben zum Wirtschaftsminister gekürt worden war. Denn wenn auch die konservativen Werte tatsächlich bröckelten, so konnte durch den fränkischen Baron zumindest ein symbolischer Konservatismus aufrechterhalten werden. Der junge Adlige erfüllte zahlreiche Kriterien, die ihn zur konservativen „Leitfigur"[65] machten.

Ganz offensichtlich profitierte zu Guttenberg zunächst besonders von seiner familiären und sozialen Herkunft, die seinen Habitus maßgeblich geprägt haben. Er konnte dabei auf einen Stammbaum verweisen, der prägende Köpfe der deutschen Politik enthält. Sein Vorfahr Karl Ludwig zu Guttenberg war an der Planung des Attentats auf Adolf Hitler am 20. Juli 1944 beteiligt. Der Großvater Karl-Theodor zu Guttenberg war von 1957 bis 1972 prominentes Mitglied des Bundestags und wirkte von 1967 bis 1969 unter Kurt-Georg Kiesinger als Parlamentarischer Staatssekretär im Bundeskanzleramt. Karl-Theodor zu Guttenberg trat also in große Fußstapfen, die er durch sein souveränes Auftreten jedoch auszufüllen schien. Er entsprach stets dem Rollenbild, das der Adelstitel ihm abverlangte. Er zeigte sich adrett gekleidet, wirkte seriös, vornehm und gediegen. Er gab sich betont bescheiden, wirkte selten deplaziert oder unsicher. Vielmehr verstand er den staatsmännischen Auftritt und lancierte gekonnt Gesten der Souveränität.

Auch seine Wortwahl und Ausdrucksweise waren konsequent mit konservativen Vokabeln und traditionsgeladenem Pathos gespickt. Dies veranschaulicht bereits die Homepage des CSU-Politikers, die als digitale Visitenkarte[66] betrachtet werden kann: Verantwortung, Prinzipienfestigkeit und Grundsatztreue werden ebenso betont wie Familienbande und Generationszusammenhalt.[67] Der konservative Anstrich schien perfekt.

---

[65] Vgl. Wilson, Glenn D.: The psychology of conservatism, London 1973.
[66] Vgl. hierzu ausführlich: Döring, Nicola: Politiker-Homepages zwischen Politik-PR und Bürgerpartizipation, in: Publizistik, Jg. 48(2003), H. 1, S. 25 46.
[67] Vgl. Homepage von Karl-Theodor zu Guttenberg, online einsehbar unter http://www.zuguttenberg.de/ (eingesehen am 01.08.2011).

Als Verteidigungsminister bediente er zudem die typischerweise positive Sicht des Konservatismus auf das Militär. Dies verstärkte er, indem er sich im Tarnanzug und umringt von Soldaten in Afghanistan ablichten ließ.[68] Er zeigte sich als Aktiver, der als ebenbürtiger Teil der Truppe unermüdlich im Einsatz war. Generell präsentierte er sich als klassischer Gegenentwurf zur hedonistischen Bohème. So gab er an, als Urlaubslektüre Platons *Politeia* zu lesen – im griechischen Original.[69] Er verwies stets auf seine Wertschätzung der geordneten Verhältnisse mit Ehefrau und Töchtern. Die Familie zeigte betont manierliche Umgangsformen, feudale Sitten und devote Religiosität.[70] Zu Guttenbergs Wertesystem bewegte sich zwischen Anstand und Disziplin. Hierarchische Strukturen verstand und nutzte er zu seinem Vorteil. So bewährte es sich für ihn, in politischen Krisen Handlungsfähigkeit und Souveränität zu demonstrieren, indem er die ihm untergebenen strukturell Verantwortlichen zur Rechenschaft zog: Generalinspekteur Wolfgang Schneiderhan sowie Staatssekretär Peter Wichert, General Henning Hars und später dann Kapitän Norbert Schatz mussten als Konsequenz der Kunduz- und der Gorch-Fock-Affären kurzerhand ihre Posten räumen. So konnte der Verteidigungsminister Schaden von der eigenen Person abwenden.[71]

Frei nach der Theorie des US-amerikanischen Psychologen Glenn D. Wilson könnte zu Guttenberg also durchaus als idealer Konservativer nach deutscher Fasson bezeichnet werden. Dabei verfügte er jedoch über ein zusätzliches, unschätzbar wertvolles Attribut: eine authentisch wirkende, jugendliche Modernität. Denn während Konservative wie Koch und Oettinger ihrer anscheinenden Rück-

---

[68] Vgl. Hildebrandt, Tina: Mehr Soldat als Minister, in: Die Zeit, 27.01.2011.

[69] Vgl. Reents, Edo: Guttenberg und die Griechen, in: FAZ online, 07.07.2009, online einsehbar unter http://www.faz.net/artikel/C30108/staatsphilosophie-guttenberg-und-die-griechen-30171673.html [eingesehen am 01.08.2011].

[70] Vgl. o.V.: Der Glaube gibt meinem Leben Stabilität. Interview mit Stephanie zu Guttenberg, in: pro – christliches Medienmagazin (05/2010), 21.10.2010, S. 14 16; Haseborg, Volker: Mein Schloss, mein Dorf, mein Pfarrer, in: Abendzeitung München online, 12.02.2009, online einsehbar unter http://www.abendzeitung-muenchen.de/inhalt.politik-mein-schloss-mein-dorf-mein-pfarrer.eac872ca-c956-453e-873f-4800a3e46a4c.html [eingesehen am 01.08.2011].

[71] Vgl. Repinski, Gordon: Flucht in die rigide Pose, in: die tageszeitung, 22.01.2011.

wärtsgewandtheit nichts entgegenzusetzen hatten, vermochte es zu Guttenberg, seinen *idealen Konservatismus* stets durch eine zeitgemäße Nuance zu konterkarieren. So betonte er fast gebetsmühlenartig seine Vorliebe für die Musik der Rockband AC/DC,[72] auch das erste Kennenlernen mit seiner Frau Stephanie von Bismarck-Schönhausen auf der Loveparade wurde in der Guttenbergschen Berichterstattung zum Topos.[73] Virtuos bediente er sich der Massenmedien und sprach dabei stets eine verständliche Sprache. Er ergänzte damit sein konservatives Image durch moderne Facetten, die ihn mit den Erfordernissen des Zeitgeistes in Einklang brachten. Sein Lebensmodell, sein Wertesystem und seine Bekenntnisse erschienen dadurch gegenwartsnah, beinahe fortschrittlich. Die hierzu nötige Selbstdarstellung beherrschte er in Perfektion. Die Kombination von jugendlicher Dynamik und altem Adel wurde zum Markenkern von zu Guttenbergs Image und zugleich zum wertvollsten Trumpf der Union.

Doch der volksnahe Tonfall, den zu Guttenberg beherrschte, war nicht das einzige populistische Element seines Auftritts. Zudem achtete der Verteidigungsminister darauf, sich als ein Politiker abseits des politischen Establishments darzustellen.[74] Stets ließ er sich in untypischer Pose ablichten, dem Parteibetrieb und seinen Zwängen wirkte er enthoben.[75] Auch transportierte jede seiner Gesten, dass er, der Baron mit den bruchsicheren Familienbanden, auf die Berufspolitik im existenziellen Sinne nicht angewiesen war. Dies verschaffte ihm die Aura einer freigeistigen Unabhängigkeit. Dass er über eine klassische Parteikarriere verfügte – seine Ochsentour in der CSU reichte von der JU-Mitgliedschaft über den Kreisvorstand und den Ortsvorsitz bis hin zum Bezirksvorstandsvorsitz und zum Posten des Generalsekretärs – blieb dabei unbeachtet; fast sollte jedwedes An-

---

[72] Vgl, Reents: Guttenberg und die Griechen, a.a.O.

[73] Vgl. beispielhaft Leppin; Jonas: Die Lederjacke von Frau Guttenberg, in: Financial Times Deutschland, 22.05.2009; Vornbäumen, Axel: Hauptsache, Haltung!, in: Stern, 19.02.2009, S. 44 – 52.

[74] Vgl. hierzu Weber, Max: Politik als Beruf, in: ders.: Gesammelte politische Schriften, 5. Auflage, Tübingen 1988, S. 505 – 560.

[75] Vgl. Hildebrandt: Mehr Soldat als Politiker, a.a.O.; Schleider, Tim: Wofür der Adel noch gut ist, in: Stuttgarter Zeitung, 21.08.2009.

zeichen von parteilichem Stallgeruch von der Öffentlichkeit fern gehalten werden. Es wird deutlich, dass zu Guttenbergs Ruhm sich fast ausschließlich durch sein Auftreten und seine Persönlichkeit begründete, kaum jedoch durch politische Haltungen, Handlungen oder Errungenschaften, wie die ernüchternde Bilanz seines Nachfolgers im Verteidigungsministerium, de Maizière, veranschaulicht.[76] Merkels Farblosigkeit kann dabei als ein Grund dafür gewertet werden, dass zu Guttenberg mit seinem Auftreten so bemerkenswerte Beliebtheit erreichte.[77] Das machte ihn für die Koalition unverzichtbar, weshalb sich die Kanzlerin bis zuletzt darum bemühte, den Vorzeigeminister um jeden Preis auf seinem Posten zu halten.

In der Etablierung des regelrechten Star-Status des Verteidigungsministers waren das Fernsehen und andere Massenmedien – allen voran die *Bild*-Zeitung – die entscheidenden Katalysatoren. Die sich ständig wiederholende Abbildung zu Guttenbergs in souveräner Pose beeinflusste maßgeblich sein Ansehen in der Bevölkerung.[78] Die positive Darstellung seines Charakters und seiner Sachkompetenz, die durch die einzelnen Medienberichte entstanden, verfestigten sich beim Rezipienten zu einer dauerhaften Wirkung.[79]

Im März 2011 dann endete die Karriere von Karl-Theodor zu Guttenberg abrupt, als bekannt wurde, dass er seine Promotionsschrift zu großen Teilen abgeschrieben hatte. Nach Tagen des Lavierens gab er schließlich seinen Rücktritt bekannt. Zuvor hatte ausgerechnet er, der scheinbare Anti-Politiker, sich an sein Amt geklammert. Sein Blick wirkte wie durch Scheuklappen verengt, jeweils nur die Fehler eingestehend, die ihm wasserdicht nachzuweisen waren – ein fast machiavellistischer Zug.

---

[76] Vgl. Schmale, Holger: De Maizière enttarnt zu Guttenberg, in: Berliner Zeitung, 17.05.2011.

[77] Vgl. Ebbinghaus, Uwe: Hört das Spiel denn nie mehr auf?, in: Frankfurter Allgemeine Zeitung, 09.04.2011.

[78] Vgl. Kepplinger, Hans Matthias: Politiker als Stars, in: Faulstich, Werner/Korte, Helmut (Hrsg.): Der Star. Geschichte, Rezeption, Bedeutung, München 1997, S 182; ders.: Politikvermittlung, Wiesbaden 2009, S. 143ff.

[79] Vgl. ebd.

Zu Guttenberg hinterließ eine klaffende Lücke innerhalb der Union. Denn so stolz man auf den Anführer der Beliebtheitslisten in den eigenen Reihen gewesen war, so verzagt stand man nun wieder vor den Personalproblemen, die die gesamte Berufspolitik kennzeichnen. Ein charismatischer Volkstribun fehlt der verbliebenen Union, ein adäquater Ersatz ist nicht in Sicht. Schließlich musste die Union nach dem Sturz von Karl-Theodor zu Guttenberg erkennen, dass ihr vermeintlicher Heilsbringer vor allem eine Projektion konservativer Wünsche gewesen war, die der Zeitgeist an die Oberfläche gebracht hatte. Zu Guttenberg war ein Polit-Star gewesen, der „sich selbst, auf dem Hintergrund einer Rolle"[80] – der des Ministers – spielte. Die schnelle Überwindung der bürgerlichen Orientierungslosigkeit war damit ferner gerückt denn je.

Guido Westerwelle und Philipp Rösler – Neuer Stil, neues Glück?

Noch zu Anfang der Koalitionsbildung gab Westerwelle ein betont seriöses Bild ab: Er versuchte angestrengt, seinen bisher als laut und schrill geltenden Politikstil zu zügeln, und bemühte sich sichtlich, in der Rolle des Staatsmannes aufzutreten, der bereit war, endlich die ersehnte Regierungsverantwortung zu tragen.[81] Doch natürlich ließ der Wahlabend zuallererst sein charakteristisches, dicht an Arroganz grenzendes Selbstbewusstsein auflodern. Denn nun befand er, der so viele politische und persönliche Rückschläge hatte hinnehmen müssen, sich in der Position, auf die er als sein Lebensziel hingearbeitet hatte. Mit einem fulminanten Wahlerfolg im Rücken konnte er als Chef der Liberalen dem großen Koalitionspartner fast auf Augenhöhe entgegentreten. Fast schien es, als sei Westerwelles Ziel einer „liberalen Identitätspartei"[82] erreicht. Endlich passte die Chuzpe seines Auftretens zu seinen Wahlergebnissen, endlich konnte er seine Forderungen auf tatsächlichen Rückhalt in der Bevölkerung stützen.

---

[80] Plessner, Helmut zitiert nach Ebbinghaus: Hört das Spiel, a.a.O.
[81] Vgl. Becker, Sven u.a.: Der Ungemochte, in: Der Spiegel, 05.10.2009, S. 38 – 44, hier S. 38.
[82] Walter, Franz: Die ziellose Republik, Köln 2006, S. 77.

Thematisch eingeleitet wurde der Regierungseintritt der Liberalen von ihrem ewigen Mantra der Steuersenkungen. Diese monothematische Ausrichtung war zuvor oft kritisch betrachtet worden.[83] Nun aber bewies Westerwelle: Die inhaltliche Beschneidung, die er an seiner Partei vollzogen hatte,[84] vermochte der FDP ein Rekordergebnis einzufahren.

Dass der schneidige Oppositionstribun aber ausgerechnet in das Amt des Außenministers steuerte, stieß bereits im Vorfeld auf Skepsis und Häme bei Beobachtern und alten FDP-Granden gleichermaßen.[85] Es dauerte dann auch nicht lange, bis Westerwelle das Misstrauen gegenüber seinen diplomatischen Fähigkeiten zusehends bestätigte. Ansehen und Popularität blieben ihm auch als Chef-Diplomat verwehrt. Sein letztlicher Absturz begann im Februar 2010 mit den Äußerungen zur „spätrömischen Dekadenz"[86] von Langzeitarbeitslosen. Spätestens jetzt brachte Westerwelle die (mühsam errichtete) seriöse Fassade zum Einsturz, die er für sich und seine Partei errichtet hatte. Im Angesicht schwindender Zustimmungswerte fiel er in eine Rhetorik zurück, die die Liberalen, wie sie stets beteuerten, nach den populistischen Eskapaden der Ära Möllemann, hinter sich gelassen zu haben glaubten.[87]

Nun zeigte sich: Tatsächlich war keine von Westerwelles Rechnungen aufgegangen. Noch nie war ein deutscher Außenminister so unbeliebt bei seinem Volk gewesen. Auch die Qualitäten eines Vizekanzlers wurden ihm bald abgesprochen. Als größte persönliche Restriktion erwies sich dabei sein Habitus, der sich während der langen

---

[83] Vgl. ebd., S. 79.

[84] Vgl. ders.: Gelb oder Grün. Kleine Parteiengeschichte der besserverdienenden Mitte in Deutschland, Bielefeld 2010, S. 66.

[85] Vgl. ders.: Ziellose Republik, a.a.O., S. 83; Becker u.a.: Der Ungemochte, a.a.O., S. 44, Sauga, Michaela: Die Kunst-Figur, in: Der Spiegel, 18.05.2009, S. 26 – 28, hier S. 27; Sattar, Majid: Angekommen, in: Frankfurter Allgemeine Zeitung, 29.09.2009; Monath, Hans: Weltkonflikte in der Schnellübersicht, in: Der Tagesspiegel, 29.10.2009.

[86] Westerwelle, Guido: Hartz IV und die Frage, wer das alles zahlt; Vergesst die Mitte nicht, in: Die Welt, 11.02.2010.

[87] Vgl. Walter: Gelb oder Grün, Kleine Parteiengeschichte der besserverdienenden Mitte in Deutschland, Bielefeld 2010, S. 69.

Oppositionszeit der FDP verfestigt hatte und aus dem er einfach nicht mehr herausfand. Als Außenminister und Vizekanzler benötigte er Ausstrahlung, Repräsentationsvermögen und Vermittlungsfähigkeit. Er bedurfte einer quasi-präsidialen Haltung und leiser Untertöne. Für keines dieser Attribute war Westerwelle zuvor bekannt und es gelang ihm auch nicht, eine neue Seite seiner selbst hervorzukehren.[88]

Am schlimmsten getroffen war Westerwelles FDP jedoch dadurch, dass ihr großes Wahlkampfthema in den Notwendigkeiten der realen Wirtschaftslage verpuffte. Steuersenkungen, so wurde es den Liberalen diktiert, würde es auf absehbare Zeit nicht geben.[89] Für die FDP noch fataler: Die CDU debattierte stattdessen über eine Erhöhung der Spitzensteuersätze. Die Union trat Westerwelle offensichtlich mit erheblich geringerer Ehrfurcht gegenüber, als der es sich erhofft hatte. Damit hatte Westerwelle seine FDP wieder einmal zum bloßen Anhängsel der Union gemacht. Es bestätigte sich das Bild der Partei, die „als Tiger sprang und stets als Bettvorleger landete".[90]

Zahlreiche, eben erst gewonnene Anhänger wandten sich nun wieder von den Liberalen ab. Westerwelles für den Sozialstaat schwer verträgliche Ausführungen und sein angeschlagenes Image dürften hierfür weitaus weniger ausschlaggebend gewesen sein, als in den Medien angedeutet wurde. Stattdessen war für viele der radikale neoliberale Kurs, den die FDP angekündigt hatte und für den sie gewählt worden war, schlichtweg nicht stringent genug umgesetzt worden.[91]

Der Spitzenmann der Partei befand sich im freien Fall, ihr einzig verbliebenes Paradethema war passé. Von der FDP des Wahlabends war nicht viel mehr geblieben als ein Trümmerfeld. Fortan müßten sich die Liberalen wieder in Umfragen und dann auch bei den Landtagswahlen in Nordrhein-Westfalen an der Fünf-Prozent-Hürde ab. In der Partei regte sich daraufhin Protest gegen den bis dahin allmächtigen Vorsitzenden. In der Koalition wurden die Richtung der Regie-

---

[88] Vgl. ebd.; Walter: Ziellose Republik, a.a.O., S. 76.
[89] Vgl. Wittke, Thomas: Merkels Ruck, in: Bonner General Anzeiger, 16.11.2010.
[90] Walter: Ziellose Republik, a.a.O., S. 80.
[91] Vgl. Walter, Franz: Sanft = Sackgasse, in: Spiegel online, 05.11.2010, online einsehbar unter http://www.spiegel.de/politik/deutschland/0,1518,726744,00.html [eingesehen am 01.08.2011].

rungsarbeit und auch der außenpolitische Kurs bald maßgeblich von der Kanzlerin entschieden, zumal die Europapolitik ohnehin in ihrer Hand lag.[92] Westerwelles Bedeutung war de facto bereits zu großen Teilen ausgehebelt, er war zum Außenminister und Parteivorsitzenden auf Abruf geworden.

Nachdem die offizielle Entmachtung als Parteichef und Vizekanzler im Frühjahr 2011 vollzogen war, ließ die FDP ihm zumindest den Außenministerposten, als Trostpflaster und Zeichen der Anerkennung, so schien es, und um den innerparteilichen Frieden zu wahren. Dass er im Amt blieb, lag aber kaum daran, dass Westerwelle seine Arbeit im Auswärtigen Amt augenscheinlich besonders gut machte. Spätestens seit dem Lavieren der Bundesregierung in der Frage des Libyen-Einsatzes galt seine Politik als „diplomatischer Scherbenhaufen".[93]

Der Zeitpunkt von Westerwelles Sturz war kein Zufall. Insbesondere die Landtagswahl in Baden-Württemberg machte unverkennbar deutlich, dass der Zeitgeist in Deutschland sich gewandelt hatte und dass Guido Westerwelle, der sich als Vertreter „leistungsorientierter, optimistischer, fortschrittsbejahender, marktorientierter Individuen präsentiert[e]"[94], zum gesellschaftlichen Trend schlicht nicht mehr passte. Westerwelle stand für eine Partei der späten 1990er Jahre. Er, der sich zwischen den Alternativen und Grünen in seiner eigenen Generation nie wohl gefühlt hatte, machte sich zur Leitfigur der erfolgsorientierten Aufsteiger, bevor mit der Dotcom-Blase auch der Optimismus und der unbedingte Fortschrittsglaube der Generation@ zerplatzte. Gleich mehrere globale Wirtschaftskrisen, die auch Deutschland stark berührten, führten dazu, dass der Glaube an die Selbstregulierungsfähigkeiten des Marktes abnahm, während das Bedürfnis nach staatlicher Regulierung und sozialer Sicherung stieg.[95] In diesem politischen Klima war Westerwelles Kurs zum Scheitern

---

[92] Vgl. dazu in diesem Band den Beitrag von Caspari, Severin/Kallinich Daniela: Außenpolitik: Eine Paradedisziplin unter Druck.

[93] Busse, Nikolas/Sattar, Majid: Kriegsrat beim Verweigerer, in: Frankfurter Allgemeine Zeitung, 14.04.2011.

[94] Walter: Gelb oder Grün, a.a.O., S. 44

[95] Jung, Alexander: Süchtig nach Wachstum, in: Spiegel Geschichte, 31.03.2009, S. 97–105.

verurteilt, doch er hielt unbeirrt daran fest. 2009 profitierte die FDP noch von der Farblosigkeit der Unionsparteien in Sachen Ökonomie und Marktliberalität während der Großen Koalition. Westerwelles Neoliberalismus konnte sich jedoch nur kurz aufbäumen, bevor sich der illusionäre Charakter seines Programms offenbarte: Er hatte seiner Partei einen marktradikalen Kurs verordnet, der nur von der Opposition aus zu vertreten war. Spätestens die Atomkatastrophe in Japan zeigte dann endgültig, dass der gesellschaftliche Trend im bundesdeutschen Frühjahr 2011 nicht mehr nach Vokabeln wie „leistungsorientiert", „fortschrittsbejahend" oder „marktorientiert" fragte, wie Franz Walter bereits Anfang 2009 prophezeit hatte.[96] Westerwelle disqualifizierte sich als Kopf der Partei durch seine Unfähigkeit – oder seinen Unwillen –, diese Entwicklung zu antizipieren und eine adäquate Strategie für die FDP zu entwickeln. Die Suche nach einem, der es besser machen würde, begann. In den jungen Philipp Rösler, einen „Anti-Westerwelle"[97] sozusagen, wurden schließlich alle Hoffnungen der heruntergewirtschafteten Liberalen gesetzt.

Bei seinem Eintritt in Angela Merkels Kabinett hatte Rösler bereits eine steile Karriere in der FDP vorzuweisen. Er hatte die Ochsentour durch Partei und öffentliche Ämter in Rekordzeit absolviert und wurde im Alter von gerade einmal 36 Jahren Bundesgesundheitsminister; der Posten wurde regelrecht an Rösler herangetragen. Dass der damalige Parteichef Westerwelle sich im Herbst 2009 so nachdrücklich um den Niedersachsen bemühte, hatte vor allem zwei Gründe: Zum einen konnte er mit Rösler einen jungen Aufsteiger und potentiellen Sympathieträger in seine Mannschaft holen. Neben den wenig charismatisch wirkenden übrigen Liberalen im Kabinett, Rainer Brüderle, Sabine Leutheusser-Schnarrenberger und Dirk Niebel, durfte er sich von Rösler positive Strahlkraft für die FDP erhoffen. Ein weiterer, keineswegs zweitrangiger Grund lag in den innerparteilichen Machtverhältnissen. Rösler hatte in einem Thesenpapier bereits 2008 sanfte, aber deutliche Kritik am Kurs der Westerwelle-FDP

---

[96] Vgl. Walter, Franz: Projekt 18 lebt, in: Spiegel online, 11.02.2009, online einsehbar unter http://www.spiegel.de/politik/deutschland/0,1518,606889,00.html [eingesehen am 01.08.2011].

[97] Bröcker, Michael.: Wohlfühl-Liberaler an der Spitze: Aachener Zeitung, 16.05.2011.

geübt. Er selbst trat für einen „mitfühlenden Liberalismus"[98] ein – war ein persönlicher und politischer Gegenentwurf zu Guido Westerwelles thematischen und habituellen Dogmatismus.[99] Der Führungsanspruch, den er durch seine öffentlich gemachten programmatischen Überlegungen äußerte, blieb dem Parteichef nicht verborgen. Rösler war dabei nur der Kopf einer aufstrebenden jungen Generation in der FDP. Die bisherige „Konkurrenzlosigkeit"[100], die Westerwelles Stellung gesichert hatte, drohte zu enden. Als Rösler ins Bundeskabinett berufen wurde, galt er endgültig als möglicher Nachfolger Westerwelles – wenn auch zunächst in langfristiger Perspektive. Der damalige Parteichef wertete Röslers Stellung mit der Ernennung zum Minister auf, verfolgte aber zugleich eine Strategie zum eigenen Machterhalt: Er band Rösler in das eigene Projekt ein, nahm dem vormaligen Kritiker so automatisch den Wind aus den Segeln. Hinzu kam, dass dem Niedersachsen der äußerst undankbare Posten des Gesundheitsministers zufiel. Sollte er scheitern, hätte Westerwelle einen Konkurrenten beseitigt. Sollte er sich behaupten, könnte Westerwelle den Erfolg für die gesamte Partei verbuchen.

Röslers Arbeit im Gesundheitsressort lief dann auch erwartungsgemäß hürdenreich an.[101] Nachdem es nach Bekanntwerden seiner Übernahme des Bundesministeriums eine rege und optimistische Presseberichterstattung über ihn gegeben hatte, wurde es anschließend ruhig um ihn. Er konnte kaum Errungenschaften vorweisen, die sich medienwirksam präsentieren ließen.[102] Er wirkte gebremst, sein Aufstieg schien zu stagnieren.

Im Frühjahr 2011 jedoch stand der Minister plötzlich wieder im Zentrum des öffentlichen Interesses, als Guido Westerwelle nach den verlorenen Landtagswahlen in Baden-Württemberg und Rheinland-

---

[98] Eichborn, Christian von: Die FDP sucht ihr Heil im Mitgefühl, in: Zeit online, 29.09.2010, online einsehbar unter http://www.zeit.de/politik/deutschland/2010-09/bilanz-bundestagswahl-fdp?page=2 [eingesehen am 01.08.2011].

[99] Vgl. Walter: Ziellose Republik, a.a.O., S. 79.

[100] Ebd., S. 83.

[101] Vgl. zum Thema Gesundheitspolitik in diesem Band den Beitrag von Messinger, Sören/Wypchol, Yvonne/Humboldt, Nils: Sozialpolitik: Zwischen Sozialkatholizismus und liberalem Individualismus.

[102] Vgl. Bartsch, Matthias u.a.: Tief gesunken, in: Der Spiegel, 07.05.2010.

Pfalz den Rückzug als Parteivorsitzender antrat. Die früheren Spekulationen bestätigten sich, als Philipp Rösler kurze Zeit später seine Kandidatur für den Posten bekannt gab. Er wurde damit zum mächtigsten Mann in der FDP und übernahm zudem die Rolle des Vizekanzlers. Der Putsch der Jungen gegen die alte Garde der Liberalen gelang jedoch nicht vollständig, für einige Beobachter war der „Neustart" eine „Massenkarambolage"[103]: Rainer Brüderle war zunächst nicht bereit, sein Amt aufzugeben, um dem neuen Parteichef den Weg aus dem ungeliebten Gesundheitsministerium zu pflastern. Der musste sich mit der „Pappmaché-Krone des Vizekanzlers"[104] begnügen. Zudem hielt Guido Westerwelle am Außenministerium fest. Obwohl der Umsturz an höchster Stelle stattgefunden hatte, war die Partei also weit entfernt von einem radikalen, umfassenden Wandel. Erst peu á peu vollzog sich eine umfassendere Umstrukturierung: Rösler gelangte doch noch ins Wirtschaftsressort und überließ den eigenen Posten seinem Vertrauten Daniel Bahr. Doch blieb es zunächst bei einem bloßen Austausch der politischen Köpfe, die programmatische Erneuerung, die hierin vermutet worden war, blieb zunächst aus.

Für die FDP boten sich kaum Alternativen zu Rösler als neuem Parteivorsitzenden; andernfalls hätte Westerwelle wahrscheinlich schon sehr viel früher abdanken müssen. Anders als der scheidende Vorsitzende verkörperte Rösler aber zumindest nicht nur *eine* Facette liberaler Politik, was den Freidemokraten ausreichte, um ihn zum verheißungsvollen Kandidaten werden zu lassen. Unter ihm, so die Hoffnung, würde es der Partei zumindest möglich werden, eine größere Anzahl infrage kommender Koalitionsbündnisse auszuloten. Denn ungleich Westerwelle hegte er keine prinzipielle Abneigung gegen Grüne und Sozialdemokraten. Eine breitere Themenabdeckung und eine Hinwendung zu sozialen Problemfeldern forderte Rösler bereits seit Längerem und diente als passendes Aushängeschild einer anscheinend erneuerten FDP. Glaubwürdigkeit – derzeit ein rares, aber hohes politisches Gut[105] – verschaffte ihm dabei seine Vita. Er

---

[103] Nonnenmacher, Günther: Der Brummkreisel, in: Frankfurter Allgemeine Zeitung, 06.04.2011.

[104] Ebd.

[105] Vgl. Schulz, Frauke: Wir sind so echt, in: die tageszeitung, 04.11.2010.

war der erste Liberale in einem sozialen Bundesministerium und lieferte als promovierter Arzt zudem eine schlüssige Begründung dafür. Rösler, der erste Minister, der außerhalb Deutschlands, ja nicht einmal in Europa geboren worden war, trat als Antithese Westerwelles auf: Er gab sich stets zurückhaltend, die schrille, polarisierende Art seines Vorgängers lag ihm fern. Er ist überzeugter Katholik – erst mit 27 Jahren beschloss er, sich taufen zu lassen, und er gehört sogar dem Zentralkomitee der katholischen Kirche an –, ein seltenes Attribut in der FDP. Dass er einen anderen Kurs für die Partei einschlagen würde als Guido Westerwelle, schien bereits an diesen Lebensdaten ablesbar. Eine potentielle Annäherung an SPD und Grüne galt unter Rösler als plausibel.

Andererseits konnte die Wahl Röslers auch den Wirtschaftsflügel der FDP einigermaßen zufriedenstellen, da er nie als Verfechter eines genuinen Sozialliberalismus hervorgetreten war. Als Wirtschaftsminister einer schwarz-gelben Koalition in Niedersachsen hatte er bereits positive Erfahrungen mit liberaler Politik nach herkömmlicher Fasson gesammelt. Dass er dort bereits Vorsitzender des Landesverbands war, sicherte ihm eine Machtbasis. Auch den großen Landesverband Nordrhein-Westfalen wusste er dank Daniel Bahr hinter sich.

Mit Rösler stand die FDP weniger vor einem thematischen Neuanfang als vor einer medial zelebrierten Veränderung des parteiinternen Führungsstils. Während Westerwelle die Liberalen so autoritär geleitet hatte wie kaum ein Vorsitzender vor ihm,[106] kündigte Rösler eine Führung im Team an. Stets trat er im Triumvirat mit Bahr und Generalsekretär Lindner auf. Bereits zum Neujahr 2011 hatten sie eine gemeinsame Durchhalteparole in der *Frankfurter Allgemeinen Zeitung* veröffentlicht.[107] Zukünftig würden sie die Macht unter sich aufteilen.

Bis Philipp Rösler sich in seiner Rolle als Parteivorsitzender eingefunden und die Übermacht seines noch immer sehr präsenten Kabinettskollegen Westerwelle überwunden hat, dürfte es einige Zeit

---

[106] Vgl. Sauga: Die Kunst-Figur, a.a.O., S. 27.
[107] Vgl. Bahr, Daniel/Lindner, Christian/Rösler, Philipp: Jetzt erst recht – Neujahrsappell an alle Liberalen, in: Frankfurter Allgemeine Zeitung, 04.01.2011.

dauern. Er wird sich auch den Respekt Angela Merkels neu erarbeiten müssen, die ihm nun nicht mehr als unerfahrenem Jungpolitiker, sondern als erstem Ansprechpartner in der Koalition begegnen muss. Ob er seine Partei in eine neue programmatische Richtung lenken kann – und will –, bleibt abzuwarten.

Denn betrachtet man die Arithmetik des Parteiensystems, so wird Rösler zuallererst strengstens darauf achten müssen, den Liberalen wieder ein Alleinstellungsmerkmal zu verschaffen. Der anvisierte Kurs nach links scheint die Liberalen stark in ideologische Nähe zu den Grünen zu rücken, die aber die thematischen Varianzen zwischen Mitgefühl und Bürgerrechten derzeit umfassend und sehr erfolgreich abdecken. Die FDP müsste ihre Eigenständigkeit dagegen womöglich am derzeit noch vakanten rechten Rand des Parteiensystems suchen, wie es andere liberale Parteien im restlichen Europa bereits vorgemacht haben.[108] Röslers derzeitige Betonung von Umwelt- und Sozialthemen erscheint zuallererst wie eine hilflose Anbiederung an das aktuelle politische Klima, nicht aber wie eine realistische Zukunftsperspektive für die Liberalen. Wie lange das Spektakel des Führungswechsels die inhaltliche Orientierungslosigkeit der Partei aber noch verdecken kann, ist fraglich.

Von personeller Vielfalt und inhaltlicher Einfalt

Betrachtet man die Dynamik der Akteure während der ersten beiden schwarz-gelben Regierungsjahre, so stellt sich ein Gefühl der Unordnung und der Inkonsistenz ein. Unter kritischer Beobachtung der Medien vollzog sich ein regelrechtes Bäumchen-Wechsel-Dich der Ressortminister. Es begann mit der Umbildung vom ersten Kabinett Merkels in der Großen Koalition zum Kabinett Merkel II: Wolfgang Schäuble, Karl-Theodor zu Guttenberg und Thomas de Maizière blieben zwar Minister, bekamen jedoch allesamt neue Häuser unterstellt. Anschließend ging das Stühlerücken weiter. Ursula von der

---

[108] Vgl. Walter, Franz: Das Wählerpotenzial der FDP liegt rechts der Mitte, in: Welt online, 06.04.2011, online einsehbar unter http://www.welt.de/debatte/article13087384/Das-Waehlerpotenzial-der-FDP-liegt-rechts-der-Mitte.html [eingesehen am 01.08.2011].

Leyen ersetzte Franz Josef Jung, was den Weg für Kristina Schröder frei machte, de Maizière folgte zu Guttenberg nach, Philipp Rösler vertrieb Rainer Brüderle und holte Daniel Bahr ins Kabinett. Allein in sechs von 16 Regierungsämtern hat es seit Antritt der Regierung einen Personalwechsel an der Spitze gegeben, das sind ebenso viele wie in der ersten Legislaturperiode von Rot-Grün. Die Minister erscheinen mittlerweile austauschbar.

Bemerkenswert ist auch, dass insbesondere all diejenigen, die als besonders tragfähige Stützen der Regierung aufgebaut worden waren, nach und nach ihr Ansehen, ihre Macht und zum Teil sogar ihre Posten einbüßten. Sowohl zu Guttenberg als auch Westerwelle und Röttgen sahen beizeiten ihre Felle davon schwimmen. Das Auf und Nieder der prominenten Aushängeschilder des Kabinetts verstärkte den Eindruck der Instabilität der Regierung. Fast verkam die Koalition, auch in Angesicht des ersten Rücktritts eines Bundespräsidenten, zur Parodie des traditionell bürgerlichen Attributs von Disziplin, Ordnung und geregelten Verhältnissen.

Die Unruhe auf der Regierungsbank steht dabei sinnbildlich für das Verhältnis der Koalitionspartner zueinander. Als allgegenwärtiges Beispiel mag hier wie oft zuvor der Steuersenkungsimperativ Westerwelles gelten, der empfindliche Störungen geradezu hervorrufen *musste*. Derartige Forderungen jedenfalls hätte Merkel von der SPD nicht zu befürchten gehabt. Das Urteil des Parteienforschers Franz Walter bringt diese Konstellation auf den Punkt: „Schwarz-Gelb ist die sinnloseste Koalition, die es in den letzten 50 Jahren in Deutschland gegeben hat."[109] Nicht nur, weil sie in Zeiten von Finanz- und Eurokrise keine tragfähigen Patentrezepte kannte. Nein, auch weil sie jenseits einiger loser politischer Vorhaben keinen Kompass, keinen Sinn in Form einer übergreifenden Programmatik hatte. Was Adenauers Westbindung und Brandts Ostpolitik, was Kohls glückliche Fügung der Deutschlandpolitik und Schröders und Fischers (allzu schnell umgesetztes) Projekt zum Abbau des Modernisierungsstaus gewesen sein mag, fehlte Merkel und Westerwelle in Gänze.

---

[109] Franz Walter: "Schwarz-Gelb ist sinnlos", in: die tageszeitung, 28.09.2009.

Nun rächte sich, dass Merkel zwar eine erfolgreiche Maklerin in der Großen Koalition war, dass sie diese präsidial moderierend zu ihren Gunsten beenden konnte, indem sie SPD und Grüne zentraler Projekte beraubte. Doch was nun folgte war die Offenlegung der inhaltlichen Entleerung der Union. Was sie indes versäumt hat, ist die positive Begründung eines Konservatismus, der sich etwa aus einem christlichen Menschenbild ableiten ließe. Letzte Fackelträger eines ohnehin schon in der Krise befindlichen Konservatismus, wie Oettinger oder Koch, die selbst schon mehr Symptom denn Lösung dieser Krise waren, verließen die politische Bühne. Aber auch die Kanzlerin selbst konnte dem bürgerlichen Projekt keinen Stempel aufdrücken. Was von zwei Jahren politischen Aktionismus bleibt, ist die Erinnerung an die gesenkte Mehrwertsteuer für Hoteliers und der Ausstieg aus dem Ausstieg aus der Atomenergie im Herbst 2010 sowie dessen Rücknahme im Frühjahr 2011.

Kurzum, die CDU und mit ihr die Kanzlerin stehen an einem Scheidepunkt. Konservatismus à la Ahlhaus und Mappus sind für die Partei ebenso wenig zukunftsfähig wie eine Rückkehr zu den wirtschaftspolitischen Thesen eines Friedrich Merz oder zur Atompolitik des vergangenen Herbstes. Denn eine solche Politik ist nicht nur durch die aktuellen Krisen diskreditiert, ein Festhalten hieran würde auch die eigene Anhängerschaft weiter den Grünen in die Arme treiben.[110]

Auf der anderen Seite aber ist womöglich der Kurs der Mitte-Öffnung alternativlos. Zumindest scheinen Merkel und Röttgen die Ansicht zu teilen, dass man in der urbanen Mitte der Gesellschaft mehr Wählerstimmen gewinnen könne, als man am überalterten Rand verlieren mag. Der Weg dorthin liegt allerdings im Nebel. Klar ist nur, dass es in der Union trotz Kristina Schröder kein Zurück hinter die Liberalisierung der Familienpolitik geben kann, auch kein Zurück zur Wehrpflicht. Selbst in der Energie- und Umweltpolitik haben sich seit Fukushima die Handlungsspielräume stark eingeengt. Und schon Roland Koch wusste, dass es letztlich „zur Modernisierung in der

---

[110] Vgl. Lühmann: Die alte CDU, a.a.O.

Familien-, der Ausländer- oder der Umweltpolitik gar keine ‚konservative' Alternative gab."[111]

Nicht anders ergeht es den Liberalen, die selbst zu wissen scheinen, dass der von Westerwelle einst noch erfolgreich gefahrene Kurs inzwischen zur Einbahnstraße geworden ist. Kaum anders sind Röslers versöhnliche Töne in der Debatte um Steuersenkungen nach der ersten Unterredung mit Finanzminister Schäuble zu verstehen. Doch wohin sich die FDP entwickeln wird – in einen eher skeptischen, herausfordernden Rechtsliberalismus oder doch eher in Richtung eines konsensualeren *mitfühlenden Liberalismus* – schien eine Zeit lang offen.[112] Und solange die Frage nicht geklärt ist, bleibt man in Ermangelung von Alternativen vorerst weiterhin beim Steuerthema. Die FDP muss ihren Platz erst noch finden, das hat sie mit der Union, aber auch mit der SPD gemein, allerdings werden die Freidemokraten dies nach derzeitigem Stand bald von der Oppositionsbank aus tun müssen.

Will Merkel über 2013 hinaus die Union an der Macht halten, wird sie die Grünen oder die SPD brauchen. Sie wird wissen, wie man die beiden Parteien gegeneinander ausspielen kann, und wird dahingehend nichts unversucht lassen. Ob aber die Anhänger der Union den notwendigen Rochaden noch zu folgen gewillt sind, könnte über die Zukunft dieser Partei entscheiden. Einfacher wäre, die CDU fände wieder zu einem konsistenten Weltbild jenseits eines gänzlich diffusen Mitte-Kurses ohne moralischen Kompass und auch jenseits der verzweifelten Versuche, Konservatismus auf *law-and-order* à la Roland Koch oder auf Wirtschaftsliberalismus im Sinne von Friedrich Merz zu reduzieren.

Die Orientierungslosigkeit in Zeiten ständiger Beschleunigung, die Auflösung letzter familiärer Bande, die alternde Gesellschaft, die nahezu religiös anmutende Nachfrage nach Schöpfungsbewahrung und Erhalt der Natur, die offene Frage über die Grenzen der Technik gegenüber der Schöpfung – überall könnte, ja müsste eine christlich fundierte Partei – zumal mit einer Pastorentochter an der Spitze –

---

[111] Vgl. Geis/Hildebrandt: Ganz schön weich, a.a.O.
[112] Vgl. Walter: Rechts der Mitte, a.a.O.; von Eichborn: Mitgefühl, a.a.O.

Antworten parat haben.[113] Oder sie wird irgendwann das Schicksal der SPD erleiden.[114]

---

[113] Hierzu weiterführend D'Antonio, Oliver/Walter, Franz/Werwath, Christian: Die CDU. Entstehung und Verfall christdemokratischer Geschlossenheit, Baden-Baden 2011, im Erscheinen.

[114] Vgl. hierzu jüngst: Butzlaff, Felix/Micus, Matthias/Walter, Franz (Hrsg.): Genossen in der Krise? Europas Sozialdemokratie auf dem Prüfstand, Göttingen 2011.

Weiterführende Literatur

Budde, Gunilla/Conze, Eckart/Rauh, Cornelia, 2010: Bürgertum nach dem Bürgerlichen Zeitalter. Göttingen 2010.

Bukow, Sebastian/Seemann, Wenke (Hrsg.): Die Große Koalition. Eine Bilanz. Wiesbaden 2010.

Butzlaff, Felix/Harm, Stine/Walter, Franz (Hrsg.): Patt oder Gezeitenwechsel? Deutschland 2009. Wiesbaden 2009.

D'Antonio, Oliver/Walter, Franz/Werwath, Christian: Die CDU. Entstehung und Verfall christdemokratischer Geschlossenheit. Baden-Baden 2011.

Hettling, Manfred/Ulrich, Bernd (Hrsg.): Bürgertum nach 1945. Hamburg 2005.

Walter, Franz: Im Herbst der Volksparteien? Eine kleine Geschichte von Aufstieg und Rückgang politischer Massenintegration, Bielefeld 2009.

Zolleis, Udo: Die CDU. Das politische Leitbild im Wandel der Zeit. Wiesbaden 2008.

Wirtschaftpolitik:
Eine ordnungspolitische Spurensuche

Christian von Eichborn und Louisa Opitz

Die Lektüre der Wirtschaftsteile bundesdeutscher Leitmedien ließ eine scheinbare Paradoxie alsbald zutage treten: Während die Beschreibung und Analyse der realwirtschaftlichen Entwicklung der Republik sowie das Überwinden der Auswirkungen von (Welt-) Finanz- und Wirtschaftskrise durchweg positiv und anerkennend ausfielen, erfuhren die wirtschaftspolitischen Maßnahmen der schwarzgelben Koalition regelmäßig deutliche Kritik von Seiten medialer, industrieller und wissenschaftlicher Wirtschaftsexperten. Es fiel der Bundesregierung offensichtlich schwer, die gute, prosperierende wirtschaftliche Entwicklung als Resultat ihres eigenen (wirtschafts-)politischen Handelns glaubwürdig auszuweisen. Die zwischenmenschlichen Dissonanzen innerhalb der Koalition verstärken den Eindruck der inhaltlichen Uneinigkeit, insbesondere in wirtschaftspolitischen Fragestellungen. Die unterschiedlichen realpolitischen Erfahrungshorizonte von Schwarz und Gelb erklären inhaltliche Differenzen zu einem gewissen Teil: Während die FDP in den Jahren der Opposition deutliche Kritik an den Maßnahmen der Großen Koalition geübt hatte und ihre 2009 errungene Regierungsbeteiligung als (wirtschafts-)politischen Neuanfang darzustellen suchte,[1] befanden sich die Christdemokraten und Christsozialen nach den Jahren der Großen Koalition in einer politischen Kontinuität, in der sie sich gezwungen sahen, schwarz-rote Entscheidungen zu verteidigen. Die CDU hat durch die vier Regierungsjahre einen Großteil ihres wirtschaftsliberalen Reformeifers der Jahrtausendwende hinter sich gelassen – sie hat sich

---

[1] Guido Westerwelle stellte die Wahl 2009 in eine Reihe mit den Geschehnissen der Jahre 1949, 1969 und 1989. Nach zwanzig Jahren, so seine Meinung, sei es wieder an der Zeit, etwas Neues zu beginnen, einen Aufbruch zu wagen.

im Laufe der Jahre 2005 bis 2009 weg von den Vorstellungen der FDP entwickelt.[2]

Das vorliegende Kapitel beabsichtigt, die zentralen wirtschaftspolitischen Entscheidungen der bürgerlichen Koalition im nationalen Kontext zu analysieren und unter besonderer Berücksichtigung des innerkoalitionären Prozesses ihre Genese zu durchleuchten. Wirtschaftstheoretische und konzeptionelle Kontroversen sollen im Folgenden weitestgehend ausgespart werden. Vielmehr wird auf der praxisorientierten und zweckmäßigen Unterscheidung zwischen Ordnungspolitik und Ablaufpolitik (auch Prozesspolitik) aufgebaut. Dabei meint Ordnungspolitik die Gestaltung der Institutionen, Regeln und Rahmenbedingungen für wirtschaftspolitische Maßnahmen und wirtschaftliches Handeln, im Gegensatz zur Ablaufpolitik, die darauf abzielt, wirtschaftliche Bewegungen direkt oder indirekt zu beeinflussen. Ordnungspolitik bildet zugleich ein wesentliches Charakteristikum des deutschen Konzeptes der Sozialen Marktwirtschaft, welche – obgleich sie primär der Freiheit des Individuums sowie den wettbewerblichen Prinzipien des Marktprozesses verpflichtet ist – die Notwendigkeit einer staatlichen Ordnungspolitik betont, die zum Schutze der Gemeinwohlzwecke einzelwirtschaftliche Entscheidungs- und Handlungsspielräume eingrenzt.

Die zentrale Fragestellung ist dabei, ob sich der im Koalitionsvertrag ausgehandelte ordnungspolitische Anspruch im realen politischen Handeln der Regierung wiederfindet. Dieses Erkenntnisinteresse fußt auf der Hypothese, wonach die Koalition ihren ordnungspolitischen Ansprüchen bei der Verabschiedung und Umsetzung konkreter wirtschaftspolitischer Maßnahmen im bisherigen Regierungszeitraum gerade nicht gerecht geworden ist. Im Zentrum des Beitrages steht dabei das Beispiel der Diskussion um Steuersenkungen. Ein besonderer Fokus der Analyse liegt zudem auf der Art und Weise, wie politische Forderungen und Positionen der beteiligten Regierungsparteien im Kompromissfindungsprozess durchgesetzt, aus welchen Gründen sie modifiziert, aufgeweicht oder gar aufgegeben worden sind.

---

[2] Vgl. dazu ausführlich in diesem Band den Beitrag von Werwath, Christian: Die Regierungsbildung: Eine schwarz-gelbe Traumhochzeit?

Zur Untersuchung dieser Hypothese sollen zunächst die Entwicklung der programmatischen Inhalte der Regierungsparteien und die im Koalitionsvertrag manifestierten politischen Ziele nachgezeichnet und herausgearbeitet werden. Anschließend gilt es, vor dem Hintergrund der realen bundesdeutschen Wirtschaftslage einen Blick auf die nun tatsächlich in der Zeit vom Regierungsantritt im Herbst 2009 bis zum Frühjahr 2011 getroffenen wirtschaftspolitischen Maßnahmen zu werfen.

Programmatische Wurzeln und Entwicklungen

Der Weg der FDP – Neoliberalismus und Ordnungspolitik

Die FDP ist die Partei, der in Deutschland die größte wirtschaftspolitische Kompetenz zugesprochen wird.[3] Die wirtschaftspolitische Aufstellung ist ihr Markenkern, durch sie erreicht die FDP die größte Wählerbindung. Gleichzeitig jedoch ist die Wirtschaftspolitik auch die größte Schwäche der Liberalen. Sowohl parteiinterne Kritiker als auch weite Teile der Öffentlichkeit kamen unlängst zu dem Schluss, dass eine scheinbar ausschließliche Fokussierung auf die Ökonomie den hehren Ansprüchen des Liberalismus nicht gerecht werden kann.[4] Ein kurzer Blick zurück macht deutlich, von welchen historischen Einflüssen das aktuelle Programm der FDP geprägt ist.

Zu Beginn der neunziger Jahre war im Zuge des „Wiedervereinigungsbooms" bereits von einem „neuen deutschen Wirtschaftswun-

---

[3] Etwa bei der Bundestagswahl 2009: ARD-Deutschlandtrend-Dezember, online einsehbar unter www.infratest-dimap.de/umfragen-analysen/bundesweit/wahlreport-deutschland/2009/ard-wahlberichterstattung [eingesehen am 02.06.2011].

[4] Vgl. eigenes Interview mit Lasse Becker am 15.06.2010; Rösler, Philipp: Was uns fehlt, in: Facebook-Profil von Philipp Rösler, 14.12.2008, online einsehbar unter http://www.facebook.com/note.php?note_id=43922885285 [eingesehen am 03.08.2011]; Lindner, Christian: Freiheit und Fairness; in: Rösler, Philipp; Lindner, Christian (Hrsg.); Freiheit – Gefühlt – Gedacht – Gelebt – Liberale. Beiträge zu einer Wertediskussion, Wiesbaden, 2009; Habemann, Gerd: Der angepasste Liberalismus; 13.08.2010, online einsehbar unter www.handelsblatt.com/der-angepasste-liberalismus/3515110.html [eingesehen am 24.5.2011].

der" die Rede:[5] Die Arbeitslosigkeit ging zurück, das Bruttoinlandsprodukt (BIP) zog an und die Baubranche erfuhr ein starkes Wachstum. Das Problem der damals seit fast zwanzig Jahren wachsenden strukturellen Arbeitslosigkeit schien überwunden – und das, ohne große, tiefgreifende Reformmaßnahmen. Dieser Aufschwung flachte jedoch schnell ab.[6] Seit spätestens 1995 kann man von einer anhaltenden Wachstumsschwäche der Bundesrepublik sprechen. Deutschland entwickelte sich in der darauf folgenden Dekade deutlich langsamer als das weltwirtschaftliche Durchschnittswachstum. Auch im Vergleich zu anderen OECD-Ländern schnitt die Bundesrepublik überdurchschnittlich schlecht ab. Ab Beginn des neuen Jahrtausends sprach man vom „kranken Mann" Europas und diskutierte heftig die Reformnotwendigkeiten.[7]

Die Entstehung des im Jahr 2011 noch geltenden FDP-Programms fiel in ebendiese Zeit. Der damals 34-jährige Generalsekretär Guido Westerwelle trug die Verantwortung für die Programmentwicklung. Die „Wiesbadener Grundsätze" wurden 1997 verabschiedet und begleiteten die FDP durch den gesamten Zeitraum der Opposition bis hinein in die schwarz-gelbe Regierung seit 2009. Erst für das Jahr 2012 ist die Verabschiedung eines neuen Programms geplant.[8]

Westerwelles Ziel in den neunziger Jahren war es, die liberale Programmatik zu „entrümpeln" und speziell mit dem „Aufräumen der sozialliberalen Hinterlassenschaften" zu beginnen.[9] Er wollte der FDP ein neues Image geben, sie damit aus dem damaligen Umfragetief heraushieven und vor allem eine klare Abgrenzung zum Koalitionspartner CDU/CSU erreichen. Genau dies gelang ihm mit seinem

---

[5] Vgl.: Boss, Alfred, u.a.: Kieler Beiträge zur Wirtschaftspolitik – Ursachen der Wachstumsschwäche in Deutschland 1995-2005, Kiel 2009, S. 18.

[6] Vgl. Ebd.

[7] Von Hammerstein, Konstantin u.a: Das Jahr der Risiken; in: Der Spiegel, 30.02.2007.

[8] Vgl. Bundesvorstand der FDP: Erarbeitung eines neuen Grundsatzprogrammes für die FDP, 28.06.2010, online einsehbar unter: http://www.fdp-bundespartei.de/files/408/10_06_28_Beschluss_Grundsatzkommission_1.pdf [eingesehen am 23.5.2011].

[9] Der Spiegel: Von Null auf Eins; 03.06.1996.

unermüdlichen Einsatz für die Marktwirtschaft. Die gesellschaftliche Vitalisierung durch das Freisetzen von Wachstumskräften machte er zur Mission der Liberalen.[10] Diese Strategie verhalf ihnen trotz langer Oppositionsjahre zu zahlreichen Erfolgen bei Landtagswahlen und katapultierte die FDP aus dem Überlebenskampf der neunziger Jahre schließlich wieder in die Offensive. Es ist nicht zuletzt auf ebendiese Strategie zurückzuführen, dass der FDP im Herbst 2009 mit 14,6 Prozent ein historischer Wahlsieg und die Übernahme der Regierungsverantwortung gelangen.

Das Programm von 1997 ist prall gefüllt mit Begriffen wie „Privatisierung", „Eigenverantwortung", „Leistung", „Markt" und allen voran „Mittelstand". Bereits zu dieser Zeit forderten die Parteioberen Steuersenkungen, um ebenjenen Mittelstand zu entlasten, der als Wiege der deutschen Wirtschaftskraft angesehen wird. Die zunehmende Anzahl von Arbeitslosen am Ende der 1990er Jahre erhöhte den Reformdruck auf die damalige rot-grüne Bundesregierung und spielte den Liberalen in die Hände – denn es waren *ihre* Reformvorschläge, die in aller Öffentlichkeit zu Beginn des neuen Jahrtausends diskutiert wurden.[11] Flankiert wurde diese Entwicklung durch das Entstehen neuer Märkte. Internetfirmen und in die Höhe schnellende Börsenkurse in Deutschland und weltweit legitimierten die liberale „Rückbesinnung" auf die Marktwirtschaft. Die Dynamik der neu aufgelegten Aktienindizes, die innovative Kraft der Internetfirmen und die zunehmende Begeisterung der Menschen für eigene Investments bestimmten den Takt der Zeit. Der Slogan „Privat vor Staat" stand symbolisch für diese Entwicklung. Die argumentative Gegensätzlichkeit von stockendem, staatlich „verkrustetem" Arbeitsmarkt und dem dynamischen Wachstum auf den weitestgehend unreglementierten Aktienmärkten wurde zu einem tragenden Pfeiler liberaler Rhetorik.

Auch wenn die FDP in ihrer Geschichte immer für marktliberale Positionen eingetreten war, polierte sie dieses Image im Grundsatzprogramm von 1997 mit besonderer Entschlossenheit wieder auf. Mit

---

[10] Vgl. Walter, Franz: Gelb oder Grün? – Kleine Parteiengeschichte der besser verdienenden Mitte in Deutschland, Bielefeld 2010, S. 59.

[11] Vgl. Bornhöft, Petra/Neubacher, Alexander/Schuhmann, Harald: Die unheimliche Freiheit; in: Der Spiegel, 20.12.2003.

diesem Referenzpapier wurde besonders eine neue Generation aufstiegswilliger junger Männer angesprochen, die im Leistungsethos und im eigenen Erfolg ihr Heil suchten.[12] Die FDP wandelte sich unter Westerwelle stark und trug fortan mit Stolz die Ideale der Marktwirtschaft und des Neoliberalismus vor sich her. Sie traf mit ihrer Programmatik den Nerv der Zeit. Einzig Regierungsämter blieben aus – zum einen wegen eigener Versäumnisse wie dem des Spaßwahlkampfs von 2002 („Projekt 18"), zum anderen auch wegen der Schwäche des potentiellen Koalitionspartners CDU/CSU bei den Wahlen 2005.[13]

Während der Oppositionszeit führte die marktwirtschaftliche Ausrichtung der FDP dazu, dass jedwede Politik der jeweiligen Regierung genauestens von liberaler Seite aus sondiert, auf vermeintlich unnötige staatliche Eingriffe hin überprüft und auf Basis einer wirtschaftspolitischen Idealvorstellung kritisiert wurde. Das tragende und besonders populäre Thema, das sich durch die Oppositionsjahre zog, war die liberale Forderung nach Steuersenkung und Steuervereinfachung. Es war auch – trotz bestehender Wirtschafts- und Eurokrise – aus FDP-Sicht das wirtschaftspolitische Thema des Wahlkampfs 2009.

Zwar lag der anschließende Wahlerfolg der FDP maßgeblich in ihrer wirtschaftspolitisch-programmatischen Konsequenz und Standhaftigkeit begründet. Doch stand die Partei nun vor der Herausforderung, die reine ordoliberale Lehre, die ihr bis heute als zentraler Orientierungspunkt dient, mit den positiven interventionistischen Krisenerfahrungen der Großen Koalition in Einklang zu bringen. Sowohl die Konjunkturprogramme als auch Bankenrettungsmaßnahmen der schwarz-roten Koalition hatten herbe liberale Oppositionskritik erfahren. Wirtschaftspolitisch schränkte die FDP dadurch ihre Handlungsoptionen ein. Sie tat dies, obwohl die Krise noch nicht überwunden war und die Auswirkungen der intervenierenden Politik noch nicht evaluierbar waren. Die Jahre liberaler Opposition gegen

---

[12] Vgl. Walter, Gelb oder Grün, a.a.O., S. 42ff.

[13] Vgl. Götte, Sebastian/Recke, Selina: Ernsthafter Herausforderer oder zahnloser Tiger – Die FDP nach der Bundestagswahl 2005; in: Jun, Uwe/Kreikenborm, Henry/Neu, Viola (Hrsg.): Kleine Parteien im Aufwind – Zur Veränderung der deutschen Parteienlandschaft, Frankfurt a. M. 2006; 1. Auflage, S. 137 – 160.

den späteren Koalitionspartner CDU/CSU und die unterschiedlichen Erfahrungshorizonte der bürgerlichen Parteien erschwerten 2009 die Darstellung einer wirtschaftspolitisch einheitlichen Strategie.

Kurzum: Die FDP startete mit sehr hohen Ansprüchen in die Regierung. Sie hatte viel versprochen, sie drang zu Taten und musste eine kritische Öffentlichkeit nun davon überzeugen, dass sie mit ihrer Programmatik noch immer auf der Höhe der Zeit lag. Denn die Strategie der FDP bescherte ihr nicht nur den eindeutigen Wahlerfolg, sondern schuf zugleich schwere Hürden auf ihrem darauf folgenden, gemeinsam mit der Union zu beschreitenden Weg.

Der Weg der CDU – Von Leipzig nach Berlin

Auf dem Leipziger Bundesparteitag 2003 der CDU stimmten die Delegierten mit großer Mehrheit und ebenso großer Euphorie für ein Maßnahmenpaket, das den Reformwillen der Partei zum Ausdruck brachte. Es war allen voran Friedrich Merz, der in Leipzig seinen Status als wirtschaftsliberaler Führer der Partei manifestierte, als seine Vorschläge für ein radikal vereinfachtes Konzept zum Einkommensteuerrecht und für Änderungen im Rentenrecht von den Delegierten angenommen wurden.[14]

Mit dem Reformkonzept von Leipzig entschied sich die Parteiführung damals für eine Maxime, die nach den Debatten um die Schröderschen Hartz-Reformen und den spürbaren sozialpolitischen Kürzungen kaum den Nerv einer in großen Teilen verunsicherten gesellschaftlichen Mitte traf. Insbesondere nach Jahren des Sozialpaternalismus unter Helmut Kohl stieß der neue christdemokratische Reformwille gerade einen großen Teil der Stammwähler vor den Kopf. Die in Leipzig verabschiedeten Beschlüsse symbolisierten somit eine programmatische Richtungsentscheidung, durch welche die Parteiführung die jahrzehntelang organisch zu einer Wählerklientel gewachsenen Verbindungen von Arbeitnehmern, kleinbürgerlicher Mitte, auf den Staat angewiesenen Leistungsempfängern und Rentnern deutlich belastete.

---

[14] Vgl. o.V.: CDU billigt Merz' Steuerpläne, in: FAZ online, 02.12.2003, online einsehbar unter http://www.faz.net/artikel/C30923/leipziger-parteitag-cdu-billigt-merz-steuerplaene-30221380.html [eingesehen am 15.05.2011].

Im Vorfeld der Bundestagswahlen 2005 propagierte die CDU unter der Parteivorsitzenden Angela Merkel also einen wirtschaftsfokussierten sowie wirtschaftsliberalen Kurs und positionierte sich so in deutlicher Nähe zur FDP. Dies führte dazu, dass die beiden bürgerlichen Parteien in großem Maße um dieselben Wählerschichten buhlten. Der CDU gelang es gleichzeitig jedoch nicht, den Wettbewerb mit der SPD um die so genannte Mitte zu gewinnen, da die Leipziger Beschlüsse von vielen Wählern als „sozial kalt" wahrgenommen und daher abgelehnt wurden. An dieser Schwäche der Christdemokraten scheiterte schließlich 2005 auch das Ziel einer bürgerlichen Koalition. Die parteiinterne Wahlkampfanalyse und die Kritik an der thematischen Schwerpunktsetzung ließen in der CDU die Frage aufkommen, ob eine programmatische Neuausrichtung notwendig sei, was den Anstoß zur Ausarbeitung eines neuen Grundsatzprogramms gab, das schließlich 2007 verabschiedet wurde. Das erst dritte Parteiprogramm der Nachkriegs-CDU bildete den programmatischen Kompass für die nächsten Jahre. Während das Grundsatzprogramm von 1994 mit seinem Titel „Freiheit in Verantwortung" zwei liberale Schlüsselbegriffe trug, erinnert der neue Titel „Freiheit und Sicherheit. Grundsätze für Deutschland" eher an ein sozial-paternalistisches Fürsorgeversprechen.

Auf dem Bundesparteitag 2007 in Hannover, auf dem das neue Grundsatzprogramm der Union beschlossen wurde, schien sich die CDU unter Merkel offenbar zu häuten: Die Zusammenarbeit mit der SPD in der Großen Koalition hatte ihre Spuren hinterlassen. Retrospektiv ist der Bundesparteitag 2007 ein Symbol für die Abkehr der Union von ihrer wirtschaftsliberalen Oppositionsvergangenheit. Leipzig wiederum steht heute symbolisch für den christdemokratischen Ausflug ins wirtschaftsliberale, gar neoliberale Terrain und gilt der Parteiführung inzwischen als programmatischer „Ausrutscher".[15]

---

[15] Vgl. Schlieben, Michael: Ist Leipzig Geschichte?, in: Zeit online, 04.12.2007, online einsehbar unter http://www.zeit.de/online/2007/49/cdu-reportage?page=1 [eingesehen am 15.05.2011]; vgl. auch Weiland, Severin: Wie der Geist von Leipzig aus der CDU weicht, in: Spiegel online, 31.10.2008, online einsehbar unter http://www.spiegel.de/politik/deutschland/0,1518,586071,00.html [eingesehen am 17.05.2011].

Im Vorfeld der Bundestagswahlen 2009 steuerte die Union wahlstrategisch deutlich in Richtung Mitte, wollte man doch aus dem Fehler von 2005, der FDP inhaltlich zu ähnlich zu sein, lernen. Diese medial und auch innerparteilich oft als „Sozialdemokratisierung" beschriebene Kursänderung ist auf drei Ursachenstränge zurück zu führen: Zum einen ging eine prägende Wirkung von der Finanz- und Wirtschaftskrise aus, die bis dahin unvorstellbare Ausmaße erreicht hatte und die gängige wirtschafts- und finanzpolitische Handlungsmuster grundsätzlich in Frage zu stellen schien. Zum anderen bestand eine sowohl sachlich als auch menschlich harmonierende sowie gesellschaftlich-medial anerkannte, großkoalitionäre Zusammenarbeit. Beide Faktoren bedingten drittens innerhalb der CDU eine Verschiebung der Meinungs- und Deutungshoheit zugunsten des christlich-sozialen Arbeitnehmerflügels.[16]

Im Januar 2010 verabschiedete der CDU-Bundesvorstand nach einer Klausurtagung die so genannte Berliner Erklärung.[17] Dieses Strategiepapier wurde als Leitfaden für die Jahre 2010 bis 2013 konzipiert. Darin wurde wahlstrategisch festgehalten, die Öffnung der Partei zur linken Mitte fortzusetzen, um insbesondere enttäuschte SPD-Wähler, denen der Linksruck ihrer einstigen Partei zu weit ging, aufzufangen. Doch auch zur FDP abgewanderte ehemalige CDU-Wähler wollte man zurückerobern. Wie dieser Spagat – ein Zugehen auf Wähler links von der Union bei gleichzeitiger Einbindung der Stammwähler – jedoch *glaubwürdig* bewerkstelligt werden könnte, darüber herrschten insbesondere an der Parteibasis Zweifel und Unklarheit.

---

[16] Vgl. Jung, Matthias/Schroth, Yvonne/Wolf, Andrea: Regierungswechsel ohne Wechselstimmung. Analyse des Bundestagswahlkampfes 2009, in: Aus Politik und Zeitgeschichte, H. 51 (2009), online einsehbar unter http://www.bpb.de/themen/MRACY9.html [eingesehen am 17.05.2011].

[17] Bundesvorstand der CDU: Berliner Erklärung. Unsere Perspektiven 2010-2013. Beschluss des Bundesvorstands der CDU Deutschlands anlässlich der Klausurtagung am 14. und 15. Januar 2010 in Berlin, online einsehbar unter http://www.cdu.de/doc/pdfc/100115-Berliner-Erklaerung.pdf [eingesehen am 15.05.2011].

Herbst 2009 – eine ökonomische Perspektive

Auch wenn das Jahr 2009 als ein verheerendes in die wirtschaftsstatistischen Aufzeichnungen der Bundesrepublik eingegangen ist, wurde bereits im Herbst 2009 die positive Wirkung der in Reaktion auf die Krise getroffenen konjunkturpolitischen Maßnahmen sichtbar. Ein langsam einsetzender Aufschwung zeichnete sich ab. Es können vier Wirkungsmechanismen identifiziert werden, die die wirtschaftliche Erholung seitdem erklären.

Zunächst war es die stabile Arbeitsmarktsituation, die zeitraubende und kostspielige Neueinstellungen verhinderte. Das Festhalten an den Kernbelegschaften sicherte den deutschen Unternehmen im internationalen Wettbewerb einen entscheidenden Vorteil.[18] So zahlte es sich aus Perspektive der Unternehmen aus, von der Flexibilisierung der Arbeitsmärkte Gebrauch machen zu können. Die Zeitarbeit – in den Jahren vor der Krise der dynamischste Sektor des Arbeitsmarktes überhaupt – ermöglichte es, die herben Einbrüche bei den Neuaufträgen zu kompensieren.[19] Dies geschah wohlgemerkt auf Kosten der in Zeitarbeit beschäftigten Arbeitnehmer. Der krisenfeste Arbeitsmarkt war auf die Kompromissbereitschaft der Tarifpartner und die einschneidenden Arbeitsmarktreformen seit dem Jahre 2003 zurückzuführen.[20] Diese strukturpolitischen Maßnahmen der von Rot-Grün angestoßenen Agenda-Politik begründeten den relativ sanften Verlauf der Krise und liefern zudem Erklärungsansätze für ihre rasche Überwindung.[21]

---

[18] Vgl. etwa Eichhorst, Werner/Marx, Paul: Kurzarbeit: Sinnvoller Konjunkturpuffer oder verlängertes Arbeitslosengeld?, in: IZA Standpunkte, Nr. 5, 04/2009.

[19] Vgl. Bundesbank: Monatsbericht – Konjunkturlage in Deutschland, 06.07.2011, online einsehbar unter http://www.bundesbank.de/download/statistik/mbwerte/ix3.pdf [eingesehen am 29.07.2011].

[20] Vgl. Fahr, René/Sunde, Uwe: Did the Hartz Reforms Speed-Up the Matching Process? A Macro-Evaluation Using Empirical Matching Functions, in: German Economic Review, 10 (3), S. 284 – 316.

[21] Vgl. Eichhorst, Werner: Agenda 2010 und die Grundsicherung für Arbeitssuchende, in: DIW Berlin - Vierteljahreshefte zur Wirtschaftsforschung – Fünf Jahre Agenda 2010, 01/2008, S. 38 – 50.

Die Anwendung fiskalpolitischer Instrumente in Gestalt der Konjunkturpakete I und II zur Stabilisierung der konjunkturellen Entwicklung ist der zweite Grund, weshalb die deutsche Wirtschaft die Krise so rasch überwinden konnte. Im Angesicht der verheerenden Kombination von Finanz- und Wirtschaftskrise war es finanzpolitisch notwendig geworden, eingreifend auf die abnehmende Wirtschaftsleistung zu reagieren, um so einer langen Phase der Stagnation mit hoher Arbeitslosigkeit vorzubeugen. Im internationalen Vergleich schnitt das deutsche Konjunkturpaket besonders erfolgreich ab. Die wohl prominenteste fiskalpolitische Maßnahme war die Umweltprämie, die zum Kauf von Neuwagen anregen sollte. Durch diese so genannte „Abwrackprämie" konnte speziell die Autoindustrie gestützt werden. Selbst wenn die Verkaufszahlen im Jahr 2010 nach dem Auslaufen der Prämie wieder deutlich zurückgingen, ließ sich im Zweijahresdurchschnitt ein Zuwachs von neun Prozent im Vergleich zu 2008 verzeichnen.[22]

Darüber hinaus können den automatischen Stabilisatoren innerhalb der deutschen Volkswirtschaft eine besondere Bedeutung bei der Überwindung der Krise zugeschrieben werden. Automatische Stabilisatoren beschreiben zum einen die realen Einkommensverluste von Steuerzahlern, die durch einen nominalen Einkommensrückgang verursacht werden. Hierbei gilt grundsätzlich: Je progressiver das Steuersystem ist, desto geringer fällt der reale Einkommensrückgang des Steuerzahlers aus.[23] Zum anderen wirken die automatischen Stabilisationsmechanismen über das Konsumverhalten der Haushalte während der Wirtschaftskrise. Hier gilt: Je zuversichtlicher die Bürger sind, dass die Krise nur einen temporären, bald überwundenen Einkommensverlust zur Folge hat, desto kontinuierlicher konsumieren sie.[24] Eine Sicherung der Haushaltseinkommen hätte demnach eine stabilisierende Wirkung auf die gesamtwirtschaftliche Entwicklung.

---

[22] Vgl. Marktintern: Auto-Tankstelle, online einsehbar unter http://www.markt-intern.de/redaktionen/autotankstelle/ [eingesehen am 04.08.2011].

[23] Vgl. Brügelmann, a.a.O.

[24] Vgl. Dolls, Mathias/Fuest Clemens: Wie wirken die automatischen Stabilisatoren in der Wirtschaftskrise? Deutschland im Vergleich zu anderen EU-Staaten und den USA, in: Perspektiven der Wirtschaftspolitik, 02/2010, S. 132 – 145.

Während der Krise kam es durch die Reduktion der Arbeitszeit zu realen Einkommensverlusten.[25] In der Bundesrepublik hatte besonders die progressive Einkommenssteuer einen positiven Effekt auf die Stabilisierung der Konjunktur. Deutschland lag hinsichtlich dieser Stabilisierungswirkung deutlich über dem europäischen Durchschnitt – und vor den USA. Mit Blick auf die Konsumneigung ist festzuhalten, dass insbesondere die Kompensation von Einkommensausfällen, die durch den Arbeitszeitrückgang verursacht worden sind, die gesamtwirtschaftliche Produktion festigte.[26]

Trotz der großen Wettbewerbsfähigkeit deutscher Unternehmen und ihrem Innovationspotenzial darf nicht übersehen werden, dass die Unterauslastung des deutschen Produktivkapitals auf dem Höhepunkt der Krise besonders stark ausfiel.[27] Kaum ein anderes Land wurde mit Blick auf die Produktion derart hart von der Krise getroffen. Die Wiederausnutzung der vorhandenen Maschinenfuhrparks in den Fabriken sowie der Nachholeffekt hinsichtlich Konsumgütern und Investitionen beim Verbraucher erklären demnach einen weiteren Teil des Aufschwungs. Dennoch muss berücksichtigt werden, dass die Wirtschaftsleistung der Bundesrepublik erst in diesem Jahr – 2011 – wieder das Vorkrisenniveau erreichen wird. Ab 2012 – so prognostiziert es zumindest der Sachverständigenrat – wird sich ein moderater Wachstumskurs einstellen.[28]

---

[25] Vgl. ebd.; Der Rückgang der Arbeitszeit setzt sich aus folgenden Effekten zusammen: Rückgang der Beschäftigtenzahl (9 %), Kurzarbeit (23,8 %), Reduktion von Arbeitszeitkonten (17,4 %), Abbau von Überstunden (18,1 %) Reduktion der Arbeitszeit (26,2 %), Verringerung der Arbeitszeit von Selbstständigen (5,5 %).

[26] Vgl. ebd.

[27] Vgl. Ehmer, Philipp/Auer, Josef: Deutsche Industrie stößt an Kapazitätsgrenze – Investitionsschub absehbar, in: Deutsche Bank Research – Aktueller Kommentar, 7.3.2011, online einsehbar unter http://www.dbresearch.de/PROD/DBR_INTERNET_DE-PROD/PROD0000000000270634.pdf [eingesehen am 10.06.2011].

[28] Vgl. Bofinger, Peter u.a. (Hrsg.): Sachverständigenrat zur Begutachtung der gesamtwirtschaftlichen Entwicklung – Chancen auf einen stabilen Aufschwung – Jahresgutachten 2010/11, S. 47ff.

Koalitionsvertrag 2009 – ein wirtschaftspolitischer Neuanfang?

Die ausgesprochen positive wirtschaftliche Entwicklung, die für die vergangenen anderthalb Jahre nachgezeichnet wurde, war im Herbst 2009 noch nicht absehbar. Zwar deutete etwa der Ifo-Index darauf hin, dass sich die Stimmung der Verbraucher bereits zu diesem Zeitpunkt positiv entwickelte, doch wurde dies nicht auf den Machtwechsel in Berlin zurückgeführt.[29] Unmittelbar vor den Bundestagswahlen hatte der CDU-Fraktionsvorsitzende Volker Kauder ein Sofortprogramm für die deutsche Wirtschaft in Aussicht gestellt, um bereits in der ersten Jahreshälfte 2010 die Liquiditätsbedingungen für Unternehmen zu verbessern. Insbesondere hinsichtlich der Erbschafts- und Unternehmenssteuerreform signalisierte Kauder Handlungsbedarf und -willen. Der Liberale Rainer Brüderle begrüßte die Äußerungen Kauders zwar, ließ jedoch deutlich werden, dass die FDP im Falle einer gemeinsamen Regierungsbildung auch Fragen des gesetzlichen Mindestlohns und des gesetzlichen Kündigungsschutzes, der so genannten Einstellungsbarrieren, in die Koalitionsverhandlungen einbringen werde.[30]

Der Koalitionsvertrag von CDU, CSU und FDP trägt in seinem Titel die drei politischen Wahlkampfbegriffe „Wachstum", „Bildung" und „Zusammenhalt". Die hier festgeschriebenen wirtschaftspolitischen Maßnahmen, die unter dem ehrgeizigen Begriff des Wachstumsbeschleunigungsgesetzes zusammengefasst wurden, erfuhren bereits zu Beginn der Regierungsarbeit teils harsche Kritik von Seiten renommierter Wirtschaftswissenschaftler. Symbolisch für diese akademische Abrechnung mit dem schwarz-gelben Vertragsdokument ist

---

[29] Den tiefsten Stand während der Weltwirtschaftskrise erreichte der Ifo-Index im März 2009. Seitdem verzeichnet er einen positiven Trend, der sich bis heute fortsetzt: online einsehbar unter http://www.cesifo-group.de/portal/page/portal/ifoHome/a-winfo/d1index/10indexgsk [eingesehen am 28.5.2011].

[30] Vgl. Müller, Peter/Sigm, Thomas: „FDP will CDU in der Wirtschaftspolitik beim Wort nehmen", in: Handelsblatt online, 02.09.2009, online einsehbar unter http://www.handelsblatt.com/politik/deutschland/fdp-will-union-in-der-wirtschaftspolitik-beim-wort-nehmen/3250282.html [eingesehen am 17.05.2011].

das Jahresgutachten 2009/2010 der fünf Wirtschaftsweisen, deren Kritik in der Aussage gipfelte:

„Insgesamt gesehen vermag der Koalitionsvertrag in einer Reihe von wichtigen Punkten nicht zu überzeugen. Es fehlt an einem konsistenten Entwurf für eine umfassende Exit-Strategie. Nicht nur mangelt es an konkreten Schritten zur Rückführung der staatlichen Neuverschuldung, stattdessen werden Steuererleichterungen und zusätzliche Ausgaben in Aussicht gestellt. Das Abwägungsproblem zwischen Konsolidierung, Steuererleichterungen und Zukunftsinvestitionen wird nicht thematisiert, geschweige denn gelöst. […] Eine Wirtschaftspolitik, die eine konsequente Exit-Strategie vermissen lässt und zu geringe Spielräume für Investitionen in Bildung und Innovation schafft, läuft Gefahr, **die Zukunft aufs Spiel zu setzen** (Hervorhebung im Original)."[31]

Die Überwindung der Wirtschaftskrise war die übergeordnete Zielsetzung aller wirtschaftspolitischen Vorhaben der schwarz-gelben Bundesregierung. Die Notwendigkeit eines starken Staates während der Krise, wie er sich in der Fiskalpolitik der Großen Koalition manifestierte, wird im Koalitionsvertrag zwar anerkannt, jedoch werden zugleich die Befristung und der Wille zum schnellstmöglichen Ausstieg aus dieser Politik betont. So folgte, dass auf Basis des Koalitionsvertrages in wirtschaftpolitischen Fragen immer wieder neue Konflikte entstanden. Fest entschlossen, die ausgehandelten Ziele umzusetzen, bezog sich vor allem die FDP immer wieder auf das gemeinsam erarbeitete Papier. Die Union hingegen maß der gemeinsamen Konzeptionierung weniger Bedeutung zu und nahm meist nur dann Bezug auf den Kontrakt, wenn es darum ging, Reformvorschläge abzuwenden. Denn alles, so die häufig zitierte Textstelle, stehe unter „Finanzierungsvorbehalt".[32]

---

[31] Bofinger, Peter u.a. (Hrsg.): Sachverständigenrat zur Begutachtung der gesamtwirtschaftlichen Entwicklung: Die Zukunft nicht aufs Spiel setzen. Jahresbericht 2009/10, Wiesbaden 2009, S. 3.
[32] Wachstum. Bildung. Zusammenhalt. Koalitionsvertrag zwischen CDU, CSU und FDP, S. 19 und 132, online einsehbar unter: http://www.cdu.de/doc/pdfc/091026-koalitionsvertrag-cducsu-fdp.pdf [eingesehen am 5.4.2011].

Bestandsaufnahme 2011: Eine ordnungspolitische Spurensuche

Mit dem Regierungsantritt der schwarz-gelben Koalition sollte aus Sicht der FDP ein ordnungspolitischer Neubeginn eingeleitet werden. Sie hatte während ihrer Oppositionszeit die staatlichen Eingriffe in das Marktgeschehen immer wieder kritisiert und den zukünftigen Koalitionspartner wiederholt darauf hingewiesen, dass eine Zusammenarbeit nur unter der Bedingung einer schärferen Beachtung der marktwirtschaftlichen Prinzipien möglich sein würde.[33] Mit Rainer Brüderle hielt dann auch ein Politiker Einzug ins Bundeswirtschaftsministerium, der sich ähnlich wie sein beliebter Vorgänger Karl-Theodor zu Guttenberg als ordnungspolitisches Gewissen der Bundesregierung inszenieren wollte.[34] Er stützte sich dabei auf den Koalitionsvertrag, in dem genau diese Haltung festgeschrieben wurde:

> Die Ordnungspolitik setzt in der Sozialen Marktwirtschaft die Rahmenbedingungen. Deren oberstes Ziel muss sein, dass Bürger und Unternehmen ihre produktiven Kräfte entfalten und ihr Eigentum sichern können. Dabei ist es eine Daueraufgabe des Staates, diesen Ordnungsrahmen den gesellschaftlichen und wirtschaftlichen Entwicklungen anzupassen und zu verbessern.[35]

Erst ein Blick auf die tatsächlich umgesetzten wirtschaftspolitischen Maßnahmen der ersten anderthalb Regierungsjahre kann klären, ob die Regierung diesem sich selbst gestellten Anspruch gerecht werden konnte.

---

[33] Vgl. Rede von Hermann Otto Solms im Plenum des Deutschen Bundestags zur Regierungserklärung durch die Kanzlerin zu den Maßnahmen der Bundesregierung zur Stärkung von Wachstum und Beschäftigung am 14.01.2009, online einsehbar unter http://www.hermann-otto-solms.de/files/398/09-01-14_-_BT-Rede_Konkunkturprogramm_II.pdf [eingesehen am 06.06.2011].

[34] Vgl. Roßbach, Henrike: Auf der Suche nach dem Unsichtbaren; in; FAZ online, 29.05.2010, online einsehbar unter http://www.faz.net/artikel/C30350/fdp-parteitag-auf-der-suche-nach-den-unsichtbaren-30072796.html [eingesehen am 22.5.2011].

[35] Koalitionsvertrag, a.a.O., S. 9.

Europäische Grenzen nationaler Ordnungspolitik

Das Eingreifen in das freie Spiel der Finanzmärkte im Rahmen der Krisenbewältigung – mit Blick auf den Euro insgesamt und in Bezug auf die Staatsanleihen Griechenlands im Speziellen – war alles andere als ordnungspolitisch. Es war vielmehr eine Steuerung und ein Schützen, ein Festhalten und Kontrollieren. Marktmechanismen wurden mit dem Eurorettungsschirm und den Griechenlandhilfen konsequent umgangen. Zwar hatte die Bundesregierung die Rettungsaktionen und die Interventionen verzögert, mit Blick auf Griechenland an Bedingungen der Haushaltssanierung gebunden und versucht, die Beiträge zu den Sicherungsmechanismen gering zu halten. Doch angesichts der Gefahr eines internationalen Vertrauensverlustes in die Gemeinschaftswährung lenkte sie auf den Kurs der europäischen Partner ein. Bis zu 123 Mrd. Euro stellte sie im Notfall als Kredite in Aussicht.[36]

Diese von Deutschland bereitgestellten Kapitalreserven übertrafen die Beträge der Konjunkturpakete der Bundesrepublik aus den Jahren 2008 und 2009 deutlich. Die Maßnahmen der schwarz-gelben Regierung waren damit ein noch größerer Eingriff in das freie Spiel der Marktkräfte als die nachfragepolitischen Maßnahmen der Großen Koalition. Diese Intervention stieß sich sowohl an den eigenen im Koalitionsvertrag formulierten Ansprüchen als auch an den Grundsätzen der Europäischen Union, in denen eine derartige Quersubventionierung nicht vorgesehen ist.

Die Finanzmärkte wurden seit den Krisenentwicklungen des Jahres 2008 insgesamt als Gefahr wahrgenommen. So zeigte sich beispielsweise 2010, dass im Angesicht der Griechenlandkrise eine absolute Mehrheit der deutschen Bevölkerung – insgesamt 74 Prozent – der Politik nicht mehr zutraute, die Finanzmärkte zu kontrollieren und

---

[36] Vgl. Dullien, Sebastion/Schwarzer, Daniela: Die Zukunft der Eurozone nach der Griechenland-Hilfe und dem Euro-Schutzschirm, in: Leviathan – Berliner Zeitschrift für Sozialwissenschaften, 04/2010, S. 509 – 532; vgl. Vgl. dazu in diesem Band den Beitrag von Caspari, Severin/Kallinich, Daniela: Außenpolitik: Eine Paradedisziplin unter Druck.

ihnen einen ordnenden Rahmen zu geben.[37] Zugleich verloren die Bundesbürger das Vertrauen in die wirtschaftspolitische Kompetenz der FDP: Lediglich 36 Prozent stimmten im Mai 2010 der Aussage zu, die Liberalen seien die einzige Partei, die auch in der Krise für die Marktwirtschaft einstehe. Im September 2009, also noch vor dem Regierungsantritt, waren es hingegen 56 Prozent der Menschen, die der FDP ein positives Zeugnis ausstellten.[38] Christian Lindner brachte diese Entwicklung auf den Punkt, als er ausführte:

> Für uns ist ein Vermittlungsproblem, dass wir zur Krisenbewältigung – Euro, Banken, Griechenland und vieles mehr – ordnungspolitisch fragwürdige Instrumente nutzen mussten, weil ordnungspolitisch klare Instrumente gegenwärtig im Euroraum gar nicht zur Verfügung stehen, die müssen erst geschaffen werden. Das führt allerdings natürlich zu einer Vermittlungsproblematik für diejenigen, die uns aus ordnungspolitischen Gründen unterstützen.[39]

Somit wurde die ordnungspolitische Debatte über das haushaltspolitische Sparen, die im Juni 2010 die politische Tagesordnung dominierte, von den interventionistischen Maßnahmen der Euro- und Griechenlandrettung überlagert.

Um die Diskussion über unmoralische und stabilitätsgefährdende Finanztransaktionen im Frühsommer 2010 zu beruhigen, verabschiedete die Regierungskoalition ein Gesetz, das den Verkauf von ungedeckten Leerverkäufen an den deutschen Börsen verbot. Da mit diesem Gesetz aber lediglich der *deutsche* Aktienmarkt gebunden wurde, ging die kritische Öffentlichkeit nicht davon aus, dass sich auf diese Weise grundsätzliche Veränderungen erreichen ließen.[40] Die

---

[37] Vgl. ARD-Deutschlandtrend Mai 2010, online einsehbar unter http://www.infratest-dimap.de/umfragen-analysen/bundesweit/ard-deutschlandtrend/2010/mai/ [eingesehen am 02.06.2011].

[38] Vgl. ARD-Deutschlandtrend Juni 2010, online einsehbar unter http://www.infratest-dimap.de/umfragen-analysen/bundesweit/ard-deutschlandtrend/2010/juni/ [eingesehen am 06.06.2011].

[39] Christian Lindner; eigenes Interview.

[40] Vgl. Elsas, Ralf u.a.: Stellungnahme – Gesetz zur Vorbeugung gegen missbräuchliche Wertpapier- und Derivategeschäfte, Kreditwesen 04/2010, online einseh-

Unmittelbarkeit, mit der das Gesetz verabschiedet wurde, sprach auch dafür, dass es sich eher um eine symbolische als um eine ordnungspolitische Aktion handelte. Wohl durchdacht und einem großen wirtschaftspolitischen Narrativ folgend wirkte das Gesetz tatsächlich nicht.

Die bisher angeführten Beispiele vermitteln den Eindruck, dass die schwarz-gelbe Bundesregierung bislang einzig auf aus der internationalen Wirtschaftskrise resultierende Sachzwänge reagiert hat. So könnte man argumentieren, die Wirtschafts- und Finanzpolitiker der Regierung seien mit einer außergewöhnlichen Situation, die keine anderen Handlungsoptionen zuließ, konfrontiert gewesen. Doch bleibt folgende Frage nach wie vor unbeantwortet: War die Wirtschaftspolitik der Bundesregierung – jenseits dieser auf internationaler Ebene zu lösenden Probleme – in den letzten beiden Jahren ordnungspolitischer Natur, das heißt genügt sie dem im Koalitionsvertrag vereinbarten ordnungspolitischen Anspruch?

Nationale Ordnungspolitik und die Frage der Steuersenkungen

Die Wirtschaftspolitik der schwarz-gelben Regierung war von Anfang an an einen Beschluss der Großen Koalition gebunden: Mit der so genannten Schuldenbremse war die Bundesregierung einem ordnungspolitischen Zwang unterworfen, der jegliche weiteren finanzpolitischen Eingriffe und Veränderungen beeinflusste. Die Schuldenbremse war ein klassisch ordnungspolitisches Instrument, obwohl es sich auf das staatliche Handeln bezog und nicht den Markt regulierte oder dessen Grenzen definierte.[41] Das Gesetz, das in den letzten Monaten von der Großen Koalition verabschiedet wurde, gab einen Rahmen vor und beschränkte den Handlungsspielraum des Staates. So wurde die neue Regierung verpflichtet, das strukturelle Haushaltsdefizit des Bundes bis zur nächsten Legislaturperiode zu senken.

---

bar unter http://www2.wiwi.hu-berlin.de/finanz/presseartikel/zkw_20100715_nr14_s41.pdf [eingesehen am 06.06.2011].

[41] Vgl. Heinemann, Friedrich: Eine Gabe an St. Nimmerlein? – Zur zeitlichen Dimension der Schuldenbremse, in: Perspektiven der Wirtschaftspolitik, 03/2010, S. 246 – 259; vgl. Braun, Stefan: Gestrichen voll, in: Süddeutsche Zeitung, 08.06.2010.

Die schwarz-gelbe Regierung vermochte es bisher nicht, sich durch eigenständige ordnungspolitische Neuerungen zu profilieren. Das wohl prominenteste Beispiel ihres wirtschaftspolitischen Kurses, die Senkung der Mehrwertsteuer für Hotelübernachtungen, erfuhr heftige Kritik. Obwohl es sich bei diesem Gesetz um einen Gemeinschaftsbeschluss von Union und FDP handelte, musste vor allem die FDP dafür gerade stehen. Die Vorwürfe der Klientelpolitik prasselten im ersten Halbjahr 2010 auf die Regierung ein, so dass der damalige Landesvorsitzende der FDP Nordrhein-Westfalen Andreas Pinkwart im Vorfeld der Landtagswahlen sogar vorschlug, das Gesetz rückgängig zu machen.[42] Doch unabhängig davon, ob das Gesetz als sinnvoll oder „klientelistisch" zu bezeichnen war, ordnungspolitisch war es keinesfalls.[43]

Die Debatte um eine umfassende Steuersenkung und -vereinfachung begleitete die schwarz-gelbe Regierung ebenso wie die Beachtung der Schuldenbremse von Beginn an: Sie sollte die größte strukturelle und ordnungspolitische Maßnahme der jetzigen Legislaturperiode werden. Die Abgabenerleichterung war die zentrale Strategie, mit der eine Stärkung hauptsächlich des Mittelstandes erreicht werden sollte.[44] Gleichzeitig sollte ein Stufentarif eingeführt werden, der darauf abzielte, den so genannten „Mittelstandsbauch" abzuschaffen: Die Regierungskoalition, insbesondere jedoch die FDP, wehrte sich dagegen, dass bei steigendendem Verdienst im mittleren Einkommenssegment ein überproportionaler Teil versteuert werden muss. Doch es wurde nicht nur eine Glättung der Steuerkurve verlangt, in der die Progressivität selbst bei kleinen Einkommensschritten erhalten bliebe.[45] Ziel war es stattdessen, innerhalb bestimmter

---

[42] Vgl. Fried, Nico: Pfusch zum reduzierten Steuersatz, in: Süddeutsche Zeitung, 01.02.2010.

[43] Vgl. Bohsem, Guido/Hulverscheidt, Claus.: Die Gäste gehen leer aus, in: Süddeutsche Zeitung online, online einsehbar unter http://www.sueddeutsche.de/ politik/mehrwertsteuer-fuer-hotels-die-gaeste-gehen-leer-aus-1.143371 [eingesehen am 28.5.2011].

[44] Vgl. Koalitionsvertrag, a.a.O.

[45] FDP: Die Mitte stärken. Deutschlandprogramm 2009 – Programm der Freien Demokratischen Partei zur Bundestagswahl 2009, online einsehbar unter

Einkommensspannen einen gleichbleibenden Steuersatz einzuführen. Die Umsetzung dieses Vorhabens wäre ein erster Schritt hin zu einer *flat tax* – also einer gleichen prozentualen Steuerhöhe für alle einkommenssteuerpflichtigen Bürger.

Der Effekt von Steuersenkungen wurde im Wahlkampf 2009 mit Blick auf die Forderungen der FDP heftig diskutiert – sowohl theoretisch als auch hinsichtlich der wirtschaftlichen Situation der Bundesrepublik. So wurde angeführt, wie schwer es sei, die effiziente Steuerhöhe zu ermitteln. Ist die Steuer zu niedrig, sinkt die Wohlfahrt innerhalb des Staates, da zu wenig Geld vom Bürger an den Staat fließt, und wohlfahrtsstaatliche Aufgaben nicht in ausreichendem Maße wahrgenommen werden können.[46] Gleichzeitig nimmt jedoch auch bei einer zu hohen Steuer die gesamtgesellschaftliche Wohlfahrt ab, da Investitionen durch zu hohe Steuerlasten verhindert werden und die Rückstellungen innerhalb der Unternehmen nicht hoch genug sind. Dadurch wird Wachstum verhindert und das Steueraufkommen sinkt. Wo genau der optimale Punkt liegt – ökonomisch: der *effiziente* Punkt – ist praktisch kaum berechenbar. Die FDP zumindest behauptete, dass er längst überschritten sei und die Steuern gesenkt werden müssten.

Auch von einer Mehrheit der Wirtschaftswissenschaftler wurde eine Senkung der Steuern begrüßt. Der Wachstumseffekt einer Steuersenkung sei langfristiger als der der aktiven Nachfragepolitik, wie sie in Zeiten der Wirtschaftskrise vorgenommen wurde, so das Argument.[47] Es waren jedoch dieselben Wissenschaftler, die gleichzeitig urteilten, die Konjunkturpakete hätten sich bewährt, sie hätten dazu beigetragen, den Aufschwung zu beschleunigen und die gesamtwirtschaftliche Produktion zu stabilisieren. Die zentrale Aufgabe der Bundesregierung sei es nun aber, die entstandenen Schulden abzutragen, in die Konsolidierungsphase einzutreten und den Ausstieg aus

---

http://www.deutschlandprogramm.de/files/653/Deutschlandprogramm09_Endfassung.PDF [eingesehen am 22.05.2011], S. 6ff.

[46] Vgl. Acemoglu, Daron/Robinson, James A.: The political economy of the Kuznets Curve, in: Review of Development Economics, 02/2002, S. 183 – 203, hier: S. 184.

[47] Vgl. Brügelmann, Ralph: Die Wirkung von Konjunkturprogrammen, in: IW Trends, 04/2010.

den konjunkturstützenden Maßnahmen so zu gestalten, dass kein erneuter Einbruch drohe. Dieser Widerspruch aus Reformwünschen und situationsbedingter Konsolidierung bestimmte fast das gesamte erste Regierungsjahr der schwarz-gelben Bundesregierung. Über die finanzielle Umsetzbarkeit wurde zunächst nur am Rande diskutiert. Vielmehr versuchte insbesondere die FDP, die beiden Unionsparteien auf die Vereinbarung des Koalitionsvertrages festzunageln und an die eigenen Wahlversprechen zu erinnern.[48] Der Konflikt eskalierte insbesondere zwischen FDP und CSU, nachdem sich Horst Seehofer gegen eine Steuersenkung ausgesprochen und damit aus Perspektive der Liberalen den Forderungen seiner eigenen Partei von vor der Bundestagswahl widersprochen hatte.[49] In den ersten Monaten des Jahres 2010 bemühten sich die Kontrahenten in der Bundesregierung, konstruktiv an einem Kompromiss zu arbeiten. Angela Merkel schlug ein mehrstufiges Reformverfahren vor, in dem die Bundesbürger über den gesamten Verlauf der Legislaturperiode immer wieder Entlastungsschübe erfahren sollten.[50] Da es nicht möglich war, zu einer schnellen Einigung zu kommen – Finanzminister Wolfgang Schäuble verwies immer wieder auf die fehlende Finanzierbarkeit dieses Vorhabens – entschied sich die Bundesregierung jedoch abzuwarten, bis die Steuerschätzung für das laufende Jahr vorlag. Als diese dann im März 2010 veröffentlicht wurde, hatte sich die politische Tagesordnung bereits geändert. Aufgrund der vorliegenden Zahlen musste selbst die FDP einräumen, was die CDU schon zuvor ausgesprochen hatte: Es gab schlicht keine finanziellen Spielräume für Steuersenkungen. Zudem hatte sich das Thema in der öffentlichen Debatte abgenutzt, es wurde von neuen, akuten Problemen überlagert: Von nun an bestimmten die Sozialstaatsdebatte und die Griechenlandkrise die politische Agenda, Steuersenkungen wirkten in diesem Kontext wie ein

---

[48] Vgl. Stroh, Kassian/Ochsner, Thomas: Union freut sich über Steuer-Wende der FDP, in: Süddeutsche Zeitung, 29.03.2010.

[49] Vgl. Lohre, Matthias: Bayern provozieren Kanzlerin, in: taz online, 23.09.2009, online einsehbar unter http://www.taz.de/1/politik/deutschland/artikel/1/bayern-provozieren-kanzlerin/ [eingesehen am 21.05.2011].

[50] Vgl. o.V.: FDP beharrt auf höherer Steuerentlastung, in: Süddeutsche Zeitung, 19.3.2010.

Thema von „gestern".[51] So ist bisher eine grundsätzliche Reform ausgeblieben.

Dennoch beschloss die Regierung Ende 2010, die Arbeitnehmer in einem Volumen von 590 Millionen Euro zu entlasten. Diese Bündelung kleinerer steuerpolitischer Maßnahmen sollte schließlich als Ersatz für die vor dem Hintergrund der Wirtschaftskrise und der haushaltspolitischen Schieflage aufgegebene umfassende Steuerreform dienen und sollte insgesamt ein Volumen von ca. 4,5 Milliarden Euro erreichen.[52] Dieser langwierig ausgehandelte Kompromiss wiederum wurde scharf kritisiert: Unter anderem sah der Katalog an Steuervereinfachungen eine Anhebung des Arbeitnehmer-Pauschbetrages von 920 auf 1000 Euro vor – für den einzelnen Steuerzahler bedeutete das eine Entlastung von gerade einmal 2,90 Euro im Monat. „Echte Steuerentlastungen"[53] ließen dagegen weiterhin auf sich warten.

Hinsichtlich des Inkrafttretens des Pakets entwickelte sich in der Koalition erneut ein heftiger Streit. Während Finanzminister Schäuble nicht alle Neuerungen rückwirkend für den 1. Januar 2011 gelten lassen wollte, versteiften sich die Vertreter der FDP auf die Rückwirkungsklausel mit Geltung für das gesamte Maßnahmenbündel. Schäuble forderte, sämtliche Reformen, die den Staat Geld kosten würden, erst Anfang 2012 in Kraft treten zu lassen. Unterstützung erfuhr Wirtschaftsminister Brüderle, der Schäuble in dieser Frage vehement gegenübertrat, dagegen von der Unionsfraktion. Der Entwurf des Jahreswirtschaftsberichts des Bundeswirtschaftsministeriums eröffnete erneut die Option großzügiger Steuererleichterungen

---

[51] Vgl. Sirleschtov, Antje: Liberale Identitätskrise, in: Zeit online, 21.05.2010, online einsehbar unter http://www.zeit.de/politik/2010-05/fdp-steuern-strategie [eingesehen am 20.04.2011].

[52] Vgl. o.V.: Schwarz-Gelb beschließt Steuervereinfachungen, in: Zeit online, 09.12.2010, online einsehbar unter http://www.zeit.de/politik/deutschland/2010-12/koalition-steuervereinfachungen-beschluss [eingesehen am 17.05.2011].

[53] Schmitt-Roschmann, Verena: Koalition einigt sich auf Steuer-Kompromiss, in: Welt online, 19.01.2011, online einsehbar unter http://www.welt.de/politik/deutschland/article12237644/Koalition-einigt-sich-auf-Steuer-Kompromiss.html [eingesehen am 25.07.2011].

für die laufende Legislaturperiode, insbesondere die unteren und mittleren Einkommen sollten noch vor 2013 fiskalisch entlastet werden.[54] Finanzminister Schäuble aber wies an, sämtliche Ankündigungen im Bericht zu streichen und durfte sich dabei der Unterstützung Merkels sicher sein, die über ein erneutes Aufflammen der Steuerdebatte von Seiten der FDP wenig erfreut war.

War der schwarz-gelbe Steuerkompromiss von 2010 also nur eine „330 Millionen Euro teure Imagekampagne für die Wiederbelebung der FDP und damit für den Fortbestand der schwarz-gelben Koalition"?[55] Zumindest offenbarte die Erarbeitung dieses Maßnahmenpakets die schwierige Zusammenarbeit von FDP und Union. Ihr hehres Ziel einer umfassenden Steuerreform mussten die Regierungsparteien zunächst *ad acta* legen. Der FDP setzte dieser Lernprozess personell wie machtpolitisch schmerzlich zu: Ihre eindimensionale Fixierung auf das Versprechen einer großen Steuerreform wurde oft als Ursache für den katastrophalen, in einigen Bundesländern fast existenzbedrohenden Zustand der Partei nach zwei Jahren Regierungsbeteiligung gewertet.

Die Regierungsarbeit unter öffentlicher und parteiinterner Kritik

Schon wenige Monate nach Regierungsantritt sank die Zustimmung zur Koalitionspolitik merklich.[56] Die Unterstützung von Schwarz-Gelb durch die Bürger rutschte gar auf ein Neunjahrestief ab. Gleichzeitig glaubten im März 2010 mehr als die Hälfte der Bürger nicht daran, dass die Bundesregierung in den kommenden Monaten einen Kompromiss in der Steuerpolitik finden würde.

Während des Dreikönigstreffens Anfang 2011 versuchte der damalige Vizekanzler Guido Westerwelle einen Befreiungsschlag nach

---

[54] Vgl. Müller, Peter/Reiermann, Christian: Koalition des kleinen Karos, in: Der Spiegel, 10.01.2011.

[55] Haverkamp, Lutz: „Der Steuerkompromiss kennt nur Verlierer", in: Zeit online, 20.01.2011, online einsehbar unter http://www.zeit.de/politik/deutschland/2011-01/steuer-kompromiss-schaeuble [eingesehen am 20.01.2011].

[56] Vgl. etwa: o.V.: Schwarz-Gelb streitet den Deutschen zu viel in: Süddeutsche Zeitung, 11.03.2010.

wochenlanger Kritik an der FDP und speziell an seiner Person.[57] Der damalige Parteivorsitzende versuchte, einer Stimmung entgegenzuwirken, die bereits seit dem Frühjahr 2010 auszumachen war: Trotz des anhaltenden Aufschwungs stieg die Zufriedenheit der Bevölkerung in Hinblick auf die Arbeit der Bundesregierung nicht spürbar an, vielmehr war das Gegenteil der Fall. Die positive Wirtschaftsentwicklung, das starke Wachstum und das Absinken der Arbeitslosenzahl auf unter drei Millionen wurden von den Bürgern offenbar nicht auf die Arbeit der Bundesregierung zurückgeführt.

Selbst nachdem Rainer Brüderle im Herbst 2010 dazu aufgefordert hatte, die Löhne zu erhöhen und den Arbeitnehmern „ihren Teil des Kuchens" zuzugestehen, konnte sich die Regierung nicht profilieren. Und das, obwohl sich Brüderle im Laufe der vorangegangenen zwei Jahre zum beliebtesten FDP-Minister gemausert hatte.[58] Aus den Wirtschaftsteilen der großen Zeitungen schlug dem Minister regelmäßig eine Welle zynischer Kommentare entgegen, in denen der ordoliberale Pfälzer gar als verkannter „Arbeiterführer" gebrandmarkt wurde.[59] Brüderle führte als Begründung seiner Haltung neben sozialen Argumenten auch makroökonomische Interessen an, die ihn dazu anhielten, Einfluss auf die Lohnpolitik zu nehmen. Durch Erhöhung der Löhne wollte er die anziehende Binnennachfrage stärken, dem Aufschwung so einen längeren Atem geben und die ökonomische Stabilität insgesamt festigen. Doch obwohl sich eine Mehrheit von 65 Prozent der deutschen Bevölkerung für Lohnerhöhungen aussprach, misslang es ihm, diesen Trend für sich nutzbar zu machen.[60] In der

---

[57] Vgl. Westerwelle, Guido: Rede beim Dreikönigstreffen der Liberalen, 06.01.2011, online einsehbar unter http://www.guido-westerwelle.de/Reden/909c116i35/index.html [eingesehen am 05.06.2011].

[58] Vgl. Umfragen von infratest-dimap vom Dezember 2010: ARD-Deutschlandtrend-Dezember, online einsehbar unter: http://www.infratest-dimap.de/umfragen-analysen/bundesweit/ard-deutschlandtrend/2010/dezember/ [eingesehen am 6.6.2011].

[59] Vgl. Beise, Marc: Liberaler Irrläufer, in: Süddeutsche Zeitung, 08.10.2010, vgl.: Szent-Ivanyi, Timot: Brüderle wirbt für Lohnaufschlag, in: Frankfurter Rundschau, 08.10.2010.

[60] Vgl. ARD-Deutschlandtrend September 2010, online einsehbar unter http://www.infratest-dimap.de/umfragen-analysen/bundesweit/ard-deutschlandtrend/2010/september/ [eingesehen am 1.6.2011].

öffentlichen Wahrnehmung standen Rainer Brüderle und mit ihm die FDP immer noch für die Rhetorik der Reformjahre, in denen die Lohnmoderation und die harten Umstrukturierungen vorgenommen werden mussten. Dass die FDP in dieser Zeit Oppositionspartei gewesen war, war offenbar in Vergessenheit geraten.

Doch es war nicht nur die Bevölkerung, die mit der wirtschaftspolitischen Arbeit der Bundesregierung unzufrieden war. Selbst die Wirtschaftselite, die Manager, zeigten sich unzufrieden mit der Performance der Koalition – besonders jedoch mit Auftritt und Erscheinungsbild der FDP. So zeigten sich 85 Prozent dieser traditionell liberal wählenden Gruppe „überwiegend unzufrieden" oder sogar „völlig unzufrieden" mit der FDP.[61] Und dieses Erodieren der wirtschaftspolitischen Kompetenzzuschreibung setzte sich noch weiter fort. In einer groß angelegten Befragung der *Financial Times Deutschland* und des *Vereins für Socialpolitik* aus dem Juni 2010 sah eine große Mehrheit der Wirtschaftsprofessoren die wirtschaftspolitische Kompetenz nicht mehr bei der FDP, geschweige denn bei den Unionsparteien angesiedelt: Vielmehr lagen die Grünen in dieser für sie so untypischen Disziplin mit einem Mal vorn. Von den wirtschaftspolitischen Konzepten der FDP fühlten sich laut der Studie dagegen nur noch 20,2 Prozent der Ökonomen angesprochen.[62]

Öffentliche Kritik am Regierungskurs und am Führungsstil Merkels übte im Verlauf des Jahres 2010 auch Josef Schlarmann, der Vorsitzende der einflussreichen Mittelstandsvereinigung der CDU (MIT). Sein Hauptkritikpunkt war, dass Merkel sich lediglich mit ihrem loyalen Beraterkreis abspreche.[63] Faktisch sei daher eine inhaltliche Einflussnahme bei der Entscheidungsfindung durch andere

---

[61] Vgl. o.V.: FDP verprellt Manager, in: Spiegel online, 19.04.2010, online einsehbar unter http://www.spiegel.de/politik/deutschland /0,1518,689720,00.html [eingesehen am 22.06.2011].

[62] Vgl. Ohanian, Mathias: Ökonomen wenden sich von FDP ab, in, FTD online, 24.06.2010, online einsehbar unter http://www.ftd.de/politik/konjunktur/ :umfrage-oekonomen-wenden-sich-von-fdp-ab/50133634.html [eingesehen am 12.5.2011].

[63] Vgl. o.V.: CDU-Mittelstand protestiert gegen Merkels Stil, in: Spiegel online, 10.07.2010, online einsehbar unter http://www.spiegel.de/politik/deutschland/ 0,1518,705714,00.html [eingesehen am 01.03.2011].

unionsinterne Untergruppen – wie die MIT – nicht möglich. Zudem habe sich das Themenspektrum der CDU wesentlich verengt, da die so genannten „harten" Themen der Wirtschafts- und Steuerpolitik nicht mehr im Mittelpunkt der Agenda stünden. Das treffe vor allem bürgerlich-liberale Wähler, also den Mittelstand als traditionelle CDU-Klientel. Schlarmann beklagte unter anderem das Ausscheiden von Friedrich Merz, das eine personelle Leerstelle hinterlassen habe. So gebe es derzeit kein Gesicht in der CDU, das glaubwürdig und medienwirksam für wirtschaftlichen Sachverstand stehe.[64] Doch auch den Umgang mit dem Dauerkonfliktthema Steuersenkungen hielt er für kritikwürdig:„Wenn ich vor den Wahlen ein einfacheres Steuersystem mit niedrigeren Sätzen verspreche und dann nach der Wahl genau das Gegenteil mache, dann hat das mit konservativer Politik nichts zu tun", so der MIT-Chef.[65] Statt Subventions- und Industriepolitik zu betreiben, solle sich die Regierung auf ihre eigentliche Kernaufgabe beschränken und einen Ordnungsrahmen für die Wirtschaft herstellen.[66]

Ausblick: Herausforderung Europa

Wenn es nach den Liberalen ging, dienten die Reformen und Steuersenkungsvorhaben aus dem Koalitionsvertrag nur als erster Schritt, dem noch viele, vor allem aber größere Schritte folgen sollten.[67] Mit dieser Argumentation übte die FDP im ersten Halbjahr der Regierungszeit Druck auf die Unionsparteien aus. Doch auch wenn es Entlastungen gegeben hat und die Steuern im Jahr 2010 gesenkt wurden, wurde das eigentliche Großvorhaben einer umfassenden, fundamentalen Steuerreform bisher nicht umgesetzt. Der größte Teil der Steuer-

---

[64] Vgl. Feldenkirchen, Markus/Pfister, René: Interview mit Josef Schlarmann: Der Abstieg hat begonnen, in: Der Spiegel, 12.07.2010.

[65] Vgl. Wittrock, Philipp: Wirtschaftsflügel attackiert Merkel, in: Spiegel online, 03.11.2010, online einsehbar unter http://www.spiegel.de/politik/deutschland/0,1518,727045,00.html [eingesehen am 01.03.2011].

[66] Vgl. Ebd.

[67] Vgl. Hulverscheidt, Claus/Bohsem, Guido: Neuer Dämpfer für die FDP, in Süddeutsche Zeitung, 19.04.2010.

senkungen wurde vorerst lediglich in Aussicht gestellt und in die Zukunft vertagt. Vielmehr ist es das Sparen, das zum wirtschaftspolitischen Leitbild geworden ist.[68] Das Ausbleiben von Entlastungen und Reformmaßnahmen war zumindest wichtigster Gradmesser der Regierungskompetenz und der Glaubwürdigkeit der FDP. Es bleibt jedoch abzuwarten, wie sich der personelle Wechsel innerhalb der FDP und an der Spitze des Bundeswirtschaftsministeriums, namentlich die Ernennung Philipp Röslers zum FDP-Parteivorsitzenden und Bundeswirtschaftsminister, auf die wirtschaftspolitische Regierungsarbeit und damit auch die Umsetzbarkeit der Steuerpolitik auswirken wird. Fraglich ist, ob Rösler sich wie Brüderle als klassischer Ordnungspolitiker inszenieren wird und inwieweit er in der Lage ist, die Unionsfraktion in wirtschaftspolitischen Fragen für liberale Argumente zu gewinnen.

Für die zweite Hälfte der Legislaturperiode sind Steuersenkungen in der Logik der Liberalen eine durchaus realistische Perspektive. Wahrscheinlich ist: Die FDP wird im Angesicht ihrer desaströsen Verfassung den Druck auf den Koalitionspartner erhöhen, um weiteren Imageschäden und Glaubwürdigkeitsverlusten entgegenzuwirken. Ob die Bürger im Jahr 2013, vor der nächsten Bundestagswahl, Steuersenkungen indes als hart erkämpften Sieg der Liberalen, als reines wahltaktisches Manöver oder gar als Bedrohung in Zeiten großer Haushaltsdefizite empfinden werden, steht auf einem anderen Blatt.

Doch so sehr die Leistung der Bundesregierung im Vorfeld der nächsten Bundestagswahlen an der Bilanz eingehaltener oder gebrochener Wahlversprechen des Jahres 2009 gemessen wird, tritt zugleich immer deutlicher zutage, dass die größte wirtschaftspolitische Herausforderung nicht in der Bundesrepublik selbst, sondern im vereinigten Europa wartet. Die Währungskrise des Euro, die Schuldenkrise Griechenlands, aber auch anderer südeuropäischer Mitgliedsstaaten sowie Irlands, werden zur wirtschaftspolitischen Hauptaufgabe für die schwarz-gelbe Bundesregierung.

Als größter Nettozahler und derweil ökonomisch erfolgreichste Volkswirtschaft des Euroraums ist es vielleicht gar die historische

---

[68] Vgl. in diesem Band den Beitrag von Franz Walter: Fehlende Wurzeln, mangelnde Narrative, ausgebliebener Politikwechsel.

Aufgabe dieser Bundesregierung, der deutschen Bevölkerung die Notwendigkeit einer einheitlichen und europaweit koordinierten Wirtschaftspolitik begreiflich zu machen. Möchte die Koalition aus Union und FDP in den kommenden beiden Jahren noch entscheidende Pflöcke setzen, wird sie dies nicht beschränkt auf die Bundesrepublik Deutschland tun können. Ihr ordnungs- und wirtschaftspolitisches Profil werden die Regierungsparteien nur dann wahren können, wenn es ihnen gelingt, ihre vorhandenen Ideale und Prinzipien im europäischen Raum durchzusetzen; und zwar nicht *gegen* die anderen EU-Staaten, sondern *mit* den europäischen Nachbarn. Die Bundesregierung muss der eigenen Bevölkerung aber zunächst glaubhaft vermitteln, dass ein globaler ordnungspolitischer Anspruch dadurch erschwert wird, dass auf europäischer und internationaler Ebene Konsensorientierung und Kompromissfindung im Vordergrund stehen.

Weiterführende Literatur

Bofinger, Peter u.a. (Hrsg.): Sachverständigenrat zur Begutachtung der gesamtwirtschaftlichen Entwicklung – Chancen auf einen stabilen Aufschwung – Jahresgutachten 2010/11.

Bofinger, Peter u.a. (Hrsg.) Sachverständigenrat zur Begutachtung der gesamtwirtschaftlichen Entwicklung: Die Zukunft nicht aufs Spiel setzen. Jahresbericht 2009/10, Wiesbaden 2009.

Boss, Alfred u.a.: Kieler Beiträge zur Wirtschaftspolitik – Ursachen der Wachstumsschwäche in Deutschland 1995-2005, Kiel, 2009.

Dullien, Sebastion/Schwarzer, Daniela: Die Zukunft der Eurozone nach der Griechenland-Hilfe und dem Euro-Schutzschirm, in: Leviathan – Berliner Zeitschrift für Sozialwissenschaften, 4/2010, S. 509 – 532.

Eichorst, Werner: Agenda 2010 und die Grundsicherung für Arbeitssuchende, in: DIW Berlin - Vierteljahreshefte zur Wirtschaftsforschung – Fünf Jahre Agenda 2010; 1/2008, S. 38 – 50.

Heinemann, Friedrich: Eine Gabe an St. Nimmerlein? – Zur zeitlichen Dimension. der Schuldenbremse, in: Perspektiven der Wirtschaftspolitik, 3/2010, S. 246 – 259.

Walter, Franz: Gelb oder Grün? – Kleine Parteiengeschichte der besser verdienenden Mitte in Deutschland, Bielefeld 2010.

Sozialpolitik:
Zwischen Sozialkatholizismus
und liberalem Individualismus

Sören Messinger, Yvonne Wypchol und Nils Humboldt

Richtungsweisende Entscheidungen in der Sozialpolitik der Bundesrepublik wurden bis 1998 nahezu ausschließlich von bürgerlichen Regierungen getroffen: von Adenauers Rentenreform bis zur Ausdehnung der sozialen Sicherungsinstitutionen auf die neuen Bundesländer und die Einführung der Pflegeversicherung.[1] Aber auch in der längeren Historie des deutschen Sozialstaats, etwa bei Bismarcks Sozialversicherungen[2] oder der Arbeitslosenversicherung von 1927, spielten die Sozialdemokraten meist nur eine Nebenrolle und diejenigen Kräfte, die man heute dem bürgerlichen Lager zuordnet, legten die Grundsteine des deutschen Sozialstaats. Damit bildeten die reformistischen, gesellschaftsverändernden, sozialdemokratischen Vorstellungen von Sozialpolitik nicht den Ideenpool für deutsche Sozialpolitik. Allerdings konnten auch die bürgerlichen Ideologien des Konservatismus und Liberalismus diese Rolle nicht ausfüllen, da ihnen schlicht eigene konsistente Vorstellungen von guter Sozialpolitik fehlten. Klar war nur, dass eine explizit „bürgerliche" Sozialpolitik gebraucht wurde, auch um im Ideenwettbewerb gegen den Sozialismus zu bestehen. Entscheidend für die inhaltliche Ausgestaltung dieser bürgerlichen Sozialpolitik wurde der Sozialkatholizismus. Stets waren es seine Grundprinzipien wie die Subsidiarität und der daraus folgende starke Bezug auf die christliche Familie sowie ent-

---

[1] Vgl. in diesem Band den Beitrag von Franz Walter: Fehlende Wurzeln, mangelnde Narrative, ausgebliebener Politikwechsel.

[2] Vgl. Tennstedt, Florian: Peitsche und Zuckerbrot oder ein Reich mit Zuckerbrot? Der Deutsche Weg zum Wohlfahrtsstaat 1871-1881, in: Zeitschrift für Sozialreform, Jg. 43 (1997) H. 2, S. 88 – 101.

sprechend geprägte Politiker, die die Entscheidungen maßgeblich formten.

Nach 1998 begann sich dies zu ändern. Die sozialdemokratisch geführte Regierung unter Gerhard Schröder veränderte die Grundlogiken des deutschen Sozialstaats, insbesondere im Bereich der Grundsicherung und Fürsorge für Arbeitslose, und nahm dabei wenig Rücksicht auf das Erbe des Sozialkatholizismus. Auch die Große Koalition brachte mit Ursula von der Leyen Veränderungen hervor, diesmal in der Familienpolitik, die nicht mehr gespeist waren aus der sozialkatholischen Vorstellung einer traditionellen Familie, wie sie deutsche Politik so lange geprägt hatte. Die aktuelle schwarz-gelbe Regierung tritt also ein zwiespältiges sozialpolitisches Erbe an. Einerseits stellt sie vom Namen her diejenige politische Konstellation dar, die dem deutschen Sozialstaat alle wichtigen Grundprinzipien mit auf den Weg gegeben hat, andererseits wurde dieser Sozialstaat, auch unter Mitwirkung der jetzt an der Macht befindlichen Parteien, von seinen klassischen Pfaden weggeführt.

Im Folgenden sollen die sozialpolitischen Maßnahmen der bürgerlichen Koalition unter Angela Merkel und Guido Westerwelle bzw. Philipp Rösler betrachtet und in den genannten Spannungsbogen eingeordnet werden. Dabei stellt sich die Frage, in welchem Ausmaß sozialkatholische Ideen noch Einfluss auf bürgerliche Sozialpolitik nehmen. Wie steht diese Regierung zu den vergangenen Reformen und den mit ihnen einhergegangenen Pfadwechseln? Im Weiteren soll die sozialkatholische Prägung des deutschen Sozialstaats kurz nachgezeichnet werden. Anschließend werden drei Bereiche der Sozialpolitik – die Grundsicherungs-, die Familien- und die Gesundheitspolitik – genauer betrachtet, um zu analysieren, welche Richtung die jetzige bürgerliche Regierung dort eingeschlagen hat.

Die sozialkatholische Prägung des deutschen Sozialstaats

Die ideologische Verankerung des bürgerlichen Lagers in der Bundesrepublik geht auf mehrere Quellen zurück: Neben dem staatstragenden Konservatismus, dem Wirtschafts- und Sozialliberalismus, prägte vor allem die katholische Soziallehre die Grundideen bürgerlicher Politik. In der Sozialpolitik konnte sich nach dem Zweiten Weltkrieg die katholische Soziallehre besonders stark durchsetzen, da den anderen Ideologiesträngen ein eigenes Konzept von Sozialpolitik weitgehend fehlte.[3] Besonders der Ordoliberalismus, die deutungsmächtigste ideologische Strömung der Nachkriegszeit, konnte den sozialen Aspekt der von ihm proklamierten Sozialen Marktwirtschaft nicht überzeugend ausbuchstabieren. Anlässlich der Rentenreform von 1957 kulminierte schließlich der Konflikt darüber, wie viel Sozialkatholizismus in die Soziale Marktwirtschaft aufgenommen werden müsse, um diese wahrhaft *sozial* gestalten zu können. Insbesondere Ludwig Erhard leistete erbitterten Widerstand gegen die Rentenreform[4] und auch die FDP, als Gralshüterin der freien Marktwirtschaft, stimmte im Parlament dagegen. Dennoch gelang Konrad Adenauer die weitgehende Durchsetzung des zutiefst sozialkatholischen so genannten „Schreiber-Plans".[5] Daraus entstand der Gründungskompromiss des bürgerlichen Lagers: Die Ordoliberalen übernahmen die Wirtschaftspolitik und überließen den Sozialkatholiken die Ausgestaltung der Sozialpolitik, im Gegenzug gaben diese ihren anfänglichen Widerstand gegen die Marktwirtschaft auf.[6] Als Gründungsmythos sowohl der Bundesrepublik als auch der Union war diese auf den Namen „Soziale Marktwirtschaft" getaufte Verbindung erstaunlich

---

[3] Vgl. Abelsheimer, Werner: Erhard oder Bismarck? Die Richtungsentscheidung der deutschen Sozialpolitik am Beispiel der Reform der Sozialversicherung in den Fünfziger Jahren, in: Geschichte und Gesellschaft, Jg. 22 (1996) H. 3, S. 376 – 392.

[4] Zu den Konfliktlinien innerhalb der Union und Gründen für den Erfolg der Sozialkatholiken vgl. Rüb, Friedbert W./Nullmeier, Frank: Alterssicherungspolitik in der Bundesrepublik Deutschland, in: Blanke, Bernhard/Wollmann, Hellmut (Hrsg.): Die alte Bundesrepublik. Kontinuität und Wandel, Opladen 1991, S. 437 – 462, hier S. 439f.

[5] Schreiber, Wilfried: Existenzsicherheit in der industriellen Gesellschaft, in: Külp, Bernhard/ders.: Soziale Sicherheit, Köln, Berlin (1971 [1957]), S. 276 – 309.

[6] Vgl. Hockerts, Hans Günter: Bürgerliche Sozialreform nach 1945, in: vom Bruch, Rüdiger (Hrsg.): Weder Kommunismus noch Kapitalismus. Bürgerliche Sozialreform in Deutschland vom Vormärz bis zur Ära Adenauer, München 1985, S. 245 – 273 und Stegmann, Franz Josef/Langhorst, Peter: Geschichte der sozialen Ideen im deutschen Katholizismus, in: Euchner, Walter u.a. (Hrsg.): Geschichte der sozialen Ideen in Deutschland: Sozialismus – katholische Soziallehre – protestantische Sozialethik. Ein Handbuch, Essen 2000, S. 603 – 862, hier S. 775ff.

erfolgreich.⁷ Dies resultierte nicht zuletzt aus der Tatsache, dass die Union bei der Bundestagswahl 1957 durch die Rentenreform die absolute Mehrheit erreichte, denn die sonderbare ideologische Verbindung konnte die katholischen Kräfte mit dem protestantischen Bürgertum zu einem historischen Bündnis zusammenführen, was seitdem die Grundlage für die Stärke der Union bildete. Dies ist insofern erstaunlich, als sich der politische Katholizismus aus der Marginalisierungserfahrung im protestantisch geprägten Kaiserreich herausgebildet hatte. Dennoch konnte die gemeinsame Ablehnung des Sozialismus Brücken zwischen den beiden Gruppen schlagen. Durch diesen Erfolg des sozialkatholischen Flügels der Union konnte jener lange Zeit die Gestaltungshoheit über die Sozialpolitik für sich beanspruchen und stellte – bis einschließlich Norbert Blüm, der das Amt bis 1998 bekleidete – alle Minister für Arbeit und Soziales in bürgerlichen Koalitionen. Der liberal denkende Teil des bürgerlichen Lagers, sowohl innerhalb der Union als auch die FDP, stellte diese Politik dennoch stets latent in Frage.

Trotz aller andauernden Kritik prägten die sozialkatholischen Vorstellungen von Sozialpolitik die deutsche Praxis sehr tiefgreifend.⁸ Das wesentliche ordnende Prinzip des Sozialkatholizismus ist die Subsidiarität.⁹ Demzufolge sollen Aufgaben, die von einer kleine-

---

[7] Bis zu dieser Reform wurde unter dem Begriff der Sozialen Marktwirtschaft etwas völlig anderes verstanden: „Ludwig Erhards ordnungspolitischer Reformentwurf [wollte] die Verteilung der Erträge mit Mitteln der Wettbewerbspolitik derart (...) optimieren, daß die aus Monopolbildung und anderen Wettbewerbsverzerrung resultierende Ungleichverteilung der Einkommen und Vermögen schon im Ansatz vermieden werden konnte. (...) Idealiter sollte Sozialpolitik unter diesen Bedingungen völlig entbehrlich werden." Abelsheimer, a.a.O., hier S. 376f.

[8] Zum Typus des sozialkatholischen Wohlfahrtsstaat vgl. van Kersbergen, Kees: Social Capitalism. A study of christian democracy and the welfare state, London 1995.

[9] Vgl. zur sozialkatholischen Vorstellung von Subsidiarität Nell-Breuning, Oswald von: „Solidarität und Subsidiarität im Raume von Sozialpolitik und Sozialreform", in Boettcher, Erik (Hrsg.): Sozialpolitik und Sozialreform. Tübingen 1957, S. 213 – 226 und Nothelle-Wildfeuer, Ursula: Die Sozialprinzipien der Katholischen Soziallehre, in: Rauscher, Anton (Hrsg.): Handbuch der katholischen Soziallehre, Berlin 2008, S. 143 – 163, hier S. 157ff.

ren Einheit, zum Beispiel der Familie, selbst bearbeitet werden können, auch von dieser gelöst werden. Aufgabe der nächst größeren Einheit, beispielsweise des Staates, ist es lediglich sicherzustellen, dass die kleinere Ebene ihre Aufgaben erfüllen kann. Staatlicher Eingriff wird durch dieses Konzept sowohl beschränkt als auch eingefordert, abhängig davon, ob die kleineren Einheiten ihre Aufgaben selbst erledigen können oder nicht. Grundsätzlich hat dieses Prinzip eine große Nähe zu liberalen Vorstellungen von Eigenverantwortung,[10] häufig verwenden liberale Politiker diesen Begriff auch, um ihre Vorstellungen von einem „schlanken" Staat zu beschreiben. Diese Begriffsgleichheit hat den ideologischen Spagat im bürgerlichen Lager erleichtert, beruht allerdings auf einem Missverständnis: Nach katholischen Vorstellungen geht es nicht – wie im Liberalismus – um die größtmögliche Freiheit für die Individuen, sondern um die Erfüllung der Aufgaben, die bestimmten gesellschaftlichen Einheiten von Natur aus zufallen. Dies betrifft insbesondere die geschlechtliche Arbeitsteilung und das Verständnis von Familie.[11] In der Praxis verschwimmen beide Vorstellungen miteinander und sind nicht sauber zu trennen, umso mehr eignet sich der Begriff Subsidiarität zur Begründung von bestimmten politischen Maßnahmen.

Die aus der Dominanz der sozialkatholischen Interpretation von Subsidiarität im Bereich der Sozialpolitik resultierende Ausrichtung des deutschen Sozialstaats wird auch als *Familialismus*[12] bezeichnet. Demnach unterstützt dieser eine geschlechtliche Arbeitsteilung der Ehepartner, in der der Mann seiner Aufgabe, die Familie zu versorgen, nachkommt und in der die Frau die Reproduktionsarbeit leistet. Denn diese Form der familiären Arbeitsteilung ist sozialkatholischen Vorstellungen nach naturgegeben; Aufgabe des Staates ist es, diese Familienform zu schützen und zu erhalten. Der Markt alleine lässt eine solche Konstellation allerdings kaum zu, viele Familien konnten und können es sich ohne staatliche Unterstützung gar nicht leisten, sich nur durch einen Erwerbstätigen zu finanzieren. Der deutsche

---

[10] Vgl. zu Unterschieden im liberalen und sozialkatholischen Subsidiaritätsbegriff Sachße, Christoph: Subsidiarität: Zur Karriere eines sozialpolitischen Ordnungsbegriffes, in: Zeitschrift für Sozialreform Jg. 11 (1994) H. 40, S.717 – 738.

[11] Vgl. van Kersbergen/Kees, a.a.O., S. 185.

[12] Vgl. Fux, Beate: Der familienpolitische Diskurs, Berlin 1994, hier S. 209.

Sozialstaat hat deshalb über Ehegattensplitting, Kindergeld und die Mitversicherung der Familien über den Mann und Vater die finanziellen Möglichkeiten geschaffen, eine Ein-Verdiener-Ehe auch in Arbeiterhaushalten zu ermöglichen. Dem Sozialkatholizismus zufolge gehört es nicht zur Aufgabe des Staates, die Wahlfreiheit der Frauen etwa durch den Ausbau von Kinderbetreuungsmöglichkeiten zu unterstützen. Die Erziehungsaufgabe obliegt der Familie, dabei im Wesentlichen der Frau und Mutter, nicht aber dem Staat. Deshalb ist der deutsche Staat im internationalen Vergleich auch lange Zeit dienstleistungsarm geblieben. Nach der Logik der Subsidiarität fördert der Staat die Problembearbeitung im Privaten mit finanziellen Mitteln, und übernimmt die Aufgabe nicht selbst.

Der Familialismus drückt sich allerdings nicht nur in der direkten finanziellen Förderung eines traditionellen familiären Arrangements aus, sondern auch in einem weiteren klassischen Eckpfeiler des deutschen Systems: der Absicherung des Vollerwerbstätigen. Wenn der Staat Familien dazu anhält, sich auf das Einkommen des Mannes zu verlassen, ist es eine ungleich größere Katastrophe für die Familie, wenn dieser arbeitslos oder krank wird, als wenn in der Familie die finanzielle Last auf mehrere Schultern verteilt ist. Ziel der deutschen Sozialversicherungen war es also über Jahrzehnte hinweg, so hohe Lohnersatzleistungen zu gewähren, dass der Mann, nun durch die von ihm erworbenen Ansprüche, weiterhin seine Familie ernähren kann. Arbeitslosenversicherung, Krankengeld und Rente sollen demnach weniger umverteilend im Sinne der sozial Schwachen eingreifen, sondern vor allem einen einmal erreichten Status erhalten. Deshalb gewährt das deutsche System auch keine fixen Beträge im Bedarfsfall, sondern orientiert sich am vorherigen Einkommen des Arbeitslosen, Kranken oder Rentners. Die Leistungen, die gewährt werden, reproduzieren also die Position auf der Einkommenspyramide, die sich schon im Erwerbsleben abgezeichnet hat. Die Solidarität, die in diesem System verwirklicht wird, ist eine zwischen Arbeitnehmern, und zwar in ihrer Funktion als Familienväter.[13]

---

[13] Vgl. Lessenich, Stephan: Dynamischer Immobilismus. Kontinuität und Wandel im deutschen Sozialmodell, Frankfurt a. M. 2003, hier S. 158ff.

Doch das so etablierte deutsche Sozialsystem gerät immer mehr unter Druck, besonders die gesellschaftliche Basis für einen solchen Kurs geht immer mehr verloren. Durch die fortschreitende Säkularisierung der Gesellschaft hat letztlich der politische Katholizismus seine Überzeugungskraft und Bindungswirkung verloren. Zwar erreicht die Union bei kirchennahen Katholiken immer noch Spitzenwerte bei nahezu allen Wahlen, die Zahl der kirchentreuen Katholiken selbst ist aber massiv zusammengeschrumpft.[14] Damit aber haben auch die sozialkatholischen Kräfte innerhalb der Union an Gewicht verloren und liberale Strömungen kommen stärker zum Tragen. Gleichzeitig hat der Wertewandel in der Gesellschaft mit der Auflösung der traditionellen Geschlechterrollen in der Familie die Legitimität einer familialistischen Sozialpolitik unterwandert. Familien erwarten nun vom Staat Entlastung bei der Kindererziehung, damit beide Partner berufstätig sein können, und verlangen nicht mehr die Ermöglichung einer Ein-Verdiener-Ehe. Dieser Wertewandel wurde von wirtschaftsliberalen Reformvorstößen aufgenommen, die die Selbstverwirklichungssemantik mit einer Forderung nach Abbau der Sozialsysteme verbanden.[15] Wahrgenommene Finanzierungsprobleme taten ein Übriges, um den deutschen Sozialstaat in eine dauerhafte Krise zu stürzen und seine Reformbedürftigkeit in den Köpfen von Politikern und Politikerinnen und der Bevölkerung zu zementieren. Spätestens mit der Einführung der Pflegeversicherung im Jahr 1995 ist das Zeitalter des Ausbaus des Sozialstaats in seiner klassischen sozialkatholischen Form an Grenzen gestoßen. Die Reformen der rot-grünen Regierung wichen im Bereich der Grundsicherung und Arbeitslosenversicherung sowie der Rente bereits von diesem Pfad ab. Auch in der Familien- und Gesundheitspolitik wurden Debatten geführt und Entscheidungen gefällt, die nicht mehr dem Idealtypus sozialkatholischer Sozialpolitik folgten.

---

[14] Vgl. Walter, Franz: Baustelle Deutschland. Politik ohne Lagerbindung, Frankfurt a. M. 2008, S. 142f.

[15] Zum grundsätzlichen Verhältnis von emanzipatorischen linken Bewegungen und individualistischem Liberalismus vgl. Larner, Wendy: Neo-liberalism: Policy, Ideology, Governmentality, in: Studies in Political Economy (2000) H. 63, S. 5 – 25.

Familienpolitik – Stärkung der Eigenverantwortung

Die Familienpolitik wurde in den letzten Jahren nicht nur vom Thema demografischer Wandel geprägt, sondern vor allem auch vom Vereinbarkeitsproblem von Familie und Berufstätigkeit. Während sich die zweite christlich-liberale Koalition (1982-1998) dieses Themas nur langsam annahm, entwickelte sich mit dem Wechsel zur rot-grünen Regierung (1998-2005) ein Trend in ebendiese Richtung. Dabei kam beispielsweise der Anspruch auf Teilzeitarbeit in der Elternzeit zustande, um Frauen nicht vor die Entscheidung für oder gegen einen Lebensentwurf als Mutter oder Berufstätige zu stellen. Mit dem Regierungswechsel 2005 zur Großen Koalition wurde diese familienpolitische Linie durch den Ausbau der Kinderbetreuung und der Einführung des Elterngeldes unter der damaligen Familienministerin Ursula von der Leyen fortgeführt.

Unter der schwarz-gelben Regierung schlug schließlich der oben genannte Wertewandel in der Familienpolitik voll durch. Allerdings wird die bürgerliche Koalition mit der Repräsentation von sozialkatholischen, traditionellen Werten in Verbindung gebracht, spätestens nach dem Ministerinnenwechsel[16] hin zu einer als konservativ bezeichneten Ministerin. Dass sich daraus ein Wertedilemma entwickeln würde, hat die Diskussion zwischen CDU und CSU um die sogenannte „Herdprämie" demonstriert.[17] Bereits während der Koalitionsverhandlungen stellte sich die Frage, ob sich die bürgerliche Familienpolitik der Linie der Vorgängerregierung anschließen oder einen anderen, auf traditionelle Werte rückbesinnenden Weg einschlagen sollte.

---

[16] Nachdem Arbeits- und Sozialminister Franz Josef Jung (CDU) zurückgetreten war und Ursula von der Leyen in dieses Amt wechselte, wurde Kristina Schröder zur neuen Familienministerin ernannt.

[17] Auf Druck der CSU wurde im Koalitionsvertrag vereinbart, dass ab 2013 ein Betreuungsgeld von 150 Euro monatlich an Eltern gezahlt wird, die ihre Kinder unter drei Jahren zu Hause betreuen wollen. Uneinigkeiten gab es darüber, ob Alternativen in Gutscheinform eine bessere Variante zur Barauszahlung seien. Vgl. hierzu Heidenreich, Ulrike: CSU. Betreuungsgeld. Kompromiss bei der Glaubensfrage, in: Süddeutsche Zeitung online, 27.11.2009, online einsehbar unter http://www.sueddeutsche.de/bayern/csu-betreuungsgeld-kompromisse-bei-der-glaubensfrage-1.141174 [eingesehen am 06.06.2011].

Dem Koalitionsvertrag zufolge war der Wille zu modernen familienpolitischen Maßnahmen durchaus vorhanden: „Eine moderne Familienpolitik für alle Generationen hat die Aufgabe, die grundlegenden Strukturen unseres Zusammenlebens vor dem Hintergrund des demographischen Wandels und einer globalisierten Welt zu stärken und zukunftsfest zu machen."[18] Allerdings wurde die Bundesministerin für Familie, Senioren, Frauen und Jugend, Kristina Schröder, diesem Anspruch nicht gerecht, was beispielsweise beim Elterngeld deutlich wurde. Dieses wurde zunächst nicht weiterentwickelt[19], obwohl dies im Koalitionsvertrag vorgesehen war.[20] Seit von der Leyen 2007 das Elterngeld eingeführt hat, können Eltern nach der Geburt eines Kindes maximal 14 Monate Elternzeit nehmen, aber nur, wenn die letzten zwei Monate der andere Partner zuhause bleibt.[21] Meist übernimmt der Vater dann die letzten zwei Monate der Elternzeit, so dass diese als „Vätermonate" bezeichnet werden. Idee dieser Maßnahme war es, Familien die Vereinbarkeit von Elternschaft und Beruf zu erleichtern. Denn schon in ihrem Grundsatzprogramm trennte sich die CDU vom Prinzip des Familialismus: „Die Vereinbarkeit von Familie und Beruf ist ein Kernbestandteil christlich demokratischer Politik."[22] Das Elterngeld macht ferner deutlich, dass die CDU sich dafür ausspricht, dass sich nicht nur die Frau um die Kinderbetreuung kümmern muss und sollte. Gerade die Vätermonate durchbrechen, wenn auch nur kurzzeitig, die Idee einer traditionellen, geschlechtlichen Arbeitsteilung. Obschon die Vätermonate nicht dem Prinzip Familialismus entsprechen, sieht die CDU darin das Grundmodell einer bürgerlichen Familie des 21. Jahrhunderts. Demnach „werden sich häufig beide Eltern sowohl um die wirtschaftliche Basis als auch

---

[18] Koalitionsvertrag zwischen CDU, CSU und FDP. Wachstum. Bildung. Zusammenhalt. 17. Legislaturperiode, online einsehbar unter http://www.cdu.de/doc/pdfc/091026-koalitionsvertrag-cducsu-fdp.pdf, hier S. 67.

[19] Zwar wurde 2010 das Budget für das Elterngeld finanziell aufgestockt, aber nur, weil die Geburtenzahlen höher als erwartet ausfielen.

[20] Vgl. Koalitionsvertrag, a.a.O., S. 69.

[21] Die Höhe des Elterngeldes richtet sich nach dem vorherigen Einkommen. Für Hartz-IV Empfänger wurde das Elterngeld gestrichen.

[22] CDU: Freiheit und Sicherheit. Grundsätze für Deutschland. Das Grundsatzprogramm. Beschlossen vom 21. Parteitag Hannover, 3.-4.12.2007, S. 25.

um die emotionale Qualität der Familie kümmern".[23] Angesichts dieses „modernen" Familienverständnisses sollten die Vätermonate laut Koalitionsvertrag um zwei weitere ergänzt werden.[24] Sparmaßnahmen dienten als Argument, um diese Vereinbarung zu umgehen. Diese Argumentations- und Handlungsstrategie sollte weder ein konservativ noch ein modern eingestelltes Klientel verärgern.

Beim Thema Elterngeld wird aber nicht nur die Spannung zwischen einer modernen und einer traditionellen Ausrichtung der Union deutlich, sondern zugleich ein grundsätzlicher Koalitionskonflikt: FDP-Generalsekretär Christian Lindner distanzierte sich vom zentralen CDU-Projekt Elterngeld und kritisierte das Ausbleiben der gewünschten Geburtenerhöhung und die dennoch stattfindende Weiterfinanzierung. Das Geld sei nach Lindner besser in die Kinderbetreuung zu investieren.[25] Sibylle Laurischk (FDP), Vorsitzende des Bundestags-Familienausschusses, sprach sich für ein neues Konzept, ein Kindergrundeinkommen aus. Demnach sollten das Elterngeld, Kindergeld, Ehegattensplitting sowie alle weiteren Kinderzuschläge durch ein Kindergrundeinkommen ersetzt werden.[26] Wie ein solches aussehen könnte, blieb jedoch offen. Fest steht, dass die Union vom Vorzeigeprojekt Elterngeld, das sich im Gegensatz zum Kindergrundeinkommen am Einkommen der Eltern orientiert nicht abließ, und somit weiter an der Statussicherungsidee anknüpfte. Aufgrund der Bedingung, dass ein oder beide Elternteile zuhause bleiben müssen, ist das Elterngeld zudem im sozialkatholischen Sinne subsidiär, weil die Erziehung von den Eltern direkt übernommen werden muss, um das Geld zu erhalten. Ein Kindergrundeinkommen hingegen würde unabhängig von der Arbeitssituation der Eltern gezahlt werden und nicht das Zuhausebleiben eines oder beider Elternteile erfordern.

---

[23] Ebd., S. 29.

[24] Vgl. o.V.: Schwierige Finanzierung. Elterngeld wird vorerst nicht ausgeweitet, in: FAZ online, 11.04.2011, online einsehbar unter http://www.faz.net/artikel/ C30770/schwierige-finanzierung-elterngeld-wird-vorerst-nicht-ausgeweitet-30333845.html [eingesehen am 26.05.2011].

[25] Vgl. Caspari, Lisa: Die FDP entdeckt die Familienpolitik, in: Zeit online, 17.05.2011, online einsehbar unter http://pdf.zeit.de/politik/deutschland/2011-05/elterngeld-fdp-streit.pdf [eingesehen am 23.05.2011].

[26] Vgl. ebd.

Da ein Kindergrundeinkommen vermutlich eher die Nachfrage nach Kinderbetreuung erhöhen würde, erschien das Elterngeld als sanftere Modernisierung der sozialkatholischen Familienpolitik. Während das Elterngeld eine Maßnahme von Schröders Vorgängerin von der Leyen war, entwickelte die aktuelle Familienministerin mit dem gesetzlichen Anspruch auf Teilzeitarbeit für pflegende Angehörige einen eigenen Ansatz. Demnach sollten Berufstätige weniger arbeiten können, wenn sie pflegebedürftige Angehörige versorgen wollen oder müssen. Auf diese Weise sollte die Verantwortung in der Familie gestärkt werden, ganz im Sinne der katholischen Soziallehre und des Subsidiaritätsprinzips. Denn die CDU bewertete vor allem folgenden Leitsatz als besonders zeitgemäß: Nur wenn die kleinen Einheiten, also die Familien, gestärkt würden, könnten Zusammenhalt, Eigenverantwortung und Solidarität als Werte entstehen.[27] Gleichwohl kam Kritik an der Idee des gesetzlichen Anspruchs auf Teilzeitarbeit für pflegende Angehörige nicht nur von den Liberalen, sondern auch aus den eigenen christdemokratischen Reihen. Kritiker sahen die Freiheit der Unternehmen gefährdet. Letztlich aber konnte Schröders Plan aufgrund von Sparmaßnahmen nicht realisiert werden. Zugleich wird auch deutlich, dass Schröder sich mit ihren politischen Konzepten weniger erfolgreich durchsetzen kann als ihre Vorgängerin. Dies hatte zumindest den Nebeneffekt, eine bestimmte Wählerklientel nicht zu verstimmen.[28]

Während Familienministerin Schröder versuchte, beim Thema Teilzeitarbeit für pflegende Angehörige traditionelle Werte einzubringen, schlug sie beim Thema Frauenquote in Unternehmen einen anderen, moderneren Weg ein. Sie kritisierte die geringe Anzahl von Frauen in Führungspositionen und berief hierfür einen Runden Tisch mit führenden Unternehmen ein. Eine gesetzliche Reglung einer Frauenquote sollte es jedoch zunächst nicht geben, da die Familien-

---

[27] Vgl. CDU: Freiheit und Sicherheit, a.a.O., S. 26.
[28] Hieran wird der Unterschied zwischen Schröder und Seiteneinsteigerin von der Leyen gut deutlich, die durch ihre nicht stark ausgeprägte parteipolitische Sozialisation eher autonom vorgehen konnte. Vgl. hierzu Rahlf, Katharina: Ursula von der Leyen – Seiteneinsteigerin in zweiter Generation, in: Lorenz, Robert/ Micus, Matthias (Hrsg.): Seiteneinsteiger: Unkonventionelle Politiker-Karrieren in der Parteiendemokratie, Wiesbaden 2009, S. 274 – 303.

ministerin an die Eigenverantwortung der Wirtschaft appellierte. Das Thema ging indes nicht an Arbeitsministerin von der Leyen vorbei: Diese kritisierte die fehlende gesetzliche Reglung und mischte sich einmal mehr in ihr altes Ressort ein. Ihr waren die Ergebnisse zur Erhöhung der Frauenquote in Unternehmen zu schwach. Hier und auch beim Thema Bildungsgutscheine[29] zeigten sich Spannungen zwischen Schröder und von der Leyen. Diese waren vor allem darauf zurückzuführen, dass sich der politische Führungsstil beider Ministerinnen stark unterscheidet: Während von der Leyen neue Wege einzuschlagen vermag und Konflikte dafür nicht scheut, scheint Schröder vorsichtiger in ihrem politischen Vorgehen und konservativer in ihren Ansichten zu sein. Außerdem wirkt ihr Durchsetzungsvermögen gerade bei eigenen Konzepten weniger stark ausgeprägt.

In den familienpolitischen Maßnahmen und Diskussionen wurde schließlich der Leitgedanke der bürgerlichen Familienpolitik, welcher gerade angesichts der als notwendig bezeichneten Sparmaßnahmen ideal begründet werden kann, erkennbar: Stärkung der Eigenverantwortung und der Familie.[30] Das Subsidiaritätsprinzip wurde somit weiter in der Familienpolitik realisiert; diese steht damit in der Tradition der bürgerlichen Koalitionen. In diesem Sinne agierte die Koalition zwar traditionell, schob aber den Sparzwang vor, um moderne familienpolitische Aspekte nicht auszubauen und um konservative Stammwähler nicht zu verlieren. Gleichwohl ließen Diskussionen um Gendiagnostik an Embryonen oder die Öffnung des Adoptionsrechts die Koalition zeitgemäß erscheinen. Insofern entwickelte sich ein Hin- und Herschwanken zwischen traditionellen und modernen Werten. Denn die „moderne" Familienpolitik aus der Amtszeit von der Leyens sollte einerseits bestehen bleiben, damit die Union ihr zeitgemäßes Gesicht nicht verlor. Andererseits sollte die Familienpolitik aber auch ein eigenes, bürgerliches Profil entwickeln und damit zugleich die konservative Klientel beruhigen. Um diesen Ansprüchen gerecht zu werden, wurde eine zurückhaltende Lösungsstrategie entwickelt: Moderne familienpolitische Maßnahmen wurden in der

---

[29] Die Bildungsgutscheine sind eine Maßnahme für Kinder von Hartz-IV-Empfängern, damit diese besser an Bildung partizipieren können.

[30] Vgl. hierzu auch Kristina Köhler: Züge eines Kulturkampfes. In: Focus, 25.01.2010.

schwarz-gelben Koalition zwar nicht abgeschafft, aber auch nicht weiterentwickelt. Letztlich entsteht der Eindruck, die Regierung versuchte eine Art modernen Konservatismus zu etablieren. Denn nach Schröder heißt konservativ zu sein nicht, „einfach auf seinen Positionen zu verharren, sondern es heißt, auch Dinge zu verändern, um Werte zu erhalten".[31] Dass dabei Spannungen hervorgerufen werden und so eine klare politische Linie verschwimmen kann, sind die resultierenden Konsequenzen. Doch dieser Wankelmut war Hauptmerkmal der schwarz-gelben Familienpolitik.

Grundsicherungspolitik – Verlust alter Orientierungen

In der Grundsicherungspolitik hat es mit den Hartz-Reformen seit 2002 eine der folgenschwersten Veränderungen des deutschen Sozialstaats gegeben. Die Reform wich von wesentlichen Absicherungslogiken des Sozialkatholizismus ab, eine Kehrtwende, die die SPD trotz unterschiedlicher ideengeschichtlicher Tradition bis dahin stets vermieden hatte. Den deutlichsten Systembruch wagte die rot-grüne Regierung mit der faktischen Abschaffung der Arbeitslosenhilfe. Alle arbeitsfähigen Erwerbslosen fielen so nach kurzer Zeit der Versicherungsleistung in Form von Arbeitslosengeld I (ALG I) auf die gleiche Grundleistung des ALG II zurück, unabhängig davon, ob sie vorher erwerbstätig gewesen waren oder nicht. Damit wurde die Vorstellung, dass ein einmal erarbeiteter Status sich zumindest in der Sozialleistung niederschlagen sollte, aus der Praxis der Grundsicherung verdrängt. Diese Logik schlug sich auch in der recht restriktiven Anrechnung von Vermögen nieder, was dazu führte, dass auch aufgebautes Vermögen nun für den unmittelbaren Lebensunterhalt aufgezehrt werden musste. So wurden die Statusdifferenzen unter den Arbeitslosen weiter nivelliert.

Laut Koalitionsvertrag sollten unter Schwarz-Gelb keine allzu großen Veränderungen an dem zentralen und symbolträchtigen Politikfeld der Grundsicherung vorgenommen werden. Die bürgerliche Regierung war weitgehend zufrieden mit dem Paradigmenwechsel

---

[31] Schwägerl, Christian/Elger, Katrin: Spiegel-Gespräch mit Kristina Schröder: „Eine Frage der Nächstenliebe", in: Der Spiegel, 23.05.2011.

unter Rot-Grün, hatte sie doch über den Vermittlungsausschuss auch stets aktiv an diesem mitgewirkt. Einzig leichte Verbesserungen beim Schonvermögen für Alterssicherung, Zuverdienst und selbst genutztes Wohneigentum hatte die Koalition geplant und als Korrektur „fundamentale[r] Ungerechtigkeiten des Hartz-IV-Systems"[32] gefeiert. Umgesetzt wurden bisher eine Erhöhung des anrechnungsfreien Schonvermögens, das der Alterssicherung dient, und eine minimale Erhöhung der Zuverdienstgrenzen. Diese Maßnahmen stellen jedoch eher für Mittelschichtler, die kurze Zeit auf Hartz-IV angewiesen sind, eine Verbesserung dar als für tatsächlich längerfristig Bedürftige. Diese Änderungen liegen damit in der bürgerlichen bzw. sozialkatholischen Logik der Statussicherung, indem sie den Schutz vor dem sozialen Abstieg stärken. Mit diesen leichten Modifikationen stärkte die schwarz-gelbe Regierung den klassischen Wert der Statussicherung.

Bereits beim Sparpaket, das die Bundesregierung im Oktober 2010 als Reaktion auf die Finanzkrise beschlossen hatte, zeichnete sich allerdings ein widersprüchlicher Umgang mit dem Hartz-Erbe und den sozialkatholischen Prinzipien ab. Besonders die Empfänger von ALG II wurden darin weiter aus den klassischen Absicherungslogiken des bundesdeutschen Sozialstaats herausmanövriert. Erstens wurde der Übergang von ALG I auf ALG II abrupter, da das Übergangsgeld gestrichen wurde, welches den plötzlichen Verlust der relativ hohen Lohnersatzleistung abmildern sollte. Zweitens bewirkte die Abschaffung der Beiträge zur Rentenversicherung für ALG II-Empfänger einen symbolischen Ausschluss dieser Gruppe aus einem zentralen Teil des deutschen Sozialstaats. Symbolisch deshalb, weil die finanziellen Auswirkungen dieser Reform für die Betroffenen eher marginal waren. Dennoch ist die Nichteinbindung in die Rentenversicherung ein deutliches Zeichen: ALG II-Empfänger sollten nur über ALG II, später dann über die Grundsicherung im Alter abgesichert werden und nicht von den Sozialversicherungen, die den Arbeitnehmern zustehen. Ähnlich gelagert war die dritte hier anzuführ-

---

[32] Ronald Pofalla zit. nach Birnbaum, Robert: Ein bisschen Wärme, in: Zeit online, 15.10.2009, online einsehbar unter http://www.zeit.de/politik/2009-10/ein-bisschen-waerme [eingesehen am 09.06.2011].

rende Maßnahme des Sparpakets: Das Elterngeld war nun in voller Höhe auf das ALG II anzurechnen, was einer kompletten Streichung dieser Leistung für die Betroffenen gleichkommt.

Interessanterweise wurden allerdings die Rentner in keiner Weise in die Finanzierung des Sparpakets einbezogen. Ursula von der Leyen begründete dies aufschlussreich:

> „In den Gesprächen ging es zeitweise auch um die Rente. Aber da war für mich absolut Schluss. Menschen, die wie Rentner und Behinderte an ihrer Lebenssituation nichts ändern können, brauchen unseren Schutz am dringendsten. Bei Arbeitslosen können wir die Bedingungen dafür verbessern, dass sie ihr Leben in die eigene Hand nehmen und nicht mehr auf die Unterstützung der Gemeinschaft angewiesen sind."[33]

Dieses Argumentationsmuster impliziert, dass ALG II-Empfänger durchaus etwas an ihrer Situation ändern können und somit weniger Anspruch auf finanzielle Leistungen haben. Der Status der Rentner wird nicht angegriffen, da sich hier die Leistungen noch konkret auf Vorleistungen beziehen. Somit wären Kürzungen deutlich schwieriger zu rechtfertigen. Allerdings ist die Gleichsetzung von Behinderten und Rentnern nicht ohne problematisches Potenzial, in gewisser Weise wird damit auf den Ursprung der Rente verwiesen: die Absicherung von Altersinvaliden. Eine solche Begründung für die finanzielle Absicherung der Renten könnte auf Dauer den Ruhestand als eigenständige Lebensphase delegitimieren.

Neben den genannten Kürzungen wurde die Politik des Bundesministerium für Arbeit und Soziales (BMAS) unter von der Leyen wesentlich von dem Urteil des Bundesverfassungsgerichts zu den Regelleistungen nach SGB II, also zum Hartz IV-Gesetz, geprägt.[34] Dieses Urteil vom 9. Februar 2010 besagt im Wesentlichen, dass die Methode, die der Gesetzgeber zur Berechnung des Regelsatzes für Hartz IV-Empfänger angewendet hatte, als verfassungswidrig gelte, da sie nicht nachvollziehbar, transparent und methodisch einwandfrei

---

[33] Ursula von der Leyen zit. nach Sievers, Markus/Vates, Daniela: „Einschnitte tun immer weh", in: Frankfurter Rundschau, 10.06.2010.

[34] Das Urteil ist online einsehbar unter http://www.bundesverfassungsgericht.de/ entscheidungen/ls20100209_1bvl000109.html [eingesehen am 09.06.2011].

sei. Dem Gesetzgeber wurde eine Frist bis zum 31. Dezember 2010 eingeräumt, um eine neue Berechnungsmethode auszuarbeiten und die neuen Regelsätze ab dem 1. Januar 2011 auszuzahlen. Nicht direkt beanstandet wurde die Höhe der Leistungen, diese konnten „zur Sicherstellung eines menschenwürdigen Existenzminimums nicht als evident unzureichend angesehen werden".[35] Die deutlichste Kritik des Urteils betrifft die Regelsätze für Kinder, hier verlangte das Gericht eine eigenständige Bedarfsprüfung anstelle der bisherigen Ableitung von den Regelsätzen der Erwachsenen.

Die Formulierungen des Verfassungsgerichts vor allem zur Höhe der ALG II-Leistungen erlaubten einen enormen Interpretationsspielraum, der erwartungsgemäß einen starken Deutungskampf um das Urteil in der Öffentlichkeit hervorrief. Besonders die Wohlfahrtsverbände sahen die Chance gekommen, ihre schon lange formulierte Kritik an der Höhe der Regelsätze in die politische Debatte einzubringen. So schrieb der Paritätische Gesamtverband in seiner Pressemitteilung zu dem Urteil:

„Die ehrliche, sachgerechte und transparente Herleitung der Regelsätze aus der Einkommens- und Verbrauchsstatistik wird nach Ansicht des Verbandes zwangsläufig zu deutlich höheren Regelsätzen führen."[36]

Vor allem bei den Regelsätzen für Kinder wurde durch die ersten Reaktionen von Seiten der Verbände und der Politik die Erwartung geweckt, dass es zu massiven Erhöhungen der Hartz IV-Sätze kommen würde, was in den Medien stets mit einem Ende der von der FDP versprochenen Steuersenkungen in Verbindung gebracht wurde.[37]

---

[35] Bundesverfassungsgericht – Pressestelle: Regelleistungen nach SGB II („Hartz IV-Gesetz") nicht verfassungsgemäß, online einsehbar unter http://www.bundesverfassungsgericht.de/pressemitteilungen/bvg10-005 [eingesehen am 05.05.2011].

[36] Der Paritätische Gesamtverband: Paritätischer zu Bundesverfassungsgerichtsurteil: Schallende Ohrfeige für die Bundesregierung, online einsehbar unter http://www.der-paritaetische.de/pressebereich/artikel/news/paritaetischer-zu-bundesverfassungsgerichtsurteil-schallende-ohrfeige-fuer-die-bundesregierung/ [eingesehen am 06.05.2011].

[37] Vgl. beispielhaft: Fischer, Sebastian/Gathmann, Florian: Hartz-Umbau gefährdet schwarz-gelbe Prestigeprojekte, in: Spiegel online, 09.02.2010, online einsehbar

Ähnliche Erwartungen äußerte auch die politische Opposition, wurden aber auch aus der CSU heraus geäußert. Horst Seehofer machte kurze Zeit Front gegen die Hartz IV-Regelungen und versuchte mit einem Interview in der *Süddeutschen Zeitung*, Einfluss auf die Debatte zu nehmen.[38] Er bezog sich zwar nicht direkt auf die sozialkatholische Denktradition, die Inhalte seiner Kritik machen diese Prägung aber deutlich. Er kritisierte vor allem die Pauschalisierung der Leistungen und forderte sowohl eine Rückkehr zur regionalen Anpassung der Leistungen als auch zu Einmalzahlungen im Fall von besonderen Kosten bei ALG II-Empfängern; das kann durchaus als eine der Subsidiarität verpflichteten Vorstellung von gerechter Hilfe angesehen werden. Ebenso kann die scharfe Ablehnung von Gutscheinen und die Betonung von Geldleistungen im Sinne des Familialismus und der Subsidiarität verstanden werden.

Den deutlichsten Kontrapunkt zu den Deutungsansätzen des Urteils, nach denen mit der Neuberechnung der Regelsätze auch ihre Erhöhung einhergehen müsste, lieferte Guido Westerwelle mit seiner zum geflügelten Wort avancierten „spätrömischen Dekadenz".[39] In einem Artikel in der *Welt* spielte er mit der Vorstellung, dass ein zu hoher ALG II-Satz die Menschen vom Arbeiten abhalte, da dieser „anstrengungslosen Wohlstand"[40] verspräche. Zudem würden die Leistungsempfänger über die Steuern und Abgaben, die zu ihrer Finanzierung nötig seien, die Fleißigen der Gesellschaft ausbeuten und Arbeit so zusätzlich unattraktiv machen. Mit diesen Argumenten wurde ein Bedrohungsszenario aufgebaut, das von liberaler Seite gegen den Sozialstaat seit seiner Gründung in Stellung gebracht worden ist und gegen dessen Suggestionskraft der Sozialkatholizismus im bürgerlichen Lager schon immer hat ankämpfen müssen.

Damit gerieten das BMAS und mit ihm von der Leyen, die für die Ausarbeitung der Reform zuständig waren, von zwei Seiten aus

---

unter http://www.spiegel.de/politik/deutschland/0,1518,676826,00.html [eingesehen am 06.05.2010].

[38] Vgl. Stroh, K.: Seehofer nennt Hartz IV absoluten Murks, in: Süddeutsche Zeitung, 11.02.2010.

[39] Westerwelle, Guido: An die deutsche Mittelschicht denkt niemand, in: Die Welt, 11.02.2010.

[40] Ebd.

unter Druck. Einerseits wurde in den Medien das Urteil mit der Erhöhung der Regelsätze verknüpft, andererseits entfesselte die FDP eine Grundsatzkritik am Sozialstaat – eine Erhöhung wäre zur Blamage für die Liberalen geworden. Dieser Druck hatte für die Union natürlich auch den Vorteil, dass die Verantwortung für eine Nicht-Erhöhung zumindest teilweise von der Ministerin auf die FDP abgewälzt werden konnte. Doch auch von Seiten des BMAS selbst konnte kaum Interesse an einer deutlichen Erhöhung bestehen. Im Lichte des Urteils hätte dies ein zusätzliches Schuldeingeständnis der Behörde bedeutet. Bisher kritisierte das Urteil nur die Berechnungsweise der Regelbedarfe, nicht aber die Höhe. Hätte das Ministerium nun eine deutliche Erhöhung errechnet, hätte dies bedeutet, dass nicht nur falsch gerechnet, sondern auch unzureichend gezahlt worden war. Zudem war die finanzielle Lage der öffentlichen Haushalte angespannt und die Bereitschaft des Finanzministeriums, im Nachklang des Sparpakets zusätzliche Mittel aufzuwenden, denkbar gering.

Von der Leyen musste also zwischen dem Druck zur Nichterhöhung von Koalitions-, Kabinetts- und Ministeriumsseite und den öffentlichen Erwartungen abwägen. Sie reagierte deshalb wesentlich zurückhaltender und positiver als Guido Westerwelle auf das Urteil. Die Verantwortung für die Verfehlungen schob sie allerdings der Vorvorgängerregierung zu, die Hartz IV ursprünglich zu verantworten hatte. Gleichzeitig versuchte sie die Hoffnungen auf eine Erhöhung der Sätze zu dämpfen. Es gelang von der Leyen im Laufe der öffentlichen Debatte zunehmend, den Fokus von den allgemeinen Regelsätzen auf eine starke Problematisierung der Bildung von bedürftigen Kindern zu verschieben. Das Urteil des Bundesverfassungsgerichts hatte die Nichtbeachtung der Bildungskosten in den Regelsätzen zwar explizit problematisiert, es war aber nicht der eigentliche Kern des Urteils. Die Medien thematisierten nach einigen Vorstößen durch von der Leyen allerdings fast nur noch jene Maßnahmen, die später zu dem sogenannten „Bildungspaket" führen sollten, und nicht mehr die Lebensbedingungen von Hartz IV-Empfängern im Allgemeinen. Damit wurden sowohl Westerwelles Plan als auch dem Vorstoß der Wohlfahrtsverbände der Wind aus den Segeln genommen; die Richtung der Debatte wurde nun vom Arbeitsministerium bestimmt.

Die Konfliktlinien hatten sich damit verschoben: Nicht mehr „Kürzung oder Erhöhung" des ALG-II stand auf der öffentlichen Agenda, sondern der Modus der Bildungsförderung betroffener Kinder. Auf einmal herrschte große Einigkeit: Für die Bildung bedürftiger Kinder sollte mehr Geld eingesetzt werden und dieses sollte auch der Bildung zugutekommen. Denn die Kinder, so die Logik, können nichts für die Bedürftigkeit der Eltern und Bildung ist wichtig, um die soziale Vererbung von Bedürftigkeit zu verhindern.

Implizit wurde so den Eltern die Verantwortung für ihre Situation zugeschrieben und der Versuch aufgegeben, die erwachsenen ALG II-Empfänger besserzustellen. Fraglich war nun noch die Art und Weise, wie die Leistungen bei den Bedürftigen ankommen sollten. Prinzipiell wurden drei Modelle diskutiert: Die Erhöhung der Regelsätze für Kinder, also die Auszahlung an die Betroffenen; die Verbesserung der Finanzierung der jeweiligen Dienstleister, also Schulen, Sportvereine, etc.; oder die Ausgabe von Gutscheinen an die Betroffenen, die gegen Dienstleistungen eingetauscht werden können. An dieser Stelle wurde also die Debatte um Gutscheine, die in Bezug auf die sogenannte Herdprämie (s.o.) schon bei den Koalitionsverhandlungen geführt worden war, erneut ausgetragen. Damit wandelte von der Leyen das Politikfeld der Grundsicherung geschickt in ihr ursprüngliches bundespolitisches Betätigungsfeld. Dieses wurde nun zu einem Teil der Familienpolitik und sie konnte hier die Reformrichtung weiterführen, die unter ihrer Nachfolgerin ins Stocken geraten war. Es ging letztlich um die Frage, ob man die Familie in sozialkatholischer Fasson mit mehr Geld versorgen sollte, damit sie die Probleme selbst lösen könne, oder ob der Staat für die Erbringung der Dienstleistungen sorgen solle. Die CSU hielt auch bei dieser Diskussion die sozialkatholische Tradition hoch. So sah Christine Haderthauer in den diskutierten Chipkarten „ein kollektives Misstrauensvotum gegen Langzeitarbeitslose"[41] und eben speziell gegen Familien. Damit knüpfte sie in ihrer Kritik eindeutig an subsidiäre Vorstellungen an, nach denen den Familien selbst überlassen bleibt, wie sie

---

[41] Zitiert nach: o.V. Von der Leyen erwägt Bildungschipkarten für alle Kinder, in: Spiegel online, 12.08.2010, online einsehbar unter http://www.spiegel.de/wirtschaft/soziales/0,1518,711491,00.html [eingesehen am 09.06.2011].

ihre Probleme bearbeiten. Letztlich setzte sich aber von der Leyen im Bildungspaket durch und führte ein gutscheinbasiertes System ein. Doch der Widerstand von Seiten der sozialkatholisch geprägten Unionsmitglieder gegen die Untergrabung ihrer Prinzipien in der Grundsicherungspolitik blieb schwach und letztlich erfolglos. Durch die Zusammenlegung von Arbeitslosen- und Sozialhilfe für alle arbeitsfähigen Leistungsempfänger ging der sozialkatholischen Herangehensweise an den Sozialstaat ein wichtiger Kompass verloren. Durch den besonderen Status des Arbeitslosenhilfeempfängers war früher deutlich signalisiert worden, dass eine betroffene Person erstens bereits Leistungen für die Gesellschaft in Form von Lohnarbeit erbracht hatte und somit zweitens vermutlich auch bereit war, dies wieder zu tun. Die Absicherung einer solchen Person war also Pflicht des Staates, da sie durch äußere Umstände in diese Lage hineingeraten war. Durch das Aufgehen dieser Gruppe in der größeren Gruppe der ALG II-Empfänger wurde diese Information von nun an aber nicht mehr vermittelt, der Status wurde somit zerstört. Alle ALG II-Empfänger standen tendenziell in dem Verdacht, zu bequem zu sein, um Leistung zu erbringen. Die Kürzung und strikte Überprüfung von Arbeitsbereitschaft und Bedürftigkeit, wie es die Liberalen und der rechte Flügel der Sozialdemokratie forderten, schienen somit gerechtfertigt. Die statuserhaltende Argumentation des Sozialkatholizismus lief nach den Hartz-Reformen weitgehend ins Leere, da nicht mehr effektiv unterschieden werden konnte zwischen Menschen, deren Status erhalten werden musste, und Menschen, die sich noch gar keinen Status erarbeitet hatten. Dies schlug sich zum einen im Sparpaket nieder, wo die wesentlichen Einsparungen eben jene trafen, die stets im Verdacht standen, nichts geleistet zu haben. Zum anderen nahm es Einfluss auf die letztlich minimale und politisch berechnete Erhöhung[42] für die ALG II-Empfänger und die Finanzierung der Kinder durch das Bildungssystem. Damit wurden lieber die „schuldlosen" Kinder durch Gutscheine für ganz bestimmte, als positiv empfundene Dienstleistungen unterstützt, als dass deren Familien die

---

[42] Vgl. Woltering, Christian: Ans Ziel getrickst, in: Blog des Göttinger Instituts für Demokratieforschung, 04.11.2010, online einsehbar unter http://www.demo kratie-goettingen.de/blog/ans-ziel-getrickst [eingesehen am 09.06.2011].

finanziellen Möglichkeiten zugestanden wurden, sich selbst um die Erziehung ihrer Kinder zu kümmern.

Jeglicher politische Schutz der ALG II-Empfänger, den Arbeitslosenhilfeempfänger noch genossen hatten, schien sich aufzulösen. Besonders Langzeitarbeitslose verloren immer mehr an Unterstützung von Seiten des Staates. Der Sozialkatholizismus, geschwächt von gesellschaftlichem Wandel und politischen Prozessen innerhalb der Union, hatte im Bereich der Grundsicherung durch die Hartz-Reformen zusätzlich Probleme, seine Logik gegen den individualistischen liberalen Impetus und gegen finanzielle Schwierigkeiten zu behaupten. Gleichzeitig nutzte von der Leyen, frei von sozialkatholischer Prägung, geschickt die politische Debatte, um wesentliche Punkte ihrer Familienpolitik, die unter ihrer Nachfolgerin Schröder nicht weitergeführt wurden, durch die Hintertür zu betreiben.

Gesundheitspolitik – Weichenstellungen für Individualisierung und Wettbewerb

Die Gesundheitspolitik steht seit über dreißig Jahren unter Reformdruck. Begründung wurde dies von Seiten der Politik stets mit den hohen Kosten. Eine umfassende Reform, in der das gesamte System der gesetzlichen Krankenversicherung (GKV) auf den Prüfstand gebracht wurde, hat es, entgegen allen Ankündigungen, bisher nicht gegeben. Im Laufe der langen Geschichte des deutschen Gesundheitssystems flossen verschiedene Ansätze in seine Struktur ein. Hierbei haben auch sozialkatholische Vorstellungen eine wichtige Rolle gespielt. In der kostenlosen Mitversicherung der Familie (i.d.R. von Frau und Kindern) ist deutlich das Prinzip des Familialismus zu erkennen. Auch die Subsidiarität und der Gedanke des Statuserhalts wurden verwirklicht. Erstere wird vor allem in Form von Beratungsleistungen der Krankenkassen gegenüber den Versicherten und Vorsorgeleistungen umgesetzt. Der für den Statuserhalt wichtigste Aspekt ist die Lohnfortzahlung im Krankheitsfall: Für eine dauerhafte Erkrankung übernimmt das Krankengeld der Krankenkasse einen Lohnersatz, gemessen am Einkommen des Versicherten. Doch auch in diesem Feld der Sozialpolitik erodiert das Gewicht der sozialkatholischen Ideale; wirtschaftsliberale Vorstellungen gewinnen an Einfluss. Seit 1977 versuchen sozialdemokratische und christdemokratische Regierungen die Kosten der Gesundheitsversorgung zu senken, ohne dabei die einstmals eingeschlagenen Versorgungspfade zu verlassen. Erst im beginnenden 21. Jahrhundert entwickelten die Parteien eine Debatte über die Grundprinzipien der Gesundheitspolitik. Steigende Kosten und vor allem der demographische Wandel machten diese Diskussion nötig. Das rot-grüne Lager propagierte die „Bürgerversicherung"[43], Schwarz-Gelb die „Kopfpauschale"[44]. Insbesondere die Union gab sich 2004 „marktnah", auch in der Gesundheitspolitik:

„Wir wollen eine Gesundheitsfinanzierung, die durch Wettbewerb, Transparenz und Abkopplung von den Lohnkosten die großen Chancen des Gesundheitssektors als Wachstumsbranche nutzbar macht, anstatt sie zu bremsen und zu verhindern."[45]

Der Bundestagswahlkampf 2005 bot den Wählern so erstmals die Möglichkeit, auch über einen umfassenden Pfadwechsel im Gesundheitswesen abzustimmen. Hierbei schlug das bürgerliche Lager mit

---

[43] Im Kern besagt die Bürgerversicherung, dass entgegen dem bisherigen System alle Versicherten (auch die in einer privaten Krankenversicherung) gemessen an ihrem Einkommen an der Krankenversicherung solidarisch partizipieren, ohne dabei eine Einheitsversicherung aufzubauen. Siehe hierzu auch einen Artikel des SPD-Gesundheitsexperten Karl Lauterbach: Lauterbach, Karl: „Das Prinzip der Bürgerversicherung.", in: Engelen-Kefer, Ursula (Hrsg.), Reformoption Bürgerversicher, Hamburg 2004, S. 48 – 63.

[44] Die Kopfpauschale (auch als Gesundheitsprämie bezeichnet) beschreibt im Kern eine einkommensunabhängige Beitragszahlung zur GKV und somit eine Abkoppelung der Gesundheits- von den Arbeitskosten. Sozial soll die Kopfpauschale über einen steuerfinanzierten Sozialausgleich bleiben, der Geringverdiener bei ihren Beitragszahlungen unterstützt. Eine Erläuterung, wie die Gesundheitsprämie funktionieren soll, findet sich in einem Parteitagsbeschluss der Union von 2004: CDU: Reform der gesetzlichen Krankenversicherung – Solidarisches Gesundheitsprämienmodell. Beschluss C33 des 18. Parteitags der CDU Deutschlands, Düsseldorf, 2004 und auch bei der FDP im Wahlprogramm: FDP: „Die Mitte stärken. Deutschlandprogramm der Freien Demokratischen Partei", Beschluss des 60. Ord. Bundesparteitags der FDP, Hannover, 15.-17. Mai 2009, S. 18ff.

[45] CDU: Reform der gesetzlichen Krankenversicherung, a.a.O.

dem Konzept der Gesundheitsprämie nicht nur einen radikalen Bruch mit dem bisherigen Versicherungssystem, sondern auch und vor allem mit der eigenen sozialkatholischen Tradition vor. So fällt im Modell der so genannten Kopfpauschale die kostenlose Mitversicherung des Ehepartners weg. Ähnlich wie bei der privaten Krankenversicherung zahlen beide Eheleute den normalen Beitragssatz.[46] Eine solche Änderung aber würde Familien belasten, da ein Auskommen mit einem Gehalt deutlich schwieriger werden würde. Hierin sahen selbst Unionspolitiker die Gefahr einer sozialen Schieflage und befürchteten darüber hinaus Verteilungskonflikte.

Doch weder die Bürgerversicherung noch die Kopfpauschale vermochten sich letztendlich durchzusetzen. Die Große Koalition verständigte sich auf einen Kompromiss, der jedoch keine grundlegende Reform auf den Weg brachte, sondern vor allem darauf abzielte, die enorm steigende Kostenentwicklung einzudämmen. Im so genannten „Gesundheitsfonds" manifestierte sich der Gedanke, die seit Jahren steigenden Beiträge in allen gesetzlichen Krankenkassen zu begrenzen, also Beitragsstabilität zu erreichen. Das Besondere war, dass die Kassen nicht mehr direkt von den Versicherten die Beiträge erhielten; vielmehr flossen diese – wie auch zusätzliche Steuermittel – in den Gesundheitsfonds. Dieser verteilte dann, je nach Bedarf, das Geld an die einzelnen Kassen. Bei dieser Verteilung fand vor allem die Risikostruktur der Versicherten Berücksichtigung. Damit wurde auch der 1992 eingeführte Risikostrukturausgleich[47] reformiert. Für den Fall, dass einzelne Krankenkassen mit den ihnen zur Verfügung gestellten Summen nicht auskommen würden, wurde ihnen die Möglichkeit eingeräumt, Zusatzbeiträge bis maximal acht Euro pro Versicherten zu erheben.[48] Somit hatten die Kassen nur noch über die Zusatzbeiträge, die sie direkt und nur vom Versicherten erhoben, Beitragsautonomie.

---

[46] Für Kinder gilt jedoch ein reduzierter Beitragssatz. Letzterer soll allerdings durch alle Steuerzahler erbracht werden, womit für Familien mit Kindern keine Mehrbelastungen entstehen sollten. Siehe hierzu auch ebd. S. 301.

[47] Vgl. ebd. S. 244f

[48] Siehe grundlegend auch die Informationen des Bundesministeriums für Gesundheit online einsehbar unter: http://www.bmg.bund.de/krankenversicherung/finanzierung/gesundheitsfonds.html [eingesehen am 06.06.2011].

Mit diesem Kompromiss war die Debatte um eine grundlegende Reform des Gesundheitswesens jedoch nicht beendet. Sowohl das rot-grüne als auch das schwarz-gelbe Lager zogen in den Wahlkampf 2009 erneut mit den von ihnen bevorzugten Modellen. Während SPD und Grüne große Nähe in der Frage der Bürgerversicherung demonstrierten, zeigten sich schon im Wahlkampf Unterschiede zwischen Union und FDP. So forderten die Freidemokraten in ihrem Wahlprogramm 2009 weiterhin einen umfangreichen Umbau hin zur Kopfpauschale:

> „Die FDP will (...) ein grundlegendes Umsteuern in ein freiheitliches System, das Solidarität und Eigenverantwortung in Einklang bringt, das Schluss macht mit einer zentral gesteuerten Staatsmedizin und der sozialen Bevormundung der Patienten (...)."[49]

Die Union strebte zwar auch weiterhin eine Reform an, doch klang dies in ihrem Wahlprogramm nicht mehr so forsch wie noch 2004:

> „Unser Ziel ist es, die Finanzierbarkeit der gesundheitlichen Versorgung zu sichern und die gesetzliche Krankenversicherung mittelfristig auch im Hinblick auf mehr Generationengerechtigkeit konsequent weiterzuentwickeln."[50]

Von der noch 2004 und 2005 vehement vorgetragenen Forderung nach der Kopfpauschale distanzierte sich die Union immer mehr. Vor allem die zu einem großen Teil steuerfinanzierten Ausgleichssysteme der Gesundheitsprämie wurden hinsichtlich ihrer Finanzierbarkeit angezweifelt. Auch die drohenden sozialen Ungleichheiten stießen vor allem bei der CSU auf Ablehnung.[51] Die CDU sah nun nicht mehr die zwangsläufige Notwendigkeit, auf eine Kopfpauschale umzusteigen. Eine Gesundheitsprämie kam nur noch als Zusatz in Frage, um die Kassen weiter finanziell zu entlasten.[52]

---

[49] FDP: Die Mitte stärken., a.a.O., S. 17.
[50] CDU/CSU: Wir haben die Kraft, a.a.O., S. 36.
[51] Pilz, Frank: a.a.O., S. 302.
[52] Hildebrandt, Tina/Niejahr, Elissabeth: Kanzlerin in der Krise: Bloß nicht nach unten schauen", in: Die Zeit, 10.06.2010..]

Da in der Frage der Reformierung der Gesundheitspolitik nun keine Einigkeit mehr herrschte, wie es noch 2005 der Fall gewesen war, gestalteten sich schon die Koalitionsverhandlungen in diesem Bereich schwierig. Verständigen konnte man sich lediglich auf zwei kurzfristige Maßnahmen, um den steigenden Kosten zu begegnen: Erstens sollten diese nicht allein auf den Versicherten übertragen werden[53] und zweitens wollte man unnötige Mittel einsparen. Das große und langfristige Konzept, „das bestehende Ausgleichssystem (...) in eine Ordnung mit mehr Beitragsautonomie, regionalen Differenzierungsmöglichkeiten und einkommensunabhängigen Arbeitnehmerbeiträgen, die sozial ausgeglichen werden"[54], zu überführen, wurde zunächst in eine Kommission vertagt. Vor allem CSU und FDP führten daraufhin eine erbitterte – nicht immer sachliche – Debatte über Für und Wider der Kopfpauschale. In der Sache präsentierte sich vor allem die CSU als Hüterin der sozialen Gerechtigkeit. Da sie sowohl die Gesundheitsprämie als auch den Gesundheitsfonds ablehnte, propagierte sie ihr eigenes Modell: Das „Stufensystem-Modell" hatte die Partei bereits 2004 erstmals als Antwort auf die Gesundheitsprämie vorgeschlagen und seitdem hin zu einem sogenannten „Wettbewerbsmodell" entwickelt. In diesem sollte es zehn Beitragsstufen geben, um vor allem kleinere Einkommen zu entlasten. Auffällig ist allerdings, dass auch hier eine kostenlose Mitversicherung des Ehepartners entfallen sollte. Um auch weiterhin eine Sozialpolitik in der Tradition des Familialismus zu vertreten, wurde stattdessen ein Steuerausgleich ähnlich dem Ehegattensplitting geplant.[55] Wie der neue Name bereits implizierte, sollte das Modell zudem den Wettbewerb zwischen den Krankenkassen verstärken. Im

---

[53] Ziemlich vage heißt es dazu im Koalitionsvertrag: „Krisenbedingte Einnahmeausfälle dürfen nicht alleine den Versicherten aufgebürdet werden, deshalb werden gesamtstaatliche flankierende Maßnahmen zur Überbrückung der Krise erfolgen."; Koalitionsvertrag, a.a.O., S. 78.

[54] Ebd.

[55] Vgl. Pilz, a.a.O., S. 303. Zu den Positionen der CSU ist auch ein Interview des ehem. CSU-Landesgruppenvorsitzenden Hans-Peter Friedrich gegenüber der Welt: Vitzthum, Thomas: „'Wir brauchen die Entlastung'", in: Die Welt, 09.07.2010, online einsehbar unter http://www.welt.de/die-welt/politik/article8381556/Wir-brauchen-die-Entlastung.html [eingesehen am 09.06.2011].

Interview mit dem *Spiegel* erklärte der bayerische CSU-Gesundheitsminister Markus Söder im Juli 2010: „Dann erübrigen sich auch die komplizierten Zusatzbeiträge. Arbeitgeber und Arbeitnehmer zahlen denselben Anteil. Das ist solidarisch."[56]

Die FDP hingegen wollte die Kopfpauschale und den damit einhergehenden Wettbewerb mit der Eigenverantwortlichkeit der Versicherten stärken. Dies zeigte sich auch in den Vorschlägen von Gesundheitsminister Philipp Rösler: Er forderte die Einführung des „Vorkassenprinzips"[57] – ein Vorschlag, der so auch im Wahlprogramm der Liberalen stand. Allerdings war dieser bei weiten Teilen der Union eher unbeliebt: Das liberale Wahlprogramm und die Debatte um den gesundheitspolitischen Weg in der schwarz-gelben Koalition verdeutliche erneut die Ablehnung des Sozialkatholizismus durch die FDP. Im liberalen Lager galt der Familialismus schon lange als nicht mehr zeitgemäß. Die kostenlose Mitversicherung des Ehepartners wurde nicht nur als unfinanzierbar, sondern auch als ungerecht gegenüber Zweiverdiener-Haushalten betrachtet. Gleichzeitig wollten die Liberalen ihr generelles Leitbild „Privat vor Staat" auch in den Gesundheitssektor übertragen. Hierbei sahen sie sowohl in der Ausgestaltung als auch in der Art und Weise der Finanzierung die privaten Krankenversicherer als vorbildlich an. Die Einforderung von mehr Eigenverantwortung zielte nicht mehr auf Subsidiarität, sondern auf stärkere Individualisierung ab. Der Versicherte selbst sollte entscheiden, vorsorgen und, abgesehen von gewissen Basisleistungen, auch selbst für (bessere) Leistungen bezahlen.[58]

Im Kompromiss, den alle drei Regierungsparteien schließlich im September 2010 schlossen, konnten sich alle inhaltlich wiederfinden: Die CDU konnte den Gesundheitsfonds in Gänze verteidigen und die CSU die Gesundheitsprämie verhindern. Die FDP setzte die Abschaffung der Obergrenze bei den Zusatzbeiträgen durch. Für sie ein wich-

---

[56] Elger, Katrin: Den Fonds ablösen, in: Der Spiegel, 12.07.2010.

[57] Weiland, Severin: Bezahlen bei jedem Arztbesuch – Röslers Prinzip "Vorkasse" sorgt für Empörung, in: Spiegel online, 30.09.2010, online einsehbar unter http://www.spiegel.de/politik/deutschland/0,1518,720490,00.html [eingesehen am 03.06.2011].

[58] Vgl. hierzu grundlegend u.a. das Wahlprogramm der FDP: Die Mitte stärken, a.a.O., hier S. 17ff.

tiger Schritt in Richtung Gesundheitsprämie, da höhere Gesundheitskosten seitdem über eine Erhöhung des Zusatzbeitrags vollständig auf den Versicherten übertragen werden konnten. Doch die Kompromissformel hatte einen entscheidenden Nachteil: Erneut stellte das im Januar 2011 in Kraft getretene „Gesetz zur nachhaltigen und sozial ausgewogenen Finanzierung der Gesetzlichen Krankenversicherung (GKV-Finanzierungsgesetz)"[59] keinen umfassenden Pfadwechsel im Gesundheitswesen dar. Gleichwohl konnte eine Akzentverschiebung weg vom Sozialkatholizismus hin zu mehr Marktliberalismus und Eigenverantwortung konstatiert werden. Der Familialismus in der gesetzlichen Krankenversicherung wurde von keiner der bürgerlichen Partei mehr vehement verteidigt. Einzig die CSU versuchte noch, steuerpolitisch letzte familialistische Aspekte aufrechtzuerhalten. Durch die Reform wurden Subsidiaritäts- und auch Solidaritätsgedanken (letztere aus sozialkatholischer Sicht) zunehmend individualisiert: Nach dem Vorbild der privaten Krankenversicherungen sollten individuelle Risiken (z.B. über private Zusatzversicherungen und -tarife), aber auch Vorsorgebemühungen (z.B. über Bonusprogramme der Krankenkassen) stärker auf den Einzelnen übertragen werden. Für einen umfassenden Paradigmenwechsel in der gesetzlichen Krankenversicherung gab es aber (noch) zu viele Widerstände. Dennoch können die jetzt implementierten Maßnahmen, und hier vor allem die Regelung zu den Zusatzbeiträgen, sehr wohl als Weichenstellung betrachtet werden. Sie leiten eine Überwindung sozialkatholischer Traditionen in der deutschen Gesundheitspolitik ein. Es bleibt daher festzustellen, dass unter Schwarz-Gelb der Sozialkatholizismus auch im Bereich der Gesundheitspolitik zunehmend an Bedeutung verlor und auch hier traditionelle Leitlinien einer bürgerlichen Regierung kaum mehr Beachtung fanden.

---

[59] Bundesministerium für Gesundheit: Das Gesetz zur nachhaltigen und sozial ausgewogenen Finanzierung der Gesetzlichen Krankenversicherung (GKV-Finanzierungsgesetz), Berlin, 30.05.2011.

Fazit

Die deutsche Sozialpolitik hat sich grundlegend verändert. Dies ist eine Erkenntnis, die im Nachklang der Hartz-, Riester- und vielen anderen Reformen sicher nicht neu ist. Dennoch zeigt gerade die Sozialpolitik einer *bürgerlichen* Regierung die Schwere der Veränderungen. Die katholische Soziallehre war früher Begründung und Leitfaden für die Sozialpolitik des bürgerlichen Lagers und prägte damit die gesamte Gesellschaft. Dieser Bezugspunkt scheint heute mehr und mehr verloren zu gehen. Für alle hier betrachteten Bereiche ergibt sich eine gemeinsame Entwicklung: Das, was früher mit sozialkatholischer Subsidiarität begründet wurde, wird heute unter dem Begriff liberale Eigenverantwortung erfasst. Dies ist eine Umkehrung der historischen Konstellation, wie sie sich nach Ende des Zweiten Weltkrieges ausgebildet hatte. Nun werden die sozialkatholischen Prinzipien der bürgerlichen Sozialpolitik von einem liberalen Diskursstrang dominiert.

Die sozialkatholische Tradition ist allerdings noch nicht völlig versiegt. Sie wirkt in den Erwartungen der Menschen und in den Institutionen fort und behält so eine gewisse Erklärungskraft für den deutschen Sozialstaat bei. In der Familienpolitik, dem ideologischen Herzstück des Sozialkatholizismus, zeigt sich dies außerordentlich klar: Nach den tiefgreifenden Reformen der Großen Koalition wird die Modernisierung nun deutlich leiser vorangetrieben. Die schwarz-gelbe Regierung versucht eine Balance zwischen modernen Ansätzen und konservativen Erwartungen herzustellen, indem die Projekte von der Leyens zwar nicht gestrichen, aber mit der Begründung der finanziellen Zwänge weitgehend auf Eis gelegt werden. Die Zumutungen für die konservative Klientel sollen so nicht übertrieben werden. Gleichzeitig zeigt sich von der Leyen aber äußerst geschickt in der Durchsetzung ihrer familienpolitischen Vorstellungen auch aus dem BMAS heraus. In der Gesundheitspolitik hat die schwarz-gelbe Regierung eine Überraschung vollbracht. Die 2005 rigoros geforderte Kopfpauschale wurde nicht eingeführt. Auch hier zeigten sich sozialkatholische Reste widerständig gegen eine allzu weite Abkehr von den traditionellen Politikvorstellungen. Vor allem die CSU versuchte in Gesundheits- und Grundsicherungspolitik den Sozialkatholizismus zu retten. Letzten Endes aber scheint der Einfluss der Sozialkatholiken gebrochen. Die direkte Bezugnahme auf katholische Soziallehre findet in der politischen Debatte nicht mehr statt. Auch die Machtpositionen in diesem Politikfeld gehören nicht mehr den Politikern aus dem Sozialkatholizismus. Ihre Stimme bildete in diesen ersten zwei Jahren der schwarz-gelben Regierung die CSU, die aber keines der sozialpolitisch relevanten Ministerien besetzt und letztlich in der Grundsicherung nichts, in der Gesundheitspolitik wenig durchsetzen konnte. Der Verlust der Symbiose von sozialkatholischer Sozialpolitik und bürgerlicher Regierung hinterlässt eine Leerstelle. Erst das Bündnis mit den vorher durch das Zentrum vertretenen Katholiken hatte das liberale, meist protestantische Bürgertum in Deutschland mehrheitsfähig gemacht und hat die Union in allen Schichten der Gesellschaft verankert. Umgekehrt hat es aber auch die bürgerlichen Schichten an den Wohlfahrtsstaat gebunden und ihnen deutlich gemacht, dass von diesem keine Gefahr ausgeht und sogar eine für Mittelschichten auskömmliche Rente erwarten lässt. Heute fehlt durch den schwindenden gesellschaftlichen Rückhalt einer christlich begründeten Soziallehre diese doppelte Vermittlung. Dies könnte die Mehrheitsfähigkeit des bürgerlichen Lagers gefährden und das Verhältnis der Mittelschichten zum Wohlfahrtsstaat nachhaltig wandeln. Ein Zurück zum sozialkatholischen Wohlfahrtsstaat ist aber nicht möglich, dafür haben religiöse Begründungen zu viel an Legitimität eingebüßt und individualistische Forderungen eine zu große Bedeutung erlangt. Selbst Kritiker aktueller sozialpolitischer Maßnahmen wagen es kaum noch, auf die christliche Tradition des deutschen Sozialstaats zu verweisen.

Weiterführende Literatur

Herbert, Sybille: Diagnose: unbezahlbar. Aus der Praxis der Zweiklassenmedizin, Bonn 2008.

Lessenich, Stephan: Dynamischer Immobilismus. Kontinuität und Wandel im deutschen Sozialmodell, Frankfurt am Main 2003.

Pilz, Frank: Der Sozialstaat – Ausbau – Kontroversen – Umbau, Bonn 2009.

Schmidt, Manfred G.: Sozialpolitik in Deutschland: Historische Entwicklung und internationaler Vergleich, Wiesbaden 2005.

Trampusch, Christine: Der erschöpfte Sozialstaat. Transformation eines Politikfeldes, Frankfurt am Main 2009.

Vom Bruch, Rüdiger (Hrsg.): Weder Kommunismus noch Kapitalismus. Bürgerliche Sozialreform in Deutschland vom Vormärz bis zur Ära Adenauer., München 1985.

Außenpolitik:
Eine Paradedisziplin unter Druck

Severin Caspari und Daniela Kallinich

Augenreibend und mit großem Erstaunen, ja vielleicht sogar mit Verärgerung würde der erste deutsche Kanzler Konrad Adenauer die Leitartikel der großen deutschen Zeitungen zur gegenwärtigen Außenpolitik zur Kenntnis nehmen. Adenauer, der einst die Westbindung auf den Weg brachte, müsste von neuen deutschen Sonderwegen lesen; von einer Politik, die sich keineswegs mehr vorbehaltlos hinter engste Partner wie die USA und Frankreich stellt. Und tatsächlich: Ob in der Eurokrise oder der deutschen Enthaltung im UN-Sicherheitsrat zum Militäreinsatz in Libyen, ausgerechnet eine bürgerliche Regierung scheint einen besonders laxen oder, positiv gewendet: „pragmatischen" Umgang mit den Traditionen deutscher Außenpolitik zu pflegen und damit für Irritationen in Deutschland und bei den internationalen Partnern zu sorgen.

Doch wo genau steht die deutsche Außenpolitik im Jahr 2011 und wie hat sie sich in Anbetracht außenpolitisch bewegter Zeiten in den ersten zwei Jahren unter Schwarz-Gelb entwickelt? Um dieser Fragestellung nachzugehen, sollen mit der Eurokrise, dem Afghanistaneinsatz und der Libyen-Entscheidung drei dominierende außen- und sicherheitspolitische Themen des betrachteten Zeitraums tiefergehend untersucht werden. Im Mittelpunkt steht dabei die Frage, wie sich die schwarz-gelbe Außenpolitik zu den Traditionslinien deutscher Außenpolitik verhält. Werden bestehende Prinzipien und Grundsätze eingehalten oder wagt man sich auf neue Pfade? Worauf ist dies zurückzuführen und welche Konsequenzen ergeben sich daraus? Und: Inwiefern gelingt es der Regierung, ihr außenpolitisches Handeln der deutschen, durch die Krisenerfahrungen der letzten Jahre beunruhigten Bevölkerung zu erklären?

Deutschland als Zivilmacht: Ein historischer Überblick

Gerade die Analyse deutscher Außenpolitik kann nur vor dem Hintergrund vorangegangener Entwicklungen erfolgen.[1] Zu diesem Zweck sollen ihre historisch gewachsenen Prinzipien und Leitlinien kurz nachgezeichnet werden.

Bis zum Ende des Kalten Krieges 1990 war die deutsche Außenpolitik geprägt von unbedingter Bündnissolidarität in der NATO und von einer „Kultur der Zurückhaltung", mit der ein demonstrativer Verzicht auf sicherheitspolitische Souveränität und nationale Machtinstrumente verbunden war.[2] Ihre politische Entsprechung fanden diese Prinzipien durch Westbindung und Europaorientierung, mit der die Integration in die westlichen Bündnisse sowie in die westliche Wertegemeinschaft vorangetrieben wurde.[3] Das transatlantische Verhältnis und die deutsch-französische Freundschaft wurden in der Folge zur Staatsräson der außenpolitischen Kultur Deutschlands.

Die Außenpolitik Deutschlands wird häufig als die einer Zivilmacht bezeichnet,[4] was sich in der Bereitschaft zur Übertragung nationaler Souveränität auf supranationale Institutionen, eine grundsätzliche Skepsis gegenüber dem Einsatz militärischer Mittel und eine starke Präferenz für multilaterale Lösungsansätze äußert.[5] In der Zivilmachtsorientierung kommt das Bestreben deutscher Außenpoli-

---

[1] Vgl. Hellmann, Gunther/Wolf, Reinhard/Schmidt, Siegmar: Deutsche Außenpolitik in historischer und systematischer Perspektive, in: Schmidt, Siegmar/Hellmann, Gunther/Wolf, Reinhard (Hrsg.): Handbuch zur deutschen Außenpolitik, Wiesbaden 2007, S. 15 – 48, hier S. 16.

[2] Vgl. Bredow, Wilfried von: Führung als Mitgestaltung. Die Unausweichlichkeit einer aktiven deutschen Außen- und Sicherheitspolitik, in: Zeitschrift für Außen- und Sicherheitspolitik, Jg. 2 (2009), H. 2, S. 234 – 254, hier S. 235 und Maull, Hans W.: Deutschland als Zivilmacht, in: Schmidt, Siegmar/Hellmann, Gunther/Wolf, Reinhard (Hrsg.): Handbuch zur deutschen Außenpolitik, Wiesbaden 2007, S. 73 – 84, hier S. 77.

[3] Vgl. Bredow, Wilfried von: Die Außenpolitik der Bundesrepublik Deutschland. Eine Einführung, Wiesbaden 2008, S. 27.

[4] Nach Maull beschreibt das Zivilmachtskonzept eine „außenpolitische Grundorientierung, die auf die Zivilisierung der Politik insgesamt und der internationalen Beziehungen im Besonderen abzielt", Maull, a.a.O., S. 74.

[5] Vgl. Maull, a.a.O., S. 76.

tik zum Ausdruck, gegenüber den Partnern als berechenbar und verlässlich zu gelten. So gelang es trotz der schwierigen Vergangenheit, Ansehen zu gewinnen und international Ziele und Interessen im Konzert der Westmächte zu gestalten und zu verwirklichen.

Nach 1990 gab es dann von Seiten der ehemaligen Besatzungsmächte, vor allem Großbritanniens, Befürchtungen hinsichtlich einer neuen Machtpolitik des wiedervereinigten Deutschlands, die sich aber nicht erfüllten. Stattdessen bemühte sich die deutsche Außenpolitik bis in die späten 1990er Jahre hinein um ein hohes Maß an Kontinuität.[6] Dies war die Zeit, in der sich Deutschland sozusagen international seine Meriten als „Zivilmacht" verdiente. Vor allem in der Europapolitik war das Bestreben Deutschlands nach weiterer Integration unübersehbar. So wurden unter der schwarz-gelben Koalition Helmut Kohls zentrale europäische Projekte, vom europäischen Binnenmarkt über die Währungsunion bis zur EU-Osterweiterung, vorangetrieben.[7]

Neu waren in den neunziger Jahren die vermehrten Auslandseinsätze der Bundeswehr. Allen voran die deutschen Engagements im Kosovo und in Afghanistan warfen immer wieder die Frage nach einer möglichen Militarisierung deutscher Außenpolitik auf. Vertreter des Zivilmachtskonzepts lehnen eine solche Deutung jedoch ab, denn dieses sei nicht mit Pazifismus gleichzusetzen.[8] Wo Völkermord oder humanitäre Katastrophen drohten, sei der Einsatz von Gewalt als letztes Mittel zu rechtfertigen. Außerdem sei dem stetigen Bemühen Deutschlands um *politische* Konfliktlösungsmechanismen wie etwa der Balkan-Stabilitätspakt oder der Petersberg-Prozess zur Neuordnung Afghanistans, Rechnung zu tragen.[9] Aus dieser Sicht wird die Bereitschaft zu militärischen Engagements als eine notwendige Anpassung der deutschen Außen- und Sicherheitspolitik an die Heraus-

---

[6] Vgl. Risse, Thomas: Kontinuität durch Wandel: Eine „neue" deutsche Außenpolitik?, in: Aus Politik und Zeitgeschichte, H. 11 (2004), S. 24 – 31, hier S. 24.

[7] Vgl. Bredow: Die Außenpolitik der Bundesrepublik Deutschland, a.a.O., S. 214.

[8] Vgl. Risse, Thomas: Deutsche Identität und Außenpolitik, in: Schmidt, Siegmar/Hellmann, Gunther/Wolf, Reinhard (Hrsg.): Handbuch zur deutschen Außenpolitik, Wiesbaden 2007, S. 49 – 61, hier S. 58.

[9] Vgl. Risse: Kontinuität durch Wandel, a.a.O., S. 29.

forderungen einer veränderten internationalen Lage interpretiert.[10] Angesichts neuer Bedrohungspotenziale nach dem Ende des Ost-West-Konflikts, der zunehmenden Globalisierung und dem Aufkommen des internationalen Terrorismus, so die Argumentation, seien Korrekturen unausweichlich. Neben dem Anspruch, eine „zivilisierte" und wertegebundene Außenpolitik zu verfolgen, gehe es auch darum, die Erwartungen der internationalen Partner zu erfüllen und sich Mitspracherechte und Einflussmöglichkeiten unter den Großmächten zu sichern.[11]

Gleichwohl verfestigte sich zu Beginn des 21. Jahrhunderts auf europäischer und auf internationaler Ebene der Eindruck eines neuen Selbstbewusstseins deutscher Außenpolitik. Dass die Bundesregierung eine von den USA geführte Intervention ablehnte – auch für den Fall, dass es ein UN-Mandat gegeben hätte –, stellte in diesem Zusammenhang zweifelsohne einen Höhepunkt dar.[12] Im Kontext der Irak-Entscheidung wurde deutlich, dass historisch gewachsene Prinzipien deutscher Außenpolitik in Konflikt miteinander geraten können.[13] Denn während die Regierung Schröder einerseits Kontinuität im Sinne des Zivilmachtskonzepts bewies[14], brach sie auf der anderen Seite, zumindest kurzfristig, mit der zuvor selbstverständlichen Bündnispflicht. Die Entscheidung führte zu deutlichen Spannungen im transatlantischen Verhältnis, passte aber zum Postulat von Kanzler Schröder, verstärkt einen „deutschen Weg" in der Außenpolitik zu beschreiten, mit dem er den Status einer „erwachsenen Nation" reklamierte.[15] Zu diesem neuen Anspruchsdenken gehörte auch die Forderung nach einem ständigen Sitz Deutschlands im Sicherheitsrat der Vereinten Nationen.

---

[10] Vgl. Maull: Deutschland als Zivilmacht, a.a.O. S. 79 und Risse: Deutsche Identität und Außenpolitik, S. 58.

[11] Vgl. Hellmann, a.a.O. S. 36 und Maull: Deutschland als Zivilmacht, a.a.O., S. 79.

[12] Vgl. Risse: Deutsche Identität und Außenpolitik, a.a.O., S. 58.

[13] Vgl. ebd., S. 59.

[14] Vgl. Maull: Deutschland als Zivilmacht, a.a.O., S. 79.

[15] Vgl. Gareis, Sven Bernhard: Die Außen- und Sicherheitspolitik der Großen Koalition, in: Buko, Sebastian/Seemann, Wenke (Hrsg.): Die Große Koalition. Regierung – Politik – Parteien 2005-2009, Wiesbaden 2010, S. 228 – 246, hier S. 229.

Auch in der Europapolitik wagte die Regierung Schröder einen selbstbewussteren Stil.[16] Als Deutschland 2002 die Maastrichter Defizitkriterien verletzte, weichte Schröder im Verbund mit Frankreich den Stabilitäts- und Wachstumspakt auf, um Sanktionen aus Brüssel zu entgehen. Grundsätzlich suchten Schröder und Fischer die Nähe zu den großen EU-Mitgliedsstaaten Frankreich und Großbritannien. Die damit einhergehende Vernachlässigung der Interessen der kleinen EU-Staaten stellte einen Bruch mit einer wichtigen Tradition deutscher Europapolitik dar, wonach Deutschland sich stets um die Einbindung kleiner Mitgliedstaaten bemühte.[17]

Die Große Koalition bemühte sich nach ihrem Amtsantritt sichtlich, gegenüber den Schröder-Jahren zu alter Verlässlichkeit und auch „Bescheidenheit", wie es Außenminister Steinmeier ausdrückte, zurückzukehren. So wurde etwa versucht, die Beziehungen zu den USA und zu den kleinen EU-Mitgliedsstaaten wieder zu verbessern.[18] Kanzlerin Angela Merkel erzielte weltweit geachtete Erfolge auf dem internationalen Parkett. Nur Wochen nach ihrem Amtsantritt setzte sie – durch ihre Bereitschaft, höhere finanzielle Beiträge zu leisten – in den festgefahrenen europäischen Haushaltsverhandlungen einen Kompromiss durch.[19] Europapolitisch übernahm Merkel bald eine Führungsrolle und gewann dadurch den Ruf als „unprätentiös auftretende, pragmatische, geschickte Vermittlerin und Problemlöserin"[20]. Mit der Doppelpräsidentschaft in EU und G8 und dem erfolgreichen Abschluss des Vertrags von Lissabon, den die Merkel-Regierung entscheidend vorangebracht hatte, stellte das Jahr 2007 zweifelsohne

---

[16] Vgl. Müller-Brandeck-Bocquet, Gisela: Rot-grüne Europapolitik 1998-2005: Eine Investition in die Zukunft der EU, in: Dies. (Hrsg.): Deutsche Europapolitik. Von Adenauer bis Merkel, Wiesbaden 2010, S. 173 – 252, hier S. 243f.

[17] Vgl. Maull, Hanns W.: „Normalisierung" oder Auszehrung? Deutsche Außenpolitik im Wandel, in: Aus Politik und Zeitgeschichte, H. 48 (2002) S. 17 – 23, hier S. 20 und Gareis, a.a.O., S. 228.

[18] Vgl. Hellmann u.a., a.a.O., S. 38; Gareis, a.a.O., S. 230 und Hacke, Christian: Die Außenpolitik der Regierung Schröder/Fischer: Zwischenbilanz und Perspektiven, in: Aus Politik und Zeitgeschichte, H. 48 (2002), S. 7 – 15, hier S. 2.

[19] Vgl. Hellmann u.a., a.a.O., S. 39.

[20] Müller-Brandeck-Bocquet, Gisela: Deutsche Europapolitik unter Angela Merkel: Enge Gestaltungsspielräume in Krisenzeiten, in: Dies. (Hrsg.): Deutsche Europapolitik. Von Adenauer bis Merkel, Wiesbaden 2010, S. 253 – 349, hier S. 265.

einen Höhepunkt der Außenpolitik Merkels dar.[21] Bei der deutschen Bevölkerung jedenfalls kam das außenpolitische Engagement der Kanzlerin, zu dem auch ihr „persönliches" Engagement in der Klimapolitik zählte, gut an.[22]

Erst infolge der Finanz- und Wirtschaftskrise 2008 bröckelte ihr weltpolitisches Ansehen.[23] Dass es der Europäischen Union nicht gelang, eine gemeinsame Antwort auf die Krise zu finden, lag nicht zuletzt an der Blockadehaltung Merkels und ihres Finanzministers Peer Steinbrück. Als alle 27 Mitgliedstaaten im November 2008 ein gemeinsames Konjunkturprogramm von 130 Mrd. Euro auflegen wollten, legte die Bundesregierung ein Veto ein. Schnell wurde die Wandlung von „Mrs. Europa" zu „Madame Non" zur beliebten Formel, um den Wandel der Außenpolitik Merkels zu charakterisieren.

Schwierigkeiten im deutsch-französischen Verhältnis zogen sich zudem durch die gesamte erste Legislaturperiode der Großen Koalition. So traten immer wieder Interessenkonflikte zwischen Berlin und Paris ans Licht; sei es über Sarkozys Pläne einer „Union für das Mittelmeer", beim Streit um eine europäische Wirtschaftsregierung oder im Eurokrisenmanagement.[24] Dennoch fanden beide Seiten, sich der Bedeutung der guten Beziehung beider Länder bewusst, immer wieder zueinander. Eine herzliche Beziehung zwischen Merkel und Sarkozy wurde daraus jedoch bis zum Ende der Großen Koalition nicht.

Es bleibt unübersehbar, dass sich der Stil der deutschen Außenpolitik zu Beginn des 21. Jahrhunderts zunächst unter Kanzler Schröder und anschließend in der ersten Amtszeit seiner Nachfolgerin gewandelt hat: Auf internationalem Parkett schien man nun mit grö-

---

[21] Vgl. Bredow: Die Außenpolitik der Bundesrepublik Deutschland, a.a.O., S. 226 und Brandeck: Deutsche Europapolitik unter Angela Merkel, a.a.O., S. 296 und Wendler, Frank: Pragmatismus, Führung und langsam erodierender Konsens: Eine Bilanz der Europapolitik der Großen Koalition, in: Egle, Christoph/Zohlnhöfer, Reimut (Hrsg.): Die zweite Große Koalition. Eine Bilanz der Regierung Merkel 2005-2009, S. 530 – 549, hier S. 530.

[22] Vgl. Müller-Brandeck-Bocquet: Deutsche Europapolitik unter Angela Merkel, a.a.O., S. 265 und Gareis, a.a.O., S. 236.

[23] Vgl. Müller-Brandeck-Bocquet: Deutsche Europapolitik unter Angela Merkel, a.a.O., S. 330.

[24] Vgl. ebd. S. 328 und Gareis, a.a.O., S. 233.

ßerem Selbstbewusstsein *nationale* Interessen zu vertreten und auch nicht mehr vor mittelgroßen Interessenkonflikten mit den traditionell engsten Partnern zurückzuschrecken. Das bedeutet nicht, dass die außenpolitischen Traditionslinien vollständig an Geltung verloren hätten. Im Gegenteil: Das Konzept der Zivilmacht mit seiner grundsätzlichen Präferenz für friedliche Konfliktlösungen und für multilaterale Verhandlungen hatte Bestand und war gerade in der deutschen Bevölkerung tief verankert. Das Bekenntnis zu Europa sowie ein gutes Verhältnis zu Frankreich und den USA blieben trotz vorübergehender Spannungen integraler Bestandteil deutscher Außenpolitik. Insofern handelten die rot-grüne und die Große Koalition in der Kontinuität deutscher Außenpolitik.[25] Dennoch konstatiert Maull eine „wachsende Brüchigkeit der tradierten Grundlinien deutscher Außenpolitik"[26]. Auch von Bredow kommt zu dem Schluss, dass trotz einer grundsätzlichen Kontinuität Wandlungsprozesse zu beobachten seien, „die in ihrer Summe mehr als nur kleine Korrekturen eines festgelegten Kurses sind"[27]. Bis zum Ende der Großen Koalition bestätigte sich weitestgehend der Eindruck, dass sich deutsche Außenpolitik nicht länger davor zurückscheute, zumindest teilweise selbstbewusstere, machtorientierte Politik zu betreiben.

Der Koalitionsvertrag: Ein Bekenntnis zur Tradition

Vor diesem historischen Hintergrund schlossen CDU, CSU und FDP im Herbst 2009 ihren Koalitionsvertrag.[28] Bereits vor Vertragsabschluss hatten sich Guido Westerwelle und Volker Kauder in programmatischen Artikeln[29] zu Wort gemeldet und in den jeweiligen

---

[25] Vgl. Bredow: Die Außenpolitik der Bundesrepublik Deutschland, a.a.O., S. 251 und Risse: Kontinuität durch Wandel, a.a.O., S. 31.

[26] Maull: „Normalisierung" oder Auszehrung?, a.a.O. S. 20.

[27] Bredow: Die Außenpolitik der Bundesrepublik Deutschland a.a.O., S. 251.

[28] Koalitionsvertrag zwischen CDU, CSU und FDP. Wachstum. Bildung Zusammenhalt, online einsehbar unter http://www.cdu.de/doc/pdfc/091026-koalitionsvertrag-cducsu-fdp.pdf [eingesehen am 20.7.2011].

[29] Die Aufsätze sollen hier zur Ergänzung und Erklärung herangezogen werden. Kauder, Volker: Im Interesse Deutschlands. Die außen- und sicherheitspolitischen Positionen der CDU/CSU-Bundestagsfraktion, in: Zeitschrift für Außen-

Texten die Sicht ihrer Parteien zu außen- und sicherheitspolitischen Themen vorgestellt. Vertrag und Artikel, fügen sich in ihren Prinzipien und Werten nahtlos in die bisherige Außenpolitik ein und bergen keine inhaltlichen Überraschungen. Die neue Regierung reihte sich zunächst also ausdrücklich in die bundesrepublikanische Tradition ein.

Das außenpolitische Kapitel des Koalitionsvertrags beginnt so auch mit dem Thema „Deutschland in Europa". Darin wird die Bedeutung der EU für die eigenen Ziele, die Berücksichtigung der Interessen auch kleinerer Partnerländer und die Beziehungen zu Frankreich und Polen, betont. Deutlich lässt sich das Verständnis herauslesen, dass die EU das Fundament des deutschen Wohlstands darstellt. Eine gemeinsame, geschlossene Außenpolitik aller EU-Staaten mit einer inhaltlichen Verzahnung wird beansprucht, da elementare Fragen gemeinsam verhandelt und beschlossen werden sollen.

Der Vertrag stellt die Außenpolitik Deutschlands ganz allgemein unter die Prinzipien „wertegebunden" und „interessengeleitet".[30] Ausformuliert bedeutet dies, dass man sich an die oben bereits genannten bewährten Leitlinien der Westbindung und der transatlantischen Partnerschaft halten will, um Deutschlands Interessen zu wahren und das eigene Gewicht in der Welt zu erhöhen. Kauder formulierte dies so: „Unser Ziel ist es, eine aktive konstruktive Rolle in der Welt zu spielen und Deutschlands gewachsenes Potential verantwortungsvoll auszufüllen."[31] Der NATO wird eine besonders wichtige Rolle eingeräumt. Betont wird auch – und diese Neuerung ist auch dem Grundsatzpapier Westerwelles zu entnehmen –, dass man eine nuklearwaffenfreie Welt anstrebe und Abrüstung bzw. Rüstungskontrolle für besonders wichtig halte. Im Vertrag wird zudem betont, dass das Eintreten für Menschenrechte – etwa auf dem afrikanischen Kontinent – besonders relevant für die Glaubwürdigkeit deutscher Außenpolitik sei.

---

und Sicherheitspolitik, Jg. 2. (2009), H. 2, Vol. 3, S. 273 – 283; Westerwelle, Guido: Neue Chancen für Frieden und Freiheit. Grundzüge einer liberalen Außenpolitik, in: Zeitschrift für Außen- und Sicherheitspolitik, Jg. 2. (2009), H. 2, Vol. 3, S. 295 – 304.

[30] Koalitionsvertrag, a.a.O., S. 119.
[31] Kauder: Im Interesse Deutschlands, a.a.O., S. 275.

Der Afghanistan-Einsatz wird im Koalitionsvertrag als „Aufgabe von besonderem nationalen Interesse" bezeichnet.[32] Er wird damit begründet, dass er der Sicherheit der Deutschen diene und darüber hinaus Solidarität gegenüber den Afghanen ausdrücke und beweise, dass man ein verlässliches Mitglied in internationalen Organisationen sei. Ziel sei die Etablierung von Sicherheit und die Einhaltung der Menschenrechte in Verbindung mit einer klaren Abzugsperspektive. Ganz allgemein wird betont, dass militärisches Eingreifen nur als letztes aller Mittel in Frage komme. Es müsse dann im Rahmen der UNO oder NATO stattfinden und völkerrechtlich legitimiert sein. Als nach wie vor handlungsleitend gilt die „Kultur der Zurückhaltung"[33]. Die Bundeswehr, für die man die Wehrpflicht erhalten möchte, wird als ein „wesentliches Instrument deutscher Friedenspolitik" verstanden.

Europapolitik: Ein neues deutsches Selbstbewusstsein?

Keine Frage: Die Eurokrise stellt die Europäische Union vor eine ihrer größten Herausforderungen.[34] Die Währungsunion besitzt hohen Symbolcharakter für das geeinte Europa – ein Scheitern des Euro würde unweigerlich die europäische Idee als solche in Frage stellen. Der drohende Staatsbankrott Griechenlands im März 2010 legte die Schwächen der Eurozone schonungslos offen: Der Stabilitäts- und Wachstumspakt – ursprünglich entworfen, um ausgeglichene Haushalte der EU-Staaten und geringe Staatsverschuldung zu gewährleisten – hatte sein Ziel verfehlt.[35] Ungleichgewichte in den Außenhandelsbilanzen heizten zudem die Staatsverschuldung auch in anderen Euroländern wie Irland, Portugal und Spanien weiter an.[36]

---

[32] Koalitionsvertrag, a.a.O., S. 123.

[33] Ebd., S. 124.

[34] Vgl. Trötzer, Lukas: Patient Euro, in: Internationale Politik Mai/Juni 2010, S. 53 – 57, hier S. 53f.

[35] Vgl. Horn, Karen: Der Euro als Mausefalle, in: Internationale Politik Mai/Juni 2010, S. 44 – 52, hier S. 51.

[36] Vgl. Dullien, Sebastian/Schwarzer, Daniela: Die Eurozone braucht einen außenwirtschaftlichen Stabilitätspakt, in: SWP-Aktuell 27.06.2009, online einsehbar unter http://www.swp-berlin.org/fileadmin/contents/products/aktuell/2009A27_

Europapolitisch stand die deutsche Bundesregierung in der Eurokrise vor zwei Herausforderungen: Zum einen galt es, ein Scheitern des Euro abzuwenden. Deutschland profitiert wirtschaftlich nach wie vor stark von der Einheitswährung und deutsche Banken sehen sich durch Staatsbankrotte von Schuldenländern bedroht.[37] Zugleich war die Erwartungshaltung der europäischen Partner an Deutschland aufgrund seines politischen und wirtschaftlichen Gewichts sowie seiner traditionellen Rolle als „Motor der Integration" hoch. Die zweite Herausforderung der Bundesregierung in der Eurokrise bestand darin, ihr Handeln der eigene Bevölkerung auch verständlich zu machen.

In ihrer Zeit als Kanzlerin der Großen Koalition hatten sich zwei Bilder von der Europapolitikerin Merkel herausgebildet.[38] Da war zum einen die zupackende Europäerin, die mit viel Verhandlungsgeschick und Pragmatismus die EU aus ihrer Starre löste, wie etwa beim Haushaltskompromiss oder bei der Einigung über den Vertrag von Lissabon. Zum anderen zeigte sich Merkel als Bremserin, als sie während der Finanz- und Wirtschaftskrise gesamteuropäische Maßnahmen blockierte und nationale Alleingänge vorzog. Zu Beginn der Griechenlandkrise Anfang 2010 dominierte erneut letzteres Bild. Eine schnelle Rettung, wie von anderen Eurostaaten gefordert, wurde von Merkel verhindert. Stattdessen beharrte sie auf der Beteiligung des Internationalen Währungsfonds (IWF) an Notkrediten und verzichtete damit auf eine genuin europäische Lösung. Damit setzte sie sich letztlich auch bei einem Krisentreffen der Euroländer am 25. März 2010 durch.

Mit ihrer Zurückhaltung entsprach Merkel der Stimmung in der deutschen Bevölkerung. Eine Mehrheit der Deutschen war gegen finanzielle Hilfen für Griechenland, wobei die Ablehnung bei den Anhängern von Union (73 Prozent) und FDP (79 Prozent) besonders

---

dullien_swd_ks.pdf [eingesehen am 10.06.2010] und Hishow, Orgnian H.: Die Schuldenkrise in der Europäischen Union, SWP-Aktuell Juni 2010, online einsehbar unter http://www.swp-berlin.org/fileadmin/contents/products/aktuell/2010A47_hsh_ks.pdf [eingesehen am 11.11.2010].

[37] Vgl. Posen, Adam S.: Die Vorteile der Vielfalt, in: Internationale Politik März/April 2011, S. 58 – 65, hier S. 58.

[38] Vgl. Pinzler, Petra: Die andere Europäerin, in: Die Zeit, 10.03.2011.

hoch ausfiel.[39] Die *Bild-Zeitung* feierte Merkels Standhaftigkeit („Nie wieder Zahlmeister Europas!"[40]) und stilisierte sie in Anlehnung an Otto von Bismarck zur „Eisernen Kanzlerin". Doch wurde Merkel dieser Rolle nur zum Teil gerecht. Denn dass die EU gemeinsam mit dem IWF Milliarden für Griechenland bereitstellte, konnte und wollte auch die Kanzlerin letztlich nicht verhindern. Am 2. Mai 2010 wurden 110 Mrd. Euro Notkredite für Athen beschlossen, acht Tage später ein mit 750 Mrd. Euro ausgestatteter „Abwehrschirm" installiert.

Dazwischen lag die verlorene Landtagswahl in Nordrhein-Westfalen. Der Vorwurf, dass Merkel die in der Bevölkerung unbeliebten Hilfen für Griechenland möglichst lange hinauszögern wollte, um eine Niederlage in Nordrhein-Westfalen abzuwenden, und dass sie die Kosten der Rettung damit in die Höhe trieb, hat sich seitdem als vorherrschendes Deutungsmuster etabliert.[41] Der ehemalige Außenminister Joschka Fischer warf der Bundesregierung vor, sie habe sich aus ihrer Rolle als Motor der europäischen Integration zurückgezogen, um vorrangig nationale Interesse zu verfolgen.[42]

Tatsächlich war die Zustimmung der Kanzlerin zu Notkrediten und Rettungsschirm stets an harte Bedingungen geknüpft: Nur Ländern, die sich zu Haushaltskonsolidierung und Reform bereit erklärten, sollten Hilfen in Aussicht gestellt werden. Zudem: Hatte sie in der ersten Phase der Eurokrise, in der es um die kurzfristige Rettung Griechenlands gegangen war, darauf hingewirkt, Maßnahmen zu verlangsamen, trat Merkel später die Flucht nach vorn an. In ihrer Regierungserklärung vom 19. Mai 2010 machte sie deutlich, dass ein

---

[39] Vgl. Politbarometer der Forschungsgruppe Wahlen, März 2010, online einsehbar unter http://www.forschungsgruppe.de/Umfragen_und_Publikationen/Politbarometer/Archiv/Politbarometer_2010/Maerz_II/ [eingesehen am 05.04.2011].

[40] Vgl. Blome, Nikolaus: Nie wieder Zahlmeister Europas!, in: Bild, 25.03.2010.

[41] Vgl. Steinbrück, Peer/Steinmeier, Frank-Walter: „Untätig und Unsichtbar", Spiegel online, 03.05.2010, online einsehbar unter http://www.spiegel.de/spiegel/0,1518,692610,00.html [eingesehen am 05.05.2010] und Bulmer, Simon/Paterson, William E.: Germany and the European Union: from „tamed power" to normalized power? in: International Affairs, Jg. 86 (2010) H. 5, S. 1051 – 1073, hier S. 1072.

[42] Vgl. Fischer, Joschka: Frau Germania, Süddeutsche Zeitung Online, 29.03.2010, online einsehbar unter http://www.sueddeutsche.de/politik/merkel-und-europa-frau-germania-1.10508 [eingesehen am 04.03.2011].

Umbau der Eurozone dringend geboten sei, um die Gemeinschaftswährung für die Zukunft krisenfest zu machen.⁴³ Um den Weg in eine neue Stabilitätskultur zu ebnen, forderte Merkel härtere Sanktionen gegen Defizitsünder, die bis hin zu einem Stimmentzug in EU-Gremien reichen sollten. Die deutsche Kanzlerin machte sich daran, die Eurozone nach deutschen Regeln neu zu gestalten, und scheute dabei nicht die offene Konfrontation mit den europäischen Partnern, wobei sich vor allem die kleineren Mitgliedstaaten oftmals vor den Kopf gestoßen fühlten.⁴⁴

Das Image Deutschlands wandelte sich daraufhin und die Kritik an einer außenpolitischen "Renationalisierung" wurde zum gängigen Topos.⁴⁵ Charles Kupchan, Deutschlandexperte am *Council on Foreign Relations*, schrieb in einem Beitrag für die *Washington Post* im Rückblick auf die Griechenlandkrise, dass für Deutschland vermehrt nationale Interessen im Vordergrund stünden, während eine mangelnde Begeisterung für Europa beobachtbar sei.⁴⁶ Der französische *Figaro* befürchtete Alleingänge Deutschlands, das sich zu Absprachen mit den anderen europäischen Staaten nicht mehr verpflichtet fühle.⁴⁷ Altkanzler Helmut Schmidt warnte vor Anmaßungen deutscher Europapolitik und einem Alleingang in der Eurokrise,⁴⁸ während Claire Demesmay, Europaexpertin der *Deutschen Gesellschaft*

---

⁴³ Vgl. Regierungserklärung von Bundeskanzlerin Angela Merkel zu den Euro-Stabilisierungsmaßnahmen, online einsehbar unter http://www.bundesregierung.de/Content/DE/Regierungserklaerung/2010/2010-05-19-merkel-erklaerung-eu-stabilisierungsmassnahmen.html, 19.05.2010 [eingesehen am 03.10.2010].

⁴⁴ Vgl. Pinzler, Petra: Das Ende der Illusionen, in: Internationale Politik Mai/Juni 2010, S. 58 – 63, hier S. 59.

⁴⁵ Vgl. Hellmann, Gunther: Normativ abgerüstet, aber selbstbewusst. Deutsche Außenpolitik im 20. Jahr nach der Vereinigung (ohne Zeitenzahlen), online einsehbar unter http://www.aicgs.org/documents/advisor/hellmann.oct3.pdf [eingesehen am 06.04.2011].

⁴⁶ Vgl. Kupchan, Charles: As nationalism rises, will the European Union fall?, in: Washington Post, 29.08.2010, online einsehbar unter http://www.washingtonpost.com/wp-dyn/content/article/2010/08/27/AR2010082702138.html [eingesehen am 02.05.2011].

⁴⁷ Vgl. Kardrel, Yves de: Angela Merkel „über alles", in: Le Figaro, 15.06.2010.

⁴⁸ Vgl. Schmidt, Helmut: Nur keine Anmaßung, in: Die Zeit, 08.07.2010.

für Auswärtige Politik, kritisierte, dass unter Merkel deutsches Eigeninteresse als identisch mit dem Europas erklärt würde.[49]

Der neue Stil markierte an vielen Stellen einen Bruch mit den Traditionslinien deutscher Europapolitik. So erwies sich das deutsch-französische Tandem in der Eurokrise als handlungsunfähig.[50] Anders als in der Vergangenheit übernahmen Deutschland und Frankreich nicht gemeinsam die Führung. Stattdessen verstärkte sich zunehmend der Eindruck des Misstrauens und der Entfremdung zwischen den Regierungen beider Länder. Gleichzeitig wurde Deutschland seiner traditionellen Rolle als „Anwalt" kleiner Mitgliedsländer nicht länger gerecht. Vielmehr fühlten sich viele vom neuen Machtbewusstsein, das in den finanzpolitischen Forderungen Deutschlands zum Ausdruck kam, bedroht.[51]

Wie ist dieser Bruch mit Traditionslinien zu erklären? Zunächst wurde in Merkels zweiter Amtszeit immer offenkundiger, was schon unter Schröder zu beobachten war: Beide gehören einer Generation[52] von Politikern an, die nicht mehr unmittelbar vom Zweiten Weltkrieg und NS-Diktatur geprägt wurde und für die die europäische Idee nicht länger die notwendige Konsequenz dieser Erfahrungen darstellt.[53]

---

[49] Vgl. Bittner, Jochen/Lau, Jörg: Wir sind so deutsch, in: Die Zeit, 29.07.2010.

[50] Vgl. Schwarzer, Daniela: Frau Hü trifft Monsieur Hott, Spiegel online, 14.06.2010, online einsehbar unter http://www.spiegel.de/politik/ausland/0,1518,700408,00.html [eingesehen am 14.06.2010] und Randow, Gero von: Fremde Nachbarn, in: Die Zeit, 17.06.2010.

[51] Guérot, Ulrike: Welches Deutschland braucht Europa? Blätter für deutsche und internationale Politik, Juni 2011, einsehbar unter http://www.blaetter.de/archiv/jahrgaenge/2011/juni/welches-deutschland-braucht-europa [eingesehen am 10.06.2011].

[52] Zum Generationenbegriff vgl. z.B. Mannheim, Karl: „Das Problem der Generationen", in: Ders.: Wissenssoziologie: Auswahl aus dem Werk, Berlin/Neuwied 1964 (eingeleitet und herausgegeben von Kurt H. Wolff), S. 509 – 565; Jureit Ulrike/Wildt, Michael (Hrsg.): Generationen. Zur Relevanz eines wissenschaftlichen Grundbegriffs, Hamburg 2005; Kühnemund, Harald/Szydlik, Marc (Hrsg.): Generationen. Multidisziplinäre Perspektiven, Wiesbaden 2009.

[53] Vgl. Bulmer/Paterson, a.a.O., S. 1072 und Ischinger, Wolfgang/Bunde, Tobias/Noetzel, Timo: 20 Jahre nach der Vereinigung. Deutsche Außenpolitik in und für Europa, in: Zeitschrift für Außen- und Sicherheitspolitik, Jg. 4 (2011), H. 1, S. 89 – 107, hier S. 96 und Guérot, a.a.O.; Schöllgen, Gregor: Die Zukunft der deutschen

Stattdessen haben Politiker dieser Generation offenbar ein deutlich nüchterneres Verhältnis zu Europa entwickelt. Auch die *Frankfurter Allgemeine Zeitung* konstatiert, dass Europa für Merkel, anders als für den ehemaligen CDU-Kanzler Kohl, keine Herzensangelegenheit mehr sei.[54] Dies bedeutet jedoch nicht, dass sich die Regierung gänzlich von der europäischen Idee abgewendet hätte. Auch Merkel warnte in ihren Regierungserklärungen zu Griechenland vor dem Scheitern dieser Idee und auch im Koalitionsvertrag von Schwarz-Gelb findet sich ein klares Bekenntnis zur Europäischen Union.

Die deutsche Bundesregierung – das hat die Eurokrise deutlich gemacht – formulierte ihre Interessen auf europäischer Ebene offensiver als ihre Vorgänger. Hinzu kam: Auch wenn die schwarz-gelbe Bundesregierung sich letztlich für die Rettung des Euro einsetzte, fehlte es ihr doch stets an einer übergreifenden Strategie für die Zukunft der Europäischen Union.[55] Diese vielerorts beklagte Visionslosigkeit[56] stellte einen weiteren Bruch mit einer Traditionslinie deutscher Europapolitik dar: Deutschland war nicht länger Avantgarde und trieb nicht länger europäische Projekte, vielfach auch gegen Stimmungen in der eigenen Bevölkerung, voran. Wo Kohl 1992 den Euro auch gegen den Widerstand der Deutschen durchsetzte, versteckte sich die neue deutsche Europapolitik hinter vermeintlicher Alternativlosigkeit, war mehr Reaktion als aktive Politik.

Es ist kaum zu übersehen, dass die Europapolitik zunehmend von innenpolitischen Ereignissen und Stimmungen beeinflusst wurde. So war die Eurorettung nicht nur in großen Teilen der Bevölkerung äußert umstritten, sondern auch innerhalb der Regierungsfraktionen – vor allem im Lager der FDP. Aber auch Meinungsgruppen innerhalb der CDU/CSU-Fraktion stemmten sich immer wieder gegen das eu-

---

Außenpolitik liegt in Europa, in: Aus Politik und Zeitgeschichte, H. 11 (2004), S. 9 – 16, hier S. 10.

54 Vgl. Hank, Rainer: Wie europäisch ist Angela Merkel? FAZ online, 29.03.2010, online einsehbar unter http://m.faz.net/Rub3ADB8A210E754E748F42960CC7 349BDF/Doc~E21C09387D8AB4337AFE5CB075FA018CB~ATpl~Epartner~Ssevenv al~Scontent.xml [eingesehen am 02.06.2011].

55 Vgl. Ischinger u.a., a.a.O., S. 92.

56 Vgl. Bulmer/Paterson, a.a.O., S. 1054.

ropapolitische Vorgehen der Bundesregierung.[57] Um diesen Stimmungen entgegenzuwirken, war die Bundesregierung stets darum bemüht, den Eindruck zu widerlegen, die Eurorettung werde vor allem mit deutschen Geldern finanziert. Demonstrativ zeigte die Bundesregierung in ihren bereits genannten Forderungen nach einer neuen Stabilitätskultur, dass man in Zukunft strenger mit Defizitsündern verfahren wollte. Die eigentliche Herausforderung jedoch, die eigene Bevölkerung von der Notwendigkeit der Eurorettung und des anschließenden Umbaus der Eurozone zu überzeugen, bewältigte die Bundesregierung bislang nicht. Merkels Taktik nahm im Frühjahr 2011 sogar populistische Züge an, als sie vor Parteianhängern monierte, dass es nicht länger hinnehmbar sei, dass Griechen, Spanier und Portugiesen mehr Urlaub hätten als die Deutschen.[58]

Doch tatsächlich wuchs Europa in der Krise, aller negativen Rhetorik zum Trotz, politisch enger zusammen – wobei, viele zentrale Forderungen der deutschen Bundesregierung bereits als Teil des Brüsseler Krisenmanagements umgesetzt worden sind. So sah das am 25. März 2011 verabschiedete Gesamtpaket zur Überwindung der Schuldenkrise die Einrichtung eines dauerhaften Krisenfonds ab 2013 und eine Verschärfung des Stabilitäts- und Wachstumspakets vor.[59] Nationale Haushalte würden in Zukunft strenger kontrolliert und die Staats- und Regierungschefs verpflichteten sich dazu, in Zukunft gemeinsame Ziele auf Feldern der Sozial- und Steuerpolitik zu formulieren. Was dabei abermals ins Auge fiel: Die Bundesregierung machte nicht einmal den Versuch, die Bevölkerung von der Notwendigkeit – geschweige denn vom Erfolg – ihrer Politik zu überzeugen

---

[57] Vgl. Faigle, Philip: Die Euro-Rebellen formieren sich, in: Zeit online, 12.05.2011, online einsehbar unter http://www.zeit.de/wirtschaft/2011-05/koalition-rettungsfonds-euro [eingesehen am 12.05.2011] und Reiermann, Christian/ Sauga, Michael: In der Euro-Falle, in: Spiegel online, 05.03.2011, online einsehbar unter http://www.spiegel.de/spiegel/0,1518,750086,00.html [eingesehen am 06.03.2011].

[58] Vgl. Augstein, Jakob: Merkel tauscht Europa gegen Stammtisch, in: Spiegel online, 19.05.2011, online einsehbar unter http://www.spiegel.de/politik/deutschland/0,1518,763511,00.html [eingesehen am 19.05.2011].

[59] Vgl. Böll, Sven: Euro-Retter schmieden neue Wirtschaftsordnung, in: Spiegel online, 25.03.2011, online einsehbar unter http://www.spiegel.de/wirtschaft/soziales/0,1518,753135,00.html [eingesehen am 25.03.2011].

und damit auch für das europäische Projekt zu werben. Am Ende stand eine große Verunsicherung, nicht nur auf Seiten der europäischen Partner, sondern auch innerhalb der deutschen Bevölkerung.

Afghanistan: Eine Frage der Bündnistreue

Neben der Eurokrise war der Afghanistan-Einsatz ein weiteres dominierendes Thema der ersten Halbzeit der schwarz-gelben Regierung. Symbolisch dafür stand das Wort „Krieg", das die Debatte um die Außen-, Sicherheits- und Verteidigungspolitik neu befeuerte. Medial beflügelt wurde diese durch ein vom deutschen Kommandeur des Bundeswehrlagers in Kunduz angeordnetes Bombardement zweier Tanklastzüge im Sommer 2009, dem mehr als einhundert Zivilisten zum Opfer fielen.[60]

Die schwarz-gelbe Regierung sah sich nach ihrer Wahl unter mehrfachem Rechtfertigungsdruck, der sich über die gesamte erste Hälfte der Legislaturperiode erstreckte:[61] Zunächst nahm die Zustimmung der Bevölkerung zum Einsatz immer weiter ab, während die Skepsis gegenüber den Erfolgsaussichten wuchs.[62] Dazu musste das

---

[60] Vgl. z.B.: Friederichs, Hauke: Der öffentliche Kriegsbeginn, in: Zeit online, 03.09.2010, online einsehbar unter http://www.zeit.de/politik/deutschland/ 2010-09/kundus-bombardement-politik [eingesehen am 20.07.2011]; Reuter, Christoph/Vornbäumen, Axel: Unser Krieg, in: Stern, 10.09.2009; eine Chronik der Vorkommnisse in Kunduz bietet u.a.: o.V.: Informiert, unterschlagen, dementiert, in: FAZ online, 22.04.2010, online einsehbar http://www.faz.net/-00n3d7 [eingesehen am 20.07.2011].

[61] Vgl. Fried, Nico: Hybris und Halbwahrheiten, in: Süddeutsche Zeitung online, 27.01.2010, online einsehbar unter http://www.sueddeutsche.de/politik/ bundeswehr-in-afghanistan-hybris-und-halbwahrheiten-1.78367 [eingesehen am 20.07.2011]; Dawidzinski, Andreas: Der verheimlichte Kreig, in: Zenith online, 06.01.2010, online einsehbar unter http://www.zenithonline.de/deutsch/politik //artikel/der-verheimlichte-krieg-001164/ [eingesehen am 20.07.2011], zitiert nach „Streitkräfte und Strategien des NDR Info aus der Sendung vom 27.12.2009.

[62] Dies ergibt sich aus diversen Umfragen der letzten Jahre, z.B.: ARD Deutschland Trend, April 2009, online einsehbar unter http://www.infratest-dimap.de/ uploads/media/ARD-DeutschlandTREND_April_2009.pdf [eingesehen am 20.07.2011], wonach 64 % sich schnell aus Afghanistan zurückziehen wollten; ARD Deutschland Trend, Mai 2010, online einsehbar unter http://www.

Thema im Hinblick auf diverse anstehende Landtagswahlen mit viel Fingerspitzengefühl angefasst werden. Gleichzeitig nahm der internationale Druck, einen angemessenen Beitrag zum Beispiel in Form größerer Truppenkontingente zu leisten, weiter zu. Zusätzlich braute sich auch ein Medienorkan zusammen, in dem moralische und wissenschaftliche Autoritäten auf die Schwächen der Kommunikations-, aber auch der Einsatzstrategie der Bundesregierung hinwiesen und das Fehlen einer echten Debatte anprangerten.[63] Noch stärker geriet die Bundesregierung in Bedrängnis, als sich andeutete, dass der überparteiliche Konsens mit den Grünen und der SPD hinsichtlich des Einsatzes zu bröckeln begann.

Mit der Kunduz-Affäre wurde deutlich, was zuvor nur in Fachzeitschriften diskutiert worden war: Deutschland befand sich nicht mehr in einem „Stabilisierungseinsatz", sondern im *Krieg*.[64] Einer breiteren Öffentlichkeit wurde auch klar, dass es in Afghanistan um mehr als nur das Bohren von Brunnen und den Aufbau von Schulen und Kindergärten ging, dass Deutsche nun Einsatzbefehle geben mussten, bei denen Zivilisten ums Leben kommen könnten, kurz: dass die Bundeswehr eine kriegsführende „Armee im Dauereinsatz" geworden war.[65] Damit wurde es Zeit, Gründe, Ziele und Instrumente

---

tagesschau.de/inland/deutschlandtrend1086.pdf, wonach 70 % für einen möglichst schnellen Rückzug sind; vgl. Sozialwissenschaftliches Institut der Bundeswehr (Hrsg.): Sicherheits- und verteidigungspolitisches Meinungsklima in der Bundesrepublik Deutschland, Strausberg 2009.

[63] Vgl. z.B. die Neujahrspredigt 2010 von Margot Käßmann, die mit ihrer Feststellung „Nichts ist gut in Afghanistan" ein breites Echo erzeugte. Käßmann, Margot: Predigt im Neujahrsgottesdienst in der Frauenkirche, 01.01.2010, online einsehbar unter http://www.ekd.de/predigten/kaessmann/100101_kaessmann_neujahrspredigt.html [eingesehen am 20.07.2011]. Weitere Kritiker: Schmidt, Helmut: Was uns wirklich angeht – und was nicht, in: Die Zeit, 04.11.2008; Ladurner, Ulrich: Sechs Gründe für den Abzug, in: Zeit online, 27.04.2010, online einsehbar unter http://blog.zeit.de/ladurnerulrich/2010/04/27/sechs-grunde-fur-den-abzuf/ [eingesehen am 20.07.2011].

[64] Beste, Ralf, u.a.: Das Ende der Unschuld, in: Der Spiegel, 14.09.2009; Richard David Precht bezeichnete das Verhalten der Politik als „Feigheit vor dem eigenen Volk"; vgl. Precht, Richard David: Feigheit vor dem Volk, in: Der Spiegel, 03.08.2009.

[65] Noetzel, Timo/Schreer, Benjamin: Ende einer Illusion, in Internationale Politik, Januar 2008.

des Afghanistan-Einsatzes der Bevölkerung neu zu vermitteln – oder gar damit erst richtig anzufangen.[66] Denn einzig das Argument des ehemaligen sozialdemokratischen Verteidigungsministers, Peter Struck, aus dem Jahr 2002 war zu diesem Zwecke in Erinnerung geblieben: Deutschlands Sicherheit werde am Hindukusch verteidigt.[67]

Im Nachgang der Kunduz-Affäre veränderte sich dann auch die Rhetorik der Regierung.[68] Bundeskanzlerin Angela Merkel gab erstmals noch am Ende der Amtszeit der Großen Koalition eine Regierungserklärung zum Thema ab. Darin stellte sie die Notwendigkeit des Einsatzes zum Schutz der Sicherheit in Deutschland dar. Sie betonte, dass der Einsatz in Zusammenhang mit drei wichtige Prinzipien deutscher Außenpolitik stehe: Sie nannte, dass Deutschland dem Frieden in der Welt verpflichtet sei, die Wehrhaftigkeit der Demokratie und die Bündnisverankerung.[69] Verteidigungsminister Karl Theodor zu Guttenberg[70] – unter anderem ins Amt gebracht, um den verdrucksten Umgang mit dem Thema Afghanistan in realistischere Bahnen zu leiten[71] – wurde den an ihn gestellten Erwartungen gerecht

---

[66] Vgl. Böhm, Andrea/Ulrich, Bernd: Was wollen wir noch da?, in: Die Zeit, 14.01.2010.

[67] Vgl. Harsch, Michael F.: Verkürzte Debatte, mangelhafte Strategie, in Frankfurter Hefte, 12/2009, online einsehbar unter http://www.frankfurter-hefte.de/upload/Archiv/2009/Heft_12/PDF/2009-12_Harsch_web.pdf [eingesehen am 04.08.2011].

[68] Vgl. z.B.: Wefing, Heinrich: Der Verteidigungsminister hat das K-Wort ausgesprochen, in: Die Zeit, 12.11.2009; Winkelmann, Ulrike: Ein Kommunikator ohne Worte, in, die tageszeitung, 23.11.2009.

[69] Regierungserklärung von Angela Merkel am 08.09.2009, online einsehbar unter http://www.bundesregierung.de/nn_916176/Content/DE/Bulletin/2009/09/93-1-bk-bt-regerkl.html [eingesehen am 20.07.2011].

[70] Allerdings war auch zu Guttenberg gezwungen in den ersten Monaten seiner Amtszeit einige rhetorische Rochaden zu vollziehen, da er den Einsatz zunächst als „angemessen" bezeichnete, um wenig später dann das Gegenteil erklären zu müssen; vgl. z.B. Löwenstein, Stephan: Neues Bild aus alten Fakten, in: Frankfurter Allgemeine Zeitung, 05.12.2009.

[71] Vgl. z.B.: Fischer, Sebastian/Malzahn, Claus Christian: Der Neben-Außenminister, in: Spiegel online, 23.10.2009, online einsehbar unter http://www.spiegel.de/politik/deutschland/0,1518,657034,00.html [zuletzt eingesehen am 25.07.2011].

und sprach bereits im November 2009 von „kriegsähnlichen Zuständen". Außerdem erkannte er an, „dass es sich in Teilen Afghanistans um einen nichtinternationalen bewaffneten Konflikt", also um einen Bürgerkrieg handele.[72] Auch andere Spitzenpolitiker folgten seinem Beispiel, so dass Außenminister Westerwelle im Februar 2010 von einem „bewaffneten Konflikt im Sinne des Völkerrechts"[73] sprach, während Kanzlerin Merkel sich der Rhetorik von Guttenberg bereits im Herbst 2009 angeschlossen hatte.

Die Realität gab den rhetorischen Entwicklungen recht: Die Sicherheitslage im Afghanistan und besonders im Einsatzgebiet der Bundeswehr im Norden des Landes hatte sich seit 2006 schleichend verschlechtert.[74] Dies war geschehen, ohne dass die deutsche Bevölkerung, die stets von einem friedlichen „Stabilisierungseinsatz" ausging, die Bellizierung[75] wahrnehmen konnte oder wahrhaben wollte. Dies änderte sich schlagartig im Frühjahr 2010, als innerhalb kürzester Zeit sieben deutsche Soldaten gezielten Anschlägen zum Opfer fielen. Die beschriebene rhetorische Annäherung an den Kriegsbegriff hatte auch den Zweck, den Tod deutscher Soldaten durch ein übergeordnetes Ziel zu rechtfertigen:[76] In einer Regierungserklärung betonte Merkel, dass es in Afghanistan eben nicht nur um die Durchsetzung humanitärer Ziele gehe, da diese als Rechtfertigung nicht ausreichen würden, sondern dass als wichtigstes aller Argumente

---

[72] Darnstädt, Thomas, u.a.: Welt-Streit ums Töten, in: Der Spiegel, 30.11.2009.

[73] Regierungserklärung von Guido Westerwelle am 10.02.2010, online einsehbar unter http://www.bundesregierung.de/Content/DE/Bulletin/2010/02/16-1-bmaa-bt.html [eingesehen am 20.7.2011].

[74] Fried: Hybris und Halbwahrheiten, a.a.O.

[75] Beste: Das Ende der Unschuld, a.a.O. Dies zeigte sich unter anderem an der Veränderung der sogenannten Taschenkarten der Soldaten: Der Waffeneinsatz wurden nach und nach auch für mehr als nur die Selbstverteidigung freigegeben.

[76] Vgl. Dausend, Peter u.a.: Welchen Sinn hat das Sterben, in: Die Zeit, 22.04.2010; Haas, Claude: Krieg ist plötzlich ein tröstendes Wort, in: Die Zeit, 22.4.2010; Fischer, Sebastian/Medick, Veit: Stunde der Kriegserklärer, in: Spiegel online, 22.04.2010, online einsehbar unter http://www.spiegel.de/politik/deutschland/0,1518,690590,00.html [eingesehen am 20.07.2011]; Beste, Ralf, u.a.: „Warum sterben Kameraden?", in: Der Spiegel, 19.04.2010.

nach wie vor Strucks Formel der Verteidigung deutscher Sicherheit am Hindukusch gelte.[77] Im Vorfeld der Londoner Afghanistan-Konferenz im Januar 2010, bei der die internationale Staatengemeinschaft ihre Strategien der neuen Lage anpassen wollte, wuchs der Druck der Bündnispartner, insbesondere der USA, die von Deutschland einen zusätzlichen Beitrag in Form einer Truppenaufstockung und Ausweitung des Einsatzgebietes erwarteten.[78] Die Regierung befand sich in einer Zwickmühle: Während man den internationalen Verpflichtungen nachkommen und die Partner nicht enttäuschen wollte, wuchs in Deutschland der Widerstand gegen den Einsatz.[79] Es war immer noch nicht gelungen, die Bevölkerung von dessen Sinn und Zweck zu überzeugen.[80] Gleichzeitig war klar: Sollte unter Merkel eine substanzielle Aufstockung des Truppenkontingents stattfinden, würde sie von „Mutti Merkel" zur „Kriegskanzlerin" werden – in Deutschland kein erstrebenswertes Attribut, besonders im Hinblick auf eine Reihe anstehender Landtagswahlen.[81]

Auf der Londoner Konferenz gaben die Alliierten eine neue Strategie unter dem Motto „Übergabe in Verantwortung" aus, was auch für Deutschland Veränderungen mit sich brachte:[82] Unter dem Konzept des *Partnering* sollte insbesondere die Ausbildung von

---

[77] Regierungserklärung von Angela Merkel am 22.04.2010, online einsehbar unter http://www.bundesregierung.de/nn_1502/Content/DE/Regierungserklaerung/ 2010/2010-04-22-merkel-erklaerung-afghanistan.html [eingesehen am 25.07.2011].

[78] O.V.: US-Präsident Obama setzt Deutschland unter Druck, in: Die Welt, 02.12.2009

[79] Vgl. Beste, Ralf, u.a.: Merkels Krieg, in: Der Spiegel, 07.12.2009

[80] Dies gilt auch für den damit verbundenen Untersuchungsausschuss, der hauptsächlich genutzt wurde, um zu klären, warum zu Guttenberg seine Mitarbeiter entlassen hatte und eben nicht um eine ernsthafte Debatte über den Einsatz anzustoßen. Vgl. Chauvistré, Eric: Das böse Wort mit K, in: die tageszeitung, 03.09.2010.

[81] Vgl. Hieckmann, Christoph u.a.: An allen Fronten, in: Der Spiegel, 28.12.2009

[82] Vgl. Kaim, Markus/Niedermaier, Pia: Zur Zukunft des deutschen ISAF-Einsatzes, in: SWP-Aktuell, 01/2010; Kritik an der deutschen Strategie und ihrer Diskussion äußerste z.B.: Tettweiler, Falk: Afghanistan-Strategie auf dem Prüfstand, SWP Berlin, 20/2010.

Sicherheitskräften durch gemeinsame Aktionen vorangetrieben werden.[83] Dazu stellte Deutschland 500 weitere Soldaten, eine Reserve von 350 Personen sowie weitere finanzielle Mittel zur Verfügung.[84] Ein konkretes Abzugsdatum wurde zu diesem Zeitpunkt – trotz aller bereits laufenden Diskussionen –noch ausgeschlossen.[85]

Über den Erfolg der neuen Strategie berichtete der im Herbst 2010 von der Bundesregierung vorgestellte „Fortschrittsbericht Afghanistan". Er zeichnete ein desolates Bild der Lage, wonach die Durchsetzung der angestrebten Ziele, beispielsweise die Verbesserung der Sicherheitslage und die Korruptionsbekämpfung, in weite Ferne gerückt waren.[86] Eine größere Offenheit schien nun die Kommunikationspolitik der Regierung auszuzeichnen. Offensichtlich hatte man aus den Kommunikationspannen der Vergangenheit gelernt. Insbesondere Außenminister Westerwelle fiel durch Regierungserklärungen mit dem Tenor „Es ist nicht alles gut in Afghanistan" auf.[87] Ein Lernprozess schien eingesetzt zu haben, da man sich nun auch in Berlin von der ordnungspolitischen Vorstellung verabschiedete, eine „Vorzeige-Demokratie"[88] in Afghanistan aufbauen zu können und

---

[83] Die neue Strategie zielte direkt darauf ab, den Afghanen möglichst schnell ihre eigene Sicherheit anvertrauen zu können um möglichst schnell den Abzug aller Streitkräfte aus Afghanistan einleiten zu können.

[84] Die Bundesregierung: Auf dem Weg zur Übergabe in Verantwortung: Das deutsche Afghanistan-Engagement nach der Londoner Konferenz, 25.01.2010, online einsehbar unter http://www.bundesregierung.de/nsc_true/Content/DE/ __Anlagen/2009/11/2009-11-18-dokument-afghanistan,property=publication File.pdf/2009-11-18-dokument-afghanistan [eingesehen am 20.07.2011].

[85] Vgl. Die Bundesregierung: Afghanistan-Strategie: Übergabe in Verantwortung, 27.01.2010, online einsehbar unter http://www.bundesregierung.de/Content/ DE/Artikel/2010/01/2010-01-27-afghanistan-konferenz-regierungser klaerung.html [eingesehen am 20.07.2011].

[86] Die Bundesregierung: Fortschrittsbericht Afghanistan, Dezember 2010, online einsehbar unter http://www.bundesregierung.de/Content/DE/__Anlagen/2010/ 2010-12-13-fortschrittsbericht-afghanistan,property=publicationFile.pdf [eingesehen am 20.07.2011].

[87] Regierungserklärung von Guido Westerwelle am 09.07.2010, online einsehbar unter http://www.bundesregierung.de/Content/DE/Regierungserklaerung/2010 /2010-07-07-westerwelle-afghanistan.html [eingesehen am 20.07.2011].

[88] Zu Guttenberg zit. nach o.V.:„Afghanistan wird keine Vorzeige-Demokratie", in: Stern online, 12.12.2009, online einsehbar unter http://www.stern.de/politik/

damit zugleich auch vom Bild der Bundeswehr, die lediglich Brunnen aushob und Polizisten schulte. Gleichzeitig versuchte Westerwelle, sich durch die Implementierung einer konkreten Abzugsperspektive in der Tradition einer friedensgeleiteten liberalen Außenpolitik zu profilieren.[89] Denn auch der Fortschrittsbericht schlug als Perspektive die sukzessive Übergabe der Sicherheitsgewährleistung im Laufe der kommenden Jahre an die afghanischen Kräfte und konkret das Jahr 2012 für den Beginn des deutschen Abzugs vor.[90] Dies war jedoch allgemein umstritten, was besonders bei der Diskussion über die Mandatsverlängerung durch den Bundestag im Januar 2011 deutlich wurde.[91] Nur eine schwammige Kompromissformel, in der das Jahr 2014 zwar konkret genannt (Westerwelles Anspruch), dieser Abzugstermin jedoch zugleich unter Vorbehalt gestellt wurde (zu Guttenbergs Anspruch: „wenn die Lage dies erlaube"), konnte die unterschiedlichen Strategievorstellungen übertünchen und Einheit in der Regierung suggerieren.

In den zwei Jahren unter Schwarz-Gelb hat sich Deutschland einem schwierigen Häutungsprozess unterworfen, an dessen Ende die simple und doch in mehrfacher Hinsicht bedeutsame Erkenntnis stand, dass man in Afghanistan Krieg führt. Die Regierenden versuchten mit Hilfe rhetorischer Anpassungen, erzwungen von den Entwicklungen vor Ort, die Bevölkerung vom Sinn des Einsatzes zu überzeugen. Humanitäre, sicherheits- und bündnispolitische Argumente wurden dazu in unterschiedlicher Intensität herangezogen, fruchteten jedoch nicht. Vielmehr verstärkte sich unter den Bürgern das Gefühl, dass Afghanistan sie doch eigentlich gar nichts angehe. Im Hinblick auf die internationalen Partner blieb die Regierung dabei den deutschen Prinzipien der Bündnistreue und der wertegebundenen

---

deutschland/verteidigungsminister-guttenberg-afghanistan-wird-keine-vorzeige-demokratie-1531797.html [zuletzt eingesehen am 25.07.2011].

[89] Vgl. Weiland, Severin/Gebauer, Matthias: Afghanistan wird zum Härtetest für Westerwelle, in: Spiegel online, 25.01.2010, online einsehbar unter http://www.spiegel.de/politik/deutschland/0,1518,673846,00.html [eingesehen am 20.07.2011].

[90] Die Bundesregierung: Fortschrittsbericht Afghanistan, a.a.O.

[91] Vgl. z.B.: Sattar, Majid: Heimatfront-Scharmützel, in: Frankfurter Allgemeine Zeitung, 14.01.2011.

Außenpolitik zumindest vordergründig treu und konnte ihre Zuverlässigkeit weitestgehend unter Beweis stellen.

Libyen: Eine unvermittelte Enthaltung

Der 17. März 2011 markierte einen Einschnitt für die deutsche Außenpolitik. Durch ihre Enthaltung bei der Resolution 1973 im Sicherheitsrat der Vereinten Nationen stimmte die Bundesregierung erstmals anders als ihre im Gremium vertretenen NATO- und EU-Partner ab.[92] Im Unterschied zum deutschen „Nein" zum Irakkrieg, bei dem Gerhard Schröder und Joschka Fischer Frankreich auf ihrer Seite wussten, stellte sich die schwarz-gelbe Bundesregierung mit dieser Entscheidung nicht nur gegen die USA, sondern auch gegen den französischen Partner. Plötzlich befand sich die Bundesregierung mit ihrer Haltung dagegen auf einer Linie mit den Vetomächten Russland und China.

Die Bundesregierung berief sich zur Rechtfertigung ihres Stimmverhaltens auf die schon im Koalitionsvertrag hervorgehobene „Kultur der Zurückhaltung".[93] Außenminister Westerwelle bezeichnete dieses Prinzip, das auf Hans-Dietrich Genscher zurückgeht, immer wieder als Richtlinie seiner Sicherheitspolitik.[94] Auch Kanzlerin Merkel zeigte sich im Vorfeld der Abstimmung im UN-Sicherheitsrat skeptisch gegenüber einer militärischen Intervention und warnte vor einem Einsatz mit „äußerst unsicherem Ende"[95]. Stattdessen setzte die

---

[92] Vgl. Rinke, Andreas: Eingreifen oder nicht? Warum sich die Bundesregierung in der Libyen-Frage enthielt, in: Internationale Politik Juli/August 2011, online einsehbar unter http://www.internationalepolitik.de/2011/06/09/eingreifen-oder-nicht/ [eingesehen am 15.07.2011].

[93] Vgl. Neukirch, Ralf/Follath, Erich/Mascolo, Georg: Gaddafi muss weg – ohne Frage, Interview mit Guido Westerwelle, in: Der Spiegel, 21.03.2011.

[94] Grundsatzrede von Außenminister Westerwelle bei der Deutschen Gesellschaft für Auswärtige Politik, 21.10.2010, online einsehbar unter http://www.auswaertiges-amt.de/DE/Infoservice/Presse/Reden/2010/101021-BM-dgap-grundsatzrede.html [eingesehen am 10.02.2011].

[95] Kolhoff, Werner/Strauß, Hagen: „Wer erneuerbare Energie will, muss den Ausbau der Infrastruktur unterstützen", Interview mit Angela Merkel, in:

Bundesregierung von Anfang an auf eine *politische* Lösung des Libyen-Konflikts.[96]

Dennoch wäre eine Zustimmung zum Libyen-Einsatz – ebenso wie die deutsche Beteiligung an einem Militäreinsatz – durchaus vereinbar mit dem Koalitionsvertrag gewesen. Denn darin wird militärisches Handeln an folgende Bedingungen geknüpft: Jeder Einsatz müsse völkerrechtlich legitimiert sein und im Rahmen der Vereinten Nationen, der NATO oder der EU organisiert werden. Die geplante Flugverbotszone über Libyen erfüllte diese Bedingungen. Zudem: Die Arabische Liga hatte den Sicherheitsrat öffentlich zum Eingreifen aufgefordert und mit Katar und den Vereinigten Arabischen Emiraten sagten zwei Länder aus dem arabischen Raum ihre Beteiligung an den geplanten militärischen Einsätzen zu. Dieser Umstand nahm dem Eingreifen vor allem westlicher Staaten in einem stark islamisch geprägten Land einige Brisanz. Eine deutsche Nicht-Beteiligung bei der Etablierung einer Flugverbotszone war somit unter Berücksichtigung des Koalitionsvertrags keineswegs zwingend.

Genauso wenig hätte eine deutsche Beteiligung im Widerspruch zu den Traditionslinien deutscher Außenpolitik gestanden. Schließlich sind militärische Einsätze mit der beschriebenen deutschen Zivilmachtsorientierung vereinbar. Zudem bekennt sich Deutschland traditionell zum Schutz der Menschenrechte, auf den sich auch die UN-Resolution 1973 für Libyen beruft. So betonte auch Außenminister Westerwelle, dass „der Respekt vor der Würde des Menschen [...] jene Grenze [sei], ab der aus dem Prinzip der Nichteinmischung gemeinsame Verantwortung [werde]"[97]. Die VN-Resolution beruft sich auf den Grundsatz der *Responsibility to Protect*, wonach ein Eingriff

---

[96] Saarbrücker Zeitung, 17.03.2011, online einsehbar unter http://www.angela-merkel.de/page/118_584.htm [eingesehen am 15.04.2011].

Kapern, Peter: „Wir wollen keine Kampfeinsätze mit deutschen Soldaten in Libyen", Interview mit Guido Westerwelle, Deutschlandfunk, 12.04.2011, online einsehbar unter http://www.dradio.de/dlf/sendungen/interview_dlf/1434067/ [eingesehen am 18.04.2011] und Regierungserklärungen von Außenminister Guido Westerwelle zu den aktuellen Entwicklung in Libyen, 18.03.2011, online einsehbar unter http://www.bundesregierung.de/Content/DE/Bulletin/2011/03/28-1-bmaa-bt.html [eingesehen am 12.04.2011].

[97] Grundsatzrede von Außenminister Westerwelle, a.a.O.

in die Souveränität eines Staates zum Schutz der Zivilbevölkerung gerechtfertigt sein kann. Gerade im Fall Libyen scheint sich deshalb ein Graben zwischen eigenen Ansprüchen und realem Handeln aufzutun. Denn noch anders als im Falle des Kosovo-Konflikts Ende der neunziger Jahre mochte die Bundesregierung aus der „Schutzverantwortung" dieses Mal keine Notwendigkeit einer militärischen Beteiligung ableiten.

Die Bundesregierung musste dann auch deutliche Kritik für ihre Entscheidung in der Libyen-Frage einstecken – auch aus den eigenen Reihen. Neben Ruprecht Polenz[98], CDU Politiker und Vorsitzender des Auswärtigen Ausschusses im Bundestag, äußerte auch der ehemalige Verteidigungsminister Volker Rühe (CDU) deutliche Kritik: „Schlichtweg falsch"[99] nannte er die Enthaltung in einem Beitrag für die *Frankfurter Allgemeine Zeitung* und sah darin einen Bruch mit den wichtigsten Traditionslinien deutscher Sicherheitspolitik. Er verwies auf die Mitverantwortung Deutschlands für Frieden und Stabilität, sowie auf die Notwendigkeit der Zusammenarbeit mit den engsten Bündnispartnern – auch um die eigene strategische Handlungsfähigkeit aufrechtzuerhalten.

Tatsächlich reklamierte die schwarz-gelbe-Koalition bereits in ihrem Koalitionsvertrag für sich eine „gestaltende Rolle" in Bündnissen und internationalen Organisationen wie der NATO und den Vereinten Nationen und bekräftigte die seit langem erhobene Forderung nach einem ständigen Sitz Deutschlands im VN-Sicherheitsrat. Das Streben der Bundesregierung nach mehr Einfluss in den Vereinten Nationen manifestierte sich auch in der Bewerbung für einen nichtständigen Sicherheitsrat, den Deutschland schließlich im Oktober 2010 in einer Kampfabstimmung zugesprochen bekam. Außenminister Westerwelle feierte dies als Erfolg und sah darin einen Vertrauensbeweis und Vertrauensvorschuss der internationalen Gemeinschaft.

Nach der Libyen-Entscheidung war dieses Vertrauen jedoch stark angekratzt. Die Partner in Paris, London und Washington zeig-

---

[98] Vgl. Lau, Jörg: „Wir hätten zustimmen sollen", Interview mit Ruprecht Polenz, in: Die Zeit, 31.03.2011.

[99] Rühe, Volker: Deutschland im Abseits, in: Frankfurter Allgemeine Zeitung, 16.05.2011.

ten sich verwundert bis verstimmt über die deutsche Enthaltung.[100] Der Politologe Johannes Varwick kritisierte, dass sich Deutschland in der Libyen-Politik auf einen neuen Sonderweg begeben habe.[101] Jörg Himmelreich sprach von einem „außenpolitischen Super-Gau" und sorgte sich gleichermaßen um das Ansehen Deutschlands in der Welt.[102]

Tatsächlich war die Absage an die Partner so deutlich wie unvermittelt ausgefallen. Zu Recht ist vielfach darauf hingewiesen worden, dass der Bundesregierung Alternativen zu einer unmittelbaren militärischen Beteiligung offen gestanden hätten.[103] Deutschland hätte seine im Mittelmeer stationierten Marineeinheiten für eine Beteiligung an einem Waffenembargo vor Libyens Küste einsetzen können. Stattdessen zog man die Schiffe aus der Region ab. Deutsche Awacs-Flugzeuge hätten auch über dem libyschen Luftraum ihre Aufklärungsarbeit verrichten können. Stattdessen entschied sich die Bundesregierung, den kurz zuvor unterbrochenen Awacs-Einsatz der Bundeswehr in Afghanistan mit dem Argument wieder aufzunehmen, die in Libyen intervenierenden Partner entlasten zu wollen. Nicht zuletzt wäre auch eine Zustimmung im Sicherheitsrat ohne die gleichzeitige Verpflichtung, sich an den Kampfeinsätzen zu beteiligen, denkbar

---

[100] Vgl. Naß, Matthias: Vernagelt, in: Die Zeit, 14.07.2011 und Prössl, Christoph: Nato wirbt vergeblich um Deutschland, Tagesschau.de, 08.06.2011, online einsehbar unter http://www.tagesschau.de/ausland/natoverteidigungsminister104.html [eingesehen am 09.06.2011]; The Economist: The unadventurous eagle, The Economist online, 12.05.2011, online einsehbar unter http://www.economist.com/node/18683155 [eingesehen am 16.05.2011]; Muscat, Sabine: Früherer US-Botschafter enttäuscht von Merkel, Financial Times Deutschland online, 02.06.2011, online einsehbar unter http://www.ftd.de/politik/international/:krieg-in-libyen-frueherer-us-botschafter-enttaeuscht-von-merkel/60060429.html [eingesehen am 05.06.2011].

[101] Herter, Gerwald: „Die NATO hat im Prinzip jetzt eigentlich nur schlechte Optionen", Interview mit Johannes Varwick, Dradio.de, 14.04.2011, online einsehbar unter http://www.dradio.de/dlf/sendungen/interview_dlf/1435650/ [eingesehen am 15.04.2011].

[102] Himmelreich, Jörg: Fremd unter Freunden, Spiegel online, 04.06.2011, online einsehbar unter http://www.spiegel.de/politik/deutschland/0,1518,765319,00.html [eingesehen am 04.06.2011].

[103] Vgl. Varwick, a.a.O; Polenz, a.a.O.; Himmelreich, a.a.O.

gewesen. Es zeigte sich stattdessen, dass es die Bundesregierung in jedem Fall vermeiden wollte, in *irgendeiner* Weise mit dem Einsatz in Verbindung gebracht zu werden.

Indem sie engsten Partnern eine klare Absage erteilte, wich sie dabei von der traditionellen Bündnisorientierung Deutschlands ab. Kanzlerin Merkel, die vormals schwere Vorwürfe gegen Gerhard Schröder erhoben hatte, als sich Rot-Grün gegen den Irakkrieg stemmte, trug nun ihrerseits zur Isolation Deutschlands in den internationalen Bündnissen bei. Von den Partnern kam als Reaktion auch nur „Befremden"[104], „Gleichgültigkeit, Trauer und Herablassung"[105]. Deutschland gilt in Bündnisfragen zunehmend als unberechenbar.

Abermals schien eine schwerwiegende außenpolitische Entscheidung primär von innenpolitischem Kalkül angetrieben worden zu sein, während ein an der Sache orientiertes Konzept wenig erkennbar war.[106] Unter dem Eindruck zunehmender Einsatzmüdigkeit in der deutschen Bevölkerung – wozu vor allem die verfahrende Situation in Afghanistan beigetragen hat – wagte es die schwarz-gelbe Regierung nicht, weitere deutsche Soldaten in einen Auslandseinsatz zu entsenden. Auch die in der Entscheidungsphase bevorstehenden Landtagswahlen in Baden-Württemberg und Rheinland-Pfalz dürften unweigerlich Einfluss auf die Entscheidung genommen haben. Schließlich sprach sich eine Mehrheit der Deutschen gegen den Einsatz der Bundeswehr in Libyen aus, wenn auch ein Eingreifen als solches nicht abgelehnt wurde.[107]

Zudem passte der Libyeneinsatz wenig ins Konzept von Außenminister Westerwelle, der immer stärker versuchte, sich als Frie-

---

[104] Naß, a.a.O.

[105] Vincour, John: Der falsche Instinkt der Angela Merkel, in: Cicero, 5/2011, S. 30 – 33, hier S. 30.

[106] Horeld, Markus: „Eine Intervention in Syrien ist nicht sinnvoll", Interview mit Herfried Münkler auf Zeit Online, 03.05.2011, online einsehbar unter http://www.zeit.de/politik/ausland/2011-05/muenkler-libyen-krieg-interview [eingesehen am 03.05.2011].

[107] O.V.: 62 Prozent der Deutschen für Militärschlag, in: Welt online, 20.03.2011, online einsehbar unter http://www.welt.de/politik/deutschland/article12893939/62-Prozent-der-Deutschen-fuer-Militaerschlag.html [eingesehen am 05.04.2011].

denspolitiker in Szene zu setzen; indem er wiederholt die „Kultur der Zurückhaltung" als außenpolitisches Leitmotiv beschwor, der Abrüstung von Atomwaffen einen herausragenden Stellenwert auf der Außenpolitikagenda einräumte oder sich für einen zügigen Abzug der Bundeswehr aus Afghanistan stark machte. Gerade hatte sich dem FDP-Politiker zum ersten Mal in seiner bis dato eher "unglücklichen" Amtszeit als Außenminister mit den arabischen Revolutionen in Tunesien und Ägypten die Gelegenheit geboten, sich friedenspolitisch in Szene zu setzen. Bereits im Februar hatte Westerwelle Tunesien besucht, bevor er sich nur zwei Wochen nach dem Sturz des ägyptischen Präsidenten Husni Mubarak auf dem Tahrir-Platz in Kairo zeigte und das Gespräch mit der nach Demokratie strebenden Jugend suchte. Es blieb nicht bei *einem* Besuch. Immer wieder kehrte Westerwelle in die Region zurück, warb für Demokratie, sprach von stärkerer Marktöffnung der EU zu den nordafrikanischen Staaten und sagte Hilfe beim Aufbau politischer Strukturen zu.[108]

Versteckte sich die Bundesregierung also bloß hinter ihrer „Kultur der Zurückhaltung", als Muammar Gaddafi auf sein eigenes Volk schießen ließ, um die deutschen Wähler nicht zu verstimmen?[109] Die Bundeswehr in einen Auslandseinsatz zu schicken, stellt für keine Regierung eine leichte Entscheidung dar. Umso wichtiger wäre es deshalb gewesen, diese ausreichend begründen zu können. Auf gleiche Weise verlangte aber auch der Nicht-Einsatz nach einer Erklärung. Dies galt besonders, weil die völkerrechtliche Legitimation des Einsatzes formell gegeben war und sich engste Verbündete an der Intervention beteiligten. Im Fall Libyen fand eine ausreichende Begründung nicht statt. Außenminister Westerwelle sprach in seiner Regierungserklärung von einem „Gefühl der Ohnmacht", man könne schließlich nicht überall auf der Welt helfen. Eine Erklärung dafür, wieso man im konkreten Fall Libyen nicht eingreifen könne, blieb er aber schuldig.

---

[108] Vgl. Georg, Ismar: Inside Revolution. Westerwelle auf dem Basar in Kairo, Hamburger Abendblatt, 19.04.2011.
[109] Vgl. Naß, a.a.O.

Zwei Jahre Schwarz-Gelb: Von Stilbrüchen und fehlenden Erklärungen

Das Urteil über die Außenpolitik der ersten beiden Regierungsjahre der schwarz-gelben Koalition fiel bei Journalisten und Fachleuten weitestgehend hart bis vernichtend aus.[110] Während eine Reihe von Autoren Deutschland auf einem Sonderweg wähnte[111], warfen ihr andere „falsche(n) Instinkt"[112] vor. Maull und Frankenberger diagnostizierten gar den schrittweisen „Zusammenbruch der deutschen Außenpolitik"[113]: Entscheidungen wären in erster Linie aus innenpolitischem Kalkül getroffen, das Prinzip des Multilateralismus gleichzeitig vorübergehend suspendiert worden.

Tatsächlich sind die Veränderungen im Stil deutscher Außenpolitik unübersehbar. Ob in der Eurokrise oder bei der Libyen-Entscheidung: Die Bundesregierung widerspricht offen, legt sich schon mal quer und scheut auch vor Konflikten mit altgedienten Partnern nicht zurück. Dieses neue Selbstbewusstsein blieb nicht folgenlos. Immer wieder stand die Außenpolitik von Schwarz-Gelb im Widerspruch zu

---

[110] Vgl. z.B. Cohen, Roger: France flies, Germany flops, New York Times Online, 16.04.2011, einsehbar unter http://www.nytimes.com/2011/04/17/opinion/17cohen.html [eingesehen am 03.05.2011]; Naß, a.a.O.; Brössler, Daniel: Deutschland, das Riesenbaby der Weltpolitik, in: Süddeutsche Zeitung online, online einsehbar unter http://www.sueddeutsche.de/politik/die-aussenpolitik-von-merkel-und-westerwelle-deutschland-das-riesenbaby-der-weltpolitik-1.1083941 [zuletzt eingesehen am 14.7.2011].

[111] Vgl. z.B.: Guérot, Ulrike/Leonard, Mark: The new German question: how Europe can get the Germany it needs, European Council on Foreign Relations, Mai 2011, online einsehbar unter http://www.ecfr.eu/page/-/ECFR30_GERMANY_AW.pdf [eingesehen am 06.05.2011]; Joffe, Josef: Platz an der Sonne, in: Die Zeit, 20.4.2011; Malzahn, Claus/Herzinger, Richard: Gehört Deutschland noch zum Wesen?, Interview mit Heinrich August Winkler in: Welt online, online einsehbar unter http://www.welt.de/politik/ausland/article13426251/Gehoert-Deutschland-noch-zum-Westen.html [zuletzt eingesehen am 14.7.2011].

[112] Vincour, a.a.O., S. 30.

[113] Frankenberger, Klaus-Dieter/Maull, Hanns W.: „Gimme a Break": In Foreign Policy, Germany takes time out from a complex world, in: Deutsche-Außenpolitik.de, 24.03.2011, online einsehbar unter http://www.deutsche-aussenpolitik.de/index.php?/digest/zeige_oped.php?was=59 [eingesehen am 26.03.2011].

den historisch gewachsenen Traditionslinien deutscher Außenpolitik. Darüber hinaus führte es zu einer Verunsicherung bei den Bündnispartnern, die sich mit einer neuen Unberechenbarkeit deutscher Außenpolitik konfrontiert sahen und sich daher wiederholt enttäuscht gegenüber Berlin zeigten. Es stellt sich somit die Frage: Steht die schwarz-gelbe Bundesregierung vor einem außenpolitischen Scherbenhaufen? Auch wenn so manches wertvolle Porzellan zerschlagen wurde: Noch ist es zu früh, um einen grundlegenden Wandel deutscher Außenpolitik zu konstatieren. Dennoch lohnt es sich, nach den Ursachen für die zu beobachtenden Verschiebungen zu fragen.

Es wurde immer wieder festgestellt, dass selbst bedeutsame außenpolitische Entscheidungen von Schwarz-Gelb innenpolitisch motiviert waren. Vor allem anstehende Landtagswahlen trugen wiederholt dazu bei, dass tatsächliche oder angenommene Stimmungen in der Wahlbevölkerung Einfluss auf außenpolitischen Fragen hatten. Dies ist nicht per se zu verurteilen. In einer Demokratie müssen auch in außenpolitischen Fragen gesellschaftliche Meinungen berücksichtigt werden. Problematisch wird es aber dann, wenn eine Politik betrieben wird, die sich einzig nach dem Wählerwillen richtet. Dies ist in der Außenpolitik von Schwarz-Gelb jedoch immer wieder geschehen. Von Erfolg gekrönt war das ständige Schielen auf Stimmungen und Umfragewerte dabei keineswegs, wie das schlechte Abschneiden der bürgerlichen Parteien an der Wahlurne beweist. Im Gegenteil: Außenpolitik wurde immer mehr zum Verliererthema. Kein Außenminister konnte je so wenig vom traditionellen „Amtsbonus" als Chef am Werderschen Markt profitieren wie Guido Westerwelle.[114] Und der einstigen „Außen-Kanzlerin" Merkel brachten ihre Auftritte auf dem internationalen Parkett kaum noch Gewinne ein. Mittlerweile hat sie sogar ihren „Kanzlerinnenbonus" verspielt.

Die mangelnde Zustimmung zur Außenpolitik legte ein Defizit der schwarz-gelben Außenpolitik unmissverständlich offen: Die Regierung versäumte es, ihre Politik zu erklären. In einer außenpolitisch äußerst turbulenten Zeit trug dies stark zur Verunsicherung in der Bevölkerung bei. Viel zu oft versteckte sich die Bundesregierung

---

[114] Vgl. dazu in diesem Band den Beitrag von Lühmann, Michael/Schulz Frauke: Das schwarz-gelbe Kabinett: Konkursverwalter des bürgerlichen Projekts.

hinter vermeintlich "alternativlosen" Sachzwängen, ohne die berechtigten Fragen der Bürger zu beantworten. Wieso beteiligt sich Deutschland an einer Rettung Griechenlands? Weshalb brauchen wir deutsche Soldaten am Hindukusch und warum votieren die deutschen Vertreter im UN-Sicherheitsrat anders als ihre engsten Partner? Auf diese Fragen hat Schwarz-Gelb nur ungenügende Antworten gefunden. Und das nicht nur gegenüber der eigenen Bevölkerung. Auch die Regierungsparteien fühlten sich in richtungsweisenden Entscheidungen zur Außenpolitik immer wieder übergangen. Und dieses Handeln fiel auch noch in eine Zeit, in der die Bevölkerung intensiv nach Orientierungs- und Haltepunkten suchte.[115]

Schließlich war es diese Sprachlosigkeit der Regierung, der es weder gelang, die Bevölkerung noch die eigenen Parteien mitzunehmen. So kam der Verdacht auf, es fehle ihr an einer außenpolitischen Strategie. Das allein wäre noch weitestgehend unproblematisch. Nur selten hat sich eine deutsche Bundesregierung mit einer außenpolitischen *grand strategy* hervorgetan. Woran es der Außenpolitik von Schwarz-Gelb jedoch fehlt, ist ein gewisser Grad an Kohärenz, eine Idee oder ein Konzept, welche die außenpolitischen Entscheidungen nachvollziehbar machen könnten – eine direkte Folge der innenpolitisch fixierten Motivation. Die Traditionslinien deutscher Außenpolitik bieten hier eigentlich stets einen Orientierungspunkt. Sie sind dabei keineswegs sakrosankt; Änderungen, Weiterentwicklung, gar Brüche sind durchaus möglich und vor dem Hintergrund veränderter internationaler Handlungsspielräume auch nötig. Dies verlangt jedoch nach Begründungen, die die schwarz-gelbe Bundesregierung jedoch viel zu oft schuldig blieb. Wer neue außenpolitische Pfade beschreiten will, der sollte auch eine Vorstellung seiner Ziele haben und diese nach außen – also ins eigene Volk und an die internationalen Partner – kommunizieren können.

Wenn aber das neue außenpolitische Vorgehen nicht auf einer neuen, selbstbewussten Idee fußt, sondern sich vorrangig aus dem Bedürfnis innenpolitischer Erfolge speist, dann bleibt dies viel zu oft ein reaktives Dagegen-Sein. So verkehrt sich das neue Selbstbewusst-

---

[115] Vgl. dazu in diesem Band den Beitrag von Bebnowski, David/Hanisch, Klaudia: Zeitgeist und Kultur – Zwischen Sehnsucht und Orientierung.

sein ins Negative. Als Schröder seinerzeit die Außenpolitik einer „erwachsenen Nation" für sich reklamierte, löste er damit Sorge vor einem neuen deutschen Selbstbewusstsein aus. Für die schwarz-gelbe Regierungszeit haben Frankenberger und Maull angemerkt, dass wir keineswegs Zeuge eines *coming of age* deutscher Außenpolitik würden.[116] Dem ist zuzustimmen: Die Außenpolitik von Schwarz-Gelb wirkt eher wie die eines trotzigen Kindes – nicht wie die einer erwachsenen Nation.

Doch während dies nicht den Anfang eines Paradigmenwechsels deutscher Außenpolitik bedeuten muss, hat es doch zumindest kurzfristigen Schaden hinterlassen: So werden das deutsch-französische Verhältnis und die transatlantischen Beziehungen auf eine Belastungsprobe gestellt. Während sich im Verhältnis zu Frankreich ein Trend fortsetzt, der bereits während der Großen Koalition zu beobachten war, ist letzteres jedoch neu: Gerade Merkel bemühte sich in ihrer ersten Legislaturperiode als Kanzlerin von Anfang an, die in den Schröder-Jahren entstandenen Spannungen in den Beziehungen zu den USA zu beseitigen und das in Washington verlorene Vertrauen in den einst so verlässlichen Bündnispartner Deutschland wiederherzustellen. Auch das Ansehen Deutschlands in der Welt insgesamt hat in den ersten beiden Jahren der schwarz-gelben Koalition gelitten.

Dies wird auch der Bundesregierung nicht entgangen sein. So bleiben ihr zwei weitere Jahre, um ihre Außenpolitik wieder auf ein stabileres Fundament zu stellen. Die Baustellen bleiben jedoch vorerst dieselben: Die Eurokrise ist noch nicht ausgestanden, die Sicherheitslage in Afghanistan weiterhin prekär und die Vorgänge im arabischen Raum bleiben unberechenbar.

Mit den in der ersten Jahreshälfte 2011 unter dem neuen Verteidigungsminister Thomas de Maizière verabschiedeten Verteidigungspolitischen Richtlinien deutete sich zumindest das Bedürfnis an, den neuen Realitäten in der Sicherheitspolitik Rechnung zu tragen. Darin findet sich nun auch der Anspruch, internationale militärische Einsätze ebenso wie ihre Ablehnung in Zukunft zu begründen.[117]

---

[116] Vgl. Frankenberger/Maull, a.a.O.
[117] Bundesministerium der Verteidigung: Verteidigungspolitische Richtlinien, 18.02.2011, online einsehbar unter http://www.ag-friedensforschung.de/themen/Bundeswehr/vpr2011.pdf [eingesehen am 25.07.2011].

Die vielfach geäußerte Kritik an der Außenpolitik von Schwarz-Gelb und die Rede von Sonderwegen mögen übertrieben sein. Sie sind wohl vor allem der Enttäuschung vieler Kommentatoren über den zum Teil kopflosen außenpolitischen Kurs der Bundesregierung geschuldet. Letztlich liegt aber gerade in der Tatsache, dass es vor allem Ad-hoc-Entscheidungen waren, die diesen fragwürdigen Kurs zur Folge hatten, auch eine Chance: Umso schneller kann die Regierung zu alter Verlässlichkeit zurückkehren.

Weiterführende Literatur

Bredow, Wilfried von: Führung als Mitgestaltung. Die Unausweichlichkeit einer aktiven deutschen Außen- und Sicherheitspolitik, in: Zeitschrift für Außen- und Sicherheitspolitik, Jg. 2 (2009), H. 2, S. 234 – 254.

Bredow, Wilfried von: Die Außenpolitik der Bundesrepublik Deutschland. Eine Einführung, Wiesbaden 2008.

Bulmer, Simon/Paterson, William E.: Germany and the European Union: from „tamed power" to normalized power?, in: International Affairs, Jg. 86 (2010) H. 5, S. 1051 – 1073.

Guérot, Ulrike: Welches Deutschland braucht Europa? Blätter für deutsche und internationale Politik, Juni 2011, einsehbar unter http://www.blaetter.de/archiv/jahrgaenge/2011/juni/welches-deutschland-braucht-europa [eingesehen am 10.06.2011].

Horn, Karen: Der Euro als Mausefalle, in: Internationale Politik Mai/Juni 2010, S. 44 – 52.

Ischinger, Wolfgang/Bunde, Tobias/Noetzel, Timo: 20 Jahre nach der Vereinigung. Deutsche Außenpolitik in und für Europa, in: Zeitschrift für Außen- und Sicherheitspolitik, Jg. 4 (2011), H. 1, S. 89 – 10.7

Kaim, Markus/Niedermaier, Pia: Zur Zukunft des deutschen ISAF-Einsatzes, SWP-Aktuell, 01/2010.

Pinzler, Petra: Das Ende der Illusionen, in: Internationale Politik Mai/Juni 2010.

Posen, Adam S.: Die Vorteile der Vielfalt, in: Internationale Politik März/April 2011, S. 58 – 65.

Rinke, Andreas: Eingreifen oder nicht? Warum sich die Bundesregierung in der Libyen-Frage enthielt, in: Internationale Politik Juli/August 2011, online einsehbar unter http://www.internationalepolitik.de/2011/06/09/eingreifen-oder-nicht/ [eingesehen am 15.07.2011].

Schmidt, Siegmar/Hellmann, Gunther/Wolf, Reinhard (Hrsg.): Handbuch zur deutschen Außenpolitik, Wiesbaden 2007.

Atomausstieg:
Das gespaltene Verhältnis der Union zur Kernenergie

Christian Woltering

Abrupt kam es eigentlich nicht, das Ende der Atomkraft in Deutschland. Die Gesellschaft hatte in den zehn Jahren nach dem rot-grünen Atomkonsens und dem damit verbundenen Ausstieg aus der friedlichen Nutzung der Kernenergie reichlich Zeit, um sich an den Gedanken zu gewöhnen, dass in Deutschland auf absehbare Zeit alle Atomkraftwerke peu á peu vom Netz gehen würden. Genau genommen hatte sich schon seit Ende der 80er Jahre abgezeichnet, dass die Kernenergie keine Zukunft in Deutschland haben würde. Auch die Verlängerung der Laufzeiten im Herbst 2010 sollte keineswegs ein dauerhafter Wiedereinstieg in die Atomkraft sein, sondern war vielmehr eine Art lebenserhaltende Maßnahme für die längst schon im Sterben liegende Kerntechnologie. Trotzdem wird das Zustandekommen des jetzigen Ausstiegs als Zäsur in der deutschen Atompolitik gewertet. Der Grund: Nicht SPD und Grüne hatten die kurzfristige Verlängerung der Laufzeiten wieder rückgängig gemacht, sondern die vermeintlich letzten Apologeten der Atomkraft: die bürgerliche Koalition aus CDU/CSU und FDP. Ursache dafür war die Katastrophe im havarierten japanischen Kernkraftwerk Fukushima, und in deren Folge die Neubewertung der Gefahren der Kernenergienutzung in Deutschland.

In der Tat war die Atomkraft lange ein Fixpunkt im *codex politicus* der bürgerlichen Parteien. Gerade in der Anfangszeit, als Kernkraft noch mehr Utopie als Realität war, waren es bürgerliche Regierungen, die den Einstieg in die Atomkraft voranbrachten. In den 1950er und 1960er Jahren war dies aber noch lange kein Alleinstellungsmerkmal von CDU und CSU. Im Gegenteil: Insbesondere die SPD plädierte jahrelang deutlich vehementer für eine friedliche Nutzung der Atomkraft, als es die Union tat. „Wehe der Nation, die den wissenschaftlich-technischen Anschluss verpasst", dröhnte Atomexperte Leo Brandt 1956 auf dem Parteitag der fortschrittsversessenen SPD.[1] Die Unionsparteien standen dabei von Anfang an vor einem Dilemma: Wie ließen sich die Gewinnung von günstigem Strom und das damit verbundene Wohlstandwachstum mit der „Bewahrung der Schöpfung" verbinden? Dieser Konflikt sollte die innerparteiliche Diskussion um die Atomenergie durch alle Jahrzehnte begleiten. Zu Beginn dieses Jahrtausends schienen sich Wirtschafts- und Ökoflügel der Partei in dieser Frage aber einigermaßen versöhnt zu haben: Atomkraft wurde als wichtiger Bestandteil des Klimaschutzes von weiten Teilen der Partei zwar nicht geliebt, aber doch zumindest als „Brückentechnologie" akzeptiert. Das Ende der Atomkraft wurde aber auch von Unionsseite seit Langem nicht mehr angezweifelt, der Bau neuer Kraftwerke wurde seit dem Ende der 1980er Jahre auch von den meisten Christdemokraten abgelehnt, unter der Regierung Kohl begann damit also bereits der Einstieg in den Ausstieg.

In der FDP mit ihrer traditionell engen Verbindung zur (Energie-)Wirtschaft gab es bis zur Katastrophe in Japan nur wenig Diskussion über die Zukunft der Atomkraft. Die Liberalen hatten stets einen klaren und innerparteilich wenig umstrittenen Pro-Atomkraft-Kurs vertreten. Den Ausstieg aus der Kernenergie, wie er unter Rot-Grün beschlossen wurde, betrachteten die Freidemokraten als ökonomisch wie ökologisch falsch.[2] Länger als alle anderen Parteien plante die FDP darüber hinaus nicht nur, die Laufzeiten signifikant zu verlängern, sondern auch neue Atomkraftwerke zu bauen.[3] Nach Fukushima hat die FDP den Ausstiegsbeschluss der Regierung im Bundestag zwar zähneknirschend mitgetragen, überzeugte Befürworterin eines schnellen Ausstiegs ist sie aber auch durch die Ereignisse in Japan nicht geworden. Maßgeblicher Initiator des Atomausstiegs war der Unionsteil der Regierung unter der Führung Angela Merkels. Daher soll das Hauptaugenmerk im Folgenden auch auf dem gespaltenen Verhältnis der Union zur Atomkraft liegen.

---

[1] Kriener, Manfred: Aufstehen wie ein Mann, in: Die Zeit, 31.03.2011.

[2] Vgl. Die Mitte stärken. Deutschlandprogramm 2009, Programm der FDP zur Bundestagswahl 2009, S. 57.

[3] Sirleschtov, Antje: FDP-Vize für den Bau neuer Atomkraftwerke, in: Der Tagesspiegel, 14.05.2006.

Ist also der Ausstieg aus der Atomkraft tatsächlich die große Zäsur, als die sie in der Öffentlichkeit bezeichnet wird? Ist die bürgerliche Regierung wirklich der letzte Hort der Befürworter einer der breiten Öffentlichkeit längst anachronistisch erscheinenden Energiequelle? Oder war nicht vielmehr die Verlängerung der Laufzeiten im Herbst 2010 der eigentliche Einschnitt, weil sich auch weite Teile des bürgerlichen Lagers bereits von der Atomkraft verabschiedet hatten?

Um dem nachzugehen, soll zunächst das Verhältnis der Union zur Atomkraft nachgezeichnet werden. Im Anschluss wird die parteipolitische Positionierung in der aktuellen Legislaturperiode dargestellt und anhand der historischen Vorbedingungen bewertet. Dies ermöglicht eine Annäherung an die oben aufgeworfene Frage, ob der Ausstieg der Union aus der friedlichen Nutzung der Kernenergie tatsächlich eine historische Zäsur für die Partei darstellt oder ob der Zickzackkurs der Regierung nicht vielmehr Sinnbild ist für eine Partei, die in dieser Debatte längst nicht so entschieden Position bezogen hat, wie gemeinhin beschrieben wird.

Die Atompolitik der Union

Die Atomeuphorie der 1950er Jahre

Das Verhältnis der Gesellschaft zu Beginn des atomaren Zeitalters der Bundesrepublik Ende der 1950er Jahre wird allgemein als „von Euphorie geprägt"[4] beschrieben. Mit der Entdeckung der Atomkraft schien der Traum vom prometheischen Feuer, das der Menschheit unausschöpfliche Energie schenken sollte, zum Greifen nah geworden. Die Atombegeisterung der Wirtschaftswunderjahre berauschte dabei nicht nur Physiker und Ingenieure, sondern auch die Politiker aller Parteien. In utopischen Bildern malten sich die Wissenschaftler eine Zukunft aus, in der die Kernenergie niemals endende, umweltfreundliche Energie liefern würde und so die deutsche Volkswirt-

---

[4] Vgl. dazu: Barthelt, Klaus/Montanus, Klaus: Begeisterter Aufbruch. Die Entwicklung der Kernenergie in der Bundesrepublik Deutschland bis Mitte der siebziger Jahre, in: Hohensee, Jens/Salewski, Michael (Hrsg.), Energie - Politik – Geschichte. Nationale und internationale Energiepolitik seit 1945, Stuttgart 1993, S. 89 – 101.

schaft erblühen ließ. Grandiose Zukunftsentwürfe wie die Abschaffung des Stromzählers, kosten- und endlos verfügbare Wärme und neuartige Antriebskräfte wurden diskutiert. Mediziner hofften auf Radioisotope gegen unheilbares Leid und in Westdeutschland träumte Landwirtschaftminister Heinrich Lübke (CDU) von Pflanzenmutationen durch Bestrahlung, um mit reicher Ernte den Hunger für immer zu besiegen.[5] „Im rechten Augenblick", so wurde es auch in dem 1956 erschienenen Kurzfilm *Energie aus Materie* dargestellt, „fand der Mensch ein Mittel, die drohende Energieverknappung zu überwinden."[6]

Auch die Union ließ sich von dieser Entwicklung begeistern. In den boomenden Jahren des Wirtschaftswunders stand die Suche nach billiger Energie ganz oben auf der Agenda. Die Atomkraft versprach niedrige Preise und eine Versorgung mit Energie für alle Haushalte von Flensburg bis Oberstdorf. Umweltpolitische Aspekte spielten damals noch eine untergeordnete Rolle, eine originär christliche Umweltpolitik gab es nicht.[7] Zwar war in der damals noch sehr viel stärker an den christlichen Werten orientierten Partei der Gedanke an die Bewahrung der Schöpfung[8] tief verankert, aber die umweltpolitischen Implikationen der Kernkraft wurden zunächst nicht oder nur beiläufig diskutiert. Die Chancen einer Wohlstandsexpansion durch billigen Strom standen eindeutig im Fokus. Auf keinen Fall wollte man riskieren, zum „nuklearen Habenichts"[9] zu werden. Mit Unterzeichnung der Pariser Verträge und der damit zurück gewonnenen Souveränität war auch für die Bundesrepublik der Weg frei ins „Atomwunderland".[10]

Im gleichen Jahr, 1955, richtete die CDU-Regierung unter Bundeskanzler Konrad Adenauer ein *Atomministerium* ein, maßgeblich

---

[5] Kriener, Manfred: Das atomare Glück, in: Die Zeit, 14.09.2006.

[6] Kurzfilm: Energie aus Materie, Regie: Georg Zauner, 1956.

[7] Vgl. Zolleis, Udo: Die CDU, Das politische Leitbild im Wandel der Zeit, Wiesbaden 2008, S. 83.

[8] Weiterführend zum Verhältnis zwischen christlichem Glauben und dem Umweltschutz: Rock, Martin: Bewahrung der Schöpfung – Christliche Motive des Umweltschutzes, Bischöfliches Ordinariat Mainz (Hrsg.), Eltville am Rhein 1990.

[9] Kriener: Das atomare Glück, a.a.O.

[10] Vgl. Kriener, Manfred: Aufbruch ins Wunderland, in: Die Zeit, 30.09.2010.

auch um die Gründung der EURATOM-Gemeinschaft vorzubereiten und so die europäische Integration voranzutreiben. Adenauers erster Atomminister Franz Josef Strauß erklärte die Nutzung der Kerntechnik umgehend zur Existenzfrage. Mit dem Einstieg in die friedliche Nutzung der Atomenergie war für Strauß viel mehr verbunden als die Aussicht auf billige Energie. Für ihn war es ein wichtiger Schritt hin zur Wiederherstellung der deutschen Identität als Nation der Wissenschaftler und Ingenieure und zu einem Rückgewinn an nationaler Souveränität:

> „Und plötzlich dringen wir mit der Atomforschung in ein Gebiet vor, das uns bisher untersagt war, haben wir teil an einer ganz großen technischen Revolution. Plötzlich wird ein Stück deutscher Geschichte wieder sichtbar, tun sich Möglichkeiten für unsere Spitzenleistungen auf, gewinnt unsere Stimme an Gewicht – unsere Nation im freien Teil des Vaterlandes tritt wieder in den Rang einer technischen Macht."[11]

Es mag erstaunen, dass die auffälligste Kritik an der Atomeuphorie in den Anfangsjahren ausgerechnet aus der Wissenschaft kam. Im *Göttinger Manifest* von 1957 verbündeten sich 18 der renommiertesten deutschen Atomwissenschaftler, um ihre Sorge vor einer nuklearen Aufrüstung zu militärischen Zwecken mit einem Plädoyer für die friedliche Nutzung der Atomkraft zu verbinden.[12] Aber auch bei vielen Normalbürgern war die Euphorie deutlich geringer als in der Politik. Die Bilder der Atompilze, die über Hiroshima und Nagasaki schwebten, hatten große Teile der Bevölkerung noch in Erinnerung. Eine Emnid-Untersuchung aus dem Jahr 1958 ergab, dass zwei Drittel der erwachsenen Bevölkerung mit Atomenergie zunächst die Atombombe und ihre Wirkung assoziierten und dass ein Drittel von

---

[11] Strauss, Franz Josef: Die Erinnerungen, Berlin 1989, S. 232.

[12] Lorenz, Robert: Die ‚Göttinger Erklärung' von 1957 – Gelehrtenprotest in der Ära Adenauer, in: Klatt, Johanna/Lorenz, Robert (Hrsg.): Manifeste – Geschichte und Gegenwart des politischen Appells, Bielefeld 2011, S. 199 – 228; Lorenz, Robert: Protest der Physiker. Die »Göttinger Erklärung« von 1957, Bielefeld 2011, S. 166 – 170.

friedlicher Nutzung der Kernenergie noch nie etwas gehört hatte.[13] Positive Vorstellungen von Kernenergie waren dabei in den oberen Bevölkerungsschichten weitaus stärker vorhanden als in den unteren.[14] Laut einer Studie des Allensbach-Instituts aus dem gleichen Jahr waren nur acht Prozent der Deutschen vorbehaltlos für die Atomkraft.[15] Der Historiker Joachim Radkau beschreibt die Situation wie folgt:

> „Tatsächlich lässt sich in den 50er Jahren ein klarer Konsens aller Machtgruppen – nicht unbedingt jedoch der breiten Bevölkerung – zugunsten der Kernenergie erkennen."[16]

Aber auch die Energiewirtschaft betrachtete den Einstieg in die Kernenergie zunächst mit Skepsis.[17] Die neue Technologie drohte zunächst einmal große Investitionssummen nötig zu machen, die die Konzerne keinesfalls bereit waren, allein zu übernehmen; noch dazu, da zu dieser Zeit große Anstrengungen beim Abbau der Kohle im Ruhrgebiet unternommen wurde, weil Investitionen in Kohlekraftwerke deutlich profitabler erschienen. Der politische Wille und die Angst vor einer wissenschaftlichen und technischen Isolation waren letztlich aber größer als die wirtschaftlichen Bedenken. Die Energiekonzerne ließen sich mit Ausfallbürgschaften und Investitionshilfen des Staates den holprig verlaufenden Bau der ersten Atomkraftwerke kräftig subventionieren. Auch wenn bereits im Jahr 1961 das erste Kraftwerk als Versuchsreaktor in Betrieb genommen wurde, dauerte es noch bis zum Ende des Jahrzehnts, bis die ersten kommerziellen Kraftwerke in Deutschland ans Netz gingen.[18]

---

[13] Vgl. Radkau, Joachim: Aufstieg und Krise der deutschen Atomwirtschaft 1945-1975. Verdrängte Alternativen in der Kerntechnik und der Ursprung der nuklearen Kontroverse, Hamburg 1983, S. 89.

[14] Ebd.

[15] Kriener: Das atomare Glück, a.a.O.

[16] Radkau, a.a.O., S. 464.

[17] Vgl. Baring, Arnulf: Geschichte eines Realitätsverlustes, in: Frankfurter Allgemeine Zeitung, 02.07.2009.

[18] O.V.: Zeitreise: Von der AKW Euphorie zu AKW nein danke, in: SWR3.de, 11.05.2011, online einsehbar unter http://www.swr.de/odysso/-/id=1046894/nid=1046894/did=2258984/13avv6r/index.html [eingesehen am 02.08.2011].

Die Atomexpansion der 1960er und 1970er Jahre – Atompolitik durch die Schaffung von Fakten

In den 1970er Jahren geschah etwas, das der bereits zitierte Historiker Joachim Radkau als Wechsel von der „spekulativen Phase" in die „Phase der Schaffung von vollendeten Fakten"[19] beschreibt. War die Kernenergie in den 1950er Jahren noch ein rein gedankliches Konstrukt – zwar technisch möglich, aber zumindest in Deutschland noch nicht wirtschaftlich erprobt –, so wurde die neue Technik durch „die normative Kraft der Fakten", die durch den staatlich subventionierten Großkraftwerksbau geschaffen wurden, Realität. Die CDU-geführte Bundesregierung hatte sich durch die breite finanzielle Unterstützung der noch unerprobten Technologie in eine Pfadabhängigkeit manövriert.

Als sich abzeichnete, dass es in absehbarer Zeit keine rentablen Kernkraftwerke geben würde und die Energiewirtschaft so auch keinen Bedarf an einem eigenen Ausbau der Kernenergie hatte, kam dem Staat die tragende Rolle bei der Weiterentwicklung der Atomtechnologie zu.[20] Die unionsgeführten Bundesregierungen zeichneten sich verantwortlich für drei der vier Atomprogramme der Bundesrepublik und legten damit den Grundstein für die friedliche Nutzung der Atomkraft in Deutschland. Bis in die zweite Hälfte der 1960er Jahre war die Überzeugung, „dass der Atomstrom (…) einen klaren Kostenvorteil zumindest gegenüber der Steinkohle besitze"[21], auch noch weit verbreitet. Diese Vorstellung bröckelte jedoch in der Folgezeit erheblich.

Als sich in den 1970er Jahren herausstellte, dass die Kosten des Atomstroms doch auf einem höheren Niveau verblieben als erhofft,

---

[19] Radkau, Joachim: Die Technik des 20. Jahrhunderts in der Geschichtsforschung oder: Technikgeschichte in der Konfrontation mit der Entgrenzung der Technik, in: König, Wolfgang/Schneider Helmuth (Hrsg.): Die technikhistorische Forschung in Deutschland von 1800 bis zur Gegenwart, Kassel 2007, S. 308 – 336, hier S. 319f.

[20] Vgl. Altenburg, Cornelia: Kernenergie und Politikberatung – Vermessung einer Kontroverse, Wiesbaden 2010, S. 58.

[21] Radkau, Aufstieg und Krise der deutschen Atomwirtschaft 1945-1975, a.a.O., S. 19.

begann die erste ernsthafte Krise der Atomenergie in Deutschland. Die Abnutzung des simplen Kostenarguments – bis dahin die „Universalwaffe"[22] gegen alle Einwände – ließ die Atomenergie in Deutschland ihre Zukunftsdimension verlieren. Zwar brachten die beiden Ölkrisen der siebziger Jahre noch einmal einen Anschub für den kriselnden Wirtschaftszweig, aber der ursprüngliche, nahezu unerschütterliche Glaube an die Zukunftsfähigkeit der Technologie ging in dieser Phase verloren. Hinzu kam, dass sich zu jener Zeit die Atomproteste in Deutschland zu einer Massenbewegung entwickelten. Auch innerhalb der CDU war die Atomkraft längst nicht mehr unumstritten. Hatte es in den 1950er und 1960er Jahren meist nur kleine, in lokalem Rahmen stattfindende Protestbewegungen gegen den Bau von Kraftwerken oder Deponieanlagen gegeben, so begannen ab Anfang der 1970er Jahre die ersten großen Protestaktionen. Auf den Baustellen von Wyhl und Brokdorf kam es zu Massendemonstrationen und Zusammenstößen mit der Polizei. Dabei war es zunächst die bürgerlich-konservativ geprägte und vor allem ältere Landbevölkerung, die gegen den Kraftwerksbau zu Felde zog.[23] Mit den gutbürgerlichen, umweltbewussten und heimatverbundenen Konservativen christlicher Prägung war es vornehmlich Stammwählerpotential der Union, das als erstes gegen den Bau von Kraftwerken und für den Erhalt ihrer Umwelt protestierte. Die Ablehnung der Atomkraft war das verbindende Element zu den anderen Gesellschaftsgruppen, mit denen der Protest dieser Ära heute maßgeblich verbunden wird.

„Hausfrauen, Bauern, Winzer, die jahrelang kein Buch gelesen haben, bilden sich zu Energieexperten aus. (…) Für die Konkursmasse der Studentenbewegung, die verkniffenen K-Grüppler, für neue Spontis und alte Naturschützer wird die Anti-AKW-Bewegung zum magischen Anziehungspunkt."[24]

Ende der 1970er Jahre entwickelte sich bekanntlich aus dieser Protestbewegung heraus eine neue Partei: Die Grünen. Der gemeinsame

---

[22] Ebd.
[23] Vgl. Kriener: Aufbruch ins Wunderland, a.a.O.
[24] Ebd.

Nenner dieser zunächst zusammengewürfelten Gruppierung war ein klares politisches Ziel: der Ausstieg aus der Atomenergie.

Atompolitik in den 1980er und 1990er Jahren – Abschied und Renaissance der Utopie

Nach den Störfällen von Three Mile Island in den USA (1979) und Tschernobyl in der UdSSR (1986) sowie den damit einhergehenden Proteststürmen gegen die Atomkraft kamen auch innerhalb der Union Zweifel an der Zukunft der Atomtechnologie auf. Gleichzeitig kippte die öffentliche Stimmung nach den beiden Unfällen endgültig. Die Katastrophe von Tschernobyl, deren radioaktive Auswirkungen auch in Teilen Bayerns festzustellen waren, galt fortan als Beleg dafür, dass die Risiken der Atomkraft für den Menschen nicht beherrschbar waren. Hinzu kam, dass auch die Fragen der Endlagerung und Wiederaufbereitung von atomaren Brennstäben immer noch ungeklärt blieben. Während die Sozialdemokraten in der Frage der Nutzung der Kernenergie seit den 1950er Jahren bis zur programmatischen Kehrtwende 1986 einen schwierigen, kontroversen und mitunter quälenden Lernprozess in der Atompolitik zu durchlaufen hatten, blieb die CDU-Spitze (ebenso wie die traditionell atomwirtschaftsfreundliche FDP) in ihrer Linie lange beharrlich. Wie bei jeder Utopie fiel auch der Abschied von der Atomkraft schwer. Bei den Parteimitgliedern hingegen war die Skepsis weitaus größer. Um dem verunsicherten Volk das Gefühl zu vermitteln, die Risiken der Technologie erkannt zu haben, schuf die CDU-geführte Regierung unter Bundeskanzler Helmut Kohl im Jahr 1986 das erste Ministerium für Umwelt, Naturschutz und Reaktorsicherheit auf Bundesebene. Nach weiteren Störfällen und wegen der immer noch mangelnden Rentabilität der Atomkraftwerke schien der wirtschaftliche und energiepolitische Abstieg der Atomkraft am Ende der Dekade jedoch besiegelt. „Es gibt überhaupt keine Aussichten für die Atomindustrie, dass in näherer Zukunft weitere Atomkraftwerke bestellt werden"[25], prophezeite der vom Atombefürworter zum Atomkritiker gewandelte Umweltforscher Klaus Traube im Jahr 1987. Am 13. April 1989 ging in Ne-

---

[25] O.V.: Phönix aus der Asche, in: Der Spiegel, 28.10.1991, S. 51.

ckarwestheim letztmalig ein Reaktor in Westdeutschland neu ans Netz.

Nachdem sich zu Beginn der 1990er Jahre die Debatte um die friedliche Nutzung der Kernenergie in Deutschland etwas beruhigt hatte und auch der Protest zurückging, sorgte ein anderer Grund für ein Wiederaufleben der Diskussionen. Zwar waren weiterhin rund sechzig Prozent der Deutschen gegen einen weiteren Ausbau der Atomenergie, zu einem beträchtlichen Teil auch das bürgerlich-konservative Lager. Aber der drohende Klimawandel, entfacht durch den immensen Kohlendioxidausstoß der westlichen Industrienationen, sorgte dafür, dass das Ansehen der Atomenergie als scheinbar „saubere" Form der Energiegewinnung mit geringem Kohlendioxidausstoß eine Renaissance erlebte. Das bis dahin desolate Image der Kernenergie verbesserte sich im gleichen Maße wie der Atomstrom plötzlich als Retter vor der Klimakatastrophe begriffen wurde.[26] Der Ruf der Kernkraft schien, zumindest teilweise, wieder hergestellt. In der damaligen Bundesministerin für Umwelt, Naturschutz und Reaktorsicherheit, Angela Merkel, fand die Atomkraft Mitte der Neunziger eine vehemente Fürsprecherin: „Ohne Nutzung der Kernenergie werden wir unser Klimaziel nicht erreichen", so die spätere Kanzlerin.[27]

Zwar wurden auch daraufhin keine neuen Anlagen mehr in Auftrag gegeben, aber beschleunigt oder gar besiegelt wurde der vollständige Ausstieg aus der Atomkraft seitens der Union nicht. Um die Form der Energiegewinnung auch in der Gesellschaft wieder mehrheitsfähig zu machen, fanden unter der Regierung Kohls sogenannte „Energiekonsensgespräche" (1993-1995) statt, bei denen Vertreter der Bundes- und Landesregierungen, der sie tragenden Parteien sowie Vertreter der Wirtschaft eingebunden waren. Die Gespräche versandeten jedoch, ohne dass es zu einem Konsens gekommen wäre. Während die Oppositionsparteien auf einen verbindlichen Ausstieg aus der Kernenergie drängten, setzte die Regierung mit Umweltministerin Merkel sogar wieder auf die Entwicklung neuer Reaktortypen. Atomkraft, so Merkel in ihrer auch heute noch typischen Diktion, sei „unverzichtbar" in Deutschland und der Bau neuer Kraftwerke daher

---

[26] Ebd, S. 50.
[27] Odenwald, Michael: Die Reaktorträume der Angela Merkel, Focus, 22.05.1995.

notwendig.[28] Doch obwohl selbst die Kraftwerksbetreiber damals Neubauten skeptisch gegenüberstanden,[29] blieb Merkel unbeirrt; die Option auf den Bau neuer Atomreaktoren sei Bedingung für einen Konsens in der Energiewirtschaft.[30] Gleichzeitig forderte Merkel allerdings auch, alte Reaktoren mit „nicht akzeptablen Sicherheitsrisiken"[31] müssten entweder nachgerüstet oder vom Netz genommen werden. Merkel wurde zum neuen personellen Fixstern am Firmament der Atomkraftbefürworter. Zum einen plädierte sie für den Erhalt und den Ausbau der Atomkraftwerke in Deutschland, zum anderen ließ sie die immer noch von heftigen Protesten begleiteten Castortransporte nach Gorleben von bis zu 30.000 Polizisten absichern. In Merkels Weltbild waren die Risiken der Atomtechnologie rein statistischer, theoretischer Natur und daher vertretbar. Die wirtschaftlichen und klimaschutzpolitischen Vorteile der Kernkraft kompensierten in ihren Augen das minimale Risiko eines Atomunfalls.

Die 2000er Jahre – Das lange Ringen um den Atomausstieg

Nach dem Wahlsieg von SPD und Grünen im Jahr 1998 sollte der vor der Wahl versprochene Atomausstieg umgesetzt werden. Mit einem zeitnahen Ausstiegsprozedere hatten vor allem die Grünen im Wahlkampf Werbung gemacht. Im Koalitionsvertrag wurde festgehalten: Der Ausstieg aus der Nutzung der Kernenergie wird innerhalb dieser Legislaturperiode umfassend und unumkehrbar gesetzlich geregelt.[32]

Nachdem sich die Diskussionen mit den Konzernen jedoch als schwierig und langwierig darstellten, wurde erst zwei Jahre später mit der „Vereinbarung zwischen der Bundesregierung und den Energieversorgungsunternehmen vom 14. Juni 2000" der Atomausstieg besiegelt. Demnach durften in der Bundesrepublik keine neuen Meiler

---

[28] Vgl. Randow, Gero von: Der aufpolierte Reaktor, in: Die Zeit, 44/1997.

[29] Vgl. o.V.: Merkel sucht noch, in: Der Spiegel, 30.12.1996.

[30] Vgl. Odenwald, a.a.O.

[31] O.V.: Weltweit Trauer und Proteste, in: die tageszeitung, 03.03.1997.

[32] Aufbruch und Erneuerung – Deutschlands Weg ins 21. Jahrhundert, Koalitionsvereinbarung zwischen der Sozialdemokratischen Partei Deutschlands und BÜNDNIS 90/DIE GRÜNEN, Bonn, 02.10.1998. online einsehbar unter http://archiv.gruene-partei.de/gremien/rot-gruen/vertrag/vertrag-i.htm [eingesehen am 15.06.2011].

gebaut werden und den noch laufenden Kraftwerken wurde eine Restlaufzeit zugeordnet. Den Konzernen war es jedoch durch flexible Regelungen möglich, die Strommengen unter den Kraftwerken zu verteilen und die Meiler so noch jahrzehntelang weiter zu nutzen. Wegen dieser Regelung ließ sich das Datum des endgültigen Ausstiegs auch nicht konkret errechnen. Allgemein wurde damals angenommen, dass der letzte Meiler etwa im Jahr 2021 abgeschaltet werden müsse.[33]

Während der Großen Koalition einigten sich die Koalitionspartner darauf, den Streitgegenstand Atomkraft vorerst nicht zu thematisieren. Die Union wollte zwar den Atomausstieg aussetzen oder zumindest aufweichen, bei diesem Thema war die SPD aber zu keinerlei Zugeständnissen bereit.[34] Im Koalitionsvertrag wurde nur lapidar auf die unterschiedliche Auffassung zwischen SPD und Union hingewiesen.[35] Auf eine gemeinsame Position konnte man sich nicht einigen, und so verschob die Unionsspitze das Thema mit dem Hinweis in die Zukunft, man plane den Atomausstieg bei einem Wahlsieg wieder rückgängig zu machen. Auch international war die Atomkraft zu dieser Zeit wieder auf dem Vormarsch.[36] Seitdem die Problematik des Klimawandels von prominenten Fürsprechen wie dem ehemaligen amerikanischen Vizepräsidenten Al Gore in der Öffentlichkeit popularisiert worden war, schien das Klimaschutzpotenzial der Atomkraft deren Risiken in den Hintergrund zu drängen. Angela Merkel trat in der Öffentlichkeit als „Klimakanzlerin"[37] auf und attestierte der Atomkraft eine Zukunft als „Brückentechnologie" im Kampf gegen den Klimawandel. Trotz der Einigung im Koalitionsvertrag auf den Erhalt des Status quo machte sich die Bundes-

---

[33] Vgl. Baumann, Nina: Zehn Jahre Atomausstieg – Meilenstein als Zerreißprobe, Focus online, online einsehbar unter http://www.focus.de/politik/deutschland/tid-18598/zehn-jahre-atomausstieg-meilenstein-als-zerreissprobe_aid_518339.html [eingesehen am 14.06.2010].

[34] Ebd.

[35] Gemeinsam für Deutschland – Mit Mut und Menschlichkeit, Koalitionsvertrag zwischen CDU, CSU und SPD, online einsehbar unter www.cducsu.de/upload/koavertrag0509.pdf, [eingesehen am 02.08.2011], hier S. 41.

[36] Vgl. Bethge, Philip u.a.: Kernkraft – Ja bitte?, in: Der Spiegel, 07.07.2008.

[37] Dehmer, Dagmar: Die Klimakanzlerin, in: Der Tagesspiegel, 25.09.2007.

kanzlerin 2007 für eine längere Nutzung der deutschen Kernkraftwerke stark, weil die ehrgeizigen Ziele bei der Reduzierung der CO_2-Emissionen so einfacher und kostengünstiger zu erreichen wären.[38] Schon damals wurde gemutmaßt, dass bei einem Wahlsieg von Union und FDP die bislang auf 32 Jahre begrenzte Laufzeit der deutschen Atommeiler auf mindestens vierzig Jahre angehoben werden könnte.[39]

Atomkraft als Wahlkampfthema 2009

Im Wahlprogramm zur Bundestagswahl 2009 positionierte sich die Union erneut für eine Laufzeitzeitverlängerung der Atomkraftwerke.[40] Ebenso wie der Koalitionswunschpartner FDP hielt man den Ausstieg aus der Kernenergie zum damaligen Zeitpunkt ökonomisch und ökologisch für falsch.[41] Der Neubau von Kraftwerken stand, wie erwähnt, ohnehin längst nicht mehr zur Debatte.[42] Selbst innerparteilich ließ sich die Atomkraft nur noch als Übergangstechnologie auf dem Weg zu den erneuerbaren Energien verkaufen. Als Zugeständnis an die parteiinternen Atomkraftkritiker sollten die Zusatzgewinne, die dank der Laufzeitverlängerung für die Betreiber anfallen würden, abgeschöpft werden, um dadurch den Ausbau erneuerbarer Energien zu fördern.[43] Die Bedingungen, an die eine Verlängerung der Laufzeiten geknüpft werden sollte, ließ die Regierung zunächst offen. Aufgrund der Pannenserie in verschiedenen deutschen Kraftwerken (un-

---

[38] Vgl. Schulte, Ewald B.: Atomausstieg frühestens nach der Wahl, in: Berliner Zeitung, 06.12.2007.

[39] Vgl. Ebd.

[40] Vgl. Wir haben die Kraft – Gemeinsam für Deutschland, Regierungsprogramm der CDU/CSU 2009-2013, online einsehbar unter www.cdu.de/doc/pdfc/090628-beschluss-regierungsprogramm-cducsu.pdf [eingesehen am 02.08.2011], S. 25.

[41] Vgl. Die Mitte stärken. Deutschlandprogramm für 2009. Programm der Freien Demokratischen Partei zur Bundestagswahl 2009, online einsehbar unter http://www.fdp.de/files/565/Deutschlandprogramm09_Endfassung.pdf [eingesehen am 02.08.2011], hier S. 57.

[42] Vgl. Regierungsprogramm der CDU/CSU 2009-2013, a.a.O., S. 25.

[43] Vgl. Wittrock, Philipp: Warum die Atom-Attacken der SPD die Union kalt lassen, in: Spiegel online, 14.07.2009, online einsehbar unter http://www.spiegel.de/politik/deutschland/0,1518,635964,00.html [eingesehen am 02.08.2011].

ter anderem in Krümmel und Philippsburg) im Frühjahr des Wahljahres versuchte man in der CDU/CSU, das Thema im Wahlkampf aber möglichst klein zu halten. Außerdem sollte einer längst nicht mehr undenkbaren Allianz mit den Grünen nach der Wahl nicht vorab schon die Grundlage entzogen werden.[44] Hatte Merkel in der vorherigen Legislaturperiode noch mit großer Verve für die Atomenergie als Klimaretter geworben, versuchte sie nun aus politischem Kalkül, dieses Thema möglichst aus dem Wahlkampf herauszuhalten. Der Grund dafür war einleuchtend: Der kleinste Störfall hätte in der aufgeheizten Debatte deutliche Auswirkungen auf die Wahlchancen der Union gehabt. Als richtiger Termin, um dieses Thema wieder auf die Agenda zu setzen, wurde erst der Tag *nach* dem Wahlabend betrachtet.[45]

Im Galopp zur Laufzeitverlängerung

Wie angekündigt erschien mit dem Wahlsieg auch die Laufzeitverlängerung wieder auf der politischen Tagesordnung. Im Koalitionsvertrag einigte man sich mit der FDP auf die Atomkraft als Brückentechnologie, die weiter genutzt werden solle, „bis sie durch erneuerbare Energien verlässlich ersetzt werden kann".[46] Die Laufzeitverlängerung sollte Teil eines „Energiepolitischen Konzepts" sein, das die Bundesregierung bis zum Oktober 2010 vorlegen wollte. Dieses hatte das Ziel, „szenarienbezogen Leitlinien für eine saubere, zuverlässige und bezahlbare Energieversorgung"[47] zu formulieren. In einer Vereinbarung mit den Kraftwerksbetreibern sollte darüber hinaus geklärt werden, auf welchem Weg der Staat am finanziellen Nutzen, der den Betreibern durch die Verlängerung entstehen würde, beteiligt werden könnte. Bei der immer noch ungeklärten Frage nach der Endlagerung der Brennelemente verständigte man sich mit der FDP auf eine Aus-

---

[44] Vgl. dazu in diesem Band den Beitrag von Werwath, Christian: Die Regierungsbildung: Eine schwarz-gelbe Traumhochzeit?

[45] Vgl. Vorholz, Fritz: Das Mäuschen schweigt, in: Die Zeit, 08.10.2009.

[46] Wachstum Bildung Zusammenhalt, Koalitionsvertrag zwischen CDU, CSU und FDP für die 17. Legislaturperiode, online einsehbar unter http://www.cdu.de/doc/pdfc/091026-koalitionsvertrag-cducsu-fdp.pdf [eingesehen am 02.08.2011], hier S. 30.

[47] Ebd. S. 26f.

setzung des Moratoriums zur Erkundung des Salzstocks in Gorleben, das im Jahr 2000 vom damaligen Umweltminister Jürgen Trittin (Grüne) verhängt worden war. Um den anstehenden Landtagswahlen in Nordrhein-Westfalen im Mai 2010 nicht noch zusätzlichen Zündstoff zu verleihen, beschloss die Regierung jedoch, das angekündigte Energiekonzept abzuwarten, bevor man sich auf die tatsächliche Spanne der Laufzeitverlängerung festlegen wollte.[48] Allerdings konnte die Union nicht verhindern, dass das Thema von SPD und Grünen im Wahlkampf aufgebracht wurde. Besonders ein Aspekt stand dabei im Vordergrund: Wenn sich durch einen Wahlsieg von SPD und Grünen ein neues Stimmengewicht im Bundesrat ergeben würde, dann hätten die Atomgegner einen Durchmarsch der Regierung in der Atompolitik deutlich erschweren, wenn nicht gar verhindern können. Nicht wenige Stimmen, allen voran der ehemalige Bundesverfassungsrichter Hans-Jürgen Papier, wiesen darauf hin, dass eine Laufzeitverlängerung auch vom Bundesrat bestätigt werden müsste.[49] Fachleute auf Seiten der Regierung vertraten hingegen die These, dass bei einer „moderaten" Verlängerung der Laufzeiten eine Zustimmung des Bundesrates nicht notwendig werden würde. Doch auch die Verzögerungstaktik in der Atompolitik konnte nicht verhindern, dass die CDU und FDP ihre Regierungsverantwortung im Düsseldorfer Landtag abgeben mussten.

Nachdem die Niederlage in Nordrhein-Westfalen besiegelt war und in den nächsten Monaten auch keine andere Landtagswahl anstand, war die Gelegenheit gekommen, um die Laufzeitverlängerung wieder auf die Agenda zu bringen. Um die umstrittene Reform des Atomgesetzes rechtzeitig bis Ende des Jahres unter Dach und Fach zu bringen, musste ein penibler Zeitplan eingehalten werden. Dabei setzte man, aufgrund des engen zeitlichen Korridors und der Umstrittenheit des Themas, nur noch auf ein Mindestmaß an öffentli-

---

[48] Vgl. Uken, Marlies, Zoff um den Strommix, in: Zeit online, 28.12.2009, online einsehbar unter http://www.zeit.de/wirtschaft/2009-12/ausblick-energie [eingesehen am 02.08.2011].

[49] Vgl. Papier, Hans-Jürgen: Rechtsgutachtliche Stellungnahme zur Zustimmungsbedürftigkeit eines Gesetzes zur Verlängerung der Laufzeiten von Kernkraftwerken, 27.05.2010, online einsehbar unter www.campact.de/img/atom2/docs/gutachten_papier.pdf [eingesehen am 02.08.2011].

cher Diskussion. „Herbst der Entscheidung" war der Euphemismus der Regierung für diese radikale Vorgehensweise. Die Entscheidung sollte auf oberster Ebene vorbereitet und durchgezogen werden, ohne sich dem Säurebad der innerparteilichen oder gar öffentlichen Diskussion auszusetzen. Am 7. Juni 2010 beschloss die Regierung in ihrem Sparpaket zur Sanierung des Bundeshaushalts, dass die Atomkonzerne eine Steuer auf Brennelemente zahlen sollten – und dies zunächst unabhängig von einer möglichen Laufzeitverlängerung.[50] Durch die Steuer sollte der Bund ab 2011 jährlich 2,3 Milliarden Euro einnehmen, die man einerseits zur Haushaltssanierung verwenden, mit denen man aber auch die Kosten, die bei der Sanierung des maroden Atommülllagers Asse aufgetreten waren, begleichen wollte. Ab diesem Zeitpunkt war das Geld fest für den Haushalt eingeplant und sorgte für gesetzgeberischen Zugzwang. Reflexartig drohten die Stromkonzerne mit einer Klage gegen diese Abgabe. Die Stromversorger argumentierten, dass die Erhebung einer Brennelementesteuer, wie sie die schwarz-gelbe Bundesregierung plante, gegen die Vereinbarungen zum Atomausstieg verstoße, den die Energiewirtschaft 2001 mit der rot-grünen Regierung von Bundeskanzler Gerhard Schröder vereinbart hatte. Das Merkel-Kabinett war nun also gefordert, eben diese Vereinbarung bis zum 1. Januar 2011 aufzukündigen, und die Laufzeiten deutlich zu verlängern, wenn sie die bereits verplanten Milliarden in Form einer Brennelementesteuer einnehmen wollte. Die Klagedrohung der Konzerne gegen diese Steuer war demnach ein gut durchdachtes Manöver, um den Druck auf die Bundesregierung zu erhöhen, die Laufzeitverlängerung auch wirklich zeitnah durchzusetzen.

Nachdem nun deutlich wurde, dass eine Entscheidung unbedingt bis Ende des Jahres gefällt werden musste, versuchte die Regierung, in der Bevölkerung für ihre Pläne oberflächlich zu werben. Im August 2010 plante Merkel auf einer „Energiereise" durch Deutschland, ihr verloren gegangenes Image als „Klimakanzlerin" wieder aufzupolieren und auch für das Ansehen der Atomkraft als unverzichtbare

---

[50] Vgl. Eckpunkte für die weitere Aufstellung des Haushaltentwurfs 2011 und des Finanzplans bis 2014, S. 3. online einsehbar unter: http://www.bundesregierung.de/Content/DE/__Anlagen/2010/2010-06-07-eckpunkte-kabinett,property=publicationFile.pdf [eingesehen am 14.07.2010].

Brückentechnologie im Kampf gegen den Klimawandel zu werben. Doch noch während ihrer Reise stieg erneut der öffentliche Druck auf die Kanzlerin und ihren Umweltminister Norbert Röttgen. In einem „*energiepolitischen Appell*", der ganzseitig in mehreren großen Tageszeitungen erschien, machten vierzig namhafte Wirtschaftsvertreter Stimmung für Atom- und Kohlekraft. Hinter der Kampagne standen die vier marktbeherrschenden Energiekonzerne E.ON, RWE, Vattenfall und EnBW.[51] Grund für den Appell war weniger die Kritik an Merkel, sondern vielmehr an den energiepolitischen Positionen, die Bundesumweltminister Norbert Röttgen vertrat. Dieser hatte sich unter anderem in einem Gastbeitrag in der *Frankfurter Allgemeinen Zeitung* kritisch über das zögerliche Verhalten der Industrie bei Fragen des Energiewandels geäußert: „Eine Regierung, welche die gesamte Gesellschaft im Blick haben muss, kann aber nicht durch ein zu enges Verständnis von Wettbewerbsfähigkeit die Wettbewerbsvorteile in Zukunftsbranchen" aufs Spiel setzen, so Röttgen zum Konflikt zwischen fossiler und regenerativer Energiegewinnung.[52]

Damit manifestierte sich ein bereits länger schwelender Konflikt zwischen der Kanzlerin und Röttgen. Schon in den Monaten zuvor sah sich Merkel regelmäßig mit Aussagen ihres forsch agierenden Ministers konfrontiert, die der eigentlichen energiepolitischen Linie der Koalition entgegenstanden.[53] Öffentlich unterstrich Röttgen, die CDU dürfe die in der Bevölkerung unbeliebte Kernenergie nicht zu einem „Alleinstellungsmerkmal" machen.[54] Röttgen forderte darüber hinaus, bereits frühzeitig die Verlängerung der Laufzeiten auf acht Jahre zu beschränken. Auch die Beteiligung des Bundesrates am Gesetzgebungsprozess wurde von ihm immer wieder in der Öffent-

---

[51] Rossbach, Henrike u.a.: 40 Manager greifen Röttgens Politik an, in: Frankfurter Allgemeine Zeitung, 21.08.2010.

[52] Röttgen, Norbert: Den Klimawandel gestalten, in: Frankfurter Allgemeine Zeitung, 30.04.2010.

[53] Vgl. vertiefend zum Verhältnis Merkel/Röttgen in diesem Band: Lühmann, Michael/Schulz, Frauke: Das schwarz-gelbe Kabinett: Konkursverwalter des bürgerlichen Projekts

[54] Vgl. Interview: Bauchmüller, Michael: Wir wollen die Kernkraft ablösen, in: Süddeutsche Zeitung, 06.02.2010.

lichkeit hervorgehoben.[55] Die Debatte verschärfte sich dabei zeitweilig so stark, dass Kernkraftbefürworter wie Baden-Württembergs Ministerpräsident Mappus den Rücktritt des Bundesumweltministers forderten.[56] Der Zwist zwischen energiepolitischen Traditionalisten des wirtschaftsnahen Flügels auf der einen und Ausstiegsbefürwortern wie Röttgen auf der anderen Seite sollte durch das groß angekündigte Energiekonzept dreier externer Gutachter beigelegt werden.[57] Diese sollten unter anderem die Vor- und Nachteile längerer Atomlaufzeiten beleuchten – und so der Regierung eine Entscheidungsgrundlage bieten. Die Idee hinter dieser Vorgehensweise war nicht neu. Durch ein „wissenschaftliches" Gutachten sollte die politisch längst getroffene Entscheidung (die Laufzeiten zu verlängern) wissenschaftlich flankiert werden, um so die Akzeptanz in der Partei und der Bevölkerung zu vergrößern. Das Regieren durch Kommissionen und Expertengutachten wurde seit Jahren von allen politischen Parteien praktiziert.[58] Von einer strategischen Ausrichtung der eigenen Politik zeugt diese Vorgehensweise jedoch nicht.

Tatsächlich bestätigte das Gutachten, dass längere Laufzeiten (also etwa vier, zwölf oder zwanzig Jahre mehr) gegenüber einem Referenzszenario ohne Änderungen am Atomausstieg zu bevorzugen seien.[59] Direkt nach Veröffentlichung der Studie wurden jedoch Stimmen laut, die ihre Objektivität anzweifelten, da eines der beteiligten Institute finanziell massiv von der Energiewirtschaft unterstützt wurde.[60] Doch die Kritik änderte nichts daran, dass die Merkel-

---

[55] Vgl. Beste, Ralf u.a.: Die Suche nach der goldenen Zahl, in: Der Spiegel, 09.08.2010.

[56] O.V.: Mappus: Merkel soll Röttgen zurückpfeifen, in: Süddeutsche Zeitung, 17.05.2010.

[57] Vgl. Schlesinger, Michael u.a.: Energieszenarien für ein Energiekonzept der Bundesregierung, Basel/Köln/Osnabrück 2010, online einsehbar unter http://www.bmu.de/files/pdfs/allgemein/application/pdf/energieszenarien_2010.pdf [eingesehen am 02.08.2011].

[58] Vgl.: Lampig, Wolfgang: Regieren durch Regierungskommissionen?, in: Zeitschrift für Sozialreform, Jg. 52 (2006) H. 2, S. 233 – 251.

[59] Ebd. S. 120ff.

[60] Waldermann, Anselm: Regierungsgutachter steht Stromkonzernen nahe, in: Spiegel online, 27.08.2010, online einsehbar unter http://www.spiegel.de/wirtschaft/soziales/0,1518,714013,00.html [eingesehen am 02.08.2011].

Regierung das Gutachten als Grundlage für ihre Position in der Diskussion um die Laufzeitverlängerung instrumentalisierte. Den ursprünglich erwünschten Effekt konnten die Expertenergebnisse aber nicht erfüllen: Die Laufzeitverlängerung wurde fortan in der Öffentlichkeit nicht unter den wissenschaftlichen Aspekten der Studie diskutiert, sondern als Ausdruck politischen Willens der Regierung angesehen.

Am 5. September 2010 traf sich die Regierungsspitze mit den Energiekonzernen im Kanzleramt zum „Atomgipfel", dem die Veröffentlichung eines 18-seitigen, so genannten „Förderfondsvertrages" folgte, der die Verlängerung der Laufzeiten regelte.[61] Pikant an diesem Treffen war, dass Röttgens eigentlich federführendes Umweltministerium an den Verhandlungen nicht beteiligt wurde. „Ich habe an dem Vertrag nicht mitgewirkt, und es hat auch kein Vertreter des Umweltministeriums teilgenommen"[62], so Röttgen in einer Sitzung des Bundestags-Umweltausschusses. Zwar stellte sich später heraus, dass einer von Röttgens Staatssekretären zumindest kurzzeitig bei dem Treffen zugegen war, der Minister selbst war zu den Vertragsverhandlungen aber nicht eingeladen worden. Dies kam einem Affront gegen Röttgen gleich, der mit seinen wiederholten öffentlichen Aussagen zu kürzeren Laufzeitverlängerungen bei der Regierungsspitze und den Lobbyisten der Atomkonzerne gleichermaßen in Ungnade gefallen war. Röttgen selbst erklärte sein Fernbleiben recht kleinlaut damit, dass es in dem Vertrag nicht um Sicherheitsfragen gegangen wäre, sondern um die Abschöpfung der Gewinne durch die Laufzeitverlängerung.[63] Daher sei die Anwesenheit seines Ressorts auch nicht notwendig gewesen. Trotzdem war das Zeichen klar: die Regierungsspitze duldete in dieser Frage aufgrund des drängenden

---

[61] Vgl. Förderfondsvertrag zwischen der Bundesrepublik Deutschland und den Kernkraftwerksbetreibergesellschaften (...), online einsehbar unter: http://www.bundesfinanzministerium.de/nn_3380/DE/Wirtschaft__und__Verwaltung/Steuern/13012011-Foerderfondsvertrag,templateId=raw,property=publicationFile.pdf [eingesehen am 13.07.2011].

[62] Ehrstein, Claudia: Norbert Röttgen und das Geheimnis um den Atomdeal, in: Die Welt, 15.09.2010.

[63] O.V.: Merkel ließ Röttgen wie einen Schuljungen draußen, in: Die Welt, 15.09.2010.

Zeitplans kein Ausscheren. Dabei wurde in Kauf genommen, dass diese Entscheidung auf großen Unmut treffen würde, denn auch innerhalb der Union gab es einige Sympathisanten Röttgens. Wollte man aber bis zum 1. Januar 2011 eine Entscheidung, um die Milliarden aus der Brennelementesteuer abzuschöpfen, blieb für Diskussionen keine Zeit. Merkel handelte frei nach dem Prinzip ihres politischen Ziehvaters Helmut Kohl: „Sollen die Hunde doch bellen, die Karawane zieht weiter."

Im Förderfondsvertrag verpflichten sich die Energieversorger für die geplante Laufzeitverlängerung von durchschnittlich zwölf Jahren, einen Förderbeitrag[64] an einen Fonds zum Ausbau der erneuerbaren Energien zu entrichten. Ältere Atommeiler sollten demnach acht Jahre und jüngere vierzehn Jahre zusätzlich am Netz bleiben. Die Betreiber der 17 Kernkraftwerke sicherten sich mit dem Vertrag aber auch gegen die sicherheitsbedingten Nachrüstungen ihrer Meiler ab. Überstiegen die Kosten einer Sicherheitsnachrüstung je Reaktor 500 Millionen Euro, müssten die Betreiber weniger Geld in den staatlichen Öko-Fonds einzahlen.[65] Auch wenn die bis 2016 befristete Kernbrennstoffsteuer verlängert oder erhöht würde, müssten die Konzerne weniger Geld abgeben. Während Opposition und Umweltverbände erwartungsgemäß gegen Inhalt und Prozedere des Atomkonsenses protestierten[66], waren Atomwirtschaft und Regierung mit der Einigung hochzufrieden. Dabei wurde auch in Kauf genommen, dass Teile der Union, die sich längst mit dem Ausstiegsszenario des alten Atomgesetzes arrangiert hatten, vor allem mit dem Prozess der Entscheidung nicht einverstanden waren. Diese Kritiker hoffte Merkel mit den zusätzlichen Einnahmen durch die Kernbrennstoffsteuer milde zu stimmen.

Von großen Teilen der Bevölkerung wurde die Vorgehensweise und das Ergebnis des Atompakts abgelehnt: Neben den heftigsten Demonstrationen gegen die Castortransporte seit Jahren versammel-

---

[64] Vgl. Förderfondsvertrag zwischen der Bundesrepublik Deutschland und den Kernkraftwerksbetreibergesellschaften (...), a.a.O.

[65] Ebd, S. 9.

[66] Am 18. September 2009 demonstrierten im Berliner Regierungsviertel zehntausende Atomkraftgegner gegen die beim Atomgipfel vereinbarten Laufzeitverlängerungen.

ten sich im September 100.000 Menschen in Berlin, um gegen die Atompolitik der Regierung zu demonstrieren. Unter dem Motto „Atomkraft: Schluss jetzt" bildeten die Protestierenden eine Menschenkette um Reichstag und Kanzleramt.[67] Mit dabei waren auch Anhänger der Union, die ihrem Unmut über die Laufzeitverlängerung Luft machten. Die große öffentliche Kritik verdeutlichte, dass es in dieser Entscheidung keinen Konsens zwischen Politik und Bevölkerung gab – noch nicht einmal zwischen Parteispitze und Basis der Partei.

Diese Kontroverse spiegelte auch ein weiteres innerparteiliches Dilemma der Union wider. Der Konflikt zwischen den energiepolitischen Forderungen des immer noch starken wirtschaftspolitischen Flügels der Union und einem wachsenden Teil der Partei, der eine vorsichtige Annäherung an die Grünen anstrebte, um sich zukünftig eine weitere Koalitionsoption nicht zu verbauen, war schwierig aufzulösen. Durch die Laufzeitverlängerung war klar, dass eine potenzielle Koalitionsoption mit den Grünen erst einmal in weite Ferne gerückt war. Ein Konflikt mit dem Wirtschaftsflügel der Union war zu diesem Zeitpunkt für Merkel riskanter als eine Koalitionsoption mit den Grünen irgendwann in der Zukunft. Außerdem stand Merkel auch persönlich für die Laufzeitverlängerung, für die sie seit Jahren Werbung gemacht hatte. Die FDP, allen voran Wirtschaftsminister Rainer Brüderle, sah den Deal aufgrund der traditionellen Nähe zu den Energiekonzernen ohnehin positiv.

Mit ihrem am 28. September 2010 veröffentlichten „Energiekonzept für eine umweltschonende, zuverlässige und bezahlbare Energieversorgung"[68], formulierte die Bundesregierung die Leitlinien ihres neuen Atomgesetzes. Mit der Verabschiedung der Gesetzesnovelle im Bundestag noch vor Ende der Jahresfrist stand die Verlängerung der Laufzeiten fest. Damit war ein Kernanliegen Merkels er-

---

[67] O.V.: Die Anti-Atom-Sonne scheint wieder, in: Frankfurter Allgemeine Zeitung, 18.09.2010.

[68] Energiekonzept für eine umweltschonende, zuverlässige und bezahlbare Energieversorgung, 28.10.2010, online einsehbar unter http://www.bundesregierung.de/nsc_true/Content/DE/StatischeSeiten/Breg/Energiekonzept/energiekonzept-final,property=publicationFile.pdf/energiekonzept-final [eingesehen am 02.08.2011].

reicht, für das sie seit Jahren gekämpft hatte. Dafür nahm sie auch in Kauf, die Laufzeitverlängerung an ihrer Partei vorbei auszuhandeln. Indes: Schon wenige Wochen nach Inkrafttreten des Gesetzes war der Laufzeitverlängerung durch die Folgen der Tsunami-Katastrophe in Japan ein unerwartet jähes Ende gesetzt.

Fukushima oder Ausstieg aus dem Ausstieg aus dem Ausstieg

Als am 11. Februar 2011 unter dem Meeresboden im Nordosten Japans, 170 Kilometer östlich der Stadt Sendai, die Erde bebte, wurde auch die deutsche Politik davon erschüttert. Nach einem Erdbeben der stärke 9,0 verwüstete ein Tsunami mit einer Wellenhöhe von bis zu 15 Metern das Gelände des japanischen Atomkraftwerkes Fukushima Daiichi und löste eine Reihe von schweren Störfällen aus. Dieses Unglück führte zu einem der wohl bemerkenswertesten Richtungswechsel, die die Politik in Deutschland in der jüngeren Vergangenheit vollzogen hat. Angela Merkel sagte später in einem Interview über diesen Tag:

> „Ich hatte – wie viele andere mit mir – den Impuls, dass wir unsere Entscheidungen vom letzten Herbst und damit die Sicherheitsstandards in Deutschland noch einmal auf den Prüfstand stellen müssen."[69]

Dass es in einem hochtechnologisierten Land wie Japan zu einer Katastrophe dieses Ausmaßes kommen konnte, ließ selbst überzeugte Atomkraftbefürworter ihre Einschätzungen über die Gefahren der Kernkraft in Deutschland überdenken. Sicherheit, soviel war seit den Ereignissen in Japan nunmehr klar, kann nicht garantiert werden. Diese Erkenntnis hatte das Potenzial, die Grundfeste des konservativen Weltbildes zu erschüttern. Denn *Sicherheit* war stets eines der Themen, die die Konservativen als ihre ureigenste Kernkompetenz beansprucht haben. Dass diese Sicherheit nun als Utopie entlarvt wurde, war für viele in der Union ein tiefgehender Schock.

---

[69] Di Lorenzo, Giovanni/Ullrich, Bernd: Ausbüxen gibt's nicht mehr, in: Der Tagesspiegel, 16.05.2011.

Gerade einmal sechs Monate nach der Entscheidung, die Laufzeiten der deutschen Atomkraftwerke zu verlängern, sorgte die Katastrophe von Fukushima für ein Umschwenken der Regierung und ließ das Energiekonzept der Regierung aus dem vergangenen Herbst über Nacht zu Makulatur werden. Während die Bilder aus dem maroden japanischen Kraftwerk in Dauerschleifen über die weltweiten Bildschirme flimmerten, begann das große Wendemanöver in der Atompolitik der Bundesregierung. Eine Entscheidung, so war zumindest die Wahrnehmung der Protagonisten, musste schnell getroffen werden: Mit den beiden anstehenden Landtagswahlen in Baden-Württemberg und Rheinland-Pfalz drohte der Union ein Mehrfachschock aus Machtverlust und der Angst vor dem Glaubwürdigkeitsverlust. Norbert Röttgen, der beim Ringen um die Laufzeitverlängerung von der Kanzlerin noch übergangen worden war, sah sich nun in seiner Position bestätigt: „Die Grundfrage der Beherrschbarkeit von Gefahren, die ist mit dem heutigen Tag neu gestellt."[70]

Ohnehin ging Röttgen, der im vergangenen Jahr noch eine schwere persönliche Niederlage einstecken musste, als einziger Gewinner der Regierung aus der Diskussion um die Atomkraft hervor. Während in Baden-Württemberg 60.000 Menschen auf die Straße gingen, um gegen Atomkraft zu demonstrieren, kündigte Kanzlerin Merkel in einer ersten Reaktion die Aussetzung der Laufzeitverlängerung und die Überprüfung aller deutschen Atomkraftwerke an. Am 14. März gab Angela Merkel bekannt, dass man in einer Sitzung mit den fünf CDU-Ministerpräsidenten[71], in deren Bundesländern Atomkraftwerke standen, beschlossen hätte, die sieben vor 1980 gebauten Atomkraftwerke vorübergehend – das heißt zunächst für die Dauer von drei Monaten – vom Netz zu nehmen. Auch der „Pannenmeiler" Krümmel sollte vorerst nicht wieder ans Netz gehen. Man könne angesichts der Ereignisse in Japan nicht einfach zur Tagesordnung

---

[70] Blanke, Christel: Das politische Ringen um den Atomausstieg, in: dradio.de, 05.06.2001, online einsehbar unter http://www.dradio.de/dlf/sendungen/hintergrundpolitik/1475380/ [eingesehen am 02.08.2011].

[71] Stefen Mappus (BW), Horst Seehofer (B), David McAllister (NDS), Volker Bouffier (H), Peter Harry Carstensen (SH).

übergehen, so die Aussage der Kanzlerin.[72] Zusätzlich beauftragte die Regierung zwei Kommissionen mit der Klärung von technischen und ethischen Fragen der Atomkraft. Eines der Gremien, die dem Umweltministerium zugeordnete Reaktorsicherheitskommission (RSK), sollte die technischen Fragen einer Prüfung der 17 deutschen Kernkraftwerke klären. Die zweite, neu gebildete Ethikkommission unter Führung des früheren Umweltministers Klaus Töpfer und des Präsidenten der Deutschen Forschungsgemeinschaft (DFG), Matthias Kleiner, sollte ethische Aspekte der Kernenergie prüfen, einen gesellschaftlichen Konsens zum Atomausstieg vorbereiten und Vorschläge für den Übergang zu erneuerbaren Energien erarbeiten. Damit zog sich die Regierung erneut aus der Verantwortung. Wie schon im vergangenen Jahr gab man Entscheidungshoheit an vermeintlich überparteiliche Instanzen ab, um technische und ethische Fragen des Atomausstiegs zu erörtern. Da allgemeine Ratlosigkeit in der Regierung herrschte, wie mit der Situation umzugehen sei, verschaffte die Einberufung der beiden Kommissionen immerhin einen gewissen zeitlichen Aufschub. Von Handlungsstärke, Entscheidungswillen und einer strategischen Ausrichtung der eigenen Politik zeugte die Vorgehensweise aber nicht.

Ebenso wie die zuvor beschlossenen Verlängerungen der Laufzeiten ohne Beteiligung des Bundesrates war auch das eilig durchgesetzte Moratorium rechtlich umstritten. Während sich die Regierung auf Paragraph 19 des Atomgesetzes berief, der eine Abschaltung als vorsorgende Gefahrenabwehr erlaubt, monierten Kritiker, dass sich durch das Unglück in Japan an der Gefahrenlage in Deutschland nichts verändert hätte.[73] Doch alle hektischen Maßnahmen konnten nicht mehr verhindern, dass die CDU und FDP bei den Landtagswahlen in Baden-Württemberg eine heftige Niederlage einstecken mussten und die CDU nach fast sechzig Jahren die Macht dort abgeben musste. Im Vorfeld kam heraus, dass Wirtschaftsminister Rainer Brüderle in einer Sitzung mit Industrievertretern die Reaktion der Regie-

---

[72] Vgl. Pressestatements von Bundeskanzlerin Angela Merkel und Bundesaußenminister Guido Westerwelle zu den Folgen der Naturkatastrophen in Japan sowie den Auswirkungen auf die deutschen Kernkraftwerke, 14.03.2011.

[73] Blanke, a.a.O.

rung mit den anstehenden Landtagswahlen begründet haben soll.[74] In der Öffentlichkeit wurde die Atomrochade der Union auch deswegen in erster Linie als Wahlkampfmanöver gewertet – sie verfehlte dadurch den erhofften Erfolg. Gewinner der Wahlen waren die Grünen, die von der erneut aufgeflammten Diskussion um die Atomkraft am deutlichsten profitiert haben und erstmalig einen Ministerpräsidenten in einem Bundesland stellen konnten.

Die Union hatte ihre Stammwähler mit dieser Kehrtwende weiter verunsichert: Der Teil der CDU-Wähler, der im Kern eher zu den Atombefürwortern gezählt hatte, war irritiert über den abrupten Ausstieg. Die Atomkraftkritiker aus Partei und Wählerschaft hatte man durch den Alleingang bei der Laufzeitverlängerung im vergangenen Herbst ohnehin schon vor den Kopf gestoßen. Auch das Image der Kanzlerin hat in dieser Phase gelitten. Nur noch jeder Zweite schätzte sie als glaubwürdig ein, anderthalb Jahre zuvor waren es noch 68 Prozent gewesen.[75] In der Tat war dieser Schritt für Merkel politisch äußerst schwer vermittelbar; immer wieder hatte sie in der Vergangenheit gemahnt, wie wichtig die Atomkraftwerke für die sichere Energieversorgung Deutschlands seien. Strom müsse vor allem eines bleiben: bezahlbar. Auch die drohende Stromlücke wurde immer wieder als mögliches Szenario heraufbeschworen; Atomkraft sei auch in Zukunft „unverzichtbar". Nun aber sollte es möglich sein, sieben Atomkraftwerke von heute auf morgen abzuschalten, und so genannte Blackouts seien, anders als früher gerne behauptet, nicht zu befürchten? Ein argumentatives Desaster für die Kanzlerin und ihre Partei.

Auch der Protest der Bevölkerung nahm neue Formen an. Bei den bisher größten Anti-Atom-Protesten in Deutschland demonstrierten mehr als 200.000 Menschen in Berlin, Hamburg, Köln und München für einen Ausstieg aus der Kernkraftnutzung. Unter dem Motto „Fukushima mahnt: Alle AKWs abschalten!" bildete sich ein Demonstrationsbündnis aus Anti-Atom-Initiativen, Umweltverbänden, Friedensorganisationen und Gewerkschaften. Auch Politiker der

---

[74] Vgl. Bauchmüller, Michael/Ott, Klaus: Brüderle: AKW-Moratorium ist nur Wahlkampf-Taktik, in: Süddeutsche Zeitung, 24.03.2011.

[75] O.V.: Union verliert an Glaubwürdigkeit, in: n24.de, 23.03.2011, online einsehbar unter http://www.n24.de/news/newsitem_6750931.html [eingesehen am 02.08.2011].

Oppositionsparteien im Bundestag reihten sich in die Demonstrationszüge ein.

In der Folge ging Merkel wieder stärker auf die politische Opposition zu, um so einen möglichst breiten Konsens für ihr weiteres Vorgehen herzustellen. Eine Alternative zum Ausstieg, soviel war schon vor Verkündung der Kommissionsergebnisse klar, gab es aus politischer Sicht nicht. Ein neues Energiekonzept sollte jedoch auf keinen Fall in einem ähnlichen Hauruckverfahren durchgesetzt werden, wie dies noch im Herbst 2010 geschehen war. Ohne eine Beteiligung der Opposition würde das neue Konzept nur schwerlich von einem großen Teil der Bevölkerung akzeptiert werden. Ein Konsens war mit SPD und Grünen allerdings nur zu erreichen, wenn es einen zeitnahen und unumkehrbaren Ausstieg geben würde.

Unterdessen legte die Reaktorsicherheitskommission ihren Bericht vor. Zuvor hatte sie die Sicherheitsstandards aller deutschen Atomkraftwerke geprüft. Ein klares Urteil ließ sich aus dem Urteil nicht ableiten. Aber: Die ältesten Meiler waren besonders schlecht gegen potenzielle Katastrophen wie Flugzeugabstürze geschützt.[76] Eine klare oder gar sofortige Abschaltempfehlung wurde von dem Expertengremium jedoch nicht ausgesprochen.

Am 29. Mai 2011, und damit bereits einen Tag vor der Veröffentlichung des Abschlussberichts der Ethikkommission[77], hatten sich die Regierungsparteien auf die Abschaltung aller deutschen Atomkraftwerke bis zum Jahr 2022 geeinigt. Die sieben ältesten Atommeiler und der „Pannenreaktor" Krümmel sollten dauerhaft abgeschaltet bleiben. Sechs weitere Reaktoren sollen bis 2021 vom Netz gehen, die modernsten drei Kraftwerke dann bis spätestens 2022. Darüber hinaus wurde der Ausbau der erneuerbaren Energien und des Stromnetzes neu geregelt. Am 30. Juni 2011 beschloss der Bundestag das Gesetzespaket zu Atomausstieg und Energiewende mit breiter Mehr-

---

[76] Vgl. Anlagenspezifische Sicherheitsüberprüfung (RSK-SÜ) deutscher Kernkraftwerke unter Berücksichtigung der Ereignisse in Fukushima-I (Japan), S. 83ff, online einsehbar unter http://www.rskonline.de/downloads/rsk_sn_sicherheitsueberpruefung_20110516_hp.pdf [eingesehen am 02.08.2011].

[77] Die Ethikkommission hielt in ihrem Abschlussbericht einen Ausstieg aus der Kernenergie innerhalb von zehn Jahren oder sogar schneller für möglich.

heit von Regierung und Opposition[78]. Selbst die Grünen hatten sich von der eigenen Parteibasis ihre Zustimmung zur Änderung des Atomgesetzes auf einem Sonderparteitag absegnen lassen. Damit hatte die schwarz-gelbe Regierung ihre eigene Laufzeitverlängerung aus dem Jahr 2010 wieder rückgängig gemacht und den zehn Jahre alten Zeitplan des Atomkonsenses von Rot-Grün nahezu übernommen.

Beim Koalitionspartner wurden bereits im Nachklang zur Entscheidung kritische Stimmen zum Atomausstieg laut. So äußerte sich FDP-Generalsekretär Christian Lindner zurückhaltend zum vorgesehenen Zeitplan. Das schwarz-gelbe Konzept sei nicht „FDP-Politik pur". Man werde sehen, „ob sich das bis 2022 alles so realisieren lässt."[79] Doch auch unionsintern war der Kurswechsel weiterhin umstritten. Der stellvertretende Vorsitzende der CDU/CSU-Bundestagsfraktion, Arnold Vaatz, kritisierte den Ausstieg scharf: „Das ist für Deutschland eine nicht wieder gut zu machende Katastrophe. (…) Der Ausstiegsbeschluss wird die Wettbewerbsfähigkeit dieses Landes irreparabel beschädigen."[80] Vaatz hatte schon vor der Abstimmung angekündigt, gegen den Ausstieg zu stimmen, und machte auch im Anschluss weiterhin öffentlich Stimmung dagegen.[81] Aber auch andere Parteipersönlichkeiten wie der hessische Ministerpräsident Volker Bouffier warnten vor zu viel Hektik beim Ausstieg.[82] Selbst in der Parteispitze waren längst nicht alle von diesem Schritt überzeugt. Dass Umweltminister Norbert Röttgen die Befürworter der Atomkraft gerne öffentlich als „Dinosaurier"[83] bezeichnete, trug nicht zu einer

---

[78] Lediglich DIE LINKE stimmte geschlossen gegen den Antrag.

[79] O.V.: FDP-General Lindner distanziert sich von Kabinettsbeschluss, in: Zeit online, 07.06.2011, online einsehbar unter http://www.zeit.de/politik/deutschland/2011-06/FDP-Atomausstieg-Kritik [eingesehen am 02.08.2011].

[80] O.V.: Atom-Vaatz kritisiert Beschluss zum Atomausstieg", in Mitteldeutsche Zeitung, 30.05.2011.

[81] Vgl.Vaatz, Arnold: Die CDU hat dem Druck nicht standgehalten, in: Handelsblatt, 03.06.2011.

[82] Vgl. Käfer, Armin: Die Begründung für das Debakel heißt vorerst Fukushima, in: Badische Zeitung, 29.03.2011.

[83] Burger, Reiner, Wer sich verweigert, endet wie die Dinosaurier, in: Frankfurter Allgemeine Zeitung, 10.04.2011.

Verbesserung des parteiinternen Klimas bei. Diese Reaktionen manifestierten erneut den innerparteilichen Konflikt der Union in dieser Frage. Besonders der Zickzackkurs der Regierung, allen voran der Kanzlerin, wurde kritisiert.

Wie sich dieser Konflikt mittel- und langfristig auf die Union und speziell auf die Zukunft ihrer Parteichefin Merkel auswirken wird, werden wohl schon die nächsten Landtagswahlen im Herbst 2011 zeigen.

Fazit – Alles andere als Einigkeit

Die Atompolitik war seit Ende der 1950er Jahre ein Herzensprojekt der Union. Die Partei hielt nicht nur lange Zeit am Glauben an diese Technologie fest, ja sie machte sie im Laufe der Zeit sogar zu einem der Kernthemen ihrer Politik. Aber auch in der CDU gab es von Beginn an kritische Stimmen. Als die ersten Atomkraftmeiler in Deutschland gebaut werden sollten, war es vor allem ein bürgerlicher Protest, der gegen die Gefahren durch Strahlenbelastungen für Mensch und Natur auf die Barrikaden ging. Und auch in der Folge war die CDU in ihrer Breite längst nicht so vorbehaltlos für die Nutzung und vor allem den Bau neuer Kraftwerke, wie oft suggeriert wird.

Während in SPD und bei den Grünen die Kernkraftbefürworter marginalisiert waren, gab es auf Seiten der FDP nur wenige Kernkraftkritiker. In der Union hingegen war das Festhalten an der Atomkraft von Beginn an umstritten. Ein tragfähiger innerparteilicher Konsens konnte auch in der Vergangenheit nur schwer gefunden werden. Auf der einen Seite standen die einflussreichen Kernkraftbefürworter aus dem wirtschaftsnahen Flügel der Partei, auf der anderen Seite die nicht geringe Zahl der heimatverbundenen Ökokonservativen, die der Kernkraft zumindest ambivalent gegenüberstanden. Für die Unionsspitze waren mit den Investitionen in die Kerntechnologie immer unterschiedliche Implikationen verbunden. Zum einen handelte es sich um ein Prestigeobjekt der deutschen Wissenschaft und Wirtschaft, das für die Bundesrepublik eine erhebliche Rolle in der Rehabilitation nach dem Krieg gespielt hatte. Darüber hinaus hingen auch viele tausend Arbeitsplätze an diesem Industriezweig. Vor allem war es aber das Versprechen günstiger Energie, dass die Atomkraft lange Zeit attraktiv erscheinen ließ. Auf der anderen Seite jedoch standen die ungeklärten ökologischen Fragen der Endlagerung und die Gefahren eines atomaren Störfalls. Mit der Betonung der Kernenergie als Brückentechnologie im Kampf gegen den Klimawandel konnte zumindest zeitweilig ein Konflikt beider Lager gedämpft werden.

Mit dem Wahlsieg 2009 setzte die Regierung aus Union und FDP ihr Ziel um, den bis dato bestehenden Atomkonsens aufzukündigen, und den Ausstieg aus der Atomkraft deutlich zu verzögern. Der wirtschaftsnahe Flügel konnte sich gegenüber dem ökologisch-konservativen Flügel der Partei in dieser Phase durchsetzen; auch weil sich – durch das Mantra der Brückentechnologie beruhigt – ein Teil der parteiinternen Atomkraftgegner mit der Kritik zurückhielt. In einem Hauruckverfahren wurden die Laufzeiten der Atomkraftwerke in Deutschland um durchschnittlich zwölf Jahre verlängert und als Übergang ins Zeitalter der erneuerbaren Energien verklausuliert. Parteiinternen Kritikern sollte der Ausstieg aus dem Ausstieg durch die Milliardeneinnahmen aus der Brennelementesteuer versüßt werden.

Mit dem Unglück von Fukushima wurde die Entscheidung jedoch schon wenige Monate später auf den Prüfstand gestellt. In einem Akt beispielloser politischer Verlegenheit drehte die Regierung das Rad der Zeit zurück und kündigte die Laufzeitvereinbarung mit den Energiekonzernen wieder auf. Der Versuch, durch die Einberufung zweier Kommissionen die Entscheidung *wissenschaftlich* zu legitimieren, verdeutlichte, wie paralysiert die Regierung in dieser Phase wirklich war. Eine langfristig angelegte, gar strategische Ausrichtung der Energiepolitik muss man der Regierung für die erste Halbzeit ihrer Regierungszeit klar absprechen.

Innerparteilich wurde Fukushima für die Union aber nicht zu dem Erweckungserlebnis, das Tschernobyl für die Sozialdemokraten in den 1980er Jahren war. Ein lagerübergreifender Konsens ist in der Partei noch immer nicht vorhanden, aber durch die katastrophalen Bilder aus Japan wagten es die Atomkraftbefürworter in den eigenen Reihen für einige Zeit nicht, sich öffentlich zur Atomkraft zu bekennen. Durch dieses Wegducken der Befürworter schien es für eine Zeitlang so, als seien auch innerhalb der Partei die wirtschaftlichen

Vorzüge, die eine Laufzeitverlängerung mit sich gebracht hätte, zum ersten Mal hinter die ökologischen Bedenken zurückgetreten. Zu behaupten, mit dem Atomausstieg 2011 hätte sich der ökologische Flügel der Union durchgesetzt, ist allerdings unzutreffend. Vielmehr waren es der öffentliche Druck und die Angst vor massiven Stimmverlusten, die die Unionsspitze zur Umkehr bewogen haben dürften. Ob der Ausstieg aus der Atomkraft daher tatsächlich endgültig ist, darf aufgrund der immer noch großen Zahl an Kernkraftbefürwortern innerhalb der Union und ihrem Koalitionspartner FDP, die sich mittlerweile schon wieder mehr aus der Deckung heraus trauen, durchaus hinterfragt werden.

Weiterführende Literatur

Altenburg, Cornelia: Kernenergie und Politikberatung – Vermessung einer Kontroverse, Wiesbaden 2010.

Hohensee, Jens/Salewski, Michael (Hrsg.): Energie - Politik - Geschichte. Nationale und internationale Energiepolitik seit 1945, Stuttgart 1993.

Lampig, Wolfgang: Regieren durch Regierungskommissionen?, in: Zeitschrift für Sozialreform, Jg. 52, (2006) H. 2 S. 231 – 251.

Radkau, Joachim: Aufstieg und Krise der deutschen Atomwirtschaft 1945-1975. Verdrängte Alternativen in der Kerntechnik und der Ursprung der nuklearen Kontroverse, Hamburg 1983.

Radkau, Joachim: Die Technik des 20. Jahrhunderts in der Geschichtsforschung oder: Technikgeschichte in der Konfrontation mit der Entgrenzung der Technik, in: König, Wolfgang/Schneider Helmuth (Hrsg.): Die technikhistorische Forschung in Deutschland von 1800 bis zur Gegenwart, Kassel 2007, S. 308 – 336.

Rock, Martin: Bewahrung der Schöpfung – Christliche Motive des Umweltschutzes, Bischöfliches Ordinariat Mainz (Hrsg.), Eltville am Rhein 1990.

Schlesinger, Michael et al.: Energieszenarien für ein Energiekonzept der Bundesregierung, Basel/Köln/Osnabrück 2010.

Die Opposition

Die SPD:
Sturm der Reform

Felix Butzlaff

Die Krisendiskussion um die Sozialdemokratie, die seit Beginn des Jahrzehnts einmal mehr in erhöhter Lautstärke durch den Blätterwald der Republik und vor allem durch die deutsche SPD fegte, hat in der ersten Hälfte der aktuellen Legislaturperiode geradezu Orkanstärke erreicht. Denn wenn man davon ausgehen darf, dass es stets mehrerer Dämpfer und schmerzhafter Niederlagen bedarf, damit eine Partei einen umfassenden Reform- und Neuausrichtungsbedarf für sich auch tatsächlich akzeptiert, dann war das Wahlergebnis im Herbst 2009 für die SPD sicherlich ein überdeutliches Alarmsignal. Eine einzige Wahlschlappe könnte ja auch Zufallsprodukt sein und erschüttert die Machtarchitektur von Parteien meist nicht allzu heftig. Die Reichweite der Stimmenverluste bei den Wahlen 2009 aber war kein singuläres Einbrechen mehr – es war der vorläufige Schlusspunkt einer offenbar unaufhaltsamen Entwicklung.

Denn was das Ausmaß der Wahlniederlage und die rein elektoralen Ergebnisse der Regierungsperioden seit 1998 anbelangt, so kann kaum etwas darüber hinwegtäuschen, dass die Bilanz der Regierungsbeteiligung in den elf Jahren vor 2009 aus sozialdemokratischer Sicht vernichtend ausfällt. Im Vergleich zum Wahlsieg 1998 hat die SPD 2009 etwa zehn Millionen Stimmen verloren, davon allein die Hälfte im Vergleich zu 2005, seit dem Eintritt als Juniorpartner in die Große Koalition.[1] Und was den Fall für die SPD noch gravierender macht: Die Sozialdemokratie verlor Wähler in alle Richtungen, die Basis dieser Volkspartei bröckelte an allen Enden wie auch in ihrem Inneren. Während ihrer Regierungsjahre verlor die Sozialdemokratie ihre 1998 noch so erfolgreich zusammengezimmer-

---

[1] Vgl. zum Ergebnis der Bundestagswahl 2009 exemplarisch Jesse, Eckhard: Die Bundestagswahl 2009 im Spiegel der repräsentativen Wahlstatistik, in: Zeitschrift für Parlamentsfragen, Jg. 41 (2010) H. 1, S. 91–101.

te Wählerkoalition fast vollständig. Alle im Bundestag vertretenen Parteien weisen im Ergebnis der Bundestagswahl 2009 eine positive Wählerwanderungsbilanz zu den Sozialdemokraten aus: Die LINKE überzeugte vor allem Männer der Geburtsjahrgänge zwischen 1950 und 1965 davon, ihre Wahlentscheidung nicht mehr zu Gunsten der SPD zu treffen; Frauen mit gehobener Bildung präferierten nun eher die Grünen; jüngere Frauen die Christdemokratie; und jüngere Männer wanderten zur FDP ab.[2] Die Stimmanteile der Sozialdemokraten bei Arbeitern, Angestellten und Arbeitslosen, über lange Jahre Stammklientel und Garant guter sozialdemokratischer Wahlergebnisse, hatten sich in Relation zur Wahl 1998 halbiert. Selbst bei den Gewerkschaftsmitgliedern, dem organisierten Arm der Arbeiterbewegung in den Betrieben, den einst stolzen, selbstbewussten Trägern der sozialdemokratischen Idee, hatte man empfindliche Verluste hinzunehmen und mit der Partei die LINKE auch eine neue politische Konkurrenz zu verzeichnen.[3] Die meisten abspenstigen Sozialdemokratie-Wähler – etwa 2,1 Mio. Stimmen allein in der Zeit der Großen Koalition – musste man an das Lager der Nichtwähler verlorengeben.[4]

Und so vielfältig, wie die neuen Anlaufpunkte der ehemaligen Anhänger waren, die den Hafen der SPD während der vergangenen knapp anderthalb Jahrzehnte verlassen haben, so bunt waren auch die Motive, aus denen sie handelten. Denn die Verluste sind mitnichten auf einige wenige oder gar nur eine konkrete Entwicklung oder Entscheidung der Partei zurückzuführen. Die Gründe, die von ehemaligen SPD-Wählern als zentral für ihre Abwanderung angegeben wer-

---

[2] Vgl. Machnig, Matthias: Der endgültige Abschied von der Macht oder: Der Wahlkampf der Illusionen, in: Forschungsjournal Neue Soziale Bewegung, Jg. 23 (2010) H. 1, S. 39 – 46.

[3] Vgl. Banaszak, Lee Ann/Doerschler, Peter: Party Coalitions and Voter Behaviour: The Story of Two Grand Coalitions. Vortrag im Rahmen der Konferenz „The 2009 German Federal Election", University of Kansas, 26.04.2010, online einsehbar unter http://www.dgfw.info/dok/papers/banaz_doersch.pdf [eingesehen am 06.06.2011].

[4] Vgl. Blumenberg, Johannes N./Kulick, Manuela S.: Kann die Zeit die Wunden heilen? Zur Perspektive der SPD nach der Bundestagswahl 2009, in: Mitteilungen des Instituts für Parteienrecht, Jg. 16 (2010), S. 57 – 68, hier S. 57.

den, stehen sich mitunter diametral entgegen, so dass bei ihrer Betrachtung eine Scherenbewegung plastisch hervortritt, welche die Sozialdemokratie seit 1998 in der Regierung unter Druck setzte und die seit 2009 die Reformversuche in der Opposition vor große Probleme stellen.

So weisen etwa laut den Nachwahluntersuchungen des *German Longitudinal Election Study* die *ehemaligen* SPD-Wähler 2009 – also Wähler, die 2005 noch die Sozialdemokratie gewählt hatten, 2009 aber nicht mehr – eine erheblich größere Varianz in ihrer Selbsteinstufung auf der politischen Links-Rechts-Achse auf, als dies bei den der SPD treu gebliebenen Wählern der Fall ist. Die Verluste beziehen sich dieser Lesart nach auf alle Flügel der Partei: auf solche, die sich als politisch in der Mitte stehend begreifen, wie auch auf jene, die sich weit links der wahrgenommenen Parteipositionen wohl fühlen. Es finden sich in der porträtierten Gruppe der ehemaligen Sozialdemokratie-Wähler auf der einen Seite enttäuschte Anhänger, welche die Partei für ihre Betonung von klassischen Positionen wie „höhere Steuern und Abgaben" kritisieren und denen 2009 nach elf Jahren SPD-Regierungsbeteiligung die steuer- und finanzpolitischen Positionen der CDU/CSU oder FDP viel einleuchtender erschienen.[5] Auf der anderen Seite allerdings fordern viele ehemalige SPD-Wähler einen schnelleren Abzug aus Afghanistan sowie ein stärkeres Gewicht auf Themen der sozialen Gerechtigkeit, die inzwischen zum Aushängeschild der LINKEN geworden sind.[6] Komprimiert bedeutet dies, dass die SPD viele Wähler an den Rändern ihres Wählerspektrums verloren hat, eben zur Union *und* zur Linkspartei, zur FPD *und* den Grünen *und* zu den Nichtwählern. Und selbst bei den verbliebenen Wählern kann man eine Art Identitätskrise aus den Wahlbefragungen herauslesen. Denn während ein Drittel von ihnen 2009 für eine Fortsetzung der Großen Koalition plädierte, präferierte ein weiteres Drittel eine Ampelkoalition mit der FDP und den Grünen und immerhin ein gutes Viertel votierte für ein Linksbündnis mit der LINKEN und den Grünen.[7]

---

[5] Vgl. Ebd., S. 61.

[6] Vgl. Ebd., S. 66f.; vgl. Machnig, a.a.O.

[7] Vgl. Machnig, a.a.O.

Wenn man auf diese *Issue-Orientierungen* der Wählergruppen blickt, bleibt die oft bemühte Diagnose unbestätigt, die SPD habe lediglich ihre ehemaligen Stammwähler in der Arbeiterschaft und den Gewerkschaften verloren. Denn das Schwanken zwischen dem über weite Strecken wirtschaftsliberalen Regierungskurs der Sozialdemokratie – besonders seit 2003 und der Umsetzung der Agenda 2010 – und dem regelmäßigen Einschwenken auf die klassischen Schlachtrufe der sozialdemokratischen Gerechtigkeitstraditionen in den Wahlkämpfen mag nicht nur in den sozialen Souterrains der Republik, sondern auch bei den hinzugewonnenen Gruppen der *Neuen Mitte* den Eindruck von Unzuverlässigkeit, Unberechenbarkeit und karrieristischem Pragmatismus verstärkt haben.[8] Als Resümee könnte man für die Sozialdemokratie zu Beginn der Legislaturperiode im Herbst 2009 gelten lassen: Die Wahlverluste waren komplexer und weitreichender, als man durch rasche Erklärungen deuten konnte, die individuellen Gründe und Abwanderungsrichtungen der Wähler vielschichtig und ein Wiedergewinn der verlorenen Stimmen schwieriger und langwieriger, als man sich vorstellen mochte. Eine einfache Rezeptur für eine erfolgversprechende Kurskorrektur jedenfalls konnte die SPD aus ihrer Wahlniederlage nicht herauslesen. Die inhaltliche Verbindung verschiedener gesellschaftlicher Gruppen zu einer wirkmächtigen Wählerkoalition unter einer sozialdemokratischen Perspektive erschien zuletzt kaum mehr möglich.

Einstweilen kein Aufwind in Sicht

An dieser Diagnose haben bis ins Frühjahr 2011 hinein weder die schon bewältigten Etappen der angestrebten grundlegenden Parteireform noch die Ergebnisse der Landtagswahlen in Hamburg, Sachsen-Anhalt, Baden-Württemberg, Rheinland-Pfalz und Bremen etwas geändert. Zwar gelang es mit Hamburg und Baden-Württemberg, sich in weiteren Bundesländern eine Regierungsführung oder -beteiligung zu sichern und in den anderen drei Ländern die Regierungsverantwor-

---

[8] Vgl. hierzu Butzlaff, Felix: Verlust des Verlässlichen. Die SPD nach elf Jahren Regierungsverantwortung, in: Felix Butzlaff/Stine Harm/Franz Walter (Hrsg.): Patt oder Gezeitenwechsel? Deutschland 2009, Wiesbaden 2009, S. 37 – 66.

tung zu verteidigen. An der negativen Tendenz der Wählerbilanz haben aber auch diese relativen Wahlerfolge kaum etwas ändern können.[9] Denn abgesehen von den beiden Landtagswahlen im Norden Deutschlands – in Hamburg und Bremen – haben die Sozialdemokraten an relativem Gewicht zum Teil stark verloren, verharrten auf niedrigem Stimmenniveau und konnten von gestiegenen Wahlbeteiligungen nur weit unterdurchschnittlich profitieren.[10] Auch die elektoralen Einbußen bei den Landtagswahlen in Nordrhein-Westfalen im Jahr 2010 machten – trotz des Wiedergewinns der Regierungsführung im ehemaligen Stammland – die grundlegende Misere der SPD deutlich. Der Markenkern „Sozialdemokratie", die Wiedererkennbarkeit von sozialdemokratischen Politikinhalten, war der SPD seit 1998, während sie die exekutive Verantwortung trug, immer stärker verlorengegangen. Die Sozialdemokratie suchte nach der historischen Niederlage bei den Bundestagswahlen 2009 die gesamte erste Hälfte der darauffolgenden Legislaturperiode lang nach einer neuen Idee von sich selbst – und hat diese trotz umfangreicher Anstrengungen bislang noch nicht (wieder-)finden oder formulieren können.

Dabei trat schon die neue Parteiführung um Sigmar Gabriel und Andrea Nahles im Spätherbst 2009 mit dem dezidierten Anspruch an, die sozialdemokratische Parteiarbeit in Deutschland nicht nur zu überarbeiten, sondern sie gleich auf völlig neue Fundamente zu stellen.[11] Das Projekt, geduldig und auf lange Sicht das Sozialdemokratische neu zu buchstabieren, war der Legitimationsquell einer Parteiführung, die nach dem Abgang nahezu der gesamten *Enkelgeneration*[12] um Gerhard Schröder und Heidemarie Wieczorek-Zeul, aber

---

[9] Vgl. auch Wiesendahl, Elmar: Parteien in turbulenten Zeiten, in: Neue Gesellschaft/Frankfurter Hefte, Jg. 58 (2011) H. 6, S. 4 – 8, hier S. 7.

[10] Die Wahlergebnisse der Landtagswahlen 2011 sind online einsehbar unter http://www.wahlrecht.de/ergebnisse/bremen.htm [eingesehen am 06.06.20011].

[11] Vgl. beispielhaft die Rede Sigmar Gabriels auf dem Bundesparteitag der SPD am 13.11.2009 in Dresen, online einsehbar unter http://www.sigmar-gabriel.de/_pdf/091113_rede_gabriel_bpt09.pdf [eingesehen am 06.06.2011].

[12] Vgl. dazu grundlegend Micus, Matthias: Die "Enkel" Willy Brandts. Aufstieg und Politikstil einer SPD-Generation, Frankfurt a. M. 2005.

auch dem Abschied von Franz Müntefering, Kurt Beck und Matthias Platzeck von der nationalen Parteiebene nun für die Lenkungsarbeit „übrig geblieben" war. In ihrer Anlage war die Neuorganisation der Partei unter Federführung des neu gewählten Parteivorsitzenden und einer Steuerungsgruppe aus Generalsekretärin Andrea Nahles, Bundesgeschäftsführerin Astrid Klug und Schatzmeisterin Barbara Hendricks umfassender geplant, als dies in Parteireformprojekten der jüngeren Vergangenheit der Fall gewesen war. Denn eigentlich hatten zwar alle Diskussionen um eine Neujustierung der Sozialdemokratie in Deutschland seit den 1990er Jahren schon auf ähnlichen Problemdiagnosen gefußt wie 2009: der Verlust der Glaubwürdigkeit von Programm und Parteiführung, die Abkopplung der Partei von der Gesellschaft ebenso wie die der Parteispitze von der eigenen Basis, das unaufhaltsame Eindampfen der eigenen Mitgliedschaft und der organisatorischen Stärke sowie der rapide Rückgang volksparteilicher Integrationsfähigkeit. Die Diskussion möglicher Lösungsstrategien hatte jedoch bislang stets im Rahmen von Gremien-, Experten- und Kommissionsrunden stattgefunden, welche letztlich einem Parteitag eine Reihe von Satzungsänderungen als Empfehlung übergaben.[13] Dass sich auf diese Art und Weise die Alltagsrealitäten einer Partei, die tatsächliche Arbeit in den Ortsvereinen wie auch die programmatischen Diskussionen innerhalb einer Großorganisation wie der SPD nicht substantiell verändern konnten, mag kaum überraschen.

Der 2009 anberaumte Versuch stand nun unter dem *Rubrum* der Basispartizipation. Der Aufruf zu mehr Beteiligung der Mitglieder, aber auch der mit der Sozialdemokratie sympathisierenden Menschen im Umfeld der Partei sollte die Keimzelle einer Revitalisierung der Partei werden: Selbstverständnis, Programmatik, Organisation, überhaupt die Neudefinition einer zeitgemäßen SPD sollte daraus hervorgehen. Alles musste auf den Prüfstand und am Postulat der permanenten Reform ausgerichtet werden. Folgerichtig konnte auch nicht – wie dies oft der Fall gewesen war – ein isoliertes Problem einer Fachleutekonferenz zur Lösung vorgelegt werden. Die Einbeziehung aller

---

[13] Vgl. Niedermayer, Oskar/Totz, Daniel: Mehr Demokratie wagen! Die Organisationsreform der SPD, in: Neue Gesellschaft/Frankfurter Hefte, Jg. 58 (2011) H. 6, S. 15 – 18, hier S. 15.

Gliederungsebenen bis hin zur Parteibasis und zu sympathisierenden Nichtmitgliedern aber, so die Logik der Reformanlage, sollte der Parteiprogrammatik wieder Glaubwürdigkeit, den Parteieliten wieder Erdung und einen Kontaktnerv zur Gesellschaft und den Ortsvereins- und sonstigen Gliederungen wieder eine sinnvolle Bühne zur Diskussion der drängenden Fragen verschaffen.[14] Im Grunde genommen ähnelte der Ansatz den Versuchen von Bundesgeschäftsführer Karlheinz Blessing zu Beginn der 1990er Jahre, die Entwicklung der Partei nicht allein der Professionalisierung der Organisation, den Marketing- und Kommunikationsspezialisten zu überlassen.[15] Und gerade vor dem Hintergrund der Kritik an der autoritären Parteiführung während der Regierungsjahre ab 1998 sollte nun die Kommunikationsrichtung und -logik der Parteireform umgedreht werden: Nicht mehr Politik im *Top-down*-Stil sollte mit Effizienzversprechen punkten, vielmehr sollte die (Wieder-)Einbeziehung der Basis und Sympathisanten neues Vertrauen in eine erneuerte Sozialdemokratie schaffen.

Die Problemwahrnehmungen der Parteibasis

Demgemäß war der Startpunkt für die Diskussion einer *neuen* Sozialdemokratie die umfassende Bestandsaufnahme der Probleme der *alten* SPD. Zu diesem Zweck wurde im Frühjahr 2010 eine Umfrage an alle Ortsvereine verschickt.[16] Gut 4.000 Ortsvereine, also 44 Prozent antworteten auf die Bitte der Parteizentrale nach einer Einschätzung der Lage vor Ort. Wenn man davon ausgehen kann, dass die Antworten mit großer Wahrscheinlichkeit von den aktiveren der sozialdemokratischen Ortsgliederungen eingesandt wurden, dürften die Ergebnisse – auf die Gesamtpartei übertragen – noch an Dramatik

---

[14] Zur Reformbegründung siehe exemplarisch das Interview mit Andrea Nahles, „Die Köpfe und Herzen erreichen", in: Neue Gesellschaft/Frankfurter Hefte, Jg. 57 (2010) H. 9, S. 18 – 24.

[15] Vgl. Blessing, Karlheinz: SPD 2000 – Tradition und Modernisierung, in: Heimann, Horst (Hrsg.): Sozialdemokratische Traditionen und Demokratischer Sozialismus 2000, Köln 1993, S. 214 – 228, hier S. 215.

[16] Zu den Ergebnissen dieser Befragung vgl. SPD: Ergebnisse einer bundesweiten Befragung der SPD-Ortsvereine, Berlin 2010.

gewinnen. Denn die Sicht der Dinge stellte sich nach dem Gros der Aktivitas ausgesprochen düster dar. Die zentralen Gründe, die man für die Lage der SPD verantwortlich hielt, wurden klar und übereinstimmend genannt: Die autoritär durchgepeitschten programmatischen Entwicklungen der Regierungsperiode (vor allem die Hartz-Gesetzgebung und die Entscheidung für die Rente mit 67), die darüber verlorengegangene Glaubwürdigkeit der Sozialdemokraten, ihre programmatische Profil- und Farblosigkeit sowie die sich hieraus speisende Entfremdung des Parteiapparats von Mitgliedern und Anhängern. Folglich herrschten bei der Frage nach der gewünschten Parteientwicklung im Bereich der Inhalte Themen vor, die eine Rückbesinnung auf die Kernbereiche von „Solidarität und Gerechtigkeit" aufzeigen, ohne dabei allerdings in realitätsverweigerndem Traditionalismus zu verfallen.[17] Vor allem die Bekämpfung von Auswüchsen und Ungerechtigkeiten im Wirtschafts-, Bildungs- und Gesundheitssystem wurden hier als vorrangige Ziele genannt: „gerechtere" Löhne und Gehälter, stärkere Regeln für die Finanzmärkte, „solidarische" Gesundheitsversorgung, sozial durchlässigere Bildungsstrukturen sowie vor allem die Bekämpfung „unsicherer" Arbeitsverhältnisse.[18] Versucht man aus diesen Forderungen einen roten Faden herauszulesen, so offenbart sich allerdings gerade kein reaktionärer Egalitarismus, der von Sozialneid gespeist nach Umverteilung ruft – wie dies sozialdemokratischen Programmdebatten seit 1998 des Öfteren unterstellt wurde, wenn es um eine Korrektur des Parteikurses der Neuen Mitte und des Dritten Weges ging. Zwar plädierte in der Befragung vom Frühjahr 2010 die Mehrzahl der Ortsvereine durchaus für eine solche Revision der Regierungspolitik in der künftigen Parteiprogrammatik. Allerdings unterschieden sich ihre inhaltlichen Korrekturvorschläge deutlich von der kompromisslosen Rhetorik und dem Furor, mit dem die Partei während ihrer Regierungsverantwortung ihre Basis oft vor vollendete Tatsachen gestellt hatte. Auch wurden viele Prinzipien anerkannt, die beispielsweise der Agenda 2010 oder den Hartz-Gesetzgebungen immanent sind: Zum Beispiel die stärkere Betonung von Chancenermöglichung, wenn die

---

[17] Vgl. ebd., S. 9f.
[18] Vgl. ebd.

individuellen Risiken dabei im Blick bleiben und die Berücksichtigung des Subsidiaritätsprinzips in weiten Bereichen der Gesellschaft gewährleistet ist. Auf Widerstand stieß vor allem die Dogmatik, mit der sich die Parteibasis während der eigenen Regierungszeit konfrontiert sah und mit der die Parteiführung besonders ab 2003 der Partei inhaltlich heftig umstrittene Politikkonzepte aufgezwungen hatte. Die Parteimitglieder und Sympathisanten sehnten sich geradezu nach einer integrierenden Programmatik und einer sie glaubwürdig verkörpernden Führungselite, die einem Engagement in der SPD wieder Sinn und Perspektive zu geben in der Lage sein sollte.

Was die Diskussion der organisatorischen Veränderungen betrifft, die eine solche integrative Parteiprogrammatik ermöglichen und unterstützen soll, so stachen zwei Themenblöcke hervor: Zum einen die Diskussion der Organisationsformen auf der lokalen Ebene und die realistische Einschätzung der vorhandenen Organisationskapazitäten der Ortsvereine. Zum anderen die mögliche Beteiligung von Nicht-Parteimitgliedern und Sympathisanten an Diskussionen und Entscheidungen zu sozialdemokratischer Politik und ihrem Personal. Blickt man auf die tatsächliche Arbeitssituation der Ortsvereine, so legen die Ergebnisse der Ortsvereinsbefragung schonungslos offen, wie sehr die kontinuierlichen Mitgliederverluste und die Alterung des Mitgliederbestandes die Fähigkeit der sozialdemokratischen Basis zu kontinuierlicher politischer Arbeit eingeschränkt haben. Denn obwohl der Mitgliederbestand seit 1990 um fast 400.000 Personen zurückgegangen ist, schrumpfte die Zahl der Ortsvereine kaum – ein Schicksal, das die SPD im Übrigen mit einer ganzen Reihe anderer europäischer Schwesterparteien teilt.[19] Die Folge dieser Entwicklung ist, dass ein großer Anteil der Ortsvereine zu aktiver politischer Arbeit kaum mehr in der Lage ist, geschweige denn eine Wahlkampagne organisieren oder Strahlkraft in die örtliche Gesellschaft hinein entwickeln kann. 53 Prozent der Ortsvereine organisierten lediglich zwei oder weniger „politische" Veranstaltungen im Jahr, 51 Prozent nur eine oder zwei Mitgliederversammlungen in zwölf Monaten. Und fast 60

---

[19] Vgl. Butzlaff, Felix/Micus, Matthias/Walter, Franz: Im Spätsommer der Sozialdemokratie?, in: Dies. (Hrsg.): Genossen in der Krise? Europas Sozialdemokratie auf dem Prüfstand, Göttingen 2011, S. 271–300, hier S. 276f.

Prozent der Ortsvereine pflegten im Frühjahr 2010 keine lokale Zusammenarbeit mehr mit den Gewerkschaften; 47 Prozent unterhielten mit Sozialverbänden oder Bürgerinitiativen keinen engeren Kontakt.[20] Vorschläge, die eigenen Mitglieder stärker an der Entscheidungsfindung zu beteiligen, fanden ein überaus positives Echo. 91 Prozent aller Ortsvereine befürworteten eine kontinuierlichere Nutzung von Mitgliederbefragungen zur internen Meinungsbildung, 87 Prozent taten dies bereits bei Ortsvereinsbefragungen und immerhin 79 Prozent forderten mehr verbindliche Mitgliederentscheide.[21] Auch der Einbindung von Nicht-Parteimitgliedern standen knapp 80 Prozent der Ortsvereine grundsätzlich positiv gegenüber, etwa um die lokale Öffentlichkeit bei inhaltlichen Fragen um ein Meinungsbild zu bitten. Wenn es allerdings darum ging, die *Entscheidungs*strukturen der Partei für Nicht-Parteimitglieder zu öffnen, blieb eine große Mehrheit skeptisch – 66 Prozent der Ortsvereine lehnten eine Beteiligung von Nichtmitgliedern an der Kandidatenauswahl für öffentliche Ämter ab und sogar 86 Prozent die Abstimmungsbeteiligung bei Entscheiden zu inhaltlichen Programmpositionen.[22] Die Entscheidungshoheit über Programm und Kandidaturen für öffentliche Positionen wurde (und wird) offensichtlich immer noch als Reservatrecht der Mitglieder empfunden, das als Gegenrecht für den entrichteten Mitgliedsbeitrag ein Abgrenzungsmerkmal von den sympathisierenden Nichtmitgliedern darstellt. Vor diesem Hintergrund wirken dann auch die wiederholten Vorschläge Gabriels, die kommenden Kanzlerkandidaten und andere Anwärter für öffentliche Ämter von Mitgliedern *und* Nichtmitgliedern küren zu lassen, wie eine Provokation der eigenen Basis.[23] Die Vorzüge eines solchen Vorgehens liegen zwar auf der Hand: ein Image der Öffnung und der Nimbus einer sich der Basispartizipation ernsthaft zuwendenden Organisation, die auf eine große Medienöffentlichkeit hoffen könnte; zudem ein Kandidat

---

[20] Vgl. SPD: Ergebnisse einer bundesweiten Befragung der SPD-Ortsvereine, Berlin 2010, S. 27.
[21] Vgl. ebd., S. 17f.
[22] Vgl. ebd.
[23] Vgl. Schuler, Katharina: Demokratieförderung mit Risiko, online einsehbar unter: http://www.zeit.de/politik/deutschland/2010-08/spd-kanzlerkandidatur-gabriel-kommentar [zuletzt eingesehen am 10.06.2011].

(für das jeweilige Amt), der nicht nur das Anforderungsprofil und die Sympathieansprüche einer abgeschlossenen Gruppe von Parteimitgliedern erfüllt, sondern auch das der Gesamtgesellschaft und infolgedessen an der Wahlurne größere Erfolgschancen besitzt. Auf der anderen Seite aber bestehen durchaus die Risiken einer Demotivierung der Parteibasis und des mittleren Funktionärskörpers, wenn die postulierte Aufwertung der eigenen Mitgliedschaft letztlich in eine Gleichstellung mit nicht Beitrag zahlenden Sympathisanten mündet.[24]

Die Ergebnisse der dargestellten Ortsvereinsbefragung bildeten ab dem Sommer 2010 die Folie und das Fundament der Parteireformdiskussion. Eine Folge von Konferenzen, Werkstattgesprächen und Versuchsballons auf Landesebene hatte nun zum Ziel, den herausdestillierten Problemfeldern Lösungen angedeihen zu lassen und diese möglichst offen mit den Parteigliederungen und den die Partei umgebenden zivilgesellschaftlichen Organisationen zu diskutieren.[25] Die Ergebnisse sollten immer weiter verdichtet, auf Unterbezirksvorsitzenden-Konferenzen vorgestellt und diskutiert werden, um dann im Herbst 2011 eine Reihe von organisatorischen Änderungen vorschlagen zu können, die auf einem Parteitag im Dezember verabschiedet werden und im Folgenden die Organisationsrealitäten und -kulturen der Partei neu grundieren sollen.

Experimente – Basis, Partizipation und Mitmachen!

Was die Erfahrungen mit Partizipationsinstrumenten und Öffnungsmöglichkeiten anbelangt, war die Partei nicht untätig. Die Bundespartei veranstaltete etliche sogenannte Bürgerkonferenzen, zu denen öffentlich eingeladen wurde, um eine Diskussion zwischen Bevölke-

---

[24] Zu dieser Diskussion vgl. exemplarisch Dietrich, Stefan: Gabriels Traum, in: Frankfurter Allgemeine Zeitung, 24.05.2011; Sattar, Majiid: Neue Basis ohne Basis in alter Basis, in: Frankfurter Allgemeine Zeitung, 25.05.2011; Höll, Susanne: SPD will Kanzlerkandidaten-Wahl für alle Bürger öffnen, in: Süddeutsche Zeitung, 24.05.2011.

[25] Vgl. Niedermayer, Oskar/Totz, Daniel: Mehr Demokratie wagen! Die Organisationsreform der SPD, in: Neue Gesellschaft/Frankfurter Hefte, Jg. 58 (2011) H. 6, S. 15 – 18, hier S. 15.

rung und Parteiführung über die Vorstellungen einer zukünftigen Gesellschaft zu ermöglichen.[26] Der Parteivorsitzende wollte auf diese Weise einen möglichst großen Realitätsbezug in den Programmdiskussionen schaffen.[27] Aber diese Praxistests und Versuchsformate zeigten eben auch auf, dass die Aktivierung von Mitgliedern und Sympathisanten keineswegs einfach oder unproblematisch ist, sondern durchaus entsprechend dem nötigen Aufwand, der mit einer Beteiligung verbunden ist, schwankt. Die Ergebnisse der zitierten Ortsvereinsbefragung deuteten schon darauf hin, dass Engagement in sozialdemokratischen Parteigremien und -veranstaltungen derzeit keineswegs sehr hoch auf der gesellschaftlichen Attraktivitätsskala firmiert. Die SPD Niedersachsen bat beispielsweise im Jahr 2010 ihre Mitglieder zur Urne, um einen neuen Landesvorsitzenden zu wählen. Dabei beteiligten sich nur knapp fünf Prozent der Mitglieder an den zehn Regionalkonferenzen, bei denen anschließend ein Stimmungsbild eingeholt wurde.[28] Wenig später durften in Schleswig-Holstein die Mitglieder einen Kandidaten bestimmen, in diesem Fall den Spitzenkandidaten für die nächste Landtagswahl.[29] Im Rahmen dieser Befragung war jedes Mitglied aufgerufen, per Brief seine Stimme abzugeben, ohne dass man zwangsläufig einer Diskussionsveranstaltung mit den Kandidaten beiwohnen musste. Die niedrige Schwelle lohnte sich: Siebzig Prozent der Mitglieder des nördlichsten Landesverbandes beteiligten sich an der Abstimmung und immerhin 5.000 Nicht-Parteimitglieder fanden den Weg auf die Vorstellungsveranstaltungen für die Kandidaten.[30] Bei beiden Beispielen waren die

---

[26] Vgl. Faßmann, Alix: Alltagserfahrungen machen Politik, online einsehbar unter: http://www.spd.de/aktuelles/2108/20100906_alltagserfahrungen_machen_politik.html [eingesehen am 01.03.2011].

[27] Vgl. hierzu o. V.: SPD-Abgeordnete machen Praktikum in Kliniken und Heimen, in: Hamburger Abendblatt, 04.02.2011.

[28] 3.165 der rund 66.200 Mitglieder des niedersächsischen Landesverbandes gaben ihre Stimme ab, d. h. 4,78 Prozent, vgl. o. V. http://www.ndr.de/regional/niedersachsen/lies108.html [eingesehen am 25.02.2011].

[29] Vgl. o.V.: SPD-Basis soll Spitzenkandidaten wählen, online einsehbar unter: http://www.sueddeutsche.de/politik/schleswig-holstein-spdbasis-soll-spitzenkandidaten-waehlen-1.996159 [zuletzt eingesehen am 25.02.2011].

[30] Vgl. Geisslinger, Esther: Albig soll die Nord-SPD führen, in: die tageszeitung, 28.02.2011.

Abstimmungen in letzter Konsequenz nicht verbindlich, sondern dienten lediglich als Meinungsbild, dem dann ein Landesparteitag nicht zwangsläufig folgen musste. Unverbindlichkeit scheint also nicht per se abzuschrecken. Die hohe Beteiligung in Schleswig-Holstein bzw. die erheblich niedrigere in Niedersachsen weisen aber darauf hin, dass die Motivation für die Mitglieder schon mit der Voraussetzung des Besuchs einer Parteiveranstaltung deutlich zurückgeht. Dies mag verstanden werden als Fingerzeig auf die Bedeutung von symbolischer Beteiligung, die nicht immer eine tatsächliche Unmittelbarkeit von Mitgestaltung und Ergebnissen zwingend macht. Es kann aber auch interpretiert werden als ein Hinweis darauf, dass die Spitzenkandidaturen für öffentliche Ämter vielleicht durchaus von großem aktivierbaren Interesse begleitet sind – im Vergleich zur Entscheidung etwa über Parteiämter –, welches sich durch Mitgliederentscheide nutzen lassen könnte.

Die Schwierigkeiten einer Volkspartei mit Basispartizipation

Der Ausweitung von plebiszitär angelegten Instrumenten zur Entscheidungsfindung und zur Einbindung der Mitgliedschaft wohnen allerdings noch andere mögliche Auswirkungen inne, die für die Entwicklung einer Partei große Risiken bereithalten können. So passen die Konsensbildungs- und Entscheidungsstrukturen einer sozialen Großorganisation wie einer Partei nicht zwangsläufig mit den Mechanismen einer offenen Basis- oder gar Sympathisantenpartizipation reibungsfrei zusammen, oft ist sicherlich sogar das Gegenteil der Fall. Die der plebiszitären Logik immanente Kraft der Mehrheitsentscheidung schafft durchaus einen innerparteilichen und öffentlichen Raum des Konfliktes, der zentrifugale Bewegungen in Gang zu setzen vermag. Die Möglichkeiten, als soziale Gruppe durch Abstimmung überstimmt zu werden, seine eigenen Interessen nicht mehr via Kompromiss, sondern qua innerparteilichem Mehrheitsprinzip ein- oder unterordnen zu müssen, könnte Minderheitengruppen stark verunsichern. Die großen Stärken volksparteilicher Integrationskraft, die Konsens- und Proporzstruktur vieler sozialdemokratischer Parteien in Europa, lassen sich jedenfalls nur schwer mit einem System konsequenter Mitgliederentscheide verbinden. Die Einbindung und der

Schutz von Minderheitengruppen in den Parteien jedenfalls würden in einer Struktur von Mehrheitsentscheiden deutlich schwieriger. Nicht umsonst kennen fast alle sozialdemokratischen Organisationen Europas ein oftmals fein austariertes System von Quoten, um parteiinternen Minderheiten Einfluss zu sichern.

Die Problematik des Postulats der Basisbeteiligung und des Partizipationsgebotes zeigt sich auch auf dem Feld der programmatischen Weichenstellungen. Denn während die Logik einer Kandidatenentscheidung im Ergebnis relativ einfach gestrickt ist, so muss dies im Falle einer programmatischen Positionsbestimmung keineswegs so sein: Ein Programm ist immer eine Aushandlungsfrage zwischen verschiedenen Flügeln und Gruppen, ein Diskussions- und Abwägungsprozess, um über einen Mittelweg möglichst viele Parteimitglieder mitzunehmen und eine Identifikation für alle zu ermöglichen. Über partizipative Pfade nun ein Programm – und nicht nur symbolische Einzelpositionen – qua Alternativenabstimmung an der innerparteilichen Wahlurne zu bestimmen, steht in weiten Teilen der bisherigen Logik der Konsensfindung diametral entgegen und nimmt der Partei möglicherweise sogar die entscheidenden Integrationsinstrumente für die Eingemeindung unterschiedlicher Mitgliedergruppen.

Auch kann die Hoffnung leicht trügen, mit einem Mehr an Basiseinfluss auf die Programmfindung sei die gesellschaftliche Ankopplung wieder leichter zu bewerkstelligen und ein Ergebnis von größerer objektiver Reife möglich – im Gegensatz zu den abgehobenen Selbstsüchtigkeiten der Partei- und Politikerkaste. Auf diese Weise könnte – so die Legitimation ebenso wie der Anspruch an plebiszitär angelegte Programmprozesse – wieder eine programmatische Aussage der Sozialdemokratie entstehen, die Strahl- und Anziehungskraft entwickelt und so die Partei wieder attraktiv macht. Doch die Entwicklung kohärenter, stringenter und zugkräftiger Programme mag schwer zu bewerkstelligen sein, will man den Basiswillen so berücksichtigen, dass eine möglichst große Menge an Programmwünschen gleichberechtigt und möglichst direkt eingeflochten wird.[31]

---

[31] Zu den Schwierigkeiten direktdemokratischer Entscheidungsfindung im Vergleich mit repräsentativen Demokratieformen vgl. Volkmann, Uwe: Verführung des Absoluten, in: Merkur, Jg. 65 (2011) H. 5, S. 381–392.

Allzu sehr kann das Ergebnis am Ende für die durch direkte Einbeziehung geweckten Erwartungen enttäuschend konsensual und wenig deutlich ausfallen. Alternativ sucht man den Weg einer klaren Richtungsentscheidung in Eckpunkten der Programmatik und riskiert dabei, einen Teil der Anhängerschaft zu verärgern. Die volksparteiliche Eingemeindung jedenfalls wird in der Tendenz durch Basispartizipation deutlich komplizierter.

Die bislang ausgearbeiteten Vorschläge der Steuerungsgruppe[32] der Parteiführung treffen denn auch auf ein recht kritisches Echo innerhalb der Partei.[33] Die Vorschläge, die Wahl des zukünftigen Kanzlerkandidaten auch für Nichtmitglieder zu öffnen, treffen auf eine deutliche Skepsis vor allem der mittleren Funktionärsschichten. Überhaupt treffen die Vorhaben, mehr direktdemokratische Elemente einzuführen bzw. deren Quoren zu senken, auf die Forderung, dies aber mit einer stärkeren Verbindlichkeit der Ergebnisse zu koppeln und diese nicht nur als partizipatives, beratendes Motivationsvehikel zu nutzen. Der Verdacht, die Parteiführung bediene sich nur mehr taktisch der Einbeziehung der Parteibasis, ist noch deutlich herauszuhören.

Weiterhin unterstreicht das Vorschlagspapier sehr stark die Notwendigkeit der kommunalen Ebene zum (Wieder-)Aufbau eines Vertrauens in die Sozialdemokratie und die Einbindung von Nichtmitgliedern in die inhaltliche Parteiarbeit. Auch hier sind die Bedenken an der Parteibasis nach wie vor groß, die Angst, die eigene Mitgliedschaft strukturell zu entwerten, nicht allzu rasch vom Tisch zu wischen.

---

[32] Vgl. Nahles, Andrea/Hendricks, Barbara/Klug, Astrid: Die SPD erneuert sich, 12.06.2011, online einsehbar unter http://www.spd.de/linkableblob/13194/data/20110621_spd_erneuert_sich.pdf [eingesehen am 28.06.2011].

[33] Vgl. dazu Denkler, Thorsten: Auf dem Weg zur Bürgerpartei, Süddeutsche Zeitung, 24.05.2011; Medick, Veit: Widerstand gegen die „Operation neue SPD", in: Spiegel online, 24.05.2011, online einsehbar unter: http://www.spiegel.de/politik/deutschland/0,1518,764694,00.html [eingesehen am 28.06.2011]; Juso-Bundesvorstand: SPD erneuern: Starke Mitglieder für eine starke Partei, 30.05.2011, online einsehbar unter: http://www.jusos.de/sites/default/files/nachrichten_files/Vier_Thesen_zur_SPD_Parteireform_Jusos.pdf [eingesehen am 28.06.2011].

Darüber hinaus steht aber grundsätzlich die Frage im Raum, ob eine aufwändigere Partizipationsstruktur durch die Parteiaktiven derzeit überhaupt zu leisten wäre. Denn ein zentrales Element der internen sozialdemokratischen Bestandsaufnahme waren auch stets die Hinweise auf die organisatorische Auszehrung, auf Ortsvereine, die die „normale" Parteiarbeit schon längst nicht mehr leisten können, geschweige denn die Anforderungen an eine Ausweitung des Engagements. Insofern stehen auch jegliche Pläne, die mit einem erheblichen Mehraufwand und stärkerer Einbindung, Präsenz und Engagement für die Mitglieder verbunden sind, zunächst unter dem Realisierungsvorbehalt der noch vorhandenen Substanz und Motivation der Parteibasis.

Im Nebel des Programms – nichts Genaues weiß man nicht

Und so ist es auch die zukünftige programmatische Marschrichtung, die bislang im Rahmen der Diskussion der „neuen" Parteifundamente am stärksten im Unklaren verblieben ist. Zwar könnte dies bis dato auch kaum anders sein – es wurde schließlich seit 2009 stets auf die Parteibasis als Quell aller Legitimation für Führung und Programm verwiesen. Alle vorschnellen Versuche der Parteiführung, durch vorgelegte Konzepte die programmatischen Fundamente für die kommenden Jahre zu legen, würden das Postulat der Basisbeteiligung rasch als Feigenblatt entlarven. Insofern ist der bislang noch unfertige Punkt der inhaltlichen Bewältigung der Regierungserfahrung auch der Anlage der Reform an sich geschuldet.

Denn alle Programminitiativen aus den Führungsstäben der Partei treffen auf die Frage, wie sie sich selbst zum laufenden Reformprozess positionieren. Der Impetus der Reformdiskussion, alles auf den Prüfstand zu stellen, alle Mitglieder, Sympathisanten und Wähler einzubinden, bringt auch die Schwierigkeit mit sich, der Parteiführung wenig Raum zu lassen für eigene Ideen und Projekte. Den eigenen Führungsanspruch aus der passiven Moderatorenrolle abzuleiten und gleichzeitig aktiv programmatisch die Leitlinien vorgeben zu wollen, gleicht einer Quadratur des Kreises und ist besonders heikel in einer Partei, deren Basis durch autoritäre Führungsstile in den Jahren zuvor immer wieder verunsichert wurde.

Nichtsdestotrotz wäre es fatal, auf das gleichsam naturgemäße Hervorgehen einer kohärenten und anziehenden Parteiprogrammatik aus dem Kondensat einer umfassenden Basisbeteiligung zu hoffen. Zunächst zeigen die eingangs erwähnten Analysen der abtrünnigen SPD-Wähler – von denen Blumenberg und Kulick etwa die Hälfte als „wieder gewinnbar" für die Sozialdemokratie einstufen[34] –, dass die programmatische Herkunft und die politischen Prioritäten der Zielgruppen für die Sozialdemokratie nach wie vor sehr breit, nicht nur auf ein engeres Milieu zugeschnitten sind. Nur auf die Ideen und Wünsche der eigenen treuen Klientel einzugehen, wäre insofern eine Selbstbeschränkung, die die (Wieder-)Ausweitung der Wählerschaft möglicherweise rasch aufgibt. Es wäre für den Anspruch der SPD, weiterhin als Volkspartei zu fungieren, geradezu konstitutiv, dass die Parteiführung das Zusammenführen, Ausgleichen und Konsensstiften gerade in der Programmatik offensiv vertritt. Denn ein inhaltliches Bild der Sozialdemokratie zu entwickeln, das wieder einen Markenkern erkennbar und spürbar werden lässt, das Strahlkraft und Motivation entfaltet, sich für eine sozialdemokratische Sache zu engagieren – all dies wird schwierig werden ohne eine Parteispitze, die diese Inhalte formulieren und verkörpern kann. Schon die bisherige Bandbreite an Erfahrungen, Themeninitiativen, Gesprächsrunden und Beteiligungsaufforderungen konkret in ein Parteiprogramm und eine veränderte Praxis der internen Willensbildung einfließen zu lassen, erscheint reichlich kompliziert. All dies deutet darauf hin, dass ein Überbetonen der plebiszitären Elemente im Reformprozess für die Partei auch große Risiken bereithalten dürfte.

Überhaupt bleiben aber ohne eine solche inhaltliche Klärung alle organisatorischen Novellen, wie eine Neustrukturierung der Ortsvereine, der Kandidatenwahl, der Einbindung von Mitgliedern und Sympathisanten wohl Makulatur. Denn ohne eine Vorstellung von Zukunft, ohne ein Stück „Jenseits" als idealistisches Moment des eigenen Strebens wird die Sozialdemokratie wenig Anziehungskraft entwickeln können. Diese Perspektive gilt es wieder zu entwickeln. Das

---

[34] Vgl. Blumenberg, Johannes N./Kulick, Manuela S.: Kann die Zeit die Wunden heilen? Zur Perspektive der SPD nach der Bundestagswahl 2009, in: Mitteilungen des Instituts für Parteienrecht, Jg. 16 (2010), S. 57–68, hier S. 58.

Beispiel der Grünen in Deutschland[35] müsste der SPD deutlich vor Augen stehen: Als Partei aufzutreten, die für sich selbst ein ethisch-moralisches Fundament wie auch einen Glauben an ein besseres Zukunftsmodell zu besitzen glaubt, ist sowohl für den inneren Zusammenhalt wie auch für den Konflikt mit dem politischen Gegner unverzichtbar. Schon in den zwanziger Jahren des letzten Jahrhunderts schrieb Robert Michels darüber als Zement, der die Faszination und die Kraft der Arbeiterbewegung ausmache:

> „Der Feind, welcher von den besseren Gründen seines Gegners, von dem tieferen moralischen Gehalt, welcher dessen Weltanschauung zugrunde liegt, überzeugt ist, [...] wird in seinem Kampfe innerlich geschwächt sein, weil ihm jeder gute Glaube an sein Recht verloren gegangen ist, welcher dem Kampf allein eine ethische Existenzberechtigung verleiht."[36]

Für die SPD wird es Zeit, diesen tieferen moralischen Gehalt wieder neu zu formulieren.

---

[35] Vgl. dazu in diesem Band den Beitrag von Heyne, Lea/Lühmann Michael: Bündnis 90/Die Grünen: Zwischen Zeitgeist und Wertewandel.

[36] Michels, Robert: Masse, Führer, Intellektuelle. Politisch-soziologische Ausätze 1906 – 1933, Frankfurt a. M. 1987, S. 54.

Weiterführende Literatur

Blumenberg, Johannes N./Kulick, Manuela S.: Kann die Zeit die Wunden heilen? Zur Perspektive der SPD nach der Bundestagswahl 2009, in: Mitteilungen des Instituts für Parteienrecht, Jg. 16 (2010), S. 57 – 68.

Butzlaff, Felix/Micus, Matthias/Walter, Franz (Hrsg.): Genossen in der Krise? Europas Sozialdemokratie auf dem Prüfstand, Göttingen 2011.

Butzlaff, Felix: Verlust des Verlässlichen. Die SPD nach elf Jahren Regierungsverantwortung, in: Felix Butzlaff/Stine Harm/Franz Walter (Hrsg.): Patt oder Gezeitenwechsel? Deutschland 2009, Wiesbaden 2009, S. 37 – 66.

Heimann, Horst (Hrsg.): Sozialdemokratische Traditionen und Demokratischer Sozialismus 2000, Köln 1993.

Jesse, Eckhard: Die Bundestagswahl 2009 im Spiegel der repräsentativen Wahlstatistik, in: Zeitschrift für Parlamentsfragen, Jg. 41 (2010) H. 1, S. 91 – 101.

Machnig, Matthias: Vermessungen. Politik neu orientieren, Berlin 2010.

Micus, Matthias: Die "Enkel" Willy Brandts. Aufstieg und Politikstil einer SPD-Generation, Frankfurt a. M. 2005.

Nachtwey, Oliver: Marktsozialdemokratie: Die Transformation von SPD und Labour Party, Wiesbaden 2009.

Niedermayer, Oskar/Totz, Daniel: Mehr Demokratie wagen! Die Organisationsreform der SPD, in: Neue Gesellschaft/Frankfurter Hefte, Jg. 58 (2011) H.6, S. 15 – 18.

Volkmann, Uwe: Verführung des Absoluten, in: Merkur, Jg. 65 (2011) H. 5, S. 381 – 392.

Walter, Franz: Die SPD. Biographie einer Partei, Reinbek 2011.

Walter, Franz: Vorwärts oder abwärts? Zur Transformation der Sozialdemokratie, Berlin 2010.

Wiesendahl, Elmar: Parteien in turbulenten Zeiten, in: Neue Gesellschaft/Frankfurter Hefte, Jg. 58 (2011) H. 6, S. 4 – 8.

Bündnis 90/Die Grünen:
Zwischen Zeitgeist und Wertewandel

Lea Heyne und Michael Lühmann

Als am Bundestagswahlabend im September 2009 die ersten Prognosen verkündet wurden, herrschte vorerst nur verhaltene Euphorie in den Reihen der Grünen. Nicht dass 10,5 Prozent der Wählerstimmen eine Katastrophe gewesen wären, es war immerhin das beste Wahlergebnis von Bündnis90/Die Grünen im Bund. Aber nach der Europawahl von 2009 mit 12,1 Prozent hatte man sich doch etwas mehr vom „grünen Megatrend" erhoffen dürfen,[1] für sich selbst, aber auch, um eine Regierung Merkel/Westerwelle zu verhindern. Der Traum von einer grünen Volkspartei blieb ein geträumter, „der Ausgang der Bundestagswahl (war) weniger der schwarz-gelbe Triumph, als eine satte grüne Niederlage", so Claus Leggewie, Daniel Cohn-Bendit und Harald Welzer.[2] Gleichwohl zeigte sich im Wahlergebnis bereits eine Tendenzverschiebung, die sich in den beiden folgenden Jahren zu Gunsten der Bündnisgrünen Bahn brechen sollte.

Ein Ausdruck dieser Verschiebung ist der weiterhin rasante Wandel des deutschen Fünfparteiensystems. Die Krisendiagnosen bezüglich der Volksparteien haben – spätestens mit der Bundestagswahl 2009 – weitestgehend ihre elektorale Entsprechungen erfahren.[3] Nur mehr knappe sechzig Prozent votierten für die einst das Parteiensystem dominierenden Volksparteien CDU/CSU und SPD. Zugleich gewannen die vermeintlich kleinen Parteien deutlich hinzu. Allerdings blieb den Grünen trotz zweistelligem Wahlergebnis nur Platz

---

[1] Vgl. Fücks, Ralf: Megatrend Grün. Auf Augenhöhe mit den ehemals Großen, in: Die Welt, 12.06.2009.

[2] Leggewie, Claus/Cohn-Bendit, Daniel/Welzer, Harald: Verantwortung der Grünen, in: die tageszeitung, 29.09.2009.

[3] Weiterführend und ungleich optimistischer etwa: Kronenberg, Volker/Mayer, Tilman (Hrsg.): Volksparteien. Erfolgsmodell für die Zukunft?, Freiburg im Breisgau 2009.

fünf im Parteiensystem. Die Halbzeitbilanz der Legislaturperiode von 2009 bis 2013 sieht diese Ergebnisse erheblich auf den Kopf gestellt – nahezu allein zu Gunsten der Grünen.

Hier kommt das zweite Merkmal einer Tendenzverschiebung des deutschen Parteiensystems zum Tragen, welches sich mit gesellschaftlichen Entwicklungen verbindet: Eine Art „Grün-Gefühl" scheint die deutsche Gesellschaft zu erobert zu haben und bescherte der kleinsten Oppositionspartei im deutschen Bundestag nie gekannte Umfrage- und Wahlergebnisse.[4] In Baden-Württemberg vermochten es die Grünen, ihr Ergebnis nach Stimmen fast zu verdreifachen, in Rheinland-Pfalz – ebenfalls im Vergleich zu den vorhergehenden Landtagswahlen – zu verdoppeln. Auch in den Umfragen der Meinungsforschungsinstitute rangierten die Grünen im Bund zwischen 22 und 27 Prozent und damit zwischen Platz zwei und drei.[5] Zwischenzeitlich lagen die Grünen zum Teil vor der Sozialdemokratie; erstmals in der Geschichte der Bundesrepublik regierte mit Winfried Kretschmann ein grüner Ministerpräsident[6] in einem Bundesland und konnte den sozialdemokratischen Koalitionspartner vor sich hertreiben[7] – und dies ausgerechnet in Baden-Württemberg, bis zu diesem Zeitpunkt Kernland von CDU und Hort des deutschen politischen Liberalismus.

Eine dritte Verschiebung scheint die politische Landschaft der Bundesrepublik zu verändern, die weniger auf das „Grün-Gefühl" als Leitzählung einer ökologischen Zukunft zurückgeht, als vielmehr auf eine grundlegende Suche nach Sicherheit und Sehnsucht nach Vernunft im politischen Prozess, „eine unpolitische Sehnsucht nach Versöhnung".[8] Die Grünen jedenfalls scheinen derzeit am ehesten

---

[4] So auch der Titel des Rotary-Magazins vom November 2011: Das Grün-Gefühl. Ein alternatives Weltbild erreicht die Mitte der Gesellschaft, Jg. 60 (2010), H. 7 18.

[5] Vgl. www.wahlrecht.de, 11.06.2011, online einsehbar unter http://www.wahlrecht. de/umfragen/index.htm [eingesehen am 11.06.2011].

[6] Vgl. Dietrich, Stefan: Erster seiner Art, in: Frankfurter Allgemeine Zeitung, 11.05.2011.

[7] Hierzu schon prognostisch: Markovits, Andrei S./Gorski, Philip, S.: Grün schlägt rot. Die deutsche Linke nach 1945, Hamburg 1997.

[8] Vgl. Reinecke, Stefan: Wir sind die Guten, in: die tageszeitung, 20.11.2010.

eine zentrale Frage an die Politik, die über die des Atomausstiegs hinausreicht, zu beantworten.⁹ Nach den Krisen der letzten Jahre, den Krisen der Banken, des Euro und der Umwelt, herrscht ein großes Bedürfnis nach Ruhe und Orientierung.¹⁰ Nicht zufällig ging der neue Aufschwung der Grünen im Sommer 2010 schließlich mit einschneidenden Naturkatastrophen einher. Der Golf von Mexiko schien plötzlich so nah, wie auch die Feuer in den atomar verseuchten Wäldern um Tschernobyl und am Rande des Ural. Die Verteidigung des Bestehenden wurde zur allseits akzeptierten Maxime, die in den Protesten in Stuttgart gegen den Tiefbahnhof ebenso zum Ausdruck kam wie bei den neuerlichen Protesten gegen Castortransporte.¹¹ Dieser konservative Impuls wurde verstärkt durch die schon genannte Erfahrung der Dreifachkrise von Banken, Euro und Ökologie.

Die noch vor der Krisenverdichtung so populären wie simplen Politikentwürfe der Parteien, sei es der freidemokratische Markt- und Steuersenkungsfetischismus oder die von der Linken eingeforderte Überdehnung des Sozialstaates, sind inzwischen auf dem Rückzug. Bisher profitieren davon allein die Grünen. Die entscheidende Frage lautet: Handelt es sich hier nur um Momentaufnahmen, begründbar etwa mit der Unzufriedenheit mit der Regierung Merkel,¹² mit den Protesten um Stuttgart21¹³ oder infolge der atomaren Katastrophe von

---

[9] Vgl. Lühmann, Michael: Die Grünen: Was kommt nach dem Atomausstieg? in: Cicero online, 09.06.11, online einsehbar unter: http://www.cicero.de/97.php?item=6347 [eingesehen am 20.07.2011].

[10] Vgl. dazu in diesem Band den Beitrag von Bebnowski, David/Hanisch, Klaudia: Zeitgeist und Kultur – Zwischen Sehnsucht und Orientierung.

[11] Weiterführend in diesem Band den Beitrag von Woltering, Christian: Atomausstieg: Das gespaltene Verhältnis der Union zur Kernenergie.

[12] Vgl.: o.V.: Unter Wechselstrom – ein Jahr Schwarz-Gelb. Meinungsforscher Güllner im Gespräch, in: sueddeutsche.de, 27.10.2010, online einsehbar unter http://www.sueddeutsche.de/politik/manfred-guellner-im-interview-ein-jahr-schwarz-gelb-unter-wechselstrom-1.1016344 [eingesehen am 20.07.2011]; Schöppner, Klaus-Peter: Die „Aktie Grün" ist überhitzt wie nie, in: Hamburger Abendblatt, 19.11.2010.

[13] Vgl. hierzu: Göttinger Institut für Demokratieforschung (Hrsg.): Neue Dimensionen des Protests? Ergebnisse einer explorativen Studie zu den Protesten gegen Stuttgart 21, Göttingen 2010, online einsehbar unter http://www.demokratie-

Fukushima?[14] Sind die Grünen also beruhigende „Zeitgeist-Surfer" in wirtschaftlich und politisch aufgewühlten Zeiten?[15] Folgte man im Herbst 2010 den Meinungsforschern, durfte der grüne Höhenflug nur ein Zwischenhoch sein. Die Bündnisgrünen stünden, was die Basis ihres Erfolgs betrifft, demnach in einer Reihe mit der FDP.

Oder aber gibt es – und das wäre das zweite Erklärungsmuster – jenseits der hektischen demoskopischen Befunde, womöglich untergründige Wandlungen der Mentalitätsströme in der bundesrepublikanischen Gesellschaft, die jenen Wandel hin zu grünen Werten anschieben oder beschleunigen? Gibt es tatsächlich einen noch nicht näher deklinierten *grün-ökologisch-nachhaltigen Wertewandel*?[16] Dieser Frage soll in dieser Halbzeitbilanz der Grünen im Jahr 2011 nachgegangen werden.

Vom Höhenflug zum Dauerhoch?

Noch im Sommer und auch im Herbst 2010 galt die Diagnose des grünen Zwischenhochs. Und die Einbrüche in den Umfragen in den Wochen vor der Reaktorkatastrophe von Fukushima schienen diesen Befund weitestgehend zu bestätigen. Einem kurzen Sommer der Anti-AKW-, Anti-Stuttgart 21- und Anti-Merkel-Euphorie schien ein tris-

---

goettingen.de/content/uploads/2010/11/Neue-Dimensionen-des-Protests.pdf, [eingesehen am 20.07.2011.]

[14] Vgl. zur Wahlanalyse etwa: Faaß, Torsten: Grün-Rot in Baden-Württemberg: Wie viel Wechsel darf's denn sein? In: boell.de, 29.04.2011, online einsehbar unter: http://www.boell.de/demokratie/parteiendemokratie-gruen-rot-in-baden-wuerttemberg-wie-viel-wechsel-darfs-denn-sein-11854.html [eingesehen am 20.07.2011].

[15] Vgl. Petersen, Thomas: Mit dem Zeitgeist im Rücken, in: Frankfurter Allgemeine Zeitung, 24.11.2011.

[16] Erste Hinweise liefern u.a.: Walter, Franz: Stets im Geist der Zeit, in: Rotary Magazin, Jg. 60 (2010), H. 718, S. 40 – 43; Dürr, Tobias: Gibt es eine grüne Leitkultur?, in: ebd., S. 44 – 47; Lühmann, Michael u.a.: Zeitgeisteffekt oder grüner Wertewandel, in: boell.de, online einsehbar unter: http://www.boell.de/demokratie/parteiendemokratie-studie-zeitgeist-wertewandel-12054.html [eingesehen am 20.07.2011], ders.: Sehnsüchtiger Blick zurück nach vorn. Die Grünen zwischen Bewegungs- und Volkspartei, in: Vorgänge, Jg. 49 (2010), H. 4, S. 15 – 22.

ter März zu folgen, in dem alle rot-grünen bzw. grün-roten Blütenträume durch die Wiederwahl des Ministerpräsidenten Stefan Mappus in Baden-Württemberg verwelken sollten. Bekanntlich kam es jedoch anders, auch weil in Folge der Kernschmelze im japanischen Fukushima das Vertrauen in die Atomenergie zumindest in Deutschland endgültig schwand. Schließlich zeigten insbesondere die Wahlen in Baden-Württemberg, dass die Atomfrage einen zentralen Stellenwert bei der Wahlentscheidung einnahm, zugleich die Grünen hier einen enormen Vertrauens- und Kompetenzvorsprung besaßen.[17] Aber den vermeintlichen Höhenflug der Grünen allein mit Fukushima zu begründen, greift zu kurz.

In seinem Wochenbericht vom 24. März 2011 analysiert das Deutsche Institut für Wirtschaftsforschung (DIW) den Weg der Grünen zur Volkspartei.[18] Anhand der Daten des Sozio-oekonomischen Panels (SOEP), die seit 27 Jahren vom DIW gemeinsam mit Infratest Dimap erhoben werden, wurde eine Langzeitanalyse der grünen Anhängerschaft vorgenommen. Ergebnis: „Der Erfolg von Bündnis 90/Die Grünen beruht in der Tat auf langfristigen Entwicklungen in deren Wählerschaft."[19] Die Grünen konnten, so die Autoren, seit den 1980ern überproportional viele junge Menschen für sich gewinnen und diese dann auch in deren Lebenslauf an sich binden. Zudem seien diese Anhänger heute vor allem Beamte, Selbständige und Angestellte, so dass die Grünen letztlich mit der CDU/CSU und der FDP um dasselbe (bürgerliche) Milieu werben.

Gleichzeitig stellt der Bericht auch fest, dass das derzeitige Umfragehoch der Grünen keinesfalls einem gradlinigen Aufwärtstrend folgt, denn in den letzten dreißig Jahren stiegen und sanken Stimmenanteile und Parteibindungen der Grünen immer wieder recht stark. Tiefpunkte waren unter anderem die *Fundi-Realo-Krise* 1990

---

[17] Vgl. Lühmann u.a.: Grüner Wertewandel, a.a.O.

[18] Kroh, Martin/Schupp, Jürgen: Bündnis 90/Die Grünen auf dem Weg zur Volkspartei?, in: Wochenbericht des DIW Berlin, Jg. 78 (2011), H. 12, S. 2 – 9; vgl. Probst, Lothar: Bündnis 90/Die Grünen auf dem Weg zur "Volkspartei"? Eine Analyse der Entwicklung der Grünen seit der Bundestagswahl 2005, in: Niedermayer, Oskar (Hrsg.): Die Parteien nach der Bundestagswahl 2009, Wiesbaden 2011, S. 79 – 107.

[19] Kroh/Schupp: Volkspartei, a.a.O., S. 2.

und die Bundeswehrbeteiligung am Nato-Einsatz im Kosovo unter Rot-Grün, Umfragehöhepunkte gab es 1987 nach Tschernobyl und Mitte der neunziger Jahre. Dennoch kann man unter den, der jeweiligen politischen Stimmung geschuldeten, Schwankungen auch eine Art Langzeittrend erkennen. Der Anteil der Personen mit einer langfristigen Parteibindung zu den Grünen stieg langsam, aber sicher von knapp sechs Prozent 1984 auf etwa zwölf Prozent 2011.[20] Anders als die FDP nach ihrem Kurzzeithoch Anfang 2009 laufen die Grünen allerdings weniger Gefahr, weit zurückzufallen. Selbst wenn Werte von um die zwanzig Prozent in den nächsten Jahren nicht immer Normalität sein werden, so hat die Partei doch ein wachsendes Polster an Langzeitanhängern, die sie vor einem Abrutschen in den Umfragekeller bewahren dürften. Insofern kann man davon ausgehen, dass sich unter dem momentanen Umfragehoch, das in Teilen sicher durch Stuttgart 21, Fukushima und die Ausstiegsdebatte vom Herbst 2010 bedingt ist und insofern nicht stabil sein dürfte, durchaus ein langfristiger Trend versteckt.

Mit dem Zeitgeist im Rücken

Hinzu kommt, dass sich nicht nur die Stammwählerschaft auf lange Sicht vergrößert hat, sondern dass ein scheinbar *„grüner Zeitgeist"* den Grünen ganz neue Anhängerschaften zuströmen lässt. Die Ausdrucksformen dieses Zeitgeistes sind vielfältig und weisen durchaus auf einen „grünen Wertewandel" hin, der aus dem Zwischenhoch ein grünes Dauerhoch werden lassen könnte. Natürlich spielen auch andere Aspekte eine Rolle, wenn man den grünen Aufstieg erklären will, etwa die geschickte Vermeidung innerparteilicher Auseinandersetzungen.[21]

Daneben scheint aber ein untergründiger, lebensstilistisch bisweilen aber auch oberflächlicher Mentalitätswandel in der Gesell-

---

[20] Diese Zahlen beziehen sich nur auf die Befragten, die angeben, sich überhaupt einer Partei verbunden zu fühlen, das sind ca. 50 Prozent aller Befragten.

[21] Vgl. Walter: Stets im Geist der Zeit, a.a.O., S. 40; Lühmann: Volkspartei, a.a.O., S. 126f.

schaft den Erfolg der Grünen am stärksten zu befördern.[22] Es gilt inzwischen durchaus als chic, sich grün zu inszenieren, in Stil und Konsum Nachhaltigkeit zu praktizieren; auch grün zu wählen.[23] Was früher von einer kleinen Gruppe Konsumenten getragen wurde, hat inzwischen wesentlich breitere, gleichwohl höher gebildete und/oder besser situierte, kurz: bürgerliche Schichten erreicht. Die *LOHAS*[24], wie die Werbeforschung diese Gruppe nennt, „stellen längst keine gesellschaftliche Randgruppe mehr dar: Beinahe jeder Dritte zählt schon dazu."[25] Auch wenn die Zahlen hochgegriffen scheinen, so zeigt sich eine für die Grünen günstige Verschiebung zumindest auf dem Feld des Konsums, der in diesen Gruppen einen hohen normativen, auch politischen Stellenwert besitzt.[26]

So wie der Markt für biologisch erzeugte und fair gehandelte Produkte seit Jahren wächst und sich professionalisiert hat, so hat sich auch das Image der einst verspotteten „Ökos" gewandelt. Am eindrücklichsten vermittelt sich dieser Wandel mit Blick auf den Konsum ökologisch erzeugter Lebensmittel. Aus den kleinen Hinterhofläden, an denen hinter selbst geschreinerten Tresen vermeintliche Hinterwäldler Gerstenschrot feilboten, sind moderne Öko-Supermärkte erwachsen. Groß, glänzend und hell erleuchtet bieten sie jenen bezahlbaren Hauch von erwartbarem (moralischen) *benefit* gesellschaftlicher Anerkennung durch den Kauf ökologischer Produk-

---

[22] Vgl. Walter, Franz: Gelb oder Grün. Kleine Parteiengeschichte der besserverdienenden Mitte in Deutschland, Bielefeld 2010, S. 110ff.
[23] Vgl. Petersen: Zeitgeist im Rücken, a.a.O.
[24] Lifestyles of Health and Sustainability, etwa: Ausrichtung der Lebensweise auf Gesundheit und Nachhaltigkeit.
[25] Vgl. ACNielsen, Was die ökologische Avantgarde wirklich kauft, online einsehbar unter: http://de.nielsen.com/news/pr20080529.shtml [eigesehen am 11.06.2011].
[26] Vgl. Wildt, Michael: Konsumbürger. Das Politische als Optionsfreiheit und Distinktion, in: Manfred Hettling/Bernd Ulrich (Hrsg.): Bürgertum nach 1945, Hamburg 2005, S. 255–283.

te.²⁷ Und wie der ökologische Konsum könnte auch die Motivation steigen, bei der Sonntagsfrage die Grünen zu präferieren.²⁸

Denn die Akzeptanz für grüne Politik ist in den letzten Jahren eindeutig gestiegen. Noch vor einer Dekade war grüne Programmatik gleichgesetzt worden mit ideologischer Entrücktheit. „Fünf Mark für einen Liter Benzin", die Ökosteuer und andere unorthodoxe Forderungen bescherten den Grünen in der öffentlichen Debatte meist nur Hohn und Spott. Und auch die Akzeptanz der Partei, ebenso wie das politische Zutrauen gegenüber den Grünen selbst, ist stark gestiegen.²⁹ Jedenfalls gibt es ein klar erkennbares, die Grünen tragendes, Meinungsklima, welches sowohl in einer höheren Wertschätzung grüner Programmatik seinen Ausdruck findet, als auch in einer gestiegenen affektiven Zustimmung zu den Grünen – bis hin zur Bereitschaft, die Partei auch zu wählen. Jedenfalls scheint sich – auch beschleunigt durch eine veränderte Wahrnehmung der Klimaproblematik vor allem in der letzten Legislaturperiode durch die „Klimakanzlerin" Merkel³⁰ – die Akzeptanz der Umweltpolitik zumindest im bürgerlichen Lager stark erweitert zu haben.³¹

Die ökologische Konfliktlinie überlagert oder verdrängt inzwischen in Teilen die ökonomische, zumal in der ökologischen Wende auch eine ökonomische Chance liegt. Mit der grün wie christlich begründbaren Notwendigkeit der Schöpfungsbewahrung tut sich eine neue normative Konstellation auf, bei der CDU und Grüne auf der einen und Linke und SPD als Parteien des industriegesellschaftlichen Fortschritts auf der anderen Seite stehen.³² Da dem Green-New-Deal

---

[27] Vgl. Haupt, Sebastian: Warum es schick ist, die Welt zu retten, in: Zeit online, 22.6.2010, online einsehbar unter http://www.zeit.de/wissen/umwelt/2010-06/umwelt-psychologie-status [eingesehen am 20.07.2011].

[28] Vgl. Lühmann: Volkspartei, a.a.O.

[29] Vgl. Petersen: Zeitgeist im Rücken, a.a.O.

[30] Vgl. exemplarisch: Wille, Joachim: Ihr Auftritt, Klimakanzlerin!, in: Frankfurter Rundschau, 12.11.2007.

[31] vgl. Blühdorn, Ingolfur: Win-Win-Szeanrien im Härtetest. Die Umweltpolitik der Großen Koalition 2005-2009, in: Buckow, Sebastian/Seemann, Wenke (Hrsg.): Die Große Koalition. Regierung – Politik – Parteien 2005–2009, Wiesbaden 2010, S. 209 – 225, hier S. 211 – 227.

[32] Löwenstein, Stephan: Heute ein Industriepolitiker, in: Frankfurter Allgemeine Zeitung, 06.06.2011.

als progressivem Politikentwurf die sozial-romantisch verklärte Rückschau auf den alten Bonner Sozialstaat fehlt, vergrößert er zudem die Distanz zur SPD und zur Linkspartei.[33] Gleichwohl sind es die Neuauflagen von grün-roten und rot-grünen Bündnissen, von Nordrhein-Westfalen über Baden-Württemberg und Rheinland-Pfalz bis nach Bremen, die derzeit erfolgreich sind, ganz im Gegensatz zur „erfolgreich gescheiterten" Hamburger „Opernkoalition".[34] Eine Wiederkehr des rot-grünen Projekts, als ein linkes Projekt gar, ist dies gleichwohl nicht. Denn auch wenn eine unmittelbare politische Konkurrenz um Sachthemen vor allem mit der SPD und der Linkspartei stattfindet, stehen die Grünen um ihre Wählerschaft, das bürgerliche Lager, eher mit der Union und der FDP im Wettbewerb.

Da die „klassische" linke Klientel die Grünen nicht unterstützt, müssten diese in ihrer Wirtschafts- und Arbeitsmarktpolitik auch keine Rücksicht auf deren Interessen nehmen, folgert Martin Kroh vom DIW.[35] Laut der DIW-Studie wird den Grünen aber selbst von ihrer besserverdienenden Wählerschaft keine allzu große Kompetenz in den Kernbereichen Wirtschaft und Sicherheit zugeschrieben. Die Lösung sozialer und ökonomischer Probleme trauen sie den Grünen nicht wirklich zu. Fraglich ist allerdings, ob der klassische Grünen-Wähler überhaupt Antworten auf diese Fragen sucht oder ob er hier schlicht gar keine Problemlösungsnotwendigkeit bzw. -dringlichkeit sieht. Wäre das der Fall, bräuchte sich die Partei zunächst auch keine Gedanken über ein neues, wirtschaftspolitisches Profil machen. Der alles dominierende Umweltaspekt genügt, zumindest im Moment, um Wähler und Sympathisanten anzuziehen.[36] Dabei scheint es auch

---

[33] Siller, Peter: Veränderung und Orientierung. Die Grünen im Fünfparteiensystem, in: boell.de, online einsehbar unter http://www.boell.de/downloads/demokratie/Siller_gruene_5parteiensystem.pdf [eingesehen am 20.07.2011]; vgl. auch ders.: Vorwärts, und nicht vergessen. Warum emanzipatorische Politik einen neuen Fortschrittsbegriff braucht, in: Polar. Politik, Theorie, Alltag, Jg. 5 (2010), H. 9, S. 23 – 28.

[34] Vgl. Lohse, Eckhart: Durch Scheitern zum Erfolg, in: Frankfurter Allgemeine Sonntagszeitung, 05.12.2010.

[35] Vgl. Kroh, Martin: „Die klassische linke Klientel unterstützt die Grünen nicht", in: Wochenbericht des DIW Berlin, Jg. 78 (2011), H. 12, S. 10.

[36] Vgl. Lühmann, Michael u.a.: Projektbericht „Zeitgeisteffekt oder grüner Wertewandel? Die neuen grünen Wähler_innen in Baden-Württemberg, Göttingen

wenig relevant, dass der früher identitätsstiftende Wert Frieden inzwischen kein genuin grüner mehr ist; auch hier scheinen die Wähler momentan wenig Handlungsbedarf zu sehen.[37]

Aber nicht nur im politischen Diskurs bricht sich eine Neubestimmung grüner Positionen im Parteienwettbewerb Bahn. Nicht von ungefähr kommen die Debatten über den Platz der Grünen im Fünfparteiensystem.[38] Auch der Alltag der Bundesrepublik scheint derzeit gekennzeichnet von dem, was bereits als „Grün-Gefühl" beschrieben worden ist, wie man beispielsweise auch am Kirchentag in Dresden 2011 beobachten konnte.

Grün glauben, Schwarz sehen?

„Wer noch immer nach einer Antwort für den anhaltenden Erfolg der Grünen sucht, musste sich in den vergangenen Tagen nur den Kirchentag in Dresden ansehen", stellte Spiegel-Kolumnist Jan Fleischauer fest.[39] Nicht zu Unrecht: Auf dem evangelischen Kirchentag 2011, mit gut 120.000 Besuchern einer der größten seit langem, waren grüne Themen tonangebend: Bürgerbeteiligung, Wachstums- und Globalisierungskritik und allem voran natürlich Atomkraft. So forderte der Kirchentag, hier sogar deutlich radikaler als die Grünen, nicht nur den Atomausstieg innerhalb der nächsten fünf Jahre, sondern

---

2011, online einsehbar unter: http://www.demokratie-goettinen.de/content/uploads/2011/07/Zwischenbericht_Zeitgeisteffekt_oder_gr%C3%BCner_Wertewandel_Baden_W%C3%BCrttemberg_end.pdf [eingesehen am 20.07.2011].

[37] Vielmehr ist die Zustimmung zum Afghanistan-Einsatz in den Reihen der Grünen-Anhänger am wenigsten umstritten, vgl. Deutschlandtrend Extra, September 2009, online einsehbar unter http://www.tagesschau.de/wahl/umfragen/deutschlandtrend860.html [eingesehen am 20.07.2011].

[38] Vgl. bereits für die Zeit vor 2009: Haas, Melanie: Die Grünen als neue Partei des Bürgertums, in: Vorgänge, Jg. 44 (2005), H. 2, S. 61 – 67; Blühdorn, Ingolfur: Reinventing Green Politics. On The Strategic Repositioning of the German Green Party, in: German Politics, Jg. 18 (2009), H. 1, S. 36 – 54.

[39] Vgl. den ebenso polemischen wie inhaltlich weitgehend auf falschen Prämissen und Unkenntnis aufbauenden Artikel Jan Fleischauers: „Grün glauben, schwarz sehen", in: Spiegel online, 06.06.2011, online einsehbar unter http://www.spiegel.de/politik/deutschland/0,1518,766864,00.html [eingesehen am 20.07.2011].

auch gleich ein Verbot aller neuen Kohlekraftwerke. Mit Heiner Geißler wurde über Bürgerproteste, Schlichtung und „Mitmach-Demokratie" debattiert, von der Veranstaltung solle „eine Ermutigung zu politischer Beteiligung in verschiedenen Ausformungen, z. B. Stuttgart 21 ausgehen", so das Statement auf der offiziellen Webseite. Und auch das Personal zeigte sich eindeutig grün angehaucht. Kirchentagspräsidentin war die grüne Vizepräsidentin des Bundestages Katrin Göring-Eckart, die bereits seit 2009 der Evangelischen Kirche in Deutschland (EKD) als Präses vorsitzt. Auch Parteichefin Claudia Roth, Fraktionsvorsitzende Renate Künast, deren Stellvertreterin Bärbel Höhn und Parlamentsgeschäftsführer Volker Beck waren dabei, ganz zu schweigen von diversen grünen Landes- und Kommunalpolitikern. Von einem allumspannenden „grünen Netzwerk" war im Fokus die Rede,[40] die *taz* titelte: „Gott muss ein Grüner sein" und verglich die Stimmung mit der eines grünen Parteitages.[41]

Denn zu spüren war vor allem die Einigkeit der Teilnehmer in Umweltthemen, die sinnstiftende Kraft des Anti-Atomkraft-Konsenses und die weitgehende Nichtbeachtung anderer Konflikte. Margot Käßmann, der alles überstrahlende Star des Kirchentages, sprach zwar über Afghanistan und Libyen, doch mehr als vermeintlich einfache Antworten auf komplizierte Fragen („Es gibt keinen gerechten Krieg, es gibt nur einen gerechten Frieden!") gab es von ihr auch nicht zu hören. Mögliche Streitthemen wie Migration und Flüchtlingspolitik, der Nahostkonflikt oder die Probleme der EU wurden nur am Rande behandelt. Ein „Vitaminbonbon für Wutbürger"[42] solle der Kirchentag werden, hatte dessen Generalsekretärin Ellen Ueberschär bereits im Vorfeld angekündigt – auch sie Mitglied der Grünen-nahen Heinrich-Böll-Stiftung.

---

[40] Opitz, Olaf: „Vitaminbonbon für Wutbürger", in: Focus online, 03.06.2011, online einsehbar unter http://www.focus.de/politik/deutschland/kirchentag-in-dresden-vitaminbonbon-fuer-wutbuerger_aid_633507.html [eingesehen am 20.07.2011].

[41] Cloes, Rasmus/Feddersen, Jan/Gessler, Philipp: „Gott muss ein Grüner sein", in: die tageszeitung, 06.06.2011.

[42] Ebd.

Ist der „grüne" Kirchentag also ein Zeichen dafür, dass die einstige Antiparteien-Partei nach einem langen Marsch durch die (politischen und religiösen) Institutionen in der Mitte der Gesellschaft angekommen ist? Einiges spricht dafür: Von den antiautoritären und kirchenkritischen 68ern ist nicht mehr allzu viel übrig, und nicht zuletzt mit der Wahl von Winfried Kretschmann (der bekennender Katholik ist) gewinnen die bodenständigen Realpolitiker an Einfluss. Kirchliche Gruppen sind schon lange Teil der Umweltbewegung, und spätestens seit dem Zusammenschluss mit dem Bündnis 90, das aus der kirchennahen DDR-Opposition entstanden war, ist die Kirche auch bei den Grünen vertreten.[43] Die sächsische Grünen-Fraktionschefin Antje Hermenau ließ sich an Ostern 2011 sogar gemeinsam mit ihrem Sohn in der Dresdner Frauenkirche publikumswirksam taufen. „Von allen Vorfeldorganisationen der Grünen ist die evangelische Kirche heute die einflussreichste", meinte dazu, nicht ohne Bedauern, der *Spiegel*.[44] Ob das nun stimmt oder nicht, klar ist, dass der Faktor Religion und Glauben heute längst nicht mehr automatisch mit den C-Parteien verbunden wird.

Grüner Wertwandel?

Was als Zeitgeisteffekt abgetan werden könnte, scheint sich aber inzwischen auch in einem Wertewandel in der bundesrepublikanischen Gesellschaft abzuzeichnen. Erhebungen des Göttinger Instituts für Demokratieforschung in Zusammenarbeit mit der Heinrich-Böll-Stiftung zu Wertvorstellungen grüner Wechsel- und Altwähler im Vorfeld der Landtagswahlen 2011 erhärten diese Vermutung, auch wenn der Wertewandel erst vor der Tür zu stehen scheint.[45] Drei Indizien zeigen, in welche Richtung sich ein solcher Wertewandel

---

[43] Vgl. Heinrich-Böll-Stiftung/Schulz, Werner (Hrsg.): Der Bündnis-Fall. Politische Perspektiven 10 Jahre nach Gründung des Bündnis '90, Bremen 2001.

[44] Fleischauer: Grün glauben, a.a.O.

[45] Lühmann, Michael: Vom ökologischen Mahner zum gesellschaftlichen Mittler?, in: Blog des Göttinger Instituts für Demokratieforschung, 19.07.2011, online einsehbar unter http://www.demokratie-goettingen.de/blog/vom-okologischen-mahner-zum-gesellschaftlichen-mittler/ [eingesehen am 20.07.2011].

entwickeln könnte, an dessen Spitze die Grünen stehen könnten. Erstens ist eine Emanzipation vom Fortschritts- und Wachstumsglauben als bundesrepublikanischer Leiterzählung[46] möglich, zweitens, eine auch Distanzierung von der Erzählung von der Leistungsgesellschaft, die die späten neunziger bis Mitte der 2000er Jahre dominierte.[47] Drittens kommt eine Verschiebung des Generationendiskurses hinzu, weg von der sozialen Frage hin zur ökologisch nachhaltig verantwortlichen Generationengerechtigkeit.

In dieser Tendenzwende zeigt sich besonders deutlich, auf welchem Fundament der grüne Erfolg aufbauen dürfte. Die soziale Frage, die noch die Bundestagswahlen von 2005 und 2009 entscheidend mit zu prägen vermochte, hat zu Gunsten der ökologischen Frage weitgehend abgedankt. Dies zeigt sich auch an den Wahlen in Baden-Württemberg. Denn hier verloren die Parteien der sozialen Frage, also SPD und Linke, abermals, wenn auch geringfügig. Die Sozialpolitik ist jedenfalls nicht das verbindende und mobilisierende Moment des grünen Aufschwungs.[48] Vielmehr scheint es den Grünen gelungen zu sein, mit der ökologischen eine der letzten großen Fragen zu stellen, Sinnstiftung zu liefern und daraus einen konsistenten Politikentwurf abzuleiten.[49]

In den Krisen des Sozialismus, des Konservatismus und des christlichen Menschenbildes als verbindende Leiterzählungen der Gesellschaft, ist es den Grünen gelungen, die Zukunftsvision eines ökologischen Morgen zu platzieren, die, verstärkt durch Fukushima, auf einen immer grüneren Zeitgeist trifft, der sich im Primat von

---

[46] Vgl. zum analytischen Gehalt solcher Leiterzählungen: Jarausch, Konrad H./Sabrow, Martin: „Meistererzählung". Zur Karriere eines Begriffs, in: dies. (Hrsg.): Die historische Meistererzählung, Göttingen 2002, S. 9 – 32.

[47] Vgl. Pötter, Bernhard: Bewusstseinswandel in der Wachstumsdebatte. Weltuntergang vor dem Abendessen, in: die tageszeitung, 11.06.2011; vgl. auch Gernert, Johannes: „Was heißt schon Kapitalismus", Interview mit Tim Jackson, in: ebd.

[48] Um diese Deutungen gibt es heftige Konflikte innerhalb der Partei zwischen *Parteilinken* und *Reformern*, vgl. etwa Hoischen, Oliver: Wie grün ist das denn, in Frankfurter Allgemeine Sonntagszeitung, 14.11.2010.

[49] Vgl. Unfried, Peter: Da wächst was, in: die tageszeitung, 11.06.2011.

"Ökologie und Wachstumskritik" zu manifestieren scheint.[50] Der Sieg gegen die CDU ist demnach kein Indiz für einen Linksruck der Wählerschaft, sondern Ausdruck eigenständiger grüner Programmatik vor dem Hintergrund gesellschaftlicher Nachfrage. Hinzu kommt als Erklärungsmoment für den grünen Erfolg, neben der Dominanz der ökologischen Frage, noch ein weiterer: die Nachfrage nach einer Änderung des politischen Stils. Und hier haben die Grünen einen unbestreitbaren Vorsprung.

Glaubwürdigkeit als Erfolgsrudiment der Anti-Parteien-Partei

Nach dem Wahlsieg der Grünen in Baden-Württemberg versprach Ministerpräsident Winfried Kretschmann einen neuen Politikstil. „Die Leute haben genug vom konfrontativen Regierungsstil von Stefan Mappus, von diesem Durchregieren, von diesem Machtinspirierten", sagte er. Wichtig sei, „dass wir die Überschriften des Wahlkampfs – eine Politik des Gehörtwerdens, eines Schritts in die Bürgergesellschaft – einlösen."[51] So schwierig die Umsetzung dieser Versprechen, so nichtssagend auch letztlich diese Aussagen sein mögen, so dürfte doch genau dieser Wunsch nach einem anderen politischen Stil viele Grünwähler angetrieben haben. Neben dem Vorteil, mit der Umweltfrage momentan als einzige Partei über eine authentische, sinnstiftende Leitidee zu verfügen, die, anders als die soziale Frage, tatsächlich noch Sprengstoff besitzt, profitieren die Grünen vor allem davon, in Politikstil und auch Personal glaubwürdiger als die anderen Parteien zu wirken.

Wer diesen Vertrauensvorsprung nun allein auf die Fehler der anderen zurückführt, macht es sich zu leicht. Denn auch wenn sicherlich der Glaubwürdigkeitsverlust von Union und FDP in Folge von Stuttgart 21, zu Guttenberg-Affäre und Atomkehrtwende den passenden Hintergrund für eine Profilierung der Grünen als ehrliche Makler der Energiewende lieferte, steckt doch mehr als der pure Zufall hinter

---

[50] Vgl. Petersdorff, Wienand von: Die herzliche Ökodiktatur, in: Frankfurter Allgemeine Sonntagszeitung, 15.05.2011.

[51] Haverkamp, Lutz: Grüne wollen neue Mitte sein, in: Der Tagesspiegel, 29.03.2011.

diesem Image. Natürlich profitiert die Partei momentan von dem Effekt, plötzlich auf der richtigen Seite der Geschichte zu stehen. Doch entscheidend dabei ist, dass sie sich, im Gegensatz zum Beispiel zur SPD, auf dieser Seite schon seit Jahren befinden; und dies war auch schon so, als Umweltpolitik noch kein Mainstreamthema war und sich kaum Wähler dafür interessierten. Beispiele hierfür gibt es genug, jüngst etwa der Atomausstieg oder Stuttgart 21.

„Die Grünen können dabei aufbauen auf einer typisch deutschen Tradition der Sorge um die Natur und der Prinzipientreue", meint der Philosoph Vittorio Hösle.[52] Offensichtlich ist es die bessere Strategie, seinen Kurs auch beizubehalten, wenn dieser unpopulär ist, um zumindest nicht die Stammwähler zu vergraulen, als ständig sein politisches Programm neu zu justieren. Denn so, siehe FDP, kann man sehr schnell sehr tief abstürzen. Und genau das ist die Stärke der Grünen: Sie vermitteln politische Beharrlichkeit, Zuverlässigkeit und Konstanz – Faktoren, die in der Politik immer seltener werden. Klar ist: Kurzfristige Meinungsumschwünge aufgrund tagespolitischer Ereignisse werden vom Wahlbürger zwar gerne selbst praktiziert, bei Parteien aber umgehend mit Verachtung und Stimmenentzug bestraft.[53]

Weitere Stärken der Grünen könnten ihre lange als unpopulär geltende Streitkultur und ihre „Neigung zur Komplexität" sein. Die vergangenen Monate haben gezeigt, dass viele Bundesbürger eben nicht mehr die einfache Patentlösung auf dem Silbertablett präsentiert bekommen wollen, sondern erwarten, dass tatsächlich komplizierte Zusammenhänge sachlich gegeneinander abgewogen werden. Das ständige Dilemma zwischen persönlicher Lebensqualität und Verzicht, zwischen Ökonomie und Ökologie, das verzagte Hadern mit der Vielschichtigkeit der Probleme scheint genau das Lebensgefühl vieler, vor allem bürgerlicher Wähler auszudrücken. Denn dass deren global-urbaner Lebensstil durch eine wirkliche Wende zur Nachhaltigkeit radikal in Frage gestellt wäre, wissen die meisten Bildungsbürger. Ebenso ist ihnen bewusst, dass ab und zu biologisch korrekt einzukaufen und Ökostrom zu beziehen nicht die CO_2-Bilanz von

---

[52] Hösle, Vittorio: Zeiten des Übergangs, in: Süddeutsche Zeitung, 16.04.2011.
[53] Vgl. Misik, Robert: Publikumsbeschimpfung, in: misik.at, online einsehbar unter: http://www.misik.at/fs/172.php [eingesehen am 20.07.2011].

zwei Urlaubsflügen im Jahr und einem Mittelklassewagen aufwiegt. „All jene, die das ein bisschen erkannt haben und zugleich aber den westlichen, modernen Lebensstil im Ganzen nicht so gerne aufgeben wollen, wählen Grün", stellt Johan Schloemann in der *Süddeutschen Zeitung* fest, empört sich über den „Tugendterror" und ruft die „Stunde der Heuchler" aus.[54]

Heuchlerisch oder nicht, es trifft den Nerv der Zeit, und zwar offensichtlich nicht mehr nur bei einer Minderheit der Deutschen. Der moderne (Wut-)Bürger weiß zwar, was er will oder wollen sollte, hat aber immer noch etwas Angst vor den Konsequenzen dessen. Daher fixiert er sich erst einmal auf das, was er nicht will, und dabei sprechen ihm die Grünen aus der Seele. „Im Parlament im Nadelstreifenanzug zu sitzen, um sich kurze Zeit später im Parka unter die Demonstranten zu mischen – das passt nicht zusammen", kritisierte Unions-Fraktionschef Volker Kauder unlängst die Beteiligung führender grüner Politiker an den Protesten gegen Stuttgart 21.[55] Aber vielleicht passt es für viele Grünen-Wähler, die sich in genau demselben Zwiespalt befinden, eben doch zusammen. Vielleicht entspricht die Öko-Partei mit ihrer immer offensichtlicher werdenden Zerrissenheit zwischen persönlichem gesellschaftlichen Aufstieg einerseits und Forderungen nach radikalem Umdenken andererseits einfach der momentanen Befindlichkeit des Bürgertums: jenen Wählern, die bei strittigen Themen gerne nach ihrer Meinung gefragt werden wollen, und denen es nicht reicht, fertige Politikentwürfe vor die Nase gesetzt zu bekommen; die irgendwie, – und wenn es auch nur vage- gefühlsmäßig ist – an Entscheidungsprozessen beteiligt sein wollen; die, auch wenn sie sich jahrelang nicht daran gestört haben, jetzt empört sind über Politiker wie Stefan Mappus, die auf denkbar plumpe Art und Weise versuchen, ihnen die tatsächliche Komplexität von Problemen zu verschweigen und Informationen vorzuenthalten.

Letztlich ist für die Grünen also entscheidend, ob sie sich trotz Regierungsbeteiligungen ihren Glaubwürdigkeitsbonus erhalten können. Denn klar ist, dass das Umweltproblem, in welcher Form auch

---

[54] Schloemann, Johan: Stunde der Heuchler, in: Süddeutsche Zeitung, 30.03.2011.
[55] Fischer, Sebastian: Trittin will links bleiben, in: Spiegel online, 19.11.2010, online einsehbar unter: http://www.spiegel.de/politik/deutschland/0,1518,729975,00.html [eingesehen am 20.07.2011].

immer es sich manifestieren mag, bestehen bleibt – seine Bedeutung dürfte sich in diesem Jahrhundert noch deutlich verstärken. Wenn die Grünen es schaffen, weiterhin als die Partei wahrgenommen zu werden, die zumindest ernsthaft über dieses Problem nachdenkt, ergebnisoffen nach Lösungen sucht und dabei die Ängste der Menschen ernst nimmt, können sie noch lange von ihrer Deutungshoheit profitieren. Damit nähmen die Grünen der grassierenden Politik- und Parteienverdrossenheit sogar die gefährliche Spitze, indem sie Widersprüche gegenüber der Politik auch weiterhin in den politischen Prozess einspeisen. Stefan Reinecke überspitzt diesen Gedanken in der *tageszeitung*, indem er den Grünen attestiert, sie seien Profiteure dieser paradoxen Verdrossenheit. Während in anderen europäischen Ländern Rechtspopulisten von der Politikskepsis profitieren würden, zeigten sich die Grünen letztlich als „Gesicht des deutschen Populismus: zivil, bürgerlich, nett".[56] Die Erzählung von der Anti-Parteien-Partei scheint jedenfalls noch im Gedächtnis der Wähler verankert.

Epilog – Von der Nischenpartei zur Volkspartei?

Einerseits sind die Grünen heute eine Partei der „umweltbewussten, gut verdienenden und gut gebildeten Beamten und Selbständigen mittleren Alters in Großstädten."[57] Ihre Anhängerschaft ist zwar in den letzten dreißig Jahren deutlich gewachsen, hat sich von knapp fünf auf gut zwölf Prozent der Wähler vermehrt, ist dabei aber sozialstrukturell relativ homogen geblieben. Als Volkspartei könne man die Grünen insofern nicht bezeichnen, als sie nach wie vor nur sehr geringen Zuspruch in bestimmten Milieus wie bei Arbeitern, Arbeitslosen und im ländlichen Raum finden, so Martin Kroh vom DIW.[58] Andererseits sind die Grünen bei den Wahlen in Baden-Württemberg

---

[56] Reinecke: Die Guten, a.a.O.

[57] Ebd., S. 9.

[58] Vgl. „Die klassische linke Klientel unterstützt die Grünen nicht", Sechs Fragen an Martin Kroh, Wochenbericht des DIW Berlin 12/2011, S. 10; vgl. auch Walter, Franz: Die Grünen sind keine Volkspartei, in: Frontal 21, online einsehbar unter http://www.zdf.de/ZDFmediathek/beitrag/video/1178446/Die-Gruenen-sind-keine-Volkspartei [eingesehen am 20.07.2011].

gerade bei Arbeitslosen die stärkste Partei gewesen, zudem reichten die Zuwächse weit in die klassisch liberalen Selbständigenmilieus hinein, ebenso weit hinaus in die ländlich-katholischen Regionen. „Das ist nicht mehr nur das grüne Milieu", so Ralf Fücks, Leiter der Heinrich-Böll-Stiftung und Grüner der ersten Stunde.[59] Insgesamt trifft es wohl die Analyse von Lothar Probst, wonach man die Grünen „allenfalls mit etwas Wohlwollen als ‚Volkspartei der modernen Mitte' bezeichnen" könne, deren Zeit als „ökologische Nischenpartei definitiv vorbei" sei.[60]

Hier müsse die Partei, so Probst, auch eine neue Sprache erlernen, um die neu hinzugekommenen Wähler zu binden. Denn einerseits liegt grüner Politik häufig ein Verständnis zugrunde, das vielfach nur im *postmateriellen Milieu*, bei den *LOHAS* und *cultural creatives*[61] seinen Resonanzboden findet. So verfügen die Grünen „mit ihrer Grübel-Ethik einerseits über eine unbestreitbare Tugend und ein einigendes Band, andererseits werden sie dadurch handlungsunfähig und schotten sich von ihrer Umwelt ab".[62] Das bedeutet, dass die Bündnisgrünen außerhalb ganz bestimmter (Bildungs-)Milieus kaum wahrgenommen werden, was ihrem Aufstieg zu einer in allen gesellschaftlichen Milieus präsenten Volkspartei Grenzen setzen könnte. Anderseits zeigt sich im derzeitigen elektoralen wie demoskopischen Erfolg der Grünen, dass auch die Hürden auf dem Weg zur Volkspartei überwindbar sind. Denn jenseits der Komplexitäten von widersprüchlichen Wegen in die ökologische Moderne stehen die Grünen ganz allgemein als Angebot für all jene im Raum, die in den letzten Jahren mit dem Verlust von Sicherheit und politischen Ge-

---

[59] Vgl. Wehner, Markus: Es grünt so grün, in: Frankfurter Allgemeine Sonntagszeitung, 10.04.2011.

[60] Vgl. Probst, Lothar: Die Grünen auf dem Weg zur Volkspartei?, in: boell.de, online einsehbar unter: http://www.boell.de/demokratie/parteiendemokratie-die-gruenen-auf-dem-weg-zur-volkspartei-11767.html [eingesehen am 20.07.2011].

[61] Vgl. Ray, Paul H./Anderson, Sherry R.: The Cultural Creatives. How 50 million people are changing the world, New York 2000.

[62] Vgl. Rahlf, Katharina: Entschieden unentschieden. Das "Sowohl-als-auch-vielleicht" der Postmateriellen, in: Hensel, Alexander/Kallinich, Daniela/dies. (Hrsg.): Parteien, Demokratie und gesellschaftliche Kritik. Jahrbuch des Göttinger Instituts für Demokratieforschung 2010, Stuttgart 2011, S. 67 – 69.

wissheiten umgehen lernen mussten. Die Chance der Grünen ist es hier, „in einer Welt der erneut bröckelnden Gewissheiten Orientierung anzubieten. Wie der Vietnamkrieg vor 40 Jahren und das Ende des Kalten Krieges vor 20 Jahren Weltbilder zerstörte, so bringen heute der Beinahezusammenbruch der Weltwirtschaft und der Klimawandel alte Gewissheiten ins Wanken".[63]

Die Frage nach der Volksparteiwerdung ist aber längst nicht nur eine analytische. Nach allen gängigen Faktoren wie Heterogenität und Größe der Anhängerschaft würden die Grünen ohnehin kaum als Volkspartei gelten dürfen – gleiches gilt allerdings inzwischen auch eingeschränkt für Union und SPD. Vielmehr ist die Frage nach der Volkspartei eine Kategorie, mit der sich auch der Streit um das Selbstverständnis der Partei illustrieren lässt. Denn während die Parteilinken den Begriff der Volkspartei strikt ablehnen, da er zu sehr in die Mitte und zu wenig nach links reichen würde, so sehr verbinden die *Realos* die Idee der Volkspartei mit der Ausweitung und Sammlung neuer Anhängerschaften. Oder wie Alexander Bonde, grüner Haushaltsexperte, es formuliert: „Die grüne Idee ist zu groß für eine kleine Nische."[64]

Eine Ausdrucksform dieses Ausbruchs aus der Nische ist, dass die Grünen nicht mehr allein in ihrem angestammten Milieu beheimatet sein werden. Das gilt in Bezug auf die einst dominant tragenden Kohorten der Wertewandel-Generation, das gilt ebenso für die noch immer linke Selbstverortung breiter Teile der Wählerschaften. Dies gilt aber auch für das gesellschaftliche Fundament, auf dem die Grünen künftig agieren werden. Insofern sind die Grünen eben nicht mehr nur Partei bestimmter Kohorten, Milieus und Lebenslagen. Und mit der neuen Jahrhundertfrage der Ökologie werden sie zwar das Modell der Volkspartei nicht wiederbeleben. Die Chancen der Grünen aber stehen gut, über die Frage der Ökologie neue, übergreifende Mehrheiten dauerhaft zu binden und so ihren Platz *zwischen* Nischenpartei und Volkspartei einzunehmen.

Sollte aus dem bisher oft als Zeitgeisteffekt abgetanen „Grün-Gefühl" ein echter *grüner Wertewandel* erwachsen, und nicht wenige

---

[63] Lohre, Matthias: Die Teflon-Partei, in: die tageszeitung, 03.09.2010.
[64] Hoischen: Wie grün, a.a.O.

Indizien weisen in eine solche Richtung, dann werden sich die Grünen die Frage nach ihrer Volksparteiwerdung, nach Profil und Verankerung in der Anhängerschaft nicht weiter selbst stellen müssen, da zu ihnen weder eine inhaltliche noch eine als glaubwürdig wahrgenommene Alternative existiert. Der Atomausstieg ist dabei womöglich nur ein erstes Beispiel für ein zunächst grünes Nischenthema, das endgültig in breiten gesellschaftlichen Konsens gemündet ist. Der ökologische Umbau der Gesellschaft, die Verteidigung der europäischen Idee, die tatsächliche Gleichstellung der Geschlechter, der Erhalt der Welt für die folgenden Generationen, nachhaltiges Wachstum und nachhaltiger Fortschritt – die grüne Themenpalette für die Zukunft ist ungleich unerschöpflicher und aktueller als die der Konkurrenz.

Jedenfalls stehen derzeit weder die innere Sicherheit noch die deutsche Leitkultur oder auch linke wie freidemokratische Über- oder Unterforderungen des Staates bei den Wählern hoch im Kurs. Zudem fehlt all diesen Entwürfen eine verbindende Leitidee. Ganz anders gilt dies für die Bündnisgrünen, denn unter und über der grünen Programmatik liegt mit der Idee eines ökologischen Morgens ein geradezu transzendentales Fernziel, das als verbindende Klammer noch eine geraume Zeit tragen dürfte.

Weiterführende Literatur

Falter, Jürgen/Klein, Markus: Der lange Weg der Grünen. Eine Partei zwischen Protest und Regierung, München 2003.

Probst, Lothar: Bündnis 90/Die Grünen auf dem Weg zur "Volkspartei"? Eine Analyse der Entwicklung der Grünen seit der Bundestagswahl 2005, in: Niedermayer, Oskar (Hrsg.): Die Parteien nach der Bundestagswahl 2009, Wiesbaden 2011, S. 79 – 107.

Radkau, Joachim: Die Ära der Ökologie. Eine Weltgeschichte, München 2011.

Richter, Saskia: Entwicklung und Perspektiven grüner Parteien in Europa. Anschlussfähige politische Kraft in sich wandelnden Systemen, online einsehbar unter http://library.fes.de/pdf-files/id/ipa/06879.pdf [eingesehen am 27.07.2011].

Vollmer, Ludger: Die Grünen: Von der Protestbewegung zur etablierten Partei. Eine Bilanz, München 2009.

Walter, Franz: Gelb oder Grün? Kleine Parteiengeschichte der besserverdienenden Mitte in Deutschland, Bielefeld 2010.

Die LINKE:
Opposition der Unterschiedlichen

Jöran Klatt

Bundestagswahl 2009: 11,9 Prozent. Einmal mehr waren sie erfolgreich und schafften den Wiedereinzug. Trotzdem wollte wirkliche Feierstimmung am Abend der Bundestagswahl 2009 in der Göttinger Bar Nörgelbuff, wo der lokale Ortsverband der Partei DIE LINKE seine Wahlfeier abhielt, nicht so recht aufkommen. Es herrschte eine Mischung aus Freude über den eigenen großen Erfolg und gleichzeitigem Unmut darüber, dass nun vieles anders werden würde: Die historische Niederlage der SPD wurde zwar mit Genugtuung zur Kenntnis genommen, schließlich hatte die Sozialdemokratie sie aus Sicht der Anwesenden mehr als verdient. Und doch verfolgte man auf der Leinwand die Reden der Parteienvertreterinnen und -vertreter, die nun entweder freudestrahlend ihre „Wunschkoalition" oder aber die höchste Wahlniederlage in ihrer Geschichte ausriefen, mit Missmut. Das eigene gute Wahlergebnis half nichts dagegen, dass mit Schwarz-Gelb nun das selbsternannte bürgerliche Lager alleine regieren konnte. Wichtiger noch war, dass das, worüber man bisher nicht geredet hatte, nun unmittelbare Realität wurde: Man musste nun die Oppositionsbank mit der SPD teilen. Es würde deutlich schwieriger werden, sich von ihr abzugrenzen, was bei keiner anderen Partei als bei der LINKEN wohl derart identitätsstiftend ist. So war es doch eben die politische Ausrichtung der Sozialdemokratie, die in den letzten Jahren die eigene Existenz erst begründet und begünstigt hatte. Auf den Punkt gebracht war es so gewesen, „dass der Wandel der SPD eine Lücke der politischen Repräsentation erzeugt hat, die das Bündnis aus WASG und PDS geschickt zu nutzen wusste".[1]

---

[1] Nachtwey, Oliver; Spier, Tim: Günstige Gelegenheit? Die sozialen und politischen Entstehungsgründe der Linkspartei. in: Ders./Butzlaff, Felix/Micus, Matthias/Walter, Franz (Hrsg.): Die Linkspartei. Zeitgemäße Idee oder Bündnis ohne Zukunft? Wiesbaden 2007, S. 13–69, hier S. 14.

Zuvor waren es also durchaus erfolgreiche Jahre für das Bündnis Oskar Lafontaines und Gregor Gysis, für das die Bundestagswahl 2009 wohl den vorläufigen Zenit darstellte. Anders als der PDS war es der LINKEN gelungen, in den Parlamenten der alten Bundesländer Fuß zu fassen. Dies ist ein Umstand, der bei allen Kontinuitäten innerhalb der Partei belegt, dass man es bei der LINKEN wohl doch mit etwas anderem als nur der alten PDS zu tun hat.[2] Schon vor der Bundestagswahl war man in Bremen, Hessen, Niedersachsen, dem Saarland, Schleswig-Holstein und Hamburg in den Landtag eingezogen. In der alten politischen Heimat, den neuen Bundesländern, gelang den Linken sogar der Schritt in das Kabinett des Sozialdemokraten Matthias Platzeck in Brandenburg. So wurde nach und nach deutlich, dass die Zweifler am Erfolg der Partei wohl mittelfristig unrecht behalten würden – DIE LINKE schien etabliert.

Doch dann kamen die Rückschläge: Oskar Lafontaine, der Übervater, dem so manche mehr als nur einen Anteil am Erfolg bescheinigten, in ihm gar den katalytischen Faktor der Parteigeschichte erkannten, der die Grundlagen für das Linksbündnis nicht nur nutzte, sondern sie selbst auch mit schuf, wurde letztendlich von seinem eigenen Körper ausgebremst. Gregor Gysi, der in der Vergangenheit ebenfalls an seine körperlichen Grenzen gestoßen war, zog für sich den Schluss, seine Kräfte in Zukunft sparsamer einzusetzen. Und Lothar Bisky, ebenfalls in die Jahre gekommen, war zwar noch Parteivorsitzender, aber auch das nur noch auf Zeit.

DIE LINKE, auf der Höhe ihres Erfolgs, versuchte also auf dem Parteitag am 15. Mai 2010 in Rostock (nicht zum ersten Mal) den Generationenwechsel. Mit Klaus Ernst, dem Gewerkschafter aus dem Westen, und Gesine Lötzsch, der Lehrerin aus dem Osten, sollte das von den Vorgängern repräsentierte Spektrum erneut abgedeckt und deren Erfolge fortgesetzt werden. Doch stattdessen kam der Gegenwind: Zunächst musste man sich mit Streitigkeiten über den von Ernst gepflegten Lebensstil auseinandersetzen, welche dieser, anders als Oskar Lafontaine, nicht abzuschütteln vermochte. Hinzu kam eine

---

[2] Vgl. Messinger, Sören/Rugenstein, Jonas: Der Erfolg der Partei die LINKE. Sammlungen im programmatischen Nebel, in: Butzlaff, Felix/Harm, Stine/Walter, Franz (Hrsg.): Patt oder Gezeitenwechsel? Deutschland 2009, Wiesbaden 2009, S. 67 – 93, hier S. 68.

auffällige Nicht-Präsenz der Parteivorsitzenden in den Medien, die sich ohnehin nach wie vor lieber an den ungleich wortgewandteren Gysi wandten.

Im Frühjahr 2011 wurde in der Hochburg Sachsen-Anhalt gewählt, wo DIE LINKE zwar erneut zweitstärkste Kraft hinter der CDU wurde, doch mit 23,7 Prozent der Stimmen andererseits auch, im Vergleich zu den hohen Erwartungen an sich selbst, stagnierte. Wie schon 2009 in Thüringen waren die Sozialdemokraten abermals nicht bereit, einen Linken zum Ministerpräsidenten zu küren, und bevorzugten das Bündnis mit den Konservativen. Eine Woche nach dieser Wahl folgte mit dem Scheitern an der Fünf-Prozent-Hürde in Rheinland-Pfalz und Baden-Württemberg die elektorale Manifestation dessen, was man bereits befürchtet hatte: Die Zeit der Höhenflüge war vorbei. Schnell versuchte die Parteispitze zu beschwichtigen, indem sie vor allem die katastrophalen Geschehnisse im japanischen Atomkraftwerk Fukushima und dem um sich greifenden „Ökohype", der kein Kernthema der LINKEN ist, als Ursache der nur mäßigen Wahlergebnisse heranzog. Seitdem haben Vertreterinnen und Vertreter der Partei krampfhaft versucht, tagespolitische Ereignisse in die „große Erzählung" des Antikapitalismus einzubetten. .

Währenddessen schlitterte DIE LINKE in eine lang verschleppte Debatte über das eigene Programm, die von den Medien – vor allem im Vergleich zu anderen parteiinternen Diskussionen – intensiv beobachtet und interpretiert wurde. Manch ein Kritiker wagte nun wieder zu hoffen, DIE LINKE würde an ihrer Programmdebatte und den wiederkehrenden Rückschlägen im Westen zerbrechen. Die Partei würde, so die Erwartung, am inneren Zwist von allein zu Grunde gehen.[3] Kurzum: Es herrschte die Auffassung, dass fundamentale

---

[3] Bsp. Scharenberg, Albert: Linkspartei am Abgrund, in: Blätter für deutsche und internationale Politik, H. 3 (2010), S. 5 – 9, hier: S. 8; Frischemeyer, Britta/ Ronzheimer, Paul: Zerfleischt sich die Linke selbst? in: Bild, 15.01.2010; Brössler, Daniel: Als Oskar noch da war. Die Linke in der Krise, in: Süddeutsche Zeitung, 13.04.2011; Gößmann, Jochen: Droht der Linke jetzt die Spaltung? in: Berliner Zeitung, 03.07.2011; Fehrle, Brigitte: Der Fehler der Linken, in: Frankfurter Rundschau online, 13.07.2011, online einsehbar unter: http://www.fr-online.de/politik/meinung/der-fehler-der-linken/-/1472602/8664966/-/ [eingesehen am 20.07.2011].

Kräfte in der Linkspartei, die den Geist der Zeit nicht akzeptieren wollten, den „vernünftigeren" Realos im Weg stünden. Diese seien dagegen bereit, sich den „Sachzwängen" der Zeit zu stellen. Die Dissonanz dieser beiden Gruppierungen würde über mittelfristig zu einer Blockade führen, sodass sich die dann paralysierte Partei gar nicht mehr fortbewegen könne. Auch hier sind Parallelen zur Geschichte der Grünen unübersehbar.

Doch da man vorsichtig geworden ist, stellten sich Vertreterinnen und Vertreter von SPD und Grünen auf einen Verbleib der Linken im Parteiensystem ein. Möglicherweise wird man sie ja doch noch brauchen können. Aus dieser Sichtweise entsprangen daher die Stimmen, die der LINKEN mit einer gewissen Hoffnung begegneten und von ihr erwarteten, dass sie sich mittelfristig „normalisieren" möge, das heißt über die parlamentarische Sozialisation ihren Weg in das Parteienspektrum finden und, wie einst die Grünen, deradikalisiert und „salonfähig" würden.

So stellt sich die Frage, welche Rolle die LINKE als Opposition in Zeiten von Schwarz-Gelb inzwischen überhaupt spielt und wie es um ihre Chancen steht. Die Linke befindet sich in einer Phase der Neu- und Selbstfindung. Aus diesem Grund ist außerdem zu fragen, welche parteiinternen Akteure momentan den inneren Diskurs der Partei prägen und welche Angebote sie an die potenziellen Wählerinnen und Wähler richten können. Was eint sie, was spaltet sie? Ebenso ist zu erörtern, wer die Partei DIE LINKE momentan überhaupt wählt – und aus welchen Motiven? Als Ausblick bleibt grundsätzlich zu fragen, ob sich die Partei auf dem Weg der „mittelfristigen Normalisierung" befindet oder tatsächlich in naher Zukunft am inneren Zwist zwischen Fundis und Realos zerbricht.

Die Linke von innen – Fundis und Realos?

„Krisenzeiten der PDS waren stets Hochzeiten der Orthodoxen!"[4] Auf diese Formel bringt es der Extremismusforscher Eckhard Jesse. Doch die Linkspartei ist nicht die PDS und so stellt sich die Frage, ob

---

[4] Jesse, Eckhard/Lang, Jürgen P.: Die Linke. Der smarte Extremismus einer deutschen Partei, München 2008, hier S. 67f.

das, was Jesse für die direkte Nachfolgepartei der SED vermutet, auch noch für das Linksbündnis gilt. Vermutet man bei den Linken fundamentalistisch und realistisch argumentierende Strömungen (kurz also: *Fundis* und *Realos*), und geht man davon aus, dass die innere Beschaffenheit der Partei im Wesentlichen durch diese Dichotomie erklärt wird, so sollte man zunächst klären, wer genau mit den beiden Lagern gemeint ist.

Die innerparteiliche Struktur der LINKEN zerfällt jedoch nicht in ein dem Rechts-Links-Schema analoges Fundis-vs.-Realos-Muster, sondern in ein komplexes System von Arbeitsgruppen, Parteiflügeln, Vereinen und Personenkonstellationen, die wiederum, getrieben von unterschiedlichsten Interessen, die parteiinterne Machtstruktur bilden. Keine dieser Strömungen ist dominant, was die innerparteilichen Diskussionen zuweilen lähmt. Nichtsdestotrotz bewahrt sich die Partei – beabsichtigt oder unbeabsichtigt – gerade durch die daraus folgende Profillosigkeit eine breite Aufstellung und ein vielfältiges Meinungsspektrum.

Die inhaltlichen Auseinandersetzungen, Reibepunkte und Überschneidungen zeigen sich vor allem in der Programmdebatte der LINKEN. Die Partei war sichtlich bemüht, in einem inneren Diskurs aus programmatischen Eckpunkten ein Parteiprogramm zu formen. Entlang den verschiedenen Positionen der hieran beteiligten Akteure, lässt sich grob die innere institutionelle Struktur der Partei skizzieren. Im Folgenden wird anhand der Programmdebatte gezeigt, welche dieser Gruppen aktuell die Debatte in der Linkspartei prägen. Danach soll darauf eingegangen werden, welche Verbindungen sie mit der Wählerschaft und den Kernklientelen der Partei eingehen.

In der Programmdebatte gerieten seit dem 20. März 2010, als die damaligen Parteivorsitzenden Oskar Lafontaine und Gregor Gysi ihren Programmentwurf vorstellten, Vertreterinnen und Vertreter der verschiedenen Parteigruppierungen aneinander. Erste Kritiken an dem Papier wurden unmittelbar laut. Durch zahlreiche Beiträge verschiedenster Flügel und Interessengruppen gewann die Debatte an Fahrt. Die schiere Fülle an Beiträgen sorgte zwar dafür, dass manch einer leicht den Durchblick verlieren konnte, doch zeichneten sich deutliche Demarkationslinien schnell ab. Vor allem an den Themen Verhältnis zum Kapitalismus und Regierungsbeteiligung wurde deutlich, wie weit einzelne Positionen in der Partei inhaltlich auseinanderstanden. Doch Fragen, wie die etwa, ob DIE LINKE überhaupt Regierungsverantwortung tragen könne und wolle, entschieden sich nicht in einer bipolaren Auseinandersetzung zwischen Traditionalisten und Reformern. Vielmehr waren es die zahlreichen Parteiströmungen, die sich intensiv an der Programmdebatte beteiligten und Änderungsvorschläge in großer Zahl produzierten. Und von diesen existieren weitaus mehr als nur die Lager der Fundis und der Realos. Fünf Gruppierungen bilden die wohl wichtigsten organisierten Zusammenhänge innerhalb der Linkspartei: die Antikapitalistische Linke, das Forum demokratischer Sozialismus, die Emanzipatorische Linke, die Kommunistische Plattform und die Sozialistische Linke. Trotz der inhaltlichen Schnittmengen, die sie unter dem Dach der Linkspartei vereinen, unterscheiden sie sich vor allem durch thematische und ideologische Schwerpunkte sowie durch historische und milieuspezifische Anhängerschaften.

Die sozialistische Linke (SL) ist eher gewerkschaftlich und keynesianistisch geprägt. Sie ist am ehesten dem Lafontaine-Kurs zuzuordnen. Anhängerinnen und Anhänger dieser Strömung zelebrierten den Programmentwurf als „deutlich links". Die Sozialistische Linke betont die Relevanz der Frage nach einer Neustrukturierung der Eigentumsverhältnisse vor allem aus der Perspektive einer Solidarisierung mit der Arbeitnehmerschaft heraus.[5] Vertreterinnen und Vertreter der SL betonen hierfür die Relevanz eines „starken Staates", der in die Produktionsprozesse und -verteilungen auch durchaus restriktiv und steuernd eingreifen sollte.

Ähnlich positionieren sich das Netzwerk Antikapitalistische Linke (AKL) und die Kommunistische Plattform (KPF). In der öffentlichen Debatte wird die umstrittene Plattform häufig mit dem Festhalten an der Utopie des Kommunismus verbunden, die im breiten Konsens als gescheitert angesehen wird. Besonders Sahra Wa-

---

[5] Bsp. Lafontaine, Oskar: Die Grundsatzfrage stellen, in: De Masi, Fabio/Krämer, Ralf/Müller, Norbert (Hrsg.): Reader zur Programmdebatte. AG der Sozialistischen Linken, Berlin 2010, S. 6 – 10, hier: S. 8f., online einsehbar unter http://www.sozialistische-linke.de/images/dateien/programm/reader_programm.pdf [eingesehen am 17.07.2011].

genknecht als ehemalige Vertreterin der Kommunistischen Plattform und Unterzeichnerin des Gründungspapiers der AKL, in dem die Gruppierung ihre Grundsätze verdeutlicht, wurde bisher als Anhängerin eines innerparteilichen Extremismus angesehen. Als Beleg hierfür galten ihre Äußerungen nach der Friedlichen Revolution 1989[6], in denen sie Erich Honecker huldigte und die Verbrechen des Stalinismus relativierte.[7]

Für die KPF ist vor allem das Festhalten am Terminus Kommunismus entscheidend. Ihre Vertreterinnen und Vertreter betonen den Charakter des Kommunismus als Weg zur Lösung gegenwärtiger Probleme. Voraussetzung dafür ist ihrer Ansicht nach die Befreiung vom Kapitalismus, den sie wiederum für antidemokratische und autoritäre Tendenzen auch in demokratischen Staaten verantwortlich machen. In zahlreichen Beiträgen und offenen Briefen an den Parteivorstand begrüßten sie die antikapitalistische Grundhaltung des ersten Programmentwurfs und grenzten sich von den ihrer Ansicht nach „kapitalismusversöhnlichen" Grundhaltungen des *Forum Demokratischer Sozialismus* (fds) ab.[8]

Die Ausrichtung des Programmentwurfs hat für DIE LINKE zunächst den Vorteil, dass er ein wesentliches Distinktionsmerkmal ist, um sich in Opposition zum hegemonialen kapitalistischen System zu

---

[6] Zum Begriff der Friedlichen Revolution siehe: Kowalczuk, Ilko-Sascha: Endspiel. Die Revolution von 1989 in der DDR. Bonn 2009, S. 536–548.

[7] Wagenknecht selbst nimmt inzwischen Abstand von diesen Äußerungen, die sie als Fehleinschätzungen einstuft. Siehe hierzu: Eubel, Cordula/Meisner, Matthias: „Anbiederung an die SPD macht uns überflüssig". Interview mit Sarah Wagenknecht, in: Der Tagesspiegel, 01.05.2011, online einsehbar unter http://www.tagesspiegel.de/politik/anbiederung-an-die-spd-macht-uns-ueberfluessig/4118014.html [eingesehen am 02.05.2011].

[8] Farha, Rim/Höpcke, Klaus/Hecker, Thomas: Stichpunkte zum Alternativentwurf, 16.01.2011. online einsehbar unter: http://www.die-linke.de/partei/zusammenschluesse/kommunistischeplattformderparteidielinke/dokumente/stichpunktezumalternativentwurf/ [eingesehen 20.07.2011]; Kommunistische Plattform: Jegliche programmatische Anpassung wäre von Übel, Offener Brief an den Parteivorstand der Partei die LINKE, online einsehbar unter http://die-linke.de/partei/zusammenschluesse/kommunistischeplattformderparteidielinke/dokumente/jeglicheprogrammatischeanpassungwaerevonuebel/ [eingesehen am 28.07.2011].

inszenieren. Dabei vertraut die Programmkommission vor allem auf die altbewährten Rezepte der Partei: Außenstehen und Nichtdazugehören sind Fundamente des Erfolgs der LINKEN. Der erste Entwurf des Parteiprogramms ist aber nicht nur ein Protest- und Abgrenzungsversuch nach außen, sondern auch als Vorstoß im innerparteilichen Deutungskampf zu werten. Daher wurde er vor allem vom Forum demokratischer Sozialismus (fds) kritisiert, auch aufgrund der harten Bedingungen, die an Regierungsbeteiligungen gestellt werden.

Diesem vorwiegend (aber nicht ausschließlich) im Osten beheimateten Flügel der Partei wird in der öffentlichen Wahrnehmung oft das Etikett „Realos" verliehen. Die zugespitzte Rhetorik eines Oskar Lafontaines ist ihnen fremd, Vertreterinnen und Vertreter des fds sind häufig jünger als der Durchschnitt der LINKEN-Mitglieder. Stefan Liebich, Klaus Lederer und Benjamin-Immanuel Hoff, die führenden Vertreterinnen und Vertreter des Flügels, sind allesamt noch keine vierzig Jahre alt. Zu ihren politischen Zielen zählt eine Neujustierung des Selbstverständnisses der LINKEN. Sie kritisieren etwa die Idealisierung der Industriegesellschaft, die zwar traditionelle Wählerklientele der Partei erreiche, aber im digitalen Zeitalter kein adäquates oder gar erstrebenswertes Gesellschaftsmodell mehr darstelle.[9] Sie stellen die grundsätzliche Frage, was eigentlich „links sein" im 21. Jahrhundert bedeutet.

Für die Anhängerinnen und Anhänger *klassisch* linker Gesellschaftsanalysen und -kritiken innerhalb der LINKEN gilt das fds mitunter als systemimmanent und angepasst. Von Seiten der Sozialistischen Linken wird ihm vorgeworfen, der geforderte sozialgesellschaftliche Umbau habe illusorischen Charakter, sprich, die Kernaufgaben der Linken seien nach wie vor durch Eigentumsfragen, Arbeitsmarktpolitik sowie die Arbeitssituationen bestimmt.[10]

---

[9] Wawzyniak, Halina/Koch, Sebastian/Jösting, Katja: Neustart erforderlich, in: Neues Deutschland, 18.10.2011, S. 10.

[10] Bimboes, Detlef: Klaus Lederer, das Eigentum und die Demokratie. Anmerkungen zur Kritik des Programmentwurfs, in: De Masi, Fabio/Krämer, Ralf/ Müller, Norbert (Hrsg.): Reader zur Programmdebatte. AG der Sozialistischen Linken, Berlin 2010, S. 24 – 27, hier: S. 26, online einsehbar unter http://www.sozialistische-linke.de/images/dateien/programm/reader_programm.pdf [eingesehen am 17.07.2011].

Es ist wohl zum einen die Tatsache, dass zahlreiche Vertreterinnen und Vertreter des fds aus dem Osten kommen, und zum anderen eine deutlich weichere Rhetorik, weshalb im fds gemeinhin die *Realos* in der LINKEN vermutet werden. Jedoch wäre es wohl verkürzt zu behaupten, das Forum sei nach dem Rechts-Links-Schema des klassischen Diskurses mittiger zu verorten als der Rest der Partei. Trotz der Kritik des fds an dem Programmentwurf, vor allem an jenen Passagen, die etwaige Regierungsbeteiligungen nahezu ausschließen, stellt auch dieser Parteiflügel große Anforderungen an mögliche Bündnispartner. Am Beispiel des fds zeigt sich, dass DIE LINKE versucht, das Profil der reinen Klassenkampfpartei um moderne Konzepte zu erweitern. Nach Ansicht des fds begnüge sich der Programmentwurf lediglich damit, die klassisch marxistische Kapitalismuskritik ins dritte Jahrtausend hinüberzuretten, also alle ungewünschten gesellschaftlichen Entwicklungen als Folgeerscheinungen des Kapitalismus zu erklären. Diese Logik werde nicht zeitgemäß erweitert. Somit verkenne der Programmentwurf bestimmte gesellschaftliche Herausforderungen, die nicht *nur* vom Kapitalismus hervorgerufen seien und die dennoch von einer zeitgemäßen Linken berücksichtigt werden müssten.[11]

Mit dem fds wird vorrangig den ostdeutschen Vertreterinnen und Vertretern der LINKEN bescheinigt, zum Flügel der Pragmatiker zu gehören.[12] In den neuen Bundesländern ist DIE LINKE nicht erst seit kurzem, sondern in Form der PDS bereits durchgehend seit 1990 Bestandteil des politischen Systems. Sie trug hier auch schon früh Regierungsverantwortung. Aus diesem Grund waren vielen *ostdeutschen* Abgeordneten der LINKEN emanzipatorische Rhetorik und

---

[11] Bspw. werden patriarchale Strukturen und Frauenunterdrückung genannt. Siehe: Hoff, Benjamin-Immanuel/Kiesbauer, Sonja/Knake-Werner, Heidi/Woop, Gerry: 13 Thesen des „forum demokratischer Sozialismus" (fds) zum Entwurf des Programms der Partei DIE LINKE – Langfassung. Beschlossen vom Bundesvorstand des fds am 28.08.2010, Berlin 2010, S. 3, online einsehbar unter http://www.forum-ds.de/article/1928.13_thesen_des_forum_demokratischer_ sozialismus_fds_zum_entwurf_des_programms_der_partei_die_linke.html [eingesehen am 15.11.2011].

[12] Bsp. Wrusch, Paul: Realos wollen weniger kategorisch sein, in: die tageszeitung, 15.07.2011].

öffentliche Demonstrationen – das Handwerkszeug *westdeutscher* Revolutionäre wie beispielsweise der 68er-Generation – seit jeher ebenso fremd wie auch den Christ- und den Sozialdemokraten der neuen Bundesländer. Es stellt sich demnach die Frage, wie sich die parlamentarische Sozialisation, also das Partizipieren am politischen System der Bundesrepublik, auf die Gesamtpartei ausgewirkt hat.

Exkurs: Die Kommunismusdebatte

Die so genannten „Kommunismusdebatte" hat gezeigt, dass innerparteiliche Konflikte in der Linkspartei von Beobachtern oft missverstanden werden. Anfang des Jahres 2011 war es die Parteivorsitzende Lötzsch, die mit ihren Aussagen intensiver als beabsichtigt in den Fokus der Öffentlichkeit geriet. In der Zeitung *Junge Welt* veröffentlichte sie einen Artikel, dessen wohl meistzitierte Passage jene war, in der Lötzsch anmahnte: „Die Wege zum Kommunismus können wir nur finden, wenn wir uns auf den Weg machen und sie ausprobieren, ob in der Opposition oder in der Regierung."[13] Die Lage schien offensichtlich: Die bis dahin unscheinbar wirkende Parteivorsitzende, der der Sprung in die Öffentlichkeit noch nicht so recht gelungen war, bandelte mit jenen innerparteilichen Gruppierungen an, die eine härtere Rhetorik der Partei forderten und sich vor allem von dem Gewerkschafter Klaus Ernst wenig vertreten fühlten. Denn Ernst trat zwar für sozialmarkwirtschaftliche Reformen ein, jedoch nicht für postkapitalistische Utopien. Lötzsch, eigentlich Vertreterin eines gemäßigten Kurses, wurde die Absicht zugeschrieben, durch eine linkere Gangart das programmatische Vakuum füllen zu wollen, das der Abgang Oskar Lafontaines hatte entstehen lassen.

Die Linkspartei und die Anderen – Zeitgeist und Verortung der Partei

Nach dem Ende des Kalten Krieges erschienen linke Parteien, die jenseits der Sozialdemokratie standen und ideologisch an Systemgrenzen operierten, wie ein Anachronismus. Mit der Zeit würden sich

---

[13] Lötzsch, Gesine: Wege zum Kommunismus. In: Junge Welt, 03.01.2011, S.10.

diese „erledigen" und in den Chor des *Pax Kapitalisma* einstimmen, wenn auch vielleicht lediglich in der Konsensform des *Dritten Weges*.[14] Die beiden möglichen Erwartungen, die sich hieraus ergeben, sind also entweder das Verschwinden der LINKEN oder, wenn man so will, eine „Normalisierung", also eine Hinwendung der Partei zum Konsens der politischen Mitte durch realpolitische Sogwirkungen. Diese Haltung ist Ausdruck eines bestimmten Zeitgeistes, in dem die Zugehörigkeit zu einem konkreten ideologischen Lager oder gar einer Weltanschauung stigmatisiert und stattdessen die „Objektivität" und „Wertneutralität" der politischen Mitte vom Paradigma zum Dispositiv erhoben wird.[15] Wer dem allgemeinen Konsens nicht folgt, erhält, wie es linke Parteien oftmals erleben, höchstens die Rolle des Störenfrieds: Sie gelten als antiquiert, da ihre dezidierte Ausrichtung am bipolaren Schema der ideologischen Rechts-Links-Verteilung aus einer vergangenen Zeit zu kommen scheint und da sie für das Gros der Bevölkerung auch keine Identifikationsmerkmale bieten können. So werden sie in den politischen Systemen Europas oft zu Außenseitern, werden, wie es die LINKE exemplarisch zeigt, von den etablierten Parteien eher fort gewünscht.

Keine der vier etablierten Parteien, abgesehen vielleicht von der FDP, stellt den Sozialstaat und die sozialen Sicherungssysteme grundsätzlich in Frage.[16] Sie unterscheiden sich vielmehr graduell in der Gewichtung und in der Ausgestaltung der einzelnen sozialen Leistungen. Die soziale Frage stellt sich heutzutage nicht im Gegenüber von links und rechts, sondern in ausdifferenzierten Einzeldebatten. Somit bietet sich hier kaum diskursive Reibungsfläche, von der

---

[14] Vgl. Spier, Tim/Wirries, Clemens: Ausnahmeerscheinung oder Normalität? Linksparteien in Westeuropa, in: Ders./Butzlaff, Felix/Micus, Matthias/Walter, Franz (Hrsg.): Die Linkspartei. Zeitgemäße Idee oder Bündnis ohne Zukunft? Wiesbaden 2007, S. 71 – 116.

[15] Vgl. dazu in diesem Band den Beitrag von Franz Walter: Fehlende Wurzeln, mangelnde Narrative, ausgebliebener Politikwechsel.

[16] Vgl. Neugebauer, Gero: ‚Quo vadis?' Wie die LINKE versucht, sich als Partei und für sich eine Position im Parteiensystem zu finden. Interne Konsolidierungsprozesse und Orientierungssuche im Fünf-Parteien-System, in: Niedermeyer, Oskar: Die Parteien nach der Bundestagswahl 2009, Wiesbaden 2011, S.157 – 177, hier S.172.

DIE LINKE profitieren kann. Hinzu kommt, dass die großen Projekte des sozialgesellschaftlichen Umbaus, die progressive Linke in den siebziger Jahren einst eingefordert hatten, in vielerlei Hinsicht längst vollendet und breit akzeptiert sind. So sind viele Ansätze des rotgrüne „Projekts" und die damit verbundenen emanzipatorischen Ideale bis in weite Kreise des Konservatismus akzeptiert. Für die Linkspartei bleibt somit nur ein gewisser Radikalismus zur Profilierung, da sie mit vielen ihrer moderateren Forderungen im vorherrschenden Zeitgeist „offene Türen einrennen": Forderungen, wie etwa die Gleichberechtigung von Frauen oder die Herstellung von Chancengleichheit im Bildungssystem, sind keine dezidiert linken mehr, sondern werden auch von Konservativen und Liberalen vertreten. Gleiches gilt für das Thema Ökologie. Auch DIE LINKE fordert den Atomausstieg und den Ausbau regenerativer Energiequellen. Aber durch die breite Zustimmung der Bevölkerung hierzu, auf die verspätetet auch das bürgerliche Lager reagiert hat, stellt dies kein Distinktionsmerkmal mehr dar.

Doch wo können sich Erfolgsmöglichkeiten für DIE LINKE entfalten? Welche Themen muss sie besetzen und auf welche Basis muss sie bauen, wenn sie weiter erfolgreich sein will?

Eine bevorstehende Normalisierung?

„Irgendwann werden die schon ihren Platz finden – wie die Grünen!" In der Entstehungsphase der Linkspartei hörte man viel über den vermeintlichen Neuling, der noch seinen Platz zu finden habe. Manch einer vermittelte den Anschein, als sei es ein gängiges Muster, dass Parteien zunächst *von* „außen" in ein System dringen und dann zu einem Teil dessen werden. Diesem Paradigma folgend war eine verbreitete Aussage über DIE LINKE, dass sich in der Konsequenz ihrer Erfolge auch ihre Rolle als Partei im parlamentarischen System verändern würde, spezifischer noch: dass sie sich „normalisiere". Doch was ist damit gemeint? Das Argument wäre in etwa folgendes: Der Weg über die parlamentarische Sozialisation, also die Assimilierung von parlamentarischen Spielregeln durch die Linken, würde sie in erster Linie habituell zu typischen Politikerinnen und Politikern werden lassen. Zweitens würde allein durch die mit Regierungsbeteiligungen einhergehenden Sachzwänge dazu führen, dass sich Realisten in den eigenen Reihen mittelfristig durchsetzen würden und sich die Partei damit auch inhaltlich für das „Normale" öffnen würde. Doch was ist normal? Was bedeutet es, wenn von der LINKEN nahezu erwartet wird, sich in eine bestimmte Richtung zu entwickeln, die dem konsensfähigen Technokratischen, ja, der Mitte näher steht als ihrer aktuellen Lage?

Als Beleg für die Normalisierungsthese werden nicht selten, wie bereits erwähnt, die ostdeutschen Vertreterinnen und Vertreter der Partei angeführt. Hier regieren sie mancherorts und es wird mit ihnen regiert. Und zwar aus zweierlei Gründen: Zum einen ist DIE LINKE im Osten allein wegen ihrer Größe nicht einfach zu ignorieren oder zu isolieren; zum anderen tritt sie dort auch deutlich staatstragender auf. Dem Gros der Vertreterinnen und Vertreter der Partei ist dort die Rhetorik und das Image des Verantwortungsbewussten und Verwaltenden näher als das klassenkämpferische Poltern der Westlinken.

Werden von Medienseite die westdeutschen Landesverbände der LINKEN nicht selten als fundamentalistisch beschrieben, so sind es die ostdeutschen, denen zumindest ein gewisser Pragmatismus bescheinigt wird. Gewöhnlich sind genau sie es jedoch selbst, die sich dieses Etikett nicht anheften lassen wollen. Denn vor allem in Ostdeutschland ist der Grat, den DIE LINKE zu begehen hat, sehr schmal, gerade weil sie dort etwas zu verlieren hat. Sie muss die Protestpotentiale aktivieren und für sich nutzbar machen und somit gegen den politischen Mainstream opponieren. Letztendlich ist der Grund, auf den sie ihren Erfolg aufbaut, die *Opposition* zum politischen Establishment. Wird ihr von genau diesem Establishment jedoch das Potential zum Realpolitischen zugesprochen, so wehren sich die Linken oftmals schon reflexartig – mitunter aus Skepsis, dass hinter dem vermeintlich vergifteten Lob vor allem strategische Interessen der anderen stecken. Man fürchtet, instrumentalisiert zu werden. Verbunden ist diese Vorsicht mit einem generellen Groll gegen das mediale System, das vermeintlich im Sinne der anderen Parteien operiere.[17] Vertreterinnen und Vertreter der LINKEN sehen mitunter Medienjournalistinnen und -journalisten als ideologisch vorgeprägte

---

[17] Bsp. Reinecke, Stefan: „Die Medien blenden uns aus." Interview mit Oskar Lafontaine, in: die tageszeitung, 07.11.2010.

Akteure, die DIE LINKE entweder durch Nichtbeachung „totschweigen" oder sie lediglich in ein schlechtes Licht rücken würden.[18]

Außerdem wird der ostdeutschen LINKEN „Regierungsfähigkeit" bescheinigt, da sie in den Parlamenten seit Jahren unter Zugzwang steht und infolgedessen, anders als im Westen, politische Bündnisse pflegt und ausbaut. Die drei großen Parteien des Ostens, CDU, SPD und LINKE, mögen sich nämlich in programmatischer Hinsicht unterscheiden; was Habitus und Herkunft angeht, sind sich ihre Mitglieder jedoch ähnlicher, als sie es je zugeben würden. Sie teilen sich hier nicht nur mehr Wählerschichten und Milieus als im Westen der Republik, sondern auch Lebenswelten und Biografien. Politik ist auch für diese Profi-Abgeordneten der LINKEN oft ein verwaltendes Geschäft. Die Probleme des Alltags sind es, die das Vorgehen bestimmen: Nahversorgung, Infrastruktur und Flächennutzung sind die Themen, mit denen man sich kommunal und regional beschäftigt. Die großen Themen der Linkspartei wie Hartz IV sind aus dieser Sicht zwar von elektoraler Relevanz, aber oft nicht Teil des parlamentarischen Alltags. Wo DIE LINKE kommunalpolitisch aktiv ist, streitet man sich mit ihr weniger über generelle als über konkrete Einzelfragen. Dass von anderen Parteien gerade den ostdeutschen Linken, die verstärkt in kommunalen Parlamenten Verantwortung tragen, bescheinigt wird, wegen ihres vermeintlichen Pragmatismus zu den Realos zu gehören, ist also zunächst nicht verwunderlich. Dennoch bleibt eines paradox: Gerade dort, wo die LINKEN noch zu weiten Teilen personell aus der SED hervorgegangen sind, scheinen sie mit dem politischen System deutlich besser zurecht zu kommen als ihre Genossen im Westen.[19] Man kann nur vermuten, dass der staatstragende und technokratische Habitus, der den LINKEN hier nicht fremd ist, wohl mehr Eintrittskarte in das ist, was gemeinhin als

---

[18] Einzelne Vertreterinnen und Vertreter der LINKEN empfehlen sogar, die Partei solle interne Debatten nur in parteinahen Medien verhandeln. O.V.: „Denunziantentum muss aufhören!" Interview mit Sarah Wagenknecht, in: politik & kommunikation, Juli/August 2011, S. 6.

[19] Vgl. Müller, Albrecht/Lieb, Wolfgang: Nachdenken über Deutschland. Das kritische Jahrbuch 2010/2011, Frankfurt a. M. 2010, S. 242.

normal gilt, oder anders: in das „Akzeptierte" des bundesrepublikanischen Politikalltags, als es vielen lieb ist zuzugeben.

Auch wenn die Unterscheidung der Linkspartei in die Regionalpartei des Ostens und die Splitterpartei des Westens zu kurz greift – es gibt einen prägnanten Unterschied: Im Westen der Republik ist DIE LINKE nach wie vor ein Neuling. Die Vertreterinnen und Vertreter der Partei sind zum Großteil noch Laien. Abgeordnete haben – außer sie sind von anderen Parteien zur LINKEN gewechselt – meist wenig bis gar keine parlamentarische Erfahrung. Nicht von ungefähr kommt es, dass vereinzelt ostdeutsche Parlamentarier der LINKEN in den Westen der Republik reisen, um ihren Neu-Genossen zu erklären, wie man in einem Parlament auftritt.[20]

Somit kann für die LINKE im Westen der Republik schon von einer gewissen Professionalisierung gesprochen werden. Die parlamentarische Sozialisation ist hier ein Effekt des „Erwachsenwerdens", der dazu führt, dass nicht nur DIE LINKE das politische System beeinflusst, sondern auch umgekehrt, dass Systemzugehörigkeit auch die Partei verändert. Die Linkspartei kam von außen in das politische System. Die entscheidende Frage ist nun, ob sie in naher Zukunft den Kontakt zu ihrer Wählerschaft behalten wird, die sich, wie im Folgenden gezeigt wird, nach wie vor ebenso *außerhalb* des Systems befindet.

Die Wählerschaft – zwischen Hartz IV und red green deal

Ob die Westausdehnung der LINKE langfristig Erfolg haben wird, entscheidet sich nicht allein an den Mandatsträgerinnen und Mandatsträgern und den bislang erfolgreich geschlossenen Bündnissen, sondern an den politischen Entwicklungen. Letzten Endes wird sich das Schicksal der LINKEN nicht anhand der parlamentarischen Sozialisation oder der internen Entwicklung entscheiden, sondern anhand der Frage, ob die Partei nach wie vor Angebote für ihre Wählerinnen und Wähler hat. Erst mit der Entstehung der LINKEN konnte die fünfte Partei im Westen Fuß fassen. Erst durch den Zusammenschluss der Ost- und Westverbände waren Gysi und Lafontaine in der Lage, im

---

[20] Schwab, Waltraud: Der Westen das Wasser, der Osten das Öl, in: die Tageszeitung, 07.11.2009.

Westen ausreichend Wählerinnen und Wähler für sich zu gewinnen. Die Ablehnung der SPD-Politik war hier für viele entscheidend. Doch mit dem Rückzug Lafontaines aus der Führung der LINKEN und dem Versuch eines Neuanfangs der Nach-Schröder-Generation in der SPD wurde es für viele Enttäuschte im Westen attraktiv, zur politischen Heimat, der Sozialdemokratie, zurück zu kehren. Jedoch hat DIE LINKE inzwischen auch im Westen eine feste Basis, die ihr Schicksal nicht mehr allein an flüchtige bundespolitische Trends – wie die günstigen Gelegenheit, die die marktliberale Ausrichtung der SPD unter Gerhard Schröder der LINKEN bescherte – bindet, was die Partei unabhängiger werden lässt. Die PDS konnte im Westen keine Erfolge verbuchen, doch für DIE LINKE ist die Ausgangslage eine andere: Politische Relevanz und elektorale Verankerungen hat die Partei trotz Rückschlägen wie in Rheinland-Pfalz und Baden-Württemberg nach wie vor auch im Westen. Ob sie hier weiter erfolgreich sein kann, entscheidet sich maßgeblich an der gelungenen oder gescheiterten Mobilisierung der Wählerinnen und Wählern, die abseits des *Zeitgeistes* stehen und für die SPD und Grüne keine Perspektive bieten. Eine kleine Exkursion in die Wählerschichten der Partei und ihre Gefühlswelten soll dies verdeutlichen.

Nach wie vor unterteilt sich das Elektorat der LINKEN in die klassischen Wählermilieus europäischer Linksparteien.[21] Hier sind zum einen im Westen die alternativen Milieus der 68er-Generation, die ihren Weg nicht zu den Grünen gefunden haben, sowie die gewerkschaftliche Arbeitergeneration am unteren Einkommensrand und jüngere Postmaterialisten zu finden.[22] Letztere bilden den Teil des Linksparteielektorats, der über ein hohes Bildungsniveau verfügt und versucht, sozialistische Utopien aufrechtzuerhalten und gleichzeitig ideologische Schlachten auszutragen, die im Vierparteiensystem der neunziger Jahren der postkommunistischen Stimmung gewichen waren. Und zum anderen ist das so genannte Prekariat zu nennen, das tendenziell über ein geringes Bildungsniveau verfügt. Die Abhängigkeit vom Sozialstaat in diesem Milieu ist gepaart mit einer gefühlten Überforderung und der daraus folgenden Ablehnung des den Sozial-

---

[21] Spier/Wirries, a.a.O. S. 116.
[22] Vgl. Messinger/Rugenstein, a.a.O.

staat repräsentierenden bürokratischen Systems.[23] Hier zeigt sich das von der Linkspartei genutzte Protestpotenzial, das in einem unmittelbaren lebensweltlichen Konflikt mit der Arbeitswelt und damit oft auch mit dem politischen System steht. Vor allem in diesem Milieu ist die Tendenz einer lebensweltlichen Verankerung der LINKEN, also einer dauerhaften Präsenz, aus der feste Bindungen zwischen den Wählerinnen und Wählern und der Partei entstehen, zu beobachten. War es früher klassischerweise die Sozialdemokratie, die gemäß dem Motto „von der Wiege bis zur Bahre" nicht nur den politischen Überbau, sondern oftmals auch die soziale Struktur der Lebenswelt prägte, so ist vor allem im Osten der Republik, aber auch zunehmend im Westen DIE LINKE durch Vor-Ort-Präsenz in den Gemeinden und in den Stadtteilen zu einer solchen Instanz geworden. Von dem sozialromantischen und nostalgischen Bild des „von der Wiege bis zur Bahre" mag hier zwar nicht die Rede sein. Doch versuchen vereinzelte Vertreterinnen und Vertreter der LINKEN inzwischen, die lebensweltliche Lücke zu schließen, die der soziale Aufstieg und der damit häufig verbundene Wegzug von so genannten Viertelgestaltern – also einzelnen aktiven Akteuren, die in den Quartieren das soziale Leben organisieren und planen – sowie das allmähliche Wegfallen von lokalen Bindungsinstitutionen wie etwa Vereinen entstehen ließen.[24] Sie schließen Bündnisse mit Gewerkschaften und suchen den Schulterschluss mit den Aktivistinnen und Aktivisten der sozialen Bewegungen.[25] Damit ist in jüngerer Vergangenheit auch im Westen ein für DIE LINKE nicht zu unterschätzendes Potenzial von Aktivierung, Mobilisierung und Kernwählerschaft entstanden. Es sind die linken Kommunalvertreterinnen und -vertreter, von denen sich die Menschen der „Hartz IV-Lebenswelt" ernst genommen fühlen. Der Erfolg der LINKE wird hier durch den von Franz Walter beobachteten Effekt begünstigt, „dass viele aus den vernachlässigten sozialen Souterrains, die schon einmal einem Politiker ‚live' begegnet sind, diesen –

---

[23] Vgl. Walter, Franz: Vom Milieu zum Parteienstaat. Lebenswelten, Leitfiguren und Politik im historischen Wandel. Wiesbaden 2001, S. 204.

[24] Vgl. Klatt, Johanna/Walter, Franz: Entbehrliche der Bürgergesellschaft? Sozial Benachteiligte und Engagement, Bielefeld 2011, S. 188ff.

[25] Vgl. Neugebauer, a.a.O, S. 159.

aber eben nur diesen – als ‚sympathisch', ‚normal geblieben', ‚verständnisvoll' empfanden".[26]

In den Quartieren des Prekariats sind es die Ortsverbände der LINKEN, die häufig Beratungsstellen, sogenannte Bürgerbüros, einrichten. Die Mitglieder, aber auch die Mandatsträgerinnen und Mandatsträger organisieren Stadtteilfeste oder nehmen daran teil und halten im buchstäblichen Sinne die Fahnen auf Maikundgebungen hoch. Haben die LINKEN Vertreterinnen oder Vertreter im Stadtrat, üben diese ihre Tätigkeiten oft betont transparent und kommunikativ aus, weil ihnen bewusst ist, dass dies seitens ihrer Wählerinnen und Wähler gewünscht wird. Sie sind vor Ort, nicht zuletzt, da sich besonders im Westen zahlreiche Linke selbst aus dieser entkoppelten Lebenswelt sozialprekärer Milieus heraus rekrutieren. DIE LINKE präsentiert sich im beschriebenen Milieu als verbündete Kraft gegen einen bürokratischen Leviathan, den die anderen Parteien repräsentieren. Die lebensweltliche Verankerung der Partei ist, entgegen ihrer medialen Präsenz, in jüngster Vergangenheit enorm gewachsen. Der hier beschriebene Zustand mag noch mehr Ausnahme als Regel sein und zeichnet vermutlich keinen Trend ab, der sich in den nächsten Jahren zwangsläufig durchsetzen wird. Letztendlich hat wohl auch DIE LINKE, wie alle anderen Parteien und politischen Institutionen auch, im Großen und Ganzen den Kontakt zur Unterschicht verloren. Doch die kommunalen und regionalen Anker, durch die die Partei vereinzelt auch im Westen so etwas wie Hochburgen aufbauen konnte, sind das Potenzial, an dem sich entscheiden wird, ob das Projekt Westausdehnung letztendlich Erfolg haben wird. Die LINKE hat hier die Möglichkeit, eine Bindungsinstitution zu werden. Sie kann nicht allein als parlamentarisch vertretene Partei überleben, sondern nur gepaart mit der Präsenz in den Quartieren und mit der aktiven Teilnahme an der Organisation in der *Zivilgesellschaft* der Abgehängten. Inhaltliche Positionierungen und mediale Präsenz der Parteien ersetzen eben nicht die unmittelbare, lebensweltliche Präsenz des politischen Angebots, die besonders in diesem Milieu wertgeschätzt wird.

Vor allem anhand der Wählerklientel sieht man also deutlich, wie unterschiedlich die LINKEN zu bewerten sind. Die porträtierten

---

[26] Walter, a.a.O., S. 205.

Wählergruppen sind nicht nur in materieller und beruflicher Ausprägung sehr unterschiedlich, sondern auch auf einer lebensweltlichen und habituellen Ebene. Dies manifestiert sich vor allem in den Gründen, die sie für sich und ihre Wahlentscheidung, aber auch bezüglich ihrer Ansprüche an DIE LINKE nennen. So wirken die emanzipatorischen und sozialutopischen Ideen der alternativen Gruppe in der Lebenswelt des hier beschriebenen nicht-akademischen Prekariats oftmals befremdlich. Es ist genau diese Klientel, die zuweilen sogar Vorurteile und Weltanschauungen pflegt, die im Diskurs gewöhnlich eher als rechtslastig bezeichnet werden. Jakob Augstein konstatiert hier einen Konflikt zwischen den parteipolitischen Leitlinien und der Gedankenwelt eines Großteils des Wählermilieus, indem er feststellt: „[B]ei der Linkspartei ist die emanzipatorische Rhetorik der Parteiführung meilenweit entfernt von der Wirklichkeit der Anschauungen an der Parteibasis."[27] Das, was Augstein hier „emanzipatorische Rhetorik" nennt, meint etwa feministische und egalitäre Varianten der Gesellschaftskritik, Sozialutopien und den oftmals abstrakt ideologisch-theoretischen Unterbau, wie ihn zum Beispiel die Emanzipatorischen Linken oder auch das Forum demokratische Sozialismus vertreten. Sie kollidieren mit dem stabilen Werte- und Normenkanon der konsummaterialistischen Welt des prekären Elektorats der LINKEN, das diese Gesellschaftstranszendierungen nicht teilt, also kein Interesse an einer lebensweltlichen Umgestaltung der Gesellschaft hat. Hier geht es um konkrete, klassische Thematiken wie die soziale Existenz und die Situation am Arbeitsplatz, nicht aber um den Umbau der dispositiven Ordnung des gesellschaftlichen Zusammenlebens. Die oftmals abstrakt wirkenden Positionen einer Katja Kipping mögen im links-alternativen Milieu mit hoher Bildung verstanden werden und ankommen, die breiten Wählerschichten der Linken fühlen sich von ihnen aber eher nicht angesprochen.[28] Zum Teil steht der international agierende multikulturelle Ansatz der Emanzipatorischen Linken sogar auch den kulturhomogenen Idealen dieser Schicht dia-

---

[27] Augstein, Jakob: Europa wird zum Schreckgespenst, in: Spiegel-Online, 12.05.2011, online einsehbar unter http://www.spiegel.de/politik/deutschland/ 0,1518,762049,00.html [eingesehen am 13.05.2011].

[28] Vgl. Walter, a.a.O. S. 215.

metral entgegen. Diese äußern sich etwa in der mangelnden Repräsentativität der ostdeutschen Abgeordneten:

> „[I]n ihren Hochburgen, also dort, wo sich die SED zur PDS zur Linkspartei transformiert hat und für sich in Anspruch nimmt, so etwas wie ‚Volkspartei' zu sein, tümelt es doch ganz schön deutsch. Wer sich die Landtagsfraktionen von Mecklenburg-Vorpommern, Sachsen, Sachsen-Anhalt, Thüringen und Brandenburg anschaut, wird dort jedenfalls keinen einzigen Abgeordneten mit Zuwanderungsgeschichte entdecken können."[29]

Man kann also sagen: An der Basis der Linkspartei siegt, zumindest habituell, oft das Konservative über das Progressive. Die Wählerschaft der LINKEN teilt in großen Teilen das, was als „Extremismus der Mitte" bezeichnet wird, also die sozialgesellschaftlichen Vorurteile, die zeitgeistliche Debatten wie etwa auch die Sarrazin-Debatte zum Vorschein brachten, in der sich auch unter Linkspartei-Anhängern zahlreiche Befürworter der Thesen fanden.[30] Doch mit der lebensweltlichen Orientierung an der Mitte der Gesellschaft erfolgt nicht automatisch auch die *politische*. In Teilen der linken Wählerschaft, vorwiegend aus den prekären Milieus, zeigen sich Protestpotenziale, die sich nicht allein aus der sozialen Frage ergeben, sondern bis hin zur Opposition zum gesellschaftlichen Konsens reichen. Hier offenbaren sich, wiederum besonders in den neuen Bundesländern, auch Schnittmengen und Bezugspunkte zum Rechtspopulismus. Für diese Klientel ist die Linkspartei gerade wegen ihres opponierenden Verhaltens zum politischen Establishment – aber auch umgekehrt: wegen dessen Ausgrenzung der Linkspartei durch letzteres – attraktiv. So ist DIE LINKE innerhalb des demokratischen Systems der Bundesrepublik eine Art Ventil, das oftmals die letzte Alternative im demokratischen Prozess darstellt. Nicht zuletzt um dem Verdacht zu

---

[29] Beucker, Pascal: Anmerkungen zur „grünen Herausforderung", In: Neue Rheinische Zeitung online, 05.05.2011, S. 4., online einsehbar unter http://www.nrhz.de/flyer/beitrag.php?id=16439&css=print [eingesehen am 07.05.2011].

[30] Forsa-Umfrage für Der Freitag: Ressentiments in Deutschland, in: Freitag online, April 2011, online einsehbar unter http://www.freitag.de/pdf-archiv/Rechtspopulismus_Grafiken.pdf [eingesehen am 04.08.2011].

entgehen, sich diesen Trend gezielt zunutze machen zu wollen, werden in der Partei antifaschistische Positionen plakativ vertreten.

An diesem Rand der Gesellschaft sind die zeitgeistlichen Werte des Ausdifferenzierten, mit denen vor allem die Grünen reüssieren, ganz und gar unpopulär. Der untere Rand der Gesellschaft hat die neuen Entwicklungen, die sich in diesem Zeitgeist manifestieren, weitestgehend nicht mitgemacht. Diese Schichten lehnen es ab, sich gesellschaftlichen Neuerungen zu unterwerfen, sie verfallen gar in eine sozialnostalgische und konservative Stimmung. Das Paradigma des Ökologischen als neue Konsensideologie mag in den Wählerkreisen der vier etablierten Parteien angekommen sein, im Prekariat jedoch noch nicht. Franz Walter bringt es auf den Punkt, wenn er für die Milieus, in denen man zu Recht eine Zielgruppe der LINKEN vermutet, feststellt:

„Den größten Bogen um Artikel, die das Bio-Etikett tragen, macht erwartungsgemäß die ‚neue Unterschicht'. Dort wird über die unerschwinglichen Preise geklagt. Und überhaupt: Auf diese Verarsche falle man nicht herein. Ökologie sei etwas für Reiche, für die grün wählenden Heuchler, die Verzicht predigten, selbst aber wie Gott in Frankreich lebten. Umweltappelle halten vor allem die jungen Zugehörigen der sozial an den Rand gedrängten Schichten für Attacken auf die wenigen Freuden, die ihnen noch geblieben sind, vom Auto über den Grillabend im Park bis hin zum Tabak."[31]

Anders sind da alternative Milieus, in denen auch DIE LINKE Anhängerinnen und Anhänger um sich schart, am stärksten innerparteilich vertreten von der Gruppe der Emanzipatorischen Linken. Sie weisen habituell und lebensweltlich große Schnittmengen mit den Grünen auf und haben oft aus sehr individuellen Gründen nicht den Weg zu diesen gefunden. Sie leben den gesellschaftlichen Umbau selbst aus, der bereits, lange bevor Rot-Grün 1998 in die Regierung kam, begonnen hatte.[32] Der sozial-ökologische Umbau, den DIE LINKE propagiert, ist für sie aus einer progressiven Sicht konsequent weiterzuführen. Sie hoffen auf eine linke Partei, in der Personen wie

---

[31] Walter, a.a.O. S. 197.

[32] Walter, Franz: Wer zu spät kommt, darf regieren, in: Spiegel Geschichte, 2 (2009), S. 140ff.

Katja Kipping für einen neuen *red green Deal* einstehen und – anders als das Konzept der Grünen – Ideen, die dort nicht mehr mehrheitsfähig sind und abseits der Marktlogik stehen, weiterhin vertreten. Somit reagiert DIE LINKE auf den Konsens des Leitparadigmas der Ökologie, indem sie versucht, das Links-Rechts-Schema der deduktiven Kapitalismuskritik auf das Thema Ökologie zu übertragen. Sie betont die besser funktionierende nachhaltige Bewirtschaftung der Ressourcen durch die öffentlich kontrollierte Hand und weist darauf hin, dass unökologische Bewirtschaftung unter anderem eine der negativen Folgen des Kapitalismus selbst sei.

Das Bürgertum ist für solche Wählerinnen und Wähler der LINKEN gewiss nicht der alleinige Hort allen Übels, auch deshalb, weil sie ihm häufig selbst angehören. Proletarisierung und gewerkschaftliche Rhetorik sind ihnen mitunter fremd. Kritik an den Grünen tragen sie nicht fundamental, sondern konstruktiv kritisch vor. In der sogenannten Crossover-Debatte hoffen diese intellektuell bestens ausgestatteten Personen auf das Bündnis mit linken Sozialdemokraten und Grünen. Diese wirkmächtige Minderheit in den Reihen der LINKEN ist sich bewusst, dass politische Entwicklungen oftmals den Ausdruck eines tiefer gehenden gesellschaftlichen Wandels darstellen und meint, dass man das progressive Bürgertum für den geplanten gesellschaftlichen Umbau benötigt.[33]

Man kann also festhalten, dass im linken Elektorat eine Differenz herrscht zwischen Intellektuellen mit progressiven, emanzipatorischen Ideen und Konservativen mit sozialstaatsromantischen Weltbildern, die alles sind, nur nicht alternativ. Besonders im Osten der Republik sind die LINKE-Wähler nicht unbedingt das, was als „typisch links" gilt, sondern entstammen oft sogar einem Milieu, in dem deutschnationales Gedankengut nach wie vor vorhanden ist. Die LINKE rekrutiert sich aus bildungsaffinen und -fernen Schichten zugleich. Noch einmal: Die Schnittmengen zwischen ostdeutschen und westdeutschen Linken liegen also wohl eher in den Milieus von

---

[33] Kipping, Katja u.a.: Die grüne Herausforderung: Für eine öko-soziale Paradoxie. Überlegungen der prager-frühling-Redaktion zur Strategiedebatte der LINKEN, in: Redaktionsblog des prager frühling, 11.04.2011, online einsehbar unter http://www.prager-fruehling-magazin.de/article/659.die-gruene-heraus forderung-fuer-eine-oeko-soziale-paradoxie.html [eingesehen am 22.04.2011].

postmateriellen Akademikern und den prekären Lebenswelten der „Hartz IV-Gesellschaft" und der unteren Einkommensschichten. Die hier beschriebene Dichotomie des linken Elektorats ist übrigens keineswegs eine deutsche Eigenart, sondern für Linksparteien in Europa typisch.[34] Was die Linkspartei und ihre Wähler am Ende eint, ist der Protest, den die Partei durch Abgrenzung als Markenzeichen zu bewahren versucht. Das zeigt vor allem die strategische Aufstellung der Partei im parlamentarischen System, auf die abschließend eingegangen werden soll.

Strategische Positionierung im Parteiensystem

Ihr Protestcharakter und ihre weit abseits der Konsensfähigkeit liegende Haltung bezüglich sozialer Fragen sind es auch, die der Linkspartei wohl immer ein schwieriges Verhältnis zur Sozialdemokratie bescheren werden. Im Gegensatz zur SPD stellt DIE LINKE, oder zumindest Teile von ihr, die Systemfrage, das heißt, sie drängt darauf, breite Konsense wie etwa die soziale Marktwirtschaft kritisch zu diskutieren und in der Wirtschaftspolitik bestimmte Grundordnungen neu zu verhandeln. Manch einer behauptet, dies sei das einzig relevante Distinktionsmerkmal der LINKEN im Vergleich der beiden Parteien.[35] Mit der gemeinsamen Oppositionserfahrung hat sich jedoch seit der Bundestagswahl 2009 die Ausgangslage verschoben. Die SPD hat ihr Bild von der Linkspartei geändert; bisher sah sie DIE LINKE lediglich als „Fleisch vom eigenen Fleische" an und vertraute darauf, dass die enttäuschten Wählerinnen und Wähler, die der LINKEN ihre Stimme geliehen hatten, von selbst zurück in das Boot der Sozialdemokratie finden würden. Doch trotz des vielfach betonten Selbstverständnisses als das „soziale Gewissen" der Großen Koalition kassierte die SPD an Wahlabenden eine elektorale Ohrfeige nach der nächsten.

Nach der Abwahl auf Bundesebene korrigierte die SPD jedoch ihren Kurs, nahm Abstand von Themen wie Hartz IV und konnte nun die unliebsame Regierungspolitik aus der Opposition heraus angrei-

---

[34] Vgl. Wirries/Spier, a.a.O. S. 116.
[35] Lau, Mariam: Links und einsam. In: Die Zeit, 07.04.2011.

fen. Es waren nun nicht mehr konkrete Themen, die die beiden Parteien trennten, sondern die Intensität, mit der beide zugleich die Rolle des sozialen Korrektivs zu spielen versuchten. Bisher hatten sich die anderen „Kleinparteien", die Grünen und die FDP, in der Opposition befunden. Mit diesen konkurriert DIE LINKE nicht wirklich um Wählerinnen und Wähler, da sie sich aus unterschiedlichen Milieus rekrutieren. Nach 2009 rückte nun mit der SPD die Mitbewerberin um Schnittmengen des elektoralen Potenzials in die direkte politische Konkurrenz. Es folgten mit der Regierungsbildung in Nordrhein-Westfalen und der Annäherung einzelner Parlamentarier dieser drei Parteien in diversen Landtagen aneinander auch wieder erste Zeichen für mögliche rot-rot-grüne Projekte. Hinzu kommt, dass mit dem bundespolitischen Rückzug Oskar Lafontaines zwar *nur* ein personeller, aber gleichwohl ein entscheidender Faktor wegfällt, was das negativ belastete Verhältnis von SPD und LINKE angeht. Lafontaine stand für die Verkörperung der Anti-SPD-Haltung, da – thematische Positionen hin oder her – viele Sozialdemokraten schon an seiner Person Anstoß nahmen; wie übrigens umgekehrt Lafontaine auch an zahlreichen Personen, vor allem ehemaligen Weggefährten in der SPD. Und auch bei der SPD gab es einen Generationenwechsel, die Zeiten der „Schröderianer" sind weitgehend vergangen und von den Übriggebliebenen in der SPD-Spitze hat kaum jemand noch persönlich ein „Hühnchen mit ‚Lafo' zu rupfen". Hinzu kommt, dass sich die SPD in den Landtagen und auch auf bundespolitischer Ebene in der Opposition inzwischen ein neues Profil geben will. Mit Sigmar Gabriel versucht die SPD den Sprung ins 21. Jahrhundert; im Modernisierungskonzept der Partei kommen zwar weiterhin Angriffe auf DIE LINKE vor, jedoch hat man sich inzwischen wohl mit deren Existenz arrangiert.

Nichtsdestotrotz: Der bundespolitische Aufwind, den Rot-Grün (oder auch Grün-Rot) seit einiger Zeit verspürt, und die erfolgreiche Wiederbelebungen des gemeinsamen Projekts auf Landesebene etwa in Nordrhein-Westfalen oder in Baden-Württemberg erschweren die Aussöhnung des „linken Lagers". Eine Zeit lang schien es so, als habe die SPD einen *Modus vivendi* mit den Linken gefunden oder zumindest gesucht. Eine mögliche Rollenteilung, in der die Sozialdemokratie verstärkt auf den Charakter als Arbeiterpartei setzt und die Grenzlinie im Elektorat mit den Linken am untersten Rand der Gesellschaft toleriert, schien für sie eine Option zu sein. „Wahlen gewinne man ja sowieso in der Mitte", hieß es damals.

Doch mit dem relativen Wiedererstarken der Sozialdemokratie und den Wählerzuwanderungen für die Grünen fiel es den Genossen, vor allem Sigmar Gabriel, wieder leichter, die schwächelnde LINKE aus der gestärkten Position heraus anzugreifen; 2013 könnte es schließlich für eine Neuauflage von Rot-Grün ausreichen und man bräuchte die LINKE daher nicht als Koalitionspartner, sofern die aktuellen Trends anhalten sollten. So kam es, dass Gabriel und Frank Walter Steinmeier politische Abwerbeversuche gegenüber den aus ihrer Sicht gemäßigten Linken nicht nur an Wählerinnen und Wähler richteten, sondern auch direkt an die vermeintlichen Realos in der Partei. Mit dem Versuch, beispielsweise Dietmar Bartsch abzuwerben, versuchten die Sozialdemokraten eine innere Zerstrittenheit der Linken zu schüren. Von Seiten der LINKEN wurde dieser Schachzug als Provokation aufgefasst. Die SPD verdeutlichte ihrerseits, dass sie nur bereit war, *Teile* der LINKEN zu akzeptieren, und zwar genau jene, die keine oder nur wenige Unterschiede zu ihnen selbst aufwiesen. Diese Haltung kann analog der Sicht auf die LINKE als *Fleisch vom eigenen Fleische* gelesen werden. Einer potenziellen Aussöhnung laufen diese Gebärden wohl zuwider.

Hinzu kam, dass mit dem gemeinsamen Bundespräsidentschaftskandidaten Joachim Gauck SPD und Grüne zwar letztendlich feuilletonistisch umjubelt wurden, doch ihren politischen Gegnern keinen ernst zu nehmenden Schaden zufügen konnten. Christian Wulff, der Kandidat von Schwarz-Gelb, wurde Bundespräsident und der hauptsächliche Nutzen für die Sozialdemokratie war, die LINKE düpiert zu haben. Die von mancher Seite erhoffte Aussöhnung wurde dadurch weiter gebremst. Die SPD hat ihr historisches Tief überwunden und damit die zaghaften Versuche auf Annäherung an die LINKE zugunsten eigenständiger Machtperspektiven zunächst ad acta gelegt. Das brüchige Verhältnis zwischen Linkspartei einerseits und SPD und Grünen andererseits ist wohl nicht vereinbar mit dem, vor allem von Vertreterinnen und Vertretern der *Crossover-Debatte* ersehnten „Probelauf", der DIE LINKE als möglichen Regierungspartner salonfähig machen soll.[36] Und so trifft das, was für die westdeutschen Bundesländer gilt, in gleichem Maße auf den Bund zu: Sollte es 2013 für Rot-Grün nicht reichen, wird DIE LINKE weiter außen vor stehen.

Die Opposition der Unterschiedlichen

Solange die SPD noch an der Regierung beteiligt war, hatte die LINKE leichtes Spiel: Die vielerorts als unsozial empfundene Sozialpolitik der rot-grünen und der Großen Koalition nutzten die LINKEN als Chance zur Profilierung. Sie inszenierte sich als „soziales Gewissen" der Republik und wurde dafür mit Wahlerfolgen belohnt. Doch inzwischen befindet sich auch die Sozialdemokratie in der Opposition und aus der günstigen Ausgangslage für die LINKE wurde eine ernste Bewährungsprobe. Wahlerfolge waren nach dem guten Bundestagswahlergebnis nicht mehr die Regel und es fehlte an inhaltlichen Impulsen, um eine verlässliche Wählerschaft über die Kernmilieus hinaus hinter der LINKEN zu scharen. Auch der Zeitgeist schien der der Partei entgegenzustehen: Nun vorherrschende Themen wie etwa der Fokus der öffentlichen Debatte auf Ökologie und Nachhaltigkeit zeigten, dass die Zeit zwischen 2009 und 2011 keine allzu günstigen politischen Rahmenbedingungen bereithielt, um linke Erfolge durch altbewährte Rezepte zu erreichen, ohne sich programmatisch neu aufzustellen.

Heute scheint die Partei in einer Sinn- und Identitätskrise zu stecken. Dabei hatte sie gerade erst ihren Status als rein ostdeutsche Regionalpartei überwunden, ihre bundesweite Verankerung war mittlerweile bis in die optimistischsten Kreise der Sozialdemokraten hinein akzeptiert. Nun aber muss sie ihre Rolle in einem parlamentarischen System finden, in dem es nicht mehr ausreicht, sich als die „wahre Sozialdemokratie" zu inszenieren. Es gilt vielmehr, die Her-

---

[36] Vor allem das Institut für Solidarische Moderne, in dem sich Vertreterinnen und Vertreter von SPD, Grünen und DIE LINKE sammeln, die mit einer rot-rot-grünen Option sympathisieren, versucht, die drei Parteien verstärkt auf diese Richtung hin vorzubereiten und eine grundsätzliche Debatte über ein gemeinsames linkes Projekt zu etablieren.

ausforderung zu meistern, Wählerinnen und Wählern die Sinnhaftigkeit einer sozialstaatsorientierten Partei links von der Sozialdemokratie zu vermitteln, respektive diese für sich selbst erst einmal zu definieren. Gleichzeitig ist sie gezwungen, Allianzen zu schmieden, und ist dabei – wie alle anderen Parteien – den Regeln der Kompromissbildung unterworfen. Bisher steht die Partei jedoch im bündnispolitischen Abseits. Das mag ihr zwar helfen, mittelfristig für abgehängte Protestwählerinnen und -wähler eine attraktive Alternative zu den etablierten Parteien zu bieten, doch wird es für sie in Zukunft schwieriger, weiterhin Wahlergebnisse deutlich oberhalb der Fünf-Prozent-Hürde zu erzielen.

Ein Blick in die Wählerschichten zeigt, dass DIE LINKE nach wie vor ein Bündnis der Unterschiedlichen ist, die geeint sind im Protest. Dementsprechend war auch die jüngste Programmdebatte von einer inhaltlichen und programmatischen Vielfalt geprägt, die von mancher Seite als Unschärfe empfunden wurde. Doch liegen in der Heterogenität der LINKEN auch Chancen: Das Spektrum der Partei blieb letztendlich so breit, dass emanzipatorische, alternative, sozialstaatliche und populistische Rhetorik zugleich stattfinden konnte, keine Ausrichtung wurde zum Dogma erhoben. Verbindende Elemente wie die Ablehnung von Hartz IV und die Kritik am Afghanistan-Einsatz der Bundeswehr hielten die unterschiedlichen Parteiströmungen zusammen. Lange war es dabei die laute Stimme Oskar Lafontaines, der es gelang, aus den unterschiedlichen Interessensgruppen ein echtes Bündnis zu machen.

Die LINKE ist so zu einer festen Größe im Parteiensystem geworden. Sie hat inzwischen eine Stammwählerschaft aufgebaut, die über die elektoralen Ressourcen der DDR-Nostalgiker hinausreicht und ist für viele zu einer lebensweltlichen und zugleich politischen Heimat geworden. Trotz der Rückschläge, die die Partei im Westen erlitt, wird sie sich wohl nicht wieder zur Regionalpartei des Ostens zurückentwickeln. Doch muss sie Wege finden, breitere Wählerschichten langfristig zu binden, indem sie stärker zurück ins öffentliche Bewusstsein findet.

Auch wenn derzeit andere Themen, die öffentliche Debatte und auch den Zeitgeist bestimmen, so ist der historische Konflikt, aus dem die LINKE hervorging, also die soziale Frage, nicht obsolet geworden. Durch Repräsentanz in prekären Milieus und Integration in die entkoppelten Quartiere hinein hat sich die Partei auch im Westen das Image eines Ankers der „Abgehängten" aufgebaut – ein nicht zu unterschätzendes Potenzial an Wählerstimmen, aus dem neue Erfolge der Partei erwachsen könnten. Sollte sich die LINKE nun aber wieder vom Straßenwahlkampf und der öffentlichen Präsenz wegbewegen und einer parlamentarischen „Normalisierung" erliegen, so werden ihr die Wählerschichten des Prekariats ebenso abhandenkommen, wie diese einst schon der Sozialdemokratie den Rücken kehrten.

Ein weiterer Effekt dieser „Normalisierung" könnte die Parlamentarier der LINKEN betreffen, deren Arbeitsweise sich mit zunehmender Erfahrung professionalisiert hat. Bisher stellte der Parlamentarismus eine große Herausforderung, insbesondere für die Abgeordneten in Westdeutschland dar. Sie mussten erst noch in ihre Rollen finden, während den ostdeutschen LINKEN die verantwortungsbewusste Berufspolitik näher zu liegen schien, bzw. sie diese schon länger auf kommunaler Ebene praktiziert hatten. Eine „Normalisierung" in dieser Hinsicht könnte in Zukunft zu einer größeren Akzeptanz von Seiten der etablierten Parteien führen, möglicherweise auch Koalitionsoptionen eröffnen. Das einende Element der Basis wiederum, die Ferne vom „System", könnte dadurch allerdings in Gefahr geraten. Will die Linke zukünftig bestehen, muss sie sich spürbare Unterschiede zu genau dem etablierten Parteiensystem bewahren, das die Erfolge der LINKEN überhaupt erst möglich gemacht hatte. Denn abseits zu stehen und ausgeschlossen zu sein, zu polarisieren und kontroverse Themen in die öffentliche Debatte einzubringen, sind die Gründungsmythen, die die Partei zusammenhalten: Die Linkspartei lebt von der Opposition, sei sie parlamentarisch oder lebensweltlich.

Weiterführende Literatur

Jesse, Eckhard/Lang, Jürgen P.: Die Linke. Der smarte Extremismus einer deutschen Partei, München 2008.

Klatt, Johanna/Walter, Franz: Entbehrliche der Bürgergesellschaft? Sozial Benachteiligte und Engagement, Bielefeld 2011.

Messinger, Sören/Rugenstein, Jonas: Der Erfolg der Partei die LINKE. Sammlungen im programmatischen Nebel, in: Butzlaff, Felix/Harm, Stine/Walter, Franz (Hrsg.): Patt oder Gezeitenwechsel? Deutschland 2009. Wiesbaden 2009, S. 67 – 93.

Nachtwey, Oliver/Spier, Tim: Günstige Gelegenheit? Die sozialen und politischen Entstehungsgründe der Linkspartei. in: Ders./Butzlaff, Felix/Micus, Matthias/Walter, Franz (Hrsg.): Die Linkspartei. Zeitgemäße Idee oder Bündnis ohne Zukunft? Wiesbaden 2007, S. 13 – 69.

Neugebauer, Gero: ‚Quo vadis?' Wie die LINKE versucht, sich als Partei und für sich eine Position im Parteiensystem zu finden.' Interne Konsolidierungsprozesse und Orientierungssuche im Fünf-Parteien-System, in: Niedermeyer, Oskar: Die Parteien nach der Bundestagswahl 2009, Wiesbaden 2011, S.157 – 177.

Spier, Tim/Wirries, Clemens: Ausnahmeerscheinung oder Normalität? Linksparteien in Westeuropa, in: S.,T./Butzlaff, Felix/Micus, Matthias/Walter, Franz (Hrsg.): Die Linkspartei. Zeitgemäße Idee oder Bündnis ohne Zukunft? Wiesbaden 2007, S. 71 – 116.

Walter, Franz: Vom Milieu zum Parteienstaat. Lebenswelten, Leitfiguren und Politik im historischen Wandel. Wiesbaden 2001.

Halbzeitbilanz

Halbzeitbilanz:
Versäumnisse eines erklärungsarmen Pragmatismus

Daniela Kallinich und Frauke Schulz

Die Ausgangslage

Von Wechselstimmung konnte nicht die Rede sein, als Angela Merkel am 27. September 2009 verkündete, dass sie nun „glücklich" sei.[1] Glücklich darüber, dass ihre CDU gemeinsam mit CSU und FDP die erklärte Wunschkoalition eingehen konnte und so nun *endlich* wieder ein bürgerliches Bündnis Deutschland regieren würde. Die 70 Prozent der Wahlberechtigten, die tatsächlich auch am 27. September 2009 gewählt hatten, waren jedoch wesentlich weniger enthusiastisch, was die neue, selbsternannte Traumkoalition in Berlin anging.[2] Vielmehr war man zumindest geteilter Meinung darüber, was Umfragen noch kurz vor den Wahlen belegten, ob eine schwarz-gelbe Koalition die Zukunftsprobleme tatsächlich besser lösen würde als die amtierende Große Koalition.[3] Darüber hinaus waren nur die Wenigsten, ob Bürger oder Publizisten, Wissenschaftler oder die Politiker selbst, noch davon ausgegangen, dass Zweierbündnisse, geschlossen innerhalb

---

[1] Zitiert nach Birnbaum, Robert/Sirleschtov, Antje: Gelbfieber, in: Der Tagesspiegel, 28.09.2010.

[2] Vgl. zu den Ergebnissen der Bundestagswahl Bundeswahlleiter (Hrsg.): Endgültiges Ergebnis der Bundestagswahl 2009, online einsehbar unter http://www.bundeswahlleiter.de/de/bundestagswahlen/BTW_BUND_09/ergebnisse/bundesergebnisse/index.html [eingesehen am 05.08.2011].

[3] Vgl. Schönenborn, Jörg: SPD legt zu, Schwarz-Gelb weiter vorn, in: ARD-DeutschlandTrend Extra, online einsehbar unter http://www.tagesschau.de/wahl/umfragen/deutschlandtrend876.html [eingesehen am 05.08.2011]; Jung, Matthias/Schroth, Yvonne/Wolf, Andreas: Regierungswechsel ohne Wechselstimmung, in: Aus Politik und Zeitgeschichte, H. 51 (2009), S. 12–19.

eines traditionellen Lagers, überhaupt noch möglich sein würden.[4] Stattdessen waren vielerorts bereits die Optionen für mögliche Dreierkoalitionen – rot-rot-grün, „Jamaika" oder die „Ampel" – ausgelotet oder doch zumindest intensiv diskutiert worden.

Dass es doch noch zu dieser „herkömmlichen" Bündnisform kommen konnte, war vor allem darauf zurückzuführen, dass all diejenigen, die die Große Koalition überwinden wollten, strategisch ihr Kreuz bei der FDP – statt bei der Union – gesetzt hatten. Nur so konnten sie Einfluss darauf nehmen, dass die schwarz-gelbe Alternative an die Macht kommen würde – was dann auch geschah.[5] Unter anderem dank dieser strategischen Wähler wurde die FDP erstmals weit vor der CSU zur zweitstärksten Kraft der Koalition. Beide Unions-Parteien hatten Federn lassen müssen und zogen – im Gegensatz zur erfolgstrunkenen FDP – mit ihrem schlechtesten Wahlergebnis seit 1953 in die Regierung ein.

Doch nicht nur Gewinne auf der einen und Verluste auf der anderen Seite unterschieden die Koalitionspartner im Herbst 2009 voneinander. Auch der Wahlkampf war von Union und FDP sehr unterschiedlich geführt worden. Während die aus der Regierung kommende Merkel-CDU einen auf die Kanzlerin fokussierten „Watte-Wahlkampf"[6] mit möglichst geringer Polarisierung gefahren war, gelang es der lautstark Steuersenkungen einfordernden Westerwelle-FDP durch ihre radikale Rhetorik, viele Wähler für sich zu mobilisieren. So traf dann eine bereits ans Regierungsgeschäft gewöhnte Union, die an den Wahlurnen einen beachtlichen Dämpfer erhalten hatte, auf eine hochmotivierte liberale Oppositionspartei, die ihre seit Jahren angekündigten Großversprechen endlich einlösen wollte. Die Union hatte bereits über vier Jahre die Folgen der Finanzkrise bekämpft und der SPD Zugeständnisse in sozialen Fragen gemacht. Die FDP hingegen beharrte nach wie vor und sogar besonders rigoros auf Forderungen, die von der Union nach ihrem neoliberalen „Ausrutscher" der ersten Jahre des Jahrzehnts als Reaktion auf die Krise längst wieder ad acta

---

[4] Vgl. Jung/Schroth/Wolf: a.a.O.
[5] Vgl. ebd.
[6] Frank Bsirske zitiert nach Frese, Alfons: "Die Insolvenzwelle kommt noch" – Verdi-Chef Frank Bsirske über die Krise, den matten Wahlkampf und die Zerschlagung von Großbanken, in: Der Tagesspiegel, 25.09.2009.

gelegt worden waren.[7] Die Wähler der CDU hatten auf Kontinuität gehofft, die der FDP hatten dagegen für Wandel und Reformen gestimmt.[8] Kurzum: Im Herbst 2009 trafen Welten aufeinander. Nichtsdestotrotz beharrten Merkel und Westerwelle weiter auf der Rhetorik von der „Wunschkoalition".[9]

Der Koalitionsvertrag, überschrieben mit den Begriffen „Wachstum, Bildung, Zusammenhalt" wurde – so verlangt es die Kunst der politischen Bündnisschließung – ein politisches Meisterwerk der Kompromissfindung.[10] Die selbsternannte „Koalition der Mitte" wollte den „Mut zur Zukunft" der „Verzagtheit entgegen[stellen]" und dem „Land eine neue Richtung geben" – verheißungsvolle Ankündigungen in einem krisengeschüttelten Land.[11] Doch ließen sich bereits im Koalitionsvertrag diejenigen Probleme ablesen, die der Regierung später harsche Kritik einbringen würden.

Gelegenheiten und Rückschläge

Die schwarz-gelbe Regierung begann ihre Amtszeit unter unverhofft guten wirtschaftlichen Vorzeichen: Es deutete sich bereits an, dass die härtesten Auswirkungen der Wirtschaftskrise überwunden waren, der Arbeitsmarkt erholte sich und die Exporte zogen wieder an.[12] Die

---

[7] Vgl. weiterführend in diesem Band den Beitrag von Werwath, Christian: Die Regierungsbildung: Eine schwarz-gelbe Traumhochzeit?

[8] Vgl. Bruns, Tissy: Mehr Optionen, gesunkene Erwartungen, in: Aus Politik und Zeitgeschichte, H. 51 (2009), S. 3 – 5.

[9] Vgl. z. B. Bröcker, Michael: Merkels Krisenplan, in: Rheinische Post Düsseldorf, 08.01.2010.

[10] Vgl. Koalitionsvertrag zwischen CDU, CSU und FDP. Wachstum. Bildung Zusammenhalt, online einsehbar unter http://www.cdu.de/doc/pdfc/091026-koalitionsvertrag-cducsu-fdp.pdf [eingesehen am 05.08.2011].

[11] Ebd.

[12] Vgl. z. B. Brenke, Karl: Aus der Krise zum zweiten Wirtschaftswunder?, in: Aus Politik und Zeitgeschichte, H. 48 (2010), S. 39 – 45; Statistisches Bundesamt Deutschland: Volkswirtschaftliche Gesamtrechnungen, 13.05.2011, online einsehbar unter http://www.destatis.de/jetspeed/portal/cms/Sites/destatis/Internet/DE/Navigation/Statistiken/VolkswirtschaftlicheGesamtrechnungen/VolkswirtschaftlicheGesamtrechnungen.psml;jsessionid=6BE11604743D846B58836B6DAC386CD0.internet [eingesehen am 05.08.2011].

Krisenerfahrungen dominierten dennoch den gesellschaftlichen Diskurs, die Bürger waren auf der Suche nach Stabilität und Orientierung – Werte, die eine Regierung mit konservativer Beteiligung klassischerweise verkörpern könnte.[13]

Doch wurden die Hoffnungen der Bevölkerung auf eine stabile, gesittete und geschliffen arbeitende Koalition schnell enttäuscht. Bereits die 100-Tages-Bilanzen waren verheerend.[14] Besonders frappierend: Manieren, gar ein tugendhaft „bürgerlicher" Habitus waren dieser bürgerlichen Koalition offenbar fremd.[15] Auch die tatsächliche Reformbilanz fiel entgegen den Ankündigungen spärlich aus, wenn auch tatsächlich besser, als das Medienecho es vermuten ließ.[16] Die FDP und besonders Guido Westerwelle, dem die Liberalen 2009 einen Großteil ihres Erfolgs zu verdanken hatten, entwickelten sich schnell zu einer ernsthaften Belastung für die Regierung. Nicht nur war seine *Performance* als Außenminister umstritten, auch mischte er sich in seiner Funktion als FDP-Vorsitzender immer wieder in die Innenpolitik ein, um seiner Partei zu mehr Profil und größerer Beliebtheit zu verhelfen. Wie schon zuvor in der Geschichte ihrer Regierungsbeteiligungen drohten die Liberalen, die nun nicht mehr lautstark polemisieren konnten, in der Bedeutungslosigkeit zu versinken. Zudem blieben Westerwelles kalkulierte Provokationen weitgehend erfolglos. Sie führten im Frühjahr 2011 – katalysiert von weiterhin desaströsen Umfrage- und Landtagswahlergebnissen und der geschickten Taktik der Kanzlerin, die die meisten Forderungen der Liberalen ins Leere laufen ließ – schließlich zu Westerwelles Abtritt

---

[13] Vgl. Walter, Franz: Das Ende des christdemokratischen Sommers, in: Spiegel online,11.10.2006, online einsehbar unter http://www.spiegel.de/politik/debatte/0,1518,441630,00.html [eingesehen am 05.08.2011].

[14] Vgl. Hollstein, Miriam: 100 Tage christlich-liberale Koalition, in: Die Welt, 04.02.2010.

[15] Für die Eliten insgesamt diagnostiziert Jürgen Kaube im Nachgang der Guttenberg-Affäre sogar eine „neue Schamlosigkeit", Kaube, Jürgen: Die neue Schamlosigkeit, in: Cicero, H. 4 (2011), S. 30 – 32.

[16] Vgl. z. B. Bannas, Günter: Geschäftige Untätigkeit, in: Frankfurter Allgemeine Zeitung online, 21.05.2011, online einsehbar unter http://www.faz.net/artikel/C30923/berliner-reformstau-geschaeftige-untaetigkeit-30337718.html [eingesehen am 05.08.2011].

als Parteivorsitzendem und Vizekanzler und damit zu einer Umbildung von Partei- und Regierungsspitze.[17]

In Anbetracht sinkender Umfragewerte läutete die Kanzlerin nach der Sommerpause 2010 den so genannten „Herbst der Entscheidungen"[18] ein. Die Ankündigung war ein Versuch, das *Image* der Bundesregierung aufzubessern und die politische Lähmung, die ihr im Vorfeld der Wahlen in Nordrhein-Westfalen attestiert worden war, vergessen zu machen. Durch einen neuen, zupackend-aktiven Führungsstil[19] versuchte Merkel, das Bild, das von ihr entstanden war, zu korrigieren. Während ihr das zurückhaltend-moderierende Regieren zu Zeiten der Großen Koalition noch als Stärke ausgelegt worden war[20], wurde in den Medien nun zunehmend kritisiert, dass sie ihr Kabinett nicht stärker zur Räson rief und von ihrer Richtlinienkompetenz Gebrauch machte, dass sie nicht in der Lage war, Partei und Bevölkerung emotional zu packen, Sinn zu stiften und ihre Politik verständlich zu machen. Erklärungen blieben jedoch aus, die Kanzlerin blieb stumm. Ihr Führungsstil war, so der Vorwurf, während der ersten Monate unstet und orientierungslos – Merkel galt als „Fähnchen im Wind".[21]

Dieses Urteil allein greift aber zu kurz. Denn positiv gewendet eröffnete Merkels Vorgehen ihr auch Spielräume, die sich im deutschen parlamentarischen System als durchaus vorteilhaft erweisen

---

[17] Vgl. in diesem Band den Beitrag von Caspari, Severin/Kallinich, Daniela: Außenpolitik: Eine Paradedisziplin unter Druck; Lühmann, Michael/Schulz, Frauke: Das schwarz-gelbe Kabinett: Konkursverwalter des bürgerlichen Projekts.

[18] Zit. nach Stoltenberg, Helmut: Herbst der Entscheidungen, in: Das Parlament, H. 38 (2010), online einsehbar unter http://www.bundestag.de/dasparlament/ 2010/38/Titelseite/31341028.html [eingesehen a, 05.08.2011].

[19] Zu politischer Führung vgl. z. B. Walter, Franz: Führung in der Politik – Am Beispiel sozialdemokratischer Parteivorsitzender, in: Zeitschrift für Politikwissenschaft, H. 4 (1997), S. 1287 1336.

[20] Vgl. Forkmann, Daniela/Schulz, Frauke: Von einem veränderten Charisma. Führungsstile in der Politik, in: Butzlaff, Felix/Harm, Stine/Walter, Franz (Hrsg.): Patt oder Gezeitenwechsel? Deutschland 2009, Wiesbaden 2009, S. 267 294.

[21] Vgl. z. B. Murswieck, Axel: Angela Merkel als Regierungschefin und als Kanzlerkandidatin, in: Aus Politik und Zeitgeschichte, H. 51 (2009), S. 26 – 32; Dettling, Warnfried: Angela Merkel, Fähnchen im Wind, in: Blätter für deutsche und internationale Politik, H. 7 (2011), S. 5 – 9.

können. Dass die Kanzlerin ihrer Politik offenbar keine klar erkennbare Linie gab, ermöglichte es ihr zugleich, integrierende Signale zu senden, indem sie zumindest keine Wählergruppen ausdrücklich ausschloss. Dies – die Integration eines möglichst breiten Spektrums – ist immerhin konstituierendes Merkmal jeder Volkspartei. Dafür wurde Merkels Führungsstil durchaus gewürdigt.[22] Und auch die Empirie sprach für Merkel: Zumindest bei den Bundestagswahlen 2009 konnte sie *wegen* ihrer bedächtigen Führungsart, durch die sie in der Großen Koalition reüssiert hatte, ihre Position verteidigen. *En passant* hatte sie in den vorhergehenden Jahren noch ihre wichtigsten Kontrahenten – einflussreiche Männer wie die „Andenpaktierer" Christian Wulff, Roland Koch und Günther Oettinger – am Wegesrand zurückgelassen.[23] Nachdem nun auch ihr potenzieller Nachfolger zu Guttenberg aus dem Rennen ist, scheint Merkels Position in der Union derzeit gefestigt wie lange nicht – zu Konkurrenten könnten sich allenfalls Norbert Röttgen und Ursula von der Leyen entwickeln. Worauf Merkel jedoch inhaltlich – also: jenseits der Macht – abzielt, bleibt merkwürdig verschwommen.

Dies wurde auch im „Herbst der Entscheidungen" deutlich. Von ihm ist vor allem die heftig kritisierte – und letztlich schleunigst revidierte – Verlängerung der Laufzeiten deutscher Atommeiler in Erinnerung geblieben.[24] Der Entschluss hatte zur Konsequenz, dass die ohnehin durch den Koalitionsvertrag wieder aufgerüttelte Anti-Atom-Bewegung erneut zu einer Massenbewegung avancierte. Demonstrationen mit vielen Tausend Teilnehmern waren die Folge der schwarz-gelben Atompolitik und erneuter Atommülltransporte.[25] Die Zivilge-

---

[22] Vgl. Birnbaum, Robert: Ein Lob auf die Kanzlerin, in: Der Tagesspiegel, 12.01.2010.

[23] Vgl. Feldenkirchen, Markus: Mutti gegen Goliath, in: Der Spiegel, 22.11.2010.

[24] Vgl. weiterführend in diesem Band den Beitrag von Woltering, Christian: Atomausstieg: Das gespaltene Verhältnis der Union zur Kernenergie.

[25] Zur Entwicklung der Anti-Atom-Bewegung vgl. z. B. Denkler, Thorsten: Bedingt protestfähig, in: Süddeutsche Zeitung online, 27.10.2009, online einsehbar unter http://www.sueddeutsche.de/politik/anti-atom-bewegung-bedingt-protestfaehig-1.37981 [eingesehen am 05.08.2011] und einführend Rucht, Dieter: Anti-Atomkraftbewegung, in: Roth, Roland/Rucht, Dieter: Die sozialen Bewegungen in Deutschland seit 1945, Frankfurt 2008, S. 245 – 266

sellschaft schien zu erwachen, Protest hatte plötzlich Konjunktur und wurde dementsprechend medialisiert. Dies zeigte sich besonders rund um das Bahnhofsprojekt Stuttgart 21.[26] Im Feuilleton wurden die „Wutbürger" als neue Kategorie des bürgerlichen Protests geboren.[27] Als parteipolitische Konsequenz stiegen die Umfragewerte der Grünen auf Rekordhöhen. Damit geriet dieser einst potenzielle Koalitionspartner der Union zu ihrem wichtigsten Gegner: Seitdem CDU und CSU an Rückhalt einbüßten, grenzten sie sich in ungewohnt scharfer Rhetorik von der „Dagegen-Partei"[28] ab und taten ein schwarz-grünes Projekt als „Hirngespinst"[29] ab.

Eine weitere Reform aus dem „Herbst der Entscheidungen" war recht überraschend: die Abschaffung der Wehrpflicht, an der im Koalitionsvertrag noch festgehalten worden war. Möglich war diese programmatische Kehrtwende durch den persönlichen Einsatz und die öffentliche sowie unionsinterne Wirkungsmacht von Verteidigungsminister Karl-Theodor zu Guttenberg: Der allgemein geltende Sparzwang, den Finanzminister Wolfgang Schäuble immer wieder betonte, lieferte einen Grund, um die konservative Institution Wehrpflicht im „Hau-Ruck-Verfahren" de facto abzuschaffen.[30]

Mindestens ebenso historisch wie das Ende der Wehrpflicht war wenig später die Kehrtwende der Regierung in der Frage des Atomausstiegs. Merkel bewies in dieser Frage nicht nur ihr Talent zur 180-Grad-Wende. Sie schloss zugleich einen historisch gewachsenen Graben, der die ideologischen Fronten der deutschen Gesellschaft über dreißig Jahre hinweg dominiert hatte. Merkels Atomwende verblüffte aber nicht nur die deutsche Öffentlichkeit, die Kanzlerin irri-

---

[26] Vgl. z. B. Studie des Göttinger Instituts für Demokratieforschung: Neue Dimensionen des Protests, online einsehbar unter http://www.demokratie-goettingen. de/studien/neue-dimensionen-des-protest/ [eingesehen am 05.08.2011].

[27] Der Begriff wurde sogar von der Gesellschaft für deutsche Sprache zum „Wort des Jahres 2010" bestimmt.

[28] Zitiert nach Monath, Hans: Abrechnung mit Schwarz-Grün; Union schimpft auf die „Dagegen-Partei", in: Der Tagesspiegel, 22.02.2011.

[29] Zitiert nach Frank, Joachim: Zurück zum Lagerdenken, in: Frankfurter Rundschau, 29.11.2010.

[30] Vgl. z. B.: Marguier, Alexander: Streitkraft ohne Strahlkraft, in: Cicero, 06/2011, S. 39–43.

tierte mit dem Alleingang zudem Wirtschaftslobbys wie internationale Partner.[31] Zahlreiche Kommentatoren warfen Merkel vor, sich bei den genannten Reformen vor allem nach wahltaktischen Erwägungen und demoskopischen Umfragen gerichtet zu haben. Andere kritisierten fehlenden Respekt vor konservativen Parteibeschlüssen. Vereinzelt meldeten sich aber auch positive Stimmen zu Wort: Die Regierung habe Lernfähigkeit bewiesen und gezeigt, dass Politik nicht nur schwerfällig und langsam reagieren könne – für den Politikwissenschaftler Karl-Rudolf Korte ein Anzeichen von Krisenfestigkeit und Zukunftsfähigkeit.[32]

Gegenläufige Trends

Doch – und das zeigt der vorliegende Band anschaulich – zeichneten sich in Deutschland zwei einander entgegenlaufende Entwicklungen ab: Die eine betrifft die Gesellschaft und ihr Befinden, die andere die Politik und ihre Imperative. Der gesellschaftliche Zeitgeist war seinerzeit von Verunsicherung und Fortschrittsangst gezeichnet, die Politik schien darauf nur unzureichend zu reagieren. Die Deutschen suchten nach Orientierung und Sicherheit. Dies war bedingt durch eine global auftretende Bedrohung, die durch Wirtschafts- und Finanzkrisen den Wohlstand und die Zukunftsfähigkeit von bisher souveränen Ländern der *Ersten Welt* aufs Spiel setzte. Die Staatsbankrotte Griechenlands und Irlands haben die Deutschen stark verunsichert, viele fürchteten bereits um ihr Erspartes; der Goldpreis schnellte in die Höhe. Hurrikan *Katrina*, der die amerikanische Metropole New Orleans verwüstet hatte, und der Tsunami in Japan mit der anschließenden Atomkatastrophe in Fukushima haben zudem schmerzlich bewiesen, dass Naturkatastrophen auch moderne Industriestaaten über Nacht außer Gefecht setzen können. Auch die vielerorts thematisierte Terrorgefahr, die – wie die Attentate im Juli 2011 in Norwegen verdeutlichten – von diversen Seiten droht, versetzte die Nation in einen latenten Zustand der Angst. Die Bedrohung des eigenen Wohls

---

[31] Vgl. z. B. Wetzel, Daniel/Bolzen, Stefanie/Wüpper, Gesche: Deutschland schaltet ab – und Europa zahlt, in: Welt am Sonntag, 12.06.2011.

[32] Vgl. Korte, Karl-Rudolf: Lob des Opportunismus, in: Die Zeit, 14.07.2011.

– und erst recht das der Kinder und Kindeskinder – erschien in der globalisierten Welt übermächtig.

Eine Sehnsucht nach Sicherheit, nach ideologischen Fundamenten und vertrauenswürdigen Leitfiguren einte somit die gesellschaftlichen Milieus. Gerade in der Mitte machte sich derweil Angst vor dem sozialen Abstieg breit.[33] Die einstmalig optimistische Mittelschicht, schaute nun besorgt in die Zukunft, generationsübergreifende Statusängste nisteten sich ein. Dazu kam: Das Bürgertum, also eben diese politische Mitte, der sich die neue Regierung verpflichtet hatte, hatte sich in den vergangenen Jahren ausdifferenziert und war lebensweltlich auseinandergedriftet. Das traditionelle Bürgertum gab sich weiterhin wertkonservativ. Hier herrschten Werte wie Sicherheit, Ordnung und Disziplin vor. Sozial-moralische Regeln folgten einem bewährten Kanon, geordnete Familienbeziehungen und ein hoher Lebensstandard wurden angestrebt. Dieses Milieu war nicht neu, mit ihm wussten die Parteien aus jahrzehntelanger Erfahrung eigentlich umzugehen.

Das neue Phänomen aber, die postmaterialistisch geprägten Bürger– in Frankreich kurz *Bobos* genannt, also *Bourgeois Bohèmes* – pflegten einen ganz anderen Lebensstil. Dies zeigte sich beispielsweise an ihrem Konsumverhalten rund um den Lebensmittelmarkt. Nach „Gammelfleisch", Dioxin, Ehec und kaum zählbaren weiteren Skandalen verhalf das alternative Bürgertum der Bio-Lebensmittelbranche zu einem Boom.[34] Nachhaltig, tiergerecht, aus fairem Handel sowie chemie- und emissionsfrei sollten Nahrungsmittel idealerweise produziert werden. Die Qualität von Lebensmitteln wurde auf diese Parameter hin durchleuchtet wie nie zuvor, niedrigste Preise waren bei der Kaufentscheidung für diese Gruppe nicht mehr allein ausschlag-

---

[33] Vgl. Vogel, Berthold: Wohlstandspanik und Statusbeflissenheit. Perspektiven auf die nervöse Mitte der Gesellschaft, in: Burzan, Nicole/Berger, Peter A. (Hrsg.): Dynamiken (in) der gesellschaftlichen Mitte, Wiesbaden 2010, S. 23 – 42; Lengfeld, Holger/Hirschle, Jochen: Die Angst der Mittelschicht vor dem sozialen Abstieg. Eine Längsschnittanalyse 1984-2007, in: ebd., S. 181 – 200.

[34] Vgl. Otto Group Trendstudie 2009: Die Zukunft des ethischen Konsums, online einsehbar unter http://www.globalcompact.de/fileadmin/PDFs/DGCN_AT_20091103_Jelden_Trendbuero_DGCN_AT_November_2009.pdf [eingesehen am 05.08.2011].

gebend. Auch die Esskultur erlebte eine Renaissance, Entschleunigung und eine „neue Gemütlichkeit" hielten Einzug in der gastronomischen Landschaft.[35] Doch, und dies darf man nicht übersehen: Diese neue Konsumentengruppe erschien zwar kulturell einflussreich, war aber numerisch kleiner als ihr mediales Echo vermuten ließ. Für die Angehörigen dieser Gruppe, die auch als LOHAS (*Lifestyle of Health and Sustainability*[36]) bezeichnet werden, gilt ethischer Konsum mittlerweile als Statussymbol und Distinktionsmerkmal.[37] In anderen gesellschaftlichen Schichten hat sich dieser Trend weit weniger niedergeschlagen. Gerade in den prekären Milieus spielte ethischer Konsum keinerlei Rolle. Denn ökologisch-soziale Reflexion ist genau wie ein gewisser Wohlstand Voraussetzung für den bewusst nachhaltigen Lebensstil. Doch auch in zahlungskräftigeren Schichten mit höherem Bildungsniveau gehörte der Biotrend keineswegs zum Mainstream. Gerade das traditionelle Bürgertum reagierte darauf höchstens mit Unverständnis.

Deutlich wird: In der Mitte der deutschen Gesellschaft existieren nun mindestens zwei grundverschiedene Bevölkerungsgruppen: das neue, *alternative* Bürgertum, das die „Besserverdienenden und Hochgebildeten"[38] versammelte, einerseits und andererseits auch und immer noch das traditionelle „besorgte Bürgertum".

Einig waren sich diese gesellschaftlichen Gruppierungen, wie beschrieben, in dem Hunger nach Orientierung. Dieser manifestierte sich auch in einer neuen Spiritualität: Kirchentage wurden genau wie der Besuch des Dalai Lama 2008 zu publikumswirksamen Massen-

---

[35] Vgl. Ziltz, Natascha: Die Gemütlichkeit kehrt zurück, in: Allgemeine Hotel- und Gastronomie-Zeitung, 16.10.2010; Wenzel, Eike/Kirig, Anja/Rauch, Christian: Greenomics. Wie der grüne Lifestyle Märkte und Konsumenten verändert, München 2008.

[36] Vgl. Kirig, Anja/Wenzel, Eike: LOHAS. Bewusst grün – alles über die neuen Lebenswelten, München 2009.

[37] Vgl. Otto Group Trendstudie 2009, a.a.O.

[38] Klatt, Johanna/Walter, Franz: Politik und Gesellschaft am Ende der zweiten Großen Koalition – und was folgt? Konklusion und Ausblick, in: Butzlaff/Harm/Walter, a.a.O., S. 295 – 322, hier S. 297.

events.[39] Obgleich die Kirchen – wie die traditionellen Großorganisationen insgesamt – gegen rückläufige Mitgliederzahlen ankämpften,[40] schien Glaube in den unterschiedlichsten Formen dennoch Konjunktur zu haben – nur trat dieser gerade bei den Jüngeren und Hochgebildeten nicht mehr in einer kollektivkompatiblen traditionellen Gestalt auf. Stattdessen schien sich jeder Einzelne seinen Glauben selbst aus einem bunten Mosaik des Möglichen zusammenzustellen.[41]

Diese Orientierung und Personen, die Halt und Sicherheit ausstrahlten, suchten die Deutschen auch in ihrer gesellschaftlichen Elite.[42] Nicht ohne Grund erhielten die „alten, weisen Männer" der Republik unter Schwarz-Gelb von allen Seiten Zustimmung. So wurde Heiner Geißler in seiner Rolle als Schlichter im Streit um Stuttgart 21 verehrt wie nie zuvor in seiner politischen Karriere.[43] Auch der einstige Chefpragmatiker der SPD, Helmut Schmidt, zu seiner Kanzlerzeit weniger als Sympathieträger wahrgenommen, wurde zur charis-

---

[39] Vgl. z.B. Schlott, René: Der Papst als Medienstar, in: Aus Politik und Zeitgeschichte, H. 52 (2008), S. 16 – 21.

[40] Vgl. Eicken, Joachim/Schmitz-Veltin, Ansgar: Die Entwicklung der Kirchenmitglieder in Deutschland. Statistische Anmerkungen zu Umfang und Ursachen des Mitgliederrückgangs in den beiden christlichen Volkskirchen, in: Statistisches Bundesamt (Hrsg): Wirtschaft und Statistik 6/2010, S. 576 – 589; Graf, Friedrich Wilhelm: Was wird aus den Kirchen?, in: Frankfurter Allgemeine Zeitung, 01.04.2010; generell zum Mitgliederrückgang in Großorganisationen vgl. z.B. Dathe, Dietmar/Priller, Eckhard/Thürling, Marleen: Mitgliedschaften und Engagement in Deutschland, in: WZB (Hrsg.): WZBrief Zivilengagement, H. 2/August 2010.

[41] Zur Individualisierung der Religion vgl. Pickel, Gert/Pollack, Detlef: Deinstitutionalisierung des Religiösen und religiöse Individualisierung in Ost- und Westdeutschland, in: Kölner Zeitschrift für Soziologie und Sozialpsychologie, H. 3 (2003), S. 447 – 474; Nassehi, Armin: Erstaunliche religiöse Kompetenz. Qualitative Ergebnisse des RELIGIONSMONITORS, in: Bertelsmann-Stiftung (Hrsg.): Religionsmonitor 2008, S. 113 – 132.

[42] Vgl. zur Rolle und Definition von Eliten z.B. Wiesendahl, Elmar: Eliten in Zeiten gesellschaftlichen Umbruchs - Eine Einführung. In: Ders. (Hrsg.): Eliten in der Transformation von Gesellschaft und Bundeswehr, Paderborn 2007, S. 7 21; Wasner, Barbara: Eliten in Europa. Wiesbaden 2006; Hartmann, Michael: Eliten und Macht in Europa, Frankfurt a.M. 2007.

[43] Vgl. Gayer, Holger: Meister Yoda kehrt zurück, in: Stuttgarter Zeitung, 28.07.2011.

matisch-moralischen Superinstanz erhoben.⁴⁴ Ebenso wirkte Joachim Gaucks erfolglose Kandidatur für das Bundespräsidentenamt geradezu euphorisierend auf die Öffentlichkeit.⁴⁵ Sein letztlich erfolgreicher Konkurrent Christian Wulff – knapp zwanzig Jahre jünger und ohne vergleichbare Lebenserfahrung – hatte in der öffentlichen Wahrnehmung keine Chance. Der Berufspolitiker gewann zwar die Abstimmung in der Bundesversammlung, jedoch nicht die mehrheitliche Unterstützung der Deutschen.

Das neue Bürgertum

Den meisten Parteien fiel es überaus schwer, auf die skizzierten gesellschaftlichen Entwicklungen und besonders auf Lebensstil und Bedürfnisse des alternativen Bürgertums angemessen zu reagieren – geschweige denn von ihnen zu profitieren. Denn alle Bundestagsparteien waren systemischen Bedingungen ausgesetzt, die den in der Gesellschaft zu beobachtenden Trends diametral entgegenliefen: Der Politikbetrieb insbesondere der Hauptstadt befand sich in einer anhaltenden Spirale der *Be*schleunigung. Digitale Medien und ihre sozialen Plattformen potenzierten die Geschwindigkeit der Berichterstattung, sie fingen jeden Augenblick politischer Karrieren und vermeintlich relevanter Ereignisse ein. Facebook und Twitter gehörten seitdem zum politischen Geschäft. Die Gesellschaft war an einen rasanten Informationsfluss gewöhnt, was Politiker zu immer schnellerem Handeln und Reagieren zwang. Den Parlamenten – eigentlich Standpfeiler jeder und besonders der deutschen Demokratie – blieb kaum mehr Zeit für eingehende Diskussion und Beratung, die Fraktionen wurden zum bloßen „Anhängsel der Regierung"⁴⁶, auch die Oppositionsparteien schienen lediglich der Agenda hinterher zu hetzen. Ähnlich erging es den Parteimitgliedern an der Basis. Diese Phänomene gehö-

---

⁴⁴ Vgl. Smoltczyk, Alexander: Die neuen Deutschen, in: Der Spiegel, 23.08.2010.
⁴⁵ Vgl. Feldenkirchen, Markus: Der Therapeut, in: Der Spiegel, 28.06.2010.
⁴⁶ Münkler, Herfried: Regierungsversagen, Staatsversagen und die Krise der Demokratie, in: Berliner Republik, H. 5 (2010), online einsehbar unter http://www.b-republik.de/archiv/regierungsversagen-staatsversagen-und-die-krise-der-demokratie [eingesehen am 05.08.2011].

ren zu den grundsätzlichen Beobachtungen, die die Politikwissenschaft seit langem anprangert. Doch scheint die Kritik derzeit einen neuen Höhepunkt zu erreichen.

Das Vertrauen der Bevölkerung in die Politik und damit in die Demokratie ist demzufolge bedrohlich geschwunden.[47] Die Politikverdrossenheit der Deutschen konnte anhand steigender Zahlen von Nichtwählern gemessen werden[48], die Geringschätzung der Berufsgruppe Politiker ist bemerkenswert.[49] Ein Grund dafür war auch, dass die Politik dieser Jahre offenbar „alte, weise Männer", also die glaubwürdigen moralischen Instanzen, nach denen sich die Bevölkerung sehnte, nicht bieten konnte. Stattdessen wurde das politische Personal immer jünger, immer weniger lebenserfahren. Wo die Menschen sich einen Helmut Schmidt oder einen Joachim Gauck an der Spitze der Republik wünschten, präsentierte man ihnen Philipp Rösler und Kristina Schröder.[50] Moralische Führungskompetenz und soziale Fürsorglichkeit strahlten sie einfach nicht aus. Und während Karl-Theodor zu Guttenberg den Makel der Jugend noch durch seinen aristokratischen Habitus ausgleichen konnte, erwies sich auch diese vermeintlich sturmfeste „fränkische Wetterantanne"[51] letztlich nicht als sicherer ideologischer Halt. Als sich die Plagiatsvorwürfe

---

[47] Vgl. Mouffe, Chantal: "Postdemokratie" und die zunehmende Entpolitisierung, in: Aus Politik und Zeitgeschichte, H. 1-2 (2011), S. 3 – 5.

[48] Vgl. Petersen, Thomas: Die unverdrossenen Nichtwähler, in: FAZ online, 22.07.2009, online einsehbar unter http://www.faz.net/s/Rub4D6E624294714 0018FC1DA8D5E0008C5/Doc~EB54207B5BDE24B81845FB69662A506FA~ATpl~E common~Scontent.html [eingesehen am 05.08.2011]; Wenzel, Eva/Rattinger, Hans: Nichtwähler und Protestwähler – eine strategische Größe des Parteiensystems?, in: Zehetmair, Hans: Das deutsche Parteiensystem. Perspektiven für das 21. Jahrhundert, Wiesbaden 2004, S. 28 – 44.

[49] Vgl. Pressemitteilung zum Vertrauensindex 2010 der Gesellschaft für Konsumforschung, online einsehbar unter http://gfk.com/imperia/md/content/presse/pressemeldungen2010/100609_pm_trust_index_2010_dfinal.pdf [eingesehen am 05.08.2011].

[50] Vgl. Fischer Sebatsian/Medick, Veit: Jugend trainiert für Merkel, in: Spiegel online, 11.05.2011, online einsehbar unter http://www.spiegel.de/politik/deutschland/0,1518,761748,00.html [eingesehen am 05.08.2011].

[51] Zitiert nach Nutt, Harry: Die Flucht nach vorn, in: Berliner Zeitung, 23.02.2011.

gegen ihn bestätigten, ging sein Nimbus des „anständigen Konservativen" verloren.

Die Verjüngung des Spitzenpersonals ging mit weiteren Entwicklungen einher, die auf eine allgemeine *Ökonomisierung* des Politischen hinweisen: Der Arbeitsmarkt bevorzugte schon lange jüngere Bewerber.[52] Denn Jugend steht normalerweise für Dynamik und Innovation. Und auch in der Politik standen Generationswechsel bisher für Neuerung und Modernisierung. Doch nun zeigte sich: Die rein nominale Verjüngung der Parteispitzen reichte nicht aus, wenn keine zeitgemäßen Konzepte, keine neuen Ideale und Vorschläge folgen.

Auch innerhalb der Parteien hat die Ökonomisierung Einzug gehalten. Statt Programme zu formulieren und Ideologien zu adaptieren, begaben sie sich auf die Suche nach ihrem „Markenkern" und ließen sich dabei wie Unternehmen professionell von Consulting-Agenturen beraten.[53] Parteien und Politiker selbst wurden zur Marke, zum Produkt, Wähler zu deren Konsumenten. Professionelles Marketing wurde bald für Parteien und ihr Spitzenpersonal betrieben.[54] Dies führte unweigerlich dazu, dass die politische Marktforschung, also Sonntagsfragen, Popularitätsrankings und demoskopische Erhebungen, in den Fokus rückten. So traten die politischen Inhalte nicht nur einmal in den Hintergrund.

Paradox ist: In der Wirtschaft waren diese Trends derweil bereits wieder rückläufig: Wie beschrieben wurde Nachhaltigkeit höhere Relevanz als Niedrigpreisen zugeschrieben, *Greenwashing* avancierte zum beliebten Marketingtrend; dazu stellten sich Unternehmen nun zunehmend auf die „Generation Silberfuchs" ein.[55] Für die Politik kann daher von einer *verzögerten Ökonomisierung* gesprochen werden. Anders als der ökonomische Sektor, der auf die Erfordernisse

---

[52] Vgl. Brauer, Kai/Clemens, Wolfgang (Hrsg.): Zu alt? „Ageism" und Altersdiskriminierung auf Arbeitsmärkten, Wiesbaden 2010.

[53] Vgl. zur Kritik am Begriff „Markenkern" bzw. zum genannten Phänomen im Allgemeinen: Lösche, Peter: Ende der Volksparteien, in: Aus Politik und Zeitgeschichte, H. 51 (2009), S. 6 10.

[54] Vgl. Walter: Vom Milieu zum Parteienstaat, a.a.O., S. 231ff.

[55] Engeser, Manfred/Lemmer, Ruth: Generation Silberfuchs, in: Wirtschaftswoche online, 10.09.2010, online einsehbar unter http://www.wiwo.de/managementerfolg/generation-silberfuchs-440622/ [eingesehen am 05.08.2011].

der LOHAS angemessen reagierte, erschien diese angedeutete Entwicklung des Politischen anachronistisch.

Besonders schwer fiel die Anpassung an die sich wandelnde Gesellschaft der FDP. Denn eine verunsicherte, wertesuchende Gesellschaft bot – im Gegensatz zur Bundesrepublik während der Boomjahre des ausgehenden Jahrtausends – keinen Resonanzboden für Marktradikalität und kühles Effizienzdenken mehr. Die Liberalen standen mit ihrem 14 Jahre alten Programm in scharfem Kontrast zum vorherrschenden Zeitgeist. Ihr gutes Ergebnis hatten sie 2009 den Wählergruppen zu verdanken, die ebenfalls nicht dem gesellschaftlichen Trend folgten und noch auf die Selbstheilungskräfte des Marktes vertrauten. Auch junge Männer niedriger sozialer Schichten aus dem Osten waren zu größeren Teilen darunter gewesen; ihnen hatte der laute und eindringliche Wahlkampfstil Westerwelles zugesagt.[56] Doch sowohl aus Sicht der Leistungs- und Aufstiegsorientierten als auch für die desillusionierten jungen Männer aus dem Osten, hielt die FDP nicht das, was sie während der Opposition versprochen hatte. Treu blieben ihr letztlich nur die Wähler, die noch im marktzentrierten Denken der späten 1990er Jahre verharrten, dessen Relikt auch das Parteiprogramm der FDP ist.

Gerade dies verdeutlichte, dass das schwarz-gelbe Bündnis eigentlich ein anachronistisches Kunstprodukt war. Denn im Gegensatz zu den Liberalen hatte die Union bereits in der vergangenen Legislaturperiode unter der „Klimakanzlerin" Merkel weitsichtig begonnen, sich für schwarz-grüne Koalitionsmöglichkeiten und damit für die alternativen bürgerlichen Schichten zu öffnen.[57] Die thematische Wandlung und die Öffnung der CDU beschränkten sich nicht nur auf die ökologische Frage, auch das Familienbild und die Einstellung zur Wehrpflicht veränderten sich rasch. Ursula von der Leyen hatte den konservativen Mitgliedern und Stammwählern bereits in der Großen Koalition einiges abverlangt[58], anschließend wurden auch weitere

---

[56] Vgl. Walter: Vom Milieu zum Parteienstaat, a.a.O., S. 205.

[57] Vgl. Bergius, Michael/Wille, Joachim: Die Klimakanzlerin dankt ab, in: Frankfurter Rundschau, 05.12.2008.

[58] Vgl. weiterführend in diesem Band den Beitrag von Messinger/Sören, Wypchol, Yvonne/Humboldt, Nils: Sozialpolitik: Zwischen Sozialkatholizismus und liberalem Individualismus

Grundpfeiler der christdemokratischen und christsozialen Programmatik eingerissen. Damit folgte die Union dem Beispiel der SPD, die ebenfalls in Regierungsverantwortung Abstand von wichtigen Parteiprinzipien hatte nehmen müssen, und sie machte sich nun auch daran, die Partei zu modernisieren.

Doch beide sogenannten Volksparteien litten unter den internen und externen Veränderungen: Der aktuelle Trend der Distanz von Parteien und Volk machte sich auch bei ihnen negativ bemerkbar. Ihr selbst gewähltes Label *Catch-all-Party* zwang sie dazu, möglichst viele Interessen abzudecken und zahlreiche Wählergruppen anzusprechen. Auf der Suche nach der „Mitte" der Gesellschaft verwischten die Konturen der Parteien: Kaum jemand brachte den Mut auf, eine Haltung zu vertreten, die abseits des Mainstreams lag. Brisanter noch: Man gewann den Eindruck, dass politische Standpunkte vor allem mit Augenmerk darauf formuliert wurden, welche Meinung im gesellschaftlichen Trend gerade vermeintlich Oberwasser hatte. Damit aber untergruben die Parteien die Funktion, die die Bevölkerung eigentlich in ihnen suchte: nämlich Orientierungspunkte zu bieten und schmerzliche Einschnitte ideologisch einordnen und rechtfertigen zu können. So fehlte die „narrative Einbettung des politischen Handelns"[59] – ein Aspekt, der bei der schwarz-gelben Regierung besonders ins Gewicht fiel. Den Volksparteien waren die „großen Erzählungen", also die gesellschaftlichen Utopien verloren gegangen. Diese sind jedoch wichtig, denn sie dienen nicht nur als Kritik am Status quo, sie stellen zugleich jedwede politische Forderung oder Entscheidung in einen größeren Zusammenhang.[60] Politik gewinnt dadurch an Antrieb, das höhere Ziel macht auch Einschnitte und Verzicht hinnehmbar. Gerade in Krisenzeiten haben Utopien daher eigentlich Konjunktur. Derzeit gelingt es jedoch allenfalls den Grünen, dieses Bedürfnis zu bedienen. Und so ist es fast logisch, dass eine lange bestehende Regelmäßigkeit unterbrochen wurde: Eigentlich – dies hat die Vergangenheit gezeigt – hätte die SPD automatische Nutznießerin der Schwäche der unionsgeführten Koalition werden müssen. Aber fast ungläubig be-

---

[59] Münkler, a.a.O.
[60] Vgl. Kufeld, Klaus: Zeit für Utopie, in: Nida-Rümelin, Julian/Kufeld, Klaus (Hrsg.): Die Gegenwart der Utopie, Freiburg im Breisgau 2011, S. 9 – 24.

merkten die Genossen, dass sie trotz ihres Erneuerungskurses kaum davon profitierten, obwohl sie wieder und wieder erklärten, dass sie stets die Antithese der unbeliebten Regierungspolitik vertreten hätten.61 Doch reichte diese rationale Argumentation – die so unterschiedlich war von der anderen erfolgreichen grünen Oppositionspartei – offenbar nicht aus, um genügend Wähler zu überzeugen.

Am Wahltag selbst hatten die ehemals „kleinen" Parteien, die ihrerseits ein schärferes Profil als die Volksparteien aufwiesen, reüssieren können: FDP, Linken und Grünen gelang es bei den Wahlen, zu „mittelgroßen" Parteien aufzusteigen; sie erhielten zwischen 10 und 15 Prozent der Stimmen. Ihr „Erfolgsgeheimnis" dabei war – im Gegensatz zur unscharf gewordenen Programmatik der Volksparteien –, dass sie „klare Kante" zeigen konnten: Die FDP profitierte von ihrem Alleinstellungsmerkmal als Steuersenkungspartei. Auch die Grünen fuhren nicht nur das beste Wahlergebnis aller Zeiten ein, durch die konsequente Festlegung auf Atomausstieg und ökokompatible Wirtschaftlichkeit setzten sie auch während der Legislaturperiode ihren Höhenflug fort und brachten es sogar in die baden-württembergische Staatskanzlei. Auch DIE LINKE reüssierte bei den Wahlen wegen ihrer klaren Abgrenzungs- und Provokationsrhetorik besonders in sozialen Fragen, aber auch zum Beispiel beim Thema Afghanistan. Doch verlor sie im Gegensatz zur vorhergehenden Legislaturperiode ihre Funktion als oppositionelle Stichwortgeberin der Regierung. Die Deutungshegemonie übernahmen nun – in Zeiten von Öko-Konsum und Umweltkatastrophen – die Grünen.62

Zwar waren die jeweiligen Standpunkte der kleineren Parteien – nämlich ökologischer, marktradikaler oder sozialradikaler Dogmatismus – keineswegs gesellschaftlicher Konsens. Doch vermochten es die Parteien durch ihre klaren Profile zumindest, Wähler zu überzeugen. Dass Höhenflüge infolge von gerade virulenten gesellschaftlichen Fragen nicht unbedingt von Dauer sein müssen, haben die Liberalen allerdings nach den Bundestagswahlen gelernt. Was den Grünen bevorsteht, bleibt gerade in Anbetracht der Überwindung der gesell-

---

[61] Vgl. Haselberger, Stephan: Malochen fürs Profil, in: Der Tagesspiegel, 11.04.2011.

[62] Vgl. Geis, Matthias/Ulrich, Bernd: Wer hat Angst vorm grünen Mann?, in: Die Zeit, 16.06.2011.

schaftlichen Spaltung durch die Kernenergiefrage abzuwarten. Die ehemaligen Volksparteien jedenfalls verschwammen derweil bis zur Unkenntlichkeit.

So wird deutlich, dass offenbar *alle* Bundestagsparteien, mit Ausnahme der Grünen, Schwierigkeiten damit hatten, sich erfolgreich auf den Zeitgeist einzulassen. Gerade die Regierungsparteien aber litten unter einem weiteren schwerwiegenden Manko: Als exekutierende Kraft stellte sich den Bundesministern und ihrer Kanzlerin die essenzielle Aufgabe, der Bevölkerung zu vermitteln, dass die von ihnen umgesetzte Politik notwendig und sinnvoll war. Genau dies schien der Koalition bisher größte Schwierigkeiten zu bereiten. Zahlreiche umstrittene Entscheidungen hat es während der Legislaturperiode bereits gegeben: von Atomwende und Eurorettung bis hin zu Panzerexporten nach Saudi Arabien und der Enthaltung beim Libyenmandat. Die diesbezüglichen Entscheidungen wurden jedoch nicht nach intensiven parteiinternen Diskussionen getroffen, sondern entstanden vielmehr aus dem Regierungsalltag heraus. Die Abgeordneten der Regierungsfraktionen wurden vor vollendete Tatsachen gestellt, weitreichende Entscheidungen, wie zum Beispiel zur Eindämmung der Eurokrise, mussten innerhalb kürzester Zeit abgenickt werden. Das vorherrschende Dogma der (häufig finanziell bedingten) „Alternativlosigkeit"[63] machte selbst vor bürgerlichen Kronjuwelen nicht halt: Diesem pragmatischen Ansatz fielen nicht nur die Wehrpflicht, sondern auch die Steuersenkungspläne und die Laufzeitverlängerungen der Atomkraftwerke zum Opfer. Symptomatisch war eine folgenreiche Trias: Echte parlamentarische Diskussionen wurden selten (eine von wenigen Ausnahmen blieb die Debatte um die

---

[63] Das Wort „alternativlos" wurde von den Sprachwissenschaftlern der Universität Frankfurt sogar zum Unwort des Jahres 2010 gekürt. Interessant daran ist besonders die Begründung: „Das Wort suggeriert sachlich unangemessen, dass es bei einem Entscheidungsprozess von vornherein keine Alternativen und damit auch keine Notwendigkeit der Diskussion und Argumentation gebe. Behauptungen dieser Art sind 2010 zu oft aufgestellt worden, sie drohen, die Politikverdrossenheit in der Bevölkerung zu verstärken." Vgl. Pressemitteilung der Universität Frankfurt, 18.01.2011, online einsehbar unter http://www.uni-frankfurt.de/fb/fb10/IDLD/ehemalige_histSprw/Schlosser/unwortdesjahres/presse/index.html [eingesehen am 05.08.2011].

Präimplantationsdiagnostik), die Parteien wurden an den Entscheidungsfindungsprozessen kaum beteiligt, und darüber hinaus scheiterte die Regierung daran, der Bevölkerung ihre Politik verständlich zu machen.

Dabei hätte eine Kernaufgabe der Regierung gerade in der Kunst der Vermittlung ihrer Entschlüsse und Anliegen gelegen.[64] Eine schlüssige, durchdachte und vor allem wirksame Kommunikation fand jedoch nicht statt.[65] So wurde Merkels politische Kommunikation während der ersten beiden schwarz-gelben Regierungsjahre kurzerhand zum „Desaster" erklärt.[66] Hinzu kommt: Brisante Kontroversen und „heiße Eisen" wurden in der öffentlichen Debatte erst gar nicht angefasst.[67] Dabei hätte gerade hierin eine Möglichkeit für Merkel gelegen, ihrer Politik inhaltliche Substanz zu verleihen und sie der Bevölkerung verständlich zu machen. Gleichzeitig hätte sie auch durch die Stärkung dieser sogenannten Zielfindungsfunktion[68] ihrer Partei neuen Elan und damit neue Wähler verschaffen können.

Erklärungsarmer Pragmatismus

Man könnte meinen, nichts wäre einfacher, als einen resümierenden Strich unter die erste Halbzeit der schwarz-gelben Legislaturperiode zu ziehen. Denn Öffentlichkeit und Medien sind sich weitestgehend einig darüber, dass die Regierung ihre Aufgabe nicht gerade mit Bravour gemeistert hat. Und tatsächlich lassen sich zahlreiche missliche Umstände und handfeste Verfehlungen aufzählen. Gerade der Vorwurf, statt Werte zu formulieren, mit denen sich die Menschen identifizieren konnten, habe die Regierung lieber eifrig auf die neuesten Umfragewerte und Landtagswahlergebnisse geschielt, drängte sich

---

[64] Vgl. Radunski, Peter: Wahlkämpfe, München 1980, S. 7.

[65] Vgl. z. B. Alexander, Robin: Fliehkräfte in der Kanzlerinnenpartei, in: Die Welt, 24.05.2011.

[66] Vgl. z. B.: Kurbjuweit, Dirk: Ein unterzuckertes Land, in: Der Spiegel, 18.07.2011; vgl. allgemein zur Rolle von Kommunikation in der Politik z. B. Jarren, Otfried/ Sarcinelli, Ulrich/Saxer Ulrich (Hrsg.): Politische Kommunikation, Opladen/ Wiesbaden 1998, Nachdruck 2002.

[67] Vgl. Kurbjuweit, a.a.O..

[68] Von Beyme, Klaus: Parteien in westlichen Demokratien, München 1982.

im Hinblick auf verschiedene Entscheidungen immer wieder auf. Dieser Regierungsstil – Jürgen Habermas spricht von „Demoskopie geleitetem Opportunismus"[69] – wurde dementsprechend stark kritisiert.

Doch zieht man eine solche Bilanz und beklagt fehlende Visionen und Konzepte, bleibt man auf der Hälfte des Weges stehen: Kritik mit diesem Tenor wurde in der bundesrepublikanischen Geschichte schon an vielen Regierungen geübt. So könnte man die Vorwürfe, die Rainer Barzel (CDU) im Dezember 1974 an den damaligen Bundeskanzler Helmut Schmidt richtete, fast wortgleich in den Tageszeitungen von 2011 wiederfinden:

> „Ich habe in der ersten Debatte Ihrer Regierungserklärung beklagt, daß sie darauf verzichtet hätten, Ihre Zielvorstellungen, Ihre Konturen, Ihre Perspektiven, Ihre geistigen Gehalte, kurzum die Worums und die Wozus, die Argumentation, die Motivation ihrer Politik darzutun. Sie haben dies nicht getan, nicht in der Debatte, nicht in der Regierungstätigkeit bisher, und Sie haben […] sich wirklich nur, ich muß es beinahe sagen, dem werkelnden Pragmatismus verschrieben."[70]

Auch Franz Walter und Tobias Dürr wiesen bereits im Jahr 2000 darauf hin, dass es ein charakteristisches Schicksal von Regierungen sei, dass sie – egal welcher Couleur und zu welcher Zeit – unter andauernder Kritik mit diesem Grundtenor stehen.[71] Anscheinend stellen diese Probleme der Merkelschen Koalition *per se* also keineswegs eine Besonderheit. Offenbar ist der „werkelnde Pragmatismus" stattdessen ein gängiger Tadel, der sich durch die bundesrepublikanische Geschichte zieht. Auch „an Helmut Kohls Regierungsarbeit wurde nicht erst seit der Wiedervereinigung kritisiert, sie sei visionslos,

---

[69] Habermas, Jürgen: Merkels von Demoskopie geleiteter Opportunismus, in: Süddeutsche Zeitung online, 07.04.2011, online einsehbar unter http://www.sueddeutsche.de/politik/europapolitik-merkels-von-demoskopie-geleiteter-opportunismus-1.1082536 [eingesehen am 05.08.2011].

[70] Zitiert nach Heimann, Horst: Theoriediskussion in der SPD, Frankfurt a. M., Köln 1975, S. 12.

[71] Vgl. Walter, Franz/Dürr, Tobias: Die Heimatlosigkeit der Macht. Wie die Politik in Deutschland ihren Boden verlor, Berlin 2000, S. 7ff.

würde die Probleme des Landes nur aussitzen und von der ursprünglich propagierten geistig-moralischen Wende sei überhaupt nichts mehr zu erkennen"[72]. Der rot-grünen Nachfolgeregierung wurde dann ebenfalls attestiert, dass „das Ausbleiben einer Aufbruchstimmung (…) mit dem Fehlen eines gemeinsamen Projektes zu tun gehabt haben (dürfte), mit dem die Wähler hätten überzeugt werden können", von einem „Fehlstart" war die Rede.[73] Ihr wurde vorgeworfen, stattdessen „ideologische Bastion[en] dem ökonomischen Druck geopfert"[74] zu haben. Auch damals hatte der „rasante Ministerverschleiß" schon „ernste und nie wieder zerstreute Zweifel an der Professionalität aufkommen"[75] lassen.

Die Urteile von damals klingen allesamt wie die Berichterstattung von heute. Filtert man den globalen Rundumschlag an zeitgenössischer Kritik, dem sich bisher (fast) jede Koalition ausgesetzt sah – und insbesondere diejenigen, die ein Lagerbündnis repräsentierten und besonders ambitioniert als Projekt starteten –, bleibt festzuhalten, dass sich das schwarz-gelbe Bündnis mit seiner pragmatischen Wendigkeit nur wenig von seinen Amtsvorgängern abhebt. Auch wenn die Merkelsche Regierung also nicht immer zum eigenen Vorteil gehandelt hat, so unterscheidet sie das Ausmaß der Kritik zumindest nur in einigen, wenigen Teilbereichen von vergangenen Regierungen.

Stattdessen scheinen Medien und Öffentlichkeit generell überhöhte Erwartungen an eine neu entstandene Koalition zu richten, die diese später nur schwerlich erfüllen kann. Zu klären bleibt daher einerseits, woher dieser Glaube stammt und andererseits, wodurch sich die Regierung tatsächlich positiv oder negativ von ihren Vorgängerinnen abhebt. Ersteres lag zumindest bei Schwarz-Gelb in der

---

[72] Zolleis, Udo: Die CDU. Das politische Leitbild im Wandel der Zeit, Wiesbaden 2008, S. 224.

[73] Zohlnhöfer, Reimut/Egle, Christoph: Der Episode zweiter Teil – ein Überblick über die 15. Legislaturperiode, in: dies.: Ende des rot-grünen Projekts. Eine Bilanz der Regierung Schröder 2002-2005, Wiesbaden 2007, S. 11 – 28, hier S. 12.

[74] O.V.: Die schönste Form der Hausbestzung, in: Frankfurter Allgemeine Zeitung online, 09.09.2005, online einsehbar unter http://www.faz.net/artikel/C30190/regierungsbilanz-die-schoenste-form-der-hausbesetzung-30137164.html [eingesehen am 05.08.2011].

[75] Ebd.

Rhetorik des Wahlabends begründet. Denn eigentlich ist eine politische Koalition in erster Linie nichts als ein „Zweckbündnis"[76], das die Parteien – nachdem das Zeitalter der absoluten Mehrheiten vorüber ist – notwendigerweise eingehen müssen, um die begehrte Regierungsmehrheit zu erreichen. Die Beteuerung von „Wunschkoalitionen" und „Traumhochzeiten" aber verschleiert dies und vermittelt der Bevölkerung ein verzerrtes Bild. Eigennützige Entscheidungen der Koalitionäre müssen in Anbetracht dessen irritieren. Tatsächlich aber folgen sie nur der Logik des politischen Systems, das die konstante Profilierung und Abgrenzung zur Wettbewerbsfähigkeit fordert.

Des Weiteren spielt die Tatsache eine Rolle, auf die Franz Walter in seinem Beitrag in diesem Band hinweist:[77] Wenn neue Regierungsbündnisse an die Macht kommen, wird der zeitgeistigen Welle, die diese nach oben gespült hat, oftmals bereits ein Schlusspunkt gesetzt. Das bedeutet, dass auch ein gewisser Anachronismus nicht verwunderlich sein kann.

Zudem unterschätzt (oder ignoriert) die Öffentlichkeit anscheinend noch immer die Bedeutung der Position einer Partei innerhalb des parlamentarischen Systems: Dass beispielsweise die FDP auf der Oppositionsbank weit mehr einfordern konnte, als sich letztlich an der Regierung durchsetzen ließ, gleicht einer Binsenweisheit. Selbst wenn sie nicht auf einen Kompromiss mit dem Koalitionspartner angewiesen wäre, ließe die Haushaltslage eine buchstäbliche Umsetzung des Wahlprogramms utopisch erscheinen, was im Übrigen für alle Parteien gleichermaßen gilt. Verschärft wird diese Einschränkung der Handlungsmacht heute durch bindende Vorgaben der EU, gegen die nationale Regierungen kaum etwas ausrichten können.[78]

Umso schwerer wiegen die Aspekte, die die Merkel-Regierung von anderen unterscheidet. Zunächst gab es einige Entscheidungen beispielsweise in der Atom- und Außenpolitik[79], die bundesrepubli-

---

[76] Sven Thomas: Die informelle Koalition. Richard von Weizsäcker und die Berliner CDU-Regierung (1981-1983), Wiesbaden 2005, S. 2.

[77] Vgl. weiterführend in diesem Band den Beitrag von Walter, Franz: Fehlende Wurzeln, mangelnde Narrative, ausgebliebener Politikwechsel.

[78] Vgl. Münkler, a.a.O..

[79] Vgl. dazu in diesem Band die Beiträge von Woltering, a.a.O. und Caspari/Kallinich, a.a.O.

kanische und parteispezifische Prinzipien stärker verletzten, als dies in der Vergangenheit geschehen war. Doch das größte Manko dieser Regierung war, dass sie es nicht vermochte, genau diese Beschlüsse zu erklären. Aber nur so könnte sie ihre potenzielle Klientel an sich binden. Dies wäre wahltaktisch nötig, um den Rückhalt in der Gesellschaft abzusichern und um sich gute Ausgangslagen für kommende Wahlen zu sichern. Denn durch ihre Sehnsucht nach Sinn- und Orientierungsstiftung boten sowohl das neue alternative als auch das traditionelle Bürgertum zahlreiche Ankerpunkte für konservativ-bürgerliche Politik.

Ganz generell bot das krisengezeichnete politische Klima in Deutschland eine günstige Ausgangslage zumindest für die Union. In dieser Hinsicht erschien die Koalition gerade *nicht* anachronistisch zu sein. Und doch gelang es der Regierung nicht, sich diesen Trend zunutze zu machen und sich in Richtung dieser Wählerschichten zu profilieren.[80] Die Koalitionspartner schienen schlicht nicht den *richtigen* bürgerlichen Ton zu treffen. Und fatalerweise gingen ihr bei dem Versuch, sich auch für die neuen Bürgerlichen zu öffnen, auch noch Teile der traditionell-bürgerlichen und marktliberalen Wähler verloren.

So wurde den Regierungsparteien ein Phänomen zum Verhängnis, das auch die SPD schon viele Wähler gekostet hatte: In Zeiten von Sinn- und Orientierungssuche traten sie zu häufig selbst als verunsicherte Wendehälse auf. Anstatt eine verlässliche Konstante darzustellen, verunsicherten sie die Bürger noch weiter. Durch den *erklärungsarmen Regierungsstil* brachten sich Union und FDP um ihre elektorale und gesellschaftliche Chance: den Menschen die Orientierungspunkte zu bieten, nach denen sie im krisengeprägten Zeitgeist suchten.

---

[80] Vgl. z. B. Augstein, Jakob: Comeback eines Hirngespinsts, in: Spiegel Online, 16.06.2011, online einsehbar unter http://www.spiegel.de/politik/deutschland/0,1518,768720,00.html [eingesehen am 05.08.2011].

Weiterführende Literatur

Bruns, Tissy: Mehr Optionen, gesunkene Erwartungen, in: Aus Politik und Zeitgeschichte, (2009) H. 51, S. 3 – 5.

Butzlaff, Felix /Harm, Stine /Walter, Franz (Hrsg.): Patt oder Gezeitenwechsel? Deutschland 2009, Wiesbaden 2009.

Egle, Christoph/Zohlnhöfer, Reimut: Ende des rot-grünen Projekts. Eine Bilanz der Regierung Schröder 2002-2005, Wiesbaden 2007.

Jung, Matthias/Schroth, Yvonne/Wolf, Andreas: Regierungswechsel ohne Wechselstimmung, in: Aus Politik und Zeitgeschichte, (2009) H. 51, S. 12 – 19.

Mouffe, Chantal: "Postdemokratie" und die zunehmende Entpolitisierung, in: Aus Politik und Zeitgeschichte, (2011) H. 1-2, S. 3 – 5.

Nida-Rümelin, Julian/Kufeld, Klaus (Hrsg.): Die Gegenwart der Utopie, Freiburg im Breisgau 2011

Walter, Franz: Führung in der Politik – Am Beispiel sozialdemokratischer Parteivorsitzender, in: Zeitschrift für Politikwissenschaft, (1997) H. 4, S. 1287-1336.

Walter, Franz/Dürr, Tobias: Die Heimatlosigkeit der Macht. Wie die Politik in Deutschland ihren Boden verlor, Berlin 2000

Wenzel, Eike/Kirig, Anja/Rauch, Christian: Greenomics. Wie der grüne Lifestyle Märkte und Konsumenten verändert, München 2008.

Die Autorinnen und Autoren

[**David Bebnowski**], geboren 1984, studierte Sozialwissenschaften an der Georg-August-Universität Göttingen. Er ist wissenschaftliche Hilfskraft am Göttinger Institut für Demokratieforschung und befasst sich schwerpunktmäßig mit Sozialtheorien, Generationen und Demokratietheorien.

[**Felix Butzlaff**], geboren 1981, ist wissenschaftlicher Mitarbeiter am Göttinger Institut für Demokratieforschung. Nach dem Studium der Politikwissenschaft, Volkswirtschaftslehre und Jura in Göttingen und Santiago de Chile forscht er nun über die Geschichte und Entwicklung der Sozialdemokratie in Deutschland und Europa sowie ihre gesellschaftlichen Grundlagen. Er arbeitet an einer Promotion über die Programmdiskussionen der Sozialdemokratie während der 1980er Jahre in Deutschland, England und Österreich.

[**Severin Caspari**], geboren 1986, studiert Politikwissenschaft und Soziologie an der Georg-August-Universität Göttingen und ist studentische Hilfskraft am Göttinger Institut für Demokratieforschung. Dort beschäftigt er sich vor allem mit den Parteien und der politischen Kultur Großbritanniens.

[**Christian von Eichborn**], geboren 1986, studiert Politikwissenschaft und Volkswirtschaftslehre an der Georg-August-Universität Göttingen. Er ist studentische Hilfskraft am Göttinger Institut für Demokratieforschung und befasst sich vor allem mit der Entwicklung der FDP und der Grünen als auch mit dem Thema „Vordenker und Intellektuelle".

[**Klaudia Hanisch**], geboren 1984, ist studentische Hilfskraft am Göttinger Institut für Demokratieforschung. Schwerpunktmäßig beschäftigt sie sich mit der politischen Kultur in Mitteleuropa und den politischen Systemen in Polen, Tschechien, der Slowakei und Ungarn. Derzeit arbeitet sie an ihrer Magisterarbeit zum Thema der Rolle des Intelligenzmythos für die Reetablierung einer linken Debattenkultur in Polen.

[**Lea Heyne**], geboren 1988, studiert Politikwissenschaft und Soziologie an der Georg-August-Universität Göttingen. Sie ist studentische Hilfskraft am Göttinger Institut für Demokratieforschung und beschäftigt sich derzeit vor allem mit der Protestbewegung in Stuttgart, dem Thema direkte Demokratie und dem politischen System der Schweiz.

[**Nils Humboldt**], geboren 1985, studiert Politikwissenschaften und Geschichte in Leipzig.

[**Daniela Kallinich**], geboren 1985, ist Sozialwissenschaftlerin und wissenschaftliche Mitarbeiterin am Göttinger Institut für Demokratieforschung. Sie studierte in Göttingen und Caen und schreibt nun eine Dissertation über die französische Zentrumspartei „Mouvement Démocrate". Ihr Forschungsschwerpunkt ist das politische System Frankreichs.

[**Jöran Klatt**], geboren 1986, studiert Geschichte und Germanistik in Göttingen. Er ist studentische Hilfskraft am Göttinger Institut für Demokratieforschung. Seine wissenschaftlichen Schwerpunkte liegen in der Beobachtung der Entwicklung der Partei DIE LINKE sowie in der Wissenschaftsgeschichte.

[**Michael Lühmann**], geboren 1980, studierte Mittlere und Neuere Geschichte und Politikwissenschaften an den Universitäten Leipzig und Göttingen. Er ist wissenschaftlicher Mitarbeiter am Göttinger Institut für Demokratieforschung und freier Publizist. Zu seinen Themenschwerpunkten gehören die Geschichte der DDR, die Entwicklung Ostdeutschlands und die der Bündnisgrünen.

[**Sören Messinger**], geboren 1986, studiert Politikwissenschaft, Soziologie und Sozialpolitik an der Georg-August-Universität Göttingen. Er ist studentische Hilfskraft am Göttinger Institut für Demokratieforschung und beschäftigt sich seit mehreren Jahren mit der Entwicklung der Partei Die LINKE.

[**Louisa Opitz**], geboren 1987, studiert Politik- und Rechtswissenschaften. Sie ist studentische Hilfskraft am Göttinger Institut für Demokratieforschung.

[**Frauke Schulz**], geboren 1983, ist Politik- und Medien- und Kommunikationswissenschaftlerin. Sie ist wissenschaftliche Hilfskraft am Göttinger Institut für Demokratieforschung und promoviert dort über politische Führung in Niedersachsen. Ihr Forschungsschwerpunkt sind politische Biografien.

[**Franz Walter**], geboren 1956, lehrt Politikwissenschaft an der Georg-August-Universität Göttingen. Er ist Direktor des Göttinger Instituts für Demokratieforschung.

[**Christian Werwath**], geboren 1982, studierte Sozialwissenschaften in Göttingen und Helsinki. Er ist wissenschaftliche Hilfskraft im Projekt „Politische Führung im deutschen Föderalismus - Die Ministerpräsidenten Niedersachsens" und beschäftigt sich mit den Themengebieten „Politische Führung" und „Bürgerliche Parteien".

[**Christian Woltering**], geboren 1982, ist wissenschaftliche Hilfskraft am Göttinger Institut für Demokratieforschung. Er promoviert zum Thema „Das politische Mobilisierungspotential der Unterschicht". Neben seiner Promotion arbeitet er beim Paritätischen Wohlfahrtsverband - Gesamtverband e.V. als fachpolitischer Grundsatzreferent.

[**Yvonne Wypchol**], geboren 1986, studiert Politikwissenschaft an der Georg August Universität Göttingen. Seit Juni 2008 ist sie studentische Hilfskraft in der AG Parteien- und Politische Kulturforschung bzw. im Institut für Demokratieforschung.

Lesen Sie auch:

Parteien, Demokratie und gesellschaftliche Kritik

Jahrbuch des Göttinger Instituts für Demokratieforschung
herausgegeben von Alexander Hensel, Daniela Kallinich und Katharina Rahlf

364 Seiten. Hardcover. € 79,90
ISBN 978-3-8382-0206-8

Wie ist es generell um die Parteien im 21. Jahrhundert bestellt, woraus resultiert der gegenwärtige Höhenflug der Grünen, was treibt die gesellschaftliche Mitte um, und welche Formen umfasst modernes zivilgesellschaftliches Engagement?

Wer protestiert gegen Stuttgart 21 und warum? Welche politischen Entwicklungen – von Revolten in Frankreich über das ‚schwedische Volksheim' zur US-amerikanischen Tea-Party-Bewegung – sind aktuell international zu beobachten?

Mit diesen und weiteren Fragestellungen hat sich das Göttinger Institut für Demokratieforschung 2010 befasst. Die Ergebnisse der Analysen der Wissenschaftler werden in diesem Jahrbuch vorgestellt.

Den Leser erwartet also eine Vielfalt an Themen und Blickwinkeln, eine Exkursion durch die Diskussionslandschaft 2010, ein Streifzug durch die Geschichte – eine urteilsfreudige Auseinandersetzung mit dem politischen und gesellschaftlichen Geschehen.

Bestellen Sie

unter: **www.ibidem-verlag.de**

per E-Mail: **vertrieb@ibidem-verlag.de**
unter Angabe des gewünschten Titels

oder

in Ihrer **örtlichen Buchhandlung**

Göttinger Junge Forschung

Politikwissenschaftliche Analysen des Göttinger Instituts für Demokratieforschung

herausgegeben von Matthias Micus
ISSN 2190-2305

Band 1: *Stine Harm*
Bürger oder Genossen?
Carlo Schmid und Hedwig Wachenheim – Sozialdemokraten trotz bürgerlicher Herkunft
136 Seiten. € 24,90. ISBN 978-3-8382-0104-7

Band 2: *Benjamin Seifert*
Träume vom modernen Deutschland
Horst Ehmke, Reimut Jochimsen und die Planung des Politischen in der ersten Regierung Willy Brandts
152 Seiten. € 24,90. ISBN 978-3-8382-0105-4

Band 3: *Robert Lorenz*
Siegfried Balke
Grenzgänger zwischen Wirtschaft und Politik in der Ära Adenauer
244 Seiten. € 29,90. ISBN 978-3-8382-0137-5

Band 4: *Johanna Klatt*
Rita Süssmuth
Politische Karriere einer Seiteneinsteigerin in der Ära Kohl
220 Seiten. € 29,90. ISBN 978-3-8382-0150-4

Band 5: *Bettina Munimus*
Heide Simonis
Aufstieg und Fall der ersten Ministerpräsidentin Deutschlands
Mit einem Geleitwort von Heide Simonis
192 Seiten. € 24,90. ISBN 978-3-8382-0170-2

Band 6: *Michael Lühmann*
Der Osten im Westen – oder:
Wie viel DDR steckt in Angela Merkel, Matthias Platzeck und Wolfgang Thierse?
Versuch einer Kollektivbiographie
174 Seiten. € 24,90. ISBN 978-3-8382-0138-2

Band 7: *Frauke Nicola Schulz*
„Im Zweifel für die Freiheit"
Aufstieg und Fall des Seiteneinsteigers Werner Maihofer in der FDP
142 Seiten. € 24,90. ISBN 978-3-8382-0111-5

Band 8: *Daniela Kallinich*
Nicolas Sarkozy
Vom Außenseiter zum Präsidenten
200 Seiten. € 29,90. ISBN 978-3-8382-0122-1

Band 9: *Sebastian Kohlmann*
Franz Müntefering
Eine politische Biographie
308 Seiten. € 29,90. ISBN 978-3-8382-0236-5

Band 10: *Ralf Schönfeld*
Kanzleramtschefs im vereinten Deutschland
Friedrich Bohl, Frank-Walter Steinmeier und Thomas de Maizière im Vergleich
142 Seiten. € 24,90. ISBN 978-3-8382-0116-0

Band 11: *Lars Geiges*
Fußball in der Arbeiter-, Turn- und Sportbewegung
Ein zum Scheitern verurteiltes Spiel?
132 Seiten. € 24,90. ISBN 978-3-8382-0225-9

Bestellen Sie unter
www.ibidem-verlag.de

per E-Mail an
vertrieb@ibidem-verlag.de

oder in Ihrer
örtlichen Buchhandlung

***ibidem*-**Verlag

Melchiorstr. 15

D-70439 Stuttgart

info@ibidem-verlag.de

www.ibidem-verlag.de
www.ibidem.eu
www.edition-noema.de
www.autorenbetreuung.de